PRISCIEN

GRAMMAIRE

LIVRES XIV, XV, XVI – LES INVARIABLES

À LA MÊME LIBRAIRIE

PRISCIEN, *Livre XVII – Syntaxe, 1*, texte latin, traduction introduite et annotée par le Groupe Ars Grammatica, 2010

HISTOIRE DES DOCTRINES DE L'ANTIQUITÉ CLASSIQUE
Fondateur : Jean Pépin Directeur : Luc Brisson

XLIV

PRISCIEN

GRAMMAIRE

LIVRES XIV, XV, XVI – LES INVARIABLES

(PRÉPOSITION, ADVERBE ET INTERJECTION, CONJONCTION)

Texte latin
Traduction introduite et annotée par le

Groupe Ars Grammatica

Ouvrage publié avec le concours
du Centre national du livre

PARIS
LIBRAIRIE PHILOSOPHIQUE J. VRIN
6, Place de la Sorbonne, V^e^

2013

Imprimé en France

ISSN 0153-0828

ISBN 978-2-7116-2500-0

www.vrin.fr

PRÉSENTATION

Le groupe de traduction *Ars Grammatica* est né du constat d'une lacune : alors que les principaux textes des grammairiens grecs de l'Antiquité ont été traduits dans toutes sortes de langues modernes, et notamment en français, les textes grammaticaux latins n'ont pour la plupart d'entre eux jamais été traduits dans quelque langue que ce soit. Pourtant, les travaux des grammairiens latins présentent un intérêt majeur dans leur principe même : s'appropriant un système de description que les Grecs avaient inventé pour rendre compte de leur langue et d'elle seule, ces grammairiens ont dû adapter ce système à leur propre langue, et par là réfléchir à la proximité et aux différences entre leur langue et celle de leurs modèles. Ce processus d'adaptation est le prototype de tous ceux qui s'engendreront par la suite à partir de la grammaire latine elle-même : interface entre l'origine de la grammaire occidentale et toutes les formes classiques qui en sont issues, la grammaire latine antique occupe une position historique exceptionnelle qui fonde son rôle de matrice des grammaires vernaculaires postérieures.

A l'initiative de Marc Baratin, les quelques spécialistes qui pratiquent en France ce genre de textes, latinistes grammairiens ou historiens de la grammaire antique et médiévale, voire humaniste, se sont réunis pour se mettre d'accord sur les principes que pourraient partager les traducteurs de ces multiples textes qui restent aujourd'hui si difficilement accessibles. La convergence de cette pluralité de regards, de cette diversité d'expériences et de modes d'interrogations, s'est révélée fructueuse. Souhaitant expérimenter les principes qu'ils se fixaient, les membres de ce groupe se sont pris au jeu de la traduction, avec comme texte d'application l'une des œuvres les plus riches, mais aussi l'une des plus difficiles d'accès, l'*Ars Prisciani*.

Le premier volume de cette traduction, consacré au livre 17 de cette *Ars*, est paru en 2010 dans la même collection.

Rattaché au CNRS par l'UMR 8163 STL (*Sciences Textes Langages*), le groupe *Ars grammatica* est une association (loi de 1901) depuis octobre 2008.

Pour le présent volume, consacré aux livres 14, 15 et 16 de l'*Ars Prisciani*, le groupe était constitué des membres suivants :

Marc BARATIN, Université Charles-de-Gaulle Lille 3 et UMR 8163 STL
Frédérique BIVILLE, Université Lumière Lyon 2 et UMR 5189 HiSoMA
Guillaume BONNET, Université de Bourgogne et EA 4178 CPTC
Bernard COLOMBAT, Université Denis Diderot Paris 7 et UMR 7597 HTL
Cécile CONDUCHÉ, Université d'Orléans et EA 4710 POLEN
Alessandro GARCEA, Université Lumière Lyon 2, UMR 5189 HiSoMA et IUF
Louis HOLTZ, Institut de Recherche et d'Histoire des Textes (CNRS)
Séverine ISSAEVA, Université Charles-de-Gaulle Lille 3 et UMR 8163 STL
Madeleine KELLER, Université de Paris Ouest et UMR 7041 ArScAn
Diane MARCHAND, Lycée Voltaire d'Orléans

Le groupe remercie Catherine SENSAL, Université de Franche-Comté et EA 4011 ISTA, pour sa participation à ses premiers travaux et à la traduction initiale du livre 15.

Abréviations

abl. : ablatif
acc. : accusatif
ad loc. : *ad locum*
adv. : adverbe
ca : *circa*
codd. : *codices*
conj. : conjonction
dat. : datif
fém. : féminin
ed. / éd. : éditeur(s)
frg. : fragment(s)
gén. : génitif
indic. : indicatif
litt. : littéralement
masc. : masculin
ms. / mss : manuscrit(s)
n. : note
nomin. : nominatif
pass. : passif
phon. : phonétique / phonologie
pl. : pluriel
prép. : préposition
ps. : pseudo
sc. : *scilicet*
schol./Σ : scholies
sg. : singulier
spéc. : spécialement
sq. : suivante(s)
subj. : subjonctif
v. : vers
voc. : vocatif
vs : *versus*

* : précède une forme non attestée

Les lettres en gras désignent des manuscrits

CUF : *Collection des Universités de France (Les Belles Lettres)*
FDS : *Fragmente zur Dialektik der Stoiker*
GG : *Grammatici Graeci*
GL : *Grammatici Latini*
ThlL : *Thesaurus linguae Latinae*

Les références bibliographiques se font par le nom de l'auteur, la date de parution et la page (type Wischnewski 1909 : 78-80).

INTRODUCTION

1. *Premiers repères*

Les livres 14, 15 et 16 de l'*Ars* sont les derniers qui soient consacrés à l'examen des différentes parties du discours : le livre 14 porte sur la préposition, le 15 sur l'adverbe – avec une sorte d'appendice pour l'interjection –, et le 16 sur la conjonction. Ces parties du discours ne sont pas sans lien les unes avec les autres, et dès la présentation liminaire de l'ensemble de celles-ci, au livre 2 de l'*Ars*, Priscien suggère une opposition entre deux groupes : le premier constitué du nom, du verbe, du participe et du pronom, et le second de « toutes les autres », c'est-à-dire de celles auxquelles sont consacrés les livres 14, 15 et 16, ainsi conçues comme formant un sous-ensemble distinct[1]. Plus précisément, après avoir traité dans les livres 2 à 13 des quatre premières parties du discours, Priscien entame le livre 14 par la formule *nunc ad indeclinabilia ueniam* (24.3-4) : c'est l'*invariabilité* qui distingue ce second groupe et constitue le point commun, voire l'unité, des trois livres 14, 15, 16 par rapport aux précédents.

L'apparition et l'ordre de ces invariables s'inscrivent dans la problématique d'ensemble de l'organisation des parties du discours, et, pour rendre compte de leur succession particulière dans l'*Ars* de Priscien, quelques rappels historiques sont indispensables.

Le recensement des classes morpho-lexicales, la définition de leur nombre et de leur ordre ont été des questions centrales pour la tradition linguistique gréco-latine, si bien qu'on les retrouve tant chez les philosophes que chez les grammairiens et les rhéteurs, suivant des perspectives distinctes mais

1. *Quoniam de proprietate nominis et uerbi et participii et pronominis breuiter dictum est, non incongruum esse arbitror summatim de ceterarum quoque proprietate partium orationis percurrere* (*GL* 2, 55.29-56.2). Un autre témoignage de l'attachement de Priscien à cette distinction entre deux groupes de parties du discours est l'*Institutio de nomine et pronomine et uerbo*, traité consacré au nom, au pronom et au verbe, ainsi qu'au participe, à l'exclusion des autres parties du discours – c'est-à-dire précisément de celles qui sont examinées dans les livres 14, 15 et 16.

complémentaires[1]. Certains auteurs, depuis l'Antiquité, ont même esquissé des aperçus doxographiques sous la forme de progressions historiques, que les chercheurs modernes – après une période dominée par la *Quellenforschung* et par l'idée d'une évolution cumulative des savoirs – tendent de plus en plus à remettre en question, au profit d'une mise en valeur non seulement des continuités, mais aussi des ruptures dans la création du savoir linguistique.

Le traité perdu d'Apollonius Dyscole *Peri merismou tôn tou logou merôn* (*Sur la répartition des parties du discours*), en quatre livres, devait aborder ce sujet de façon détaillée, avec un développement spécifique pour chaque école philosophique[2]. Des scholies à la *Tekhnê* attribuée à Denys le Thrace permettent de reconstituer certains éléments de ce traité; les *scholia Londinensia* évoquent ainsi dans la section consacrée aux Péripatéticiens la théorie selon laquelle les catégories lexicales autres que le nom et le verbe représentent juste une forme de liaison et de colle (*sundesis kai kolla*) au sein de l'énoncé. Grâce à la métaphore du bateau, les « vraies » parties (parois, rames, agrès) s'opposent aux éléments secondaires et non indispensables (poix, étoupe, clous) – allusion semble-t-il à des bateaux faits d'une seule pièce de bois, sans aucun raccord. Cette doctrine repose sur l'idée qu'il existe une structure minimale de l'énoncé, qui en délimite les éléments essentiels, par rapport auxquels les autres éléments ne peuvent être que secondaires: cette conception procède de la description de l'énoncé assertif (*logos*) dans le *De interpretatione* d'Aristote (16a19-17a7), à partir du critère logico-fonctionnel qui le caractérise comme susceptible de porter une valeur de vérité et constitué d'un sujet et d'un prédicat (pas forcément d'un nom et d'un verbe au sens grammatical)[3].

Si l'on se déplace du niveau du *logos*, au sens logique, à celui de l'expression (*lexis*), l'analyse péripatéticienne des constituants de l'énoncé se fonde plutôt sur un critère morpho-sémantique adopté par tous les textes grammaticaux à partir d'Aristarque (*ca* 216-144 a. C.) au moins, chez qui la formule *merê logou* ne figure jamais. Dans ses scholies à Homère, ce grammairien employait déjà un système de huit types de *lexis* que la tradition suivante maintiendra presque inchangé: nom (*onoma*), verbe (*rhêma*), participe (*metokhê*), article (*arthron*), pronom (*antônumia*)[4], adverbe (*mesotês*), conjonction (*sundesmos*), préposition

1. *Cf.* en dernier lieu les travaux réunis dans Basset & Pérennec 1994 et surtout Matthaios 2001 et 2002.

2. Comme l'a montré Schneider (*GG* 2/3 : 30-37), il est possible de se représenter une partie de cet ouvrage en comparant les scholies à la *Tekhnê* attribuée à Denys le Thrace et quelques extraits de Priscien: 1) Péripatéticiens: Σ^{l} *GG* 1/3, 515.19-517.32; Priscien *GL* 2, 54.5-7; 551.18-552.14; 2) Stoïciens: Σ^{l} *GG* 1/3, 517.33-520.22; Σ^{m} *GG* 1/3, 356.7-358.9; Σ^{v} *GG* 1/3, 214.17-215.3, et résumé chez Priscien *GL* 2, 54.7-22; 3) d'autres traditions: Σ^{l} *GG* 1/3, 520.23-521.7; Priscien *GL* 2, 54.23-55.3.

3. *Cf.* Baratin 1989 : 377-382; Rosén 1989 : 225-233; Garcea & Lomanto 2003 : 33-47.

4. Cette catégorie est déjà reconnue sous le nom d'*antônomasia* par Comanus (frg. 19 D. cité par Apollonius, *Pron. GG* 2/1 ^{1}, 4.18-19), un contemporain d'Aristarque, plus âgé que celui-ci.

(*prothesis*)[1]. Comme l'affirment toujours les *scholia Londinensia* dans le passage mentionné, tous les constituants de l'énoncé expriment une valeur propre (*idia sêmasia*), et les prépositions, les adverbes et les conjonctions produisent eux aussi un changement dans le signifié (*enallassousi to sêmainomenon*); cela justifie le recours à une autre métaphore pour fonder la dichotomie entre parties principales (*merê timia*) et parties secondaires (*merê ou panu timia*), celle du corps humain : d'une part, le cerveau et le cœur (nom et verbe), et d'autre part, les mains et les pieds (autres constituants)[2].

En tant que grammairien, Priscien s'inscrit dans cette dernière tradition. Il rappelle d'abord que « pour certains philosophes, il y a uniquement deux constituants de l'énoncé, à savoir le nom et le verbe, les autres parties n'étant que des tuteurs (*adminicula*) ou des éléments de liaison (*iuncturae*) » ; puis il critique cette idée (*GL* 2, 551.18-552.14) : l'image du bateau, opposant des parties constitutives et des éléments accessoires, ne rend pas compte du fait que les composants de l'énoncé procèdent tous, eux, de cette même *materia* que sont les caractéristiques sémantiques et formelles qui permettent de les identifier. Priscien réclame ainsi de considérer comme des *partes orationis* à part entière, dotées d'une valeur propre, les unités linguistiques qui assurent un rôle de connexion (*compaginem praestare*) vis-à-vis du nom et du verbe. Tout au plus ce dernier point permet-il de distinguer des parties principales (*principales et egregiae*) et des parties secondaires (*appendices*).

Du point de vue formel, toutes les *partes orationis* sont exprimées par une *uox articulata* dotée d'un accent, mais elles ne partagent pas les mêmes accidents morphologiques. Le nombre grammatical permet notamment de faire une distinction entre les mots variables, qui en sont dotés (nom, verbe, participe, pronom), et les invariables, qui en sont dépourvus (préposition, conjonction, adverbe, interjection : *GL* 2.596.24-28).

Cette hiérarchie convergente sur les plans sémantique et morphologique est confirmée par l'ordre dans lequel sont traités les constituants de l'énoncé. Le nom et le verbe viennent en tête, suivis du participe et du pronom, qui, comme leur nom l'indique, ont un statut qui les apparente au nom et au verbe[3]. Vient ensuite le groupe des invariables, dont l'ordre repose sur un parallèle avec le groupe initial : la préposition vient en tête parce qu'elle est essentiellement en relation avec le nom; l'adverbe vient après en raison de ses liens avec le verbe; et en dernier se trouve la conjonction, qui est en relation avec toutes les parties du discours, c'est-

1. Cette catégorie est déjà reconnue par Aristophane de Byzance (*ca* 257-180 a. C.) frg. 382 S. cité par Apollonius, *Synt.* 4,11 = *GG* 2/2, 443.8-10. Elle est adoptée également par les *kritikoi* intéressés par l'aspect euphonique des poèmes : *cf.* Pausimachus de Milet (?) cité par Philodème, *Poem.* 1, P. Herc. 460 frg. 21 = 85.8-10 J.

2. *Cf.* Σ^1 *GG* 1/3, 516.1-36.

3. Le premier « participe » de la nature des deux (*metokhê* / *participium*), le second « tient lieu » de nom (*antônumia* / *pronomen*).

à-dire avec aucune en particulier[1]. Cette séquence est adoptée par Apollonius et reprise par Priscien, qui se démarque des autres grammairiens latins, chez qui on ne trouve pas ce souci d'opposer ces deux groupes d'unités[2].

Pour expliquer en quoi consiste précisément la valeur secondaire de certaines *partes orationis* par rapport aux principales, Priscien ajoute aux paramètres sémantique et morphologique un dernier critère, celui de la dépendance et de l'indépendance. Au premier livre de son *Ars* (*GL* 2, 54.1-4), il observe qu'un élément lexical (*dictio*) peut parfois remplir la fonction d'une *oratio*, « lorsqu'il exprime un sens complet » (*cum plenam ostendit sententiam*) : par exemple, les verbes à l'impératif ou les noms qui servent à eux seuls à répondre à une question. Il cite alors l'avis de ceux qu'il qualifie génériquement de *dialectici* : « Pour les dialecticiens, il y a deux constituants de l'énoncé, le nom et le verbe, car ce sont les seuls qui, joints ensemble sans rien d'autre, forment un énoncé complet ; les autres parties, ils les appellent *syncategoremata*, c'est-à-dire *consignificantia* » (*GL* 2, 54.5-7). Cette distinction lui permet, en dehors du cadre logique d'origine, d'introduire deux types de signification, qu'il illustre selon le principe de l'autonomie énonciative. Ainsi, au livre 15 (62.16-22), il précise que – à la différence du verbe, doté, lui, d'une *perfecta significatio* – l'adverbe ne peut exprimer une *plena sententia*, sauf dans le cas des adverbes holophrastiques employés comme réponses à des questions ou comme commentaires ; puis, au début du livre 17 (114.10-20), il reprend un passage d'Apollonius qui opposait le *sêmainein* autonome et stabilisé du nom et du verbe au *sussêmainein* des prépositions, des articles et des conjonctions[3]. Plus explicitement que son modèle, Priscien met en avant un paramètre énonciatif : toute entité linguistique n'accomplissant pas de manière indépendante un acte de langage semble prendre une signification variable, dépendante de ses rapports syntagmatiques. Ainsi, les conjonctions et les prépositions *semper consignificant, id est coniunctae aliis significant, per se autem non* [sont toujours co-signifiantes, c'est-à-dire qu'elles ne signifient qu'en combinaison avec d'autres, mais pas à elles toutes seules]. C'est l'étude de cette « combinaison avec d'autres », par exemple la construction des prépositions avec les cas, qui permet de résoudre la multiplicité de valeurs sémantiques dont ces catégories de mots sont porteuses.

La grammaire n'est pas la seule discipline qui attribue une valeur sémantique aux catégories morpho-lexicales, et il est vraisemblable que les analyses d'Apollonius dont Priscien s'inspire ont été influencées par la philosophie du langage stoïcienne. En qualifiant en effet les catégories morpho-lexicales de *merê logou*, « parties du discours », les Stoïciens en faisaient au premier chef des

1. Sur la genèse des parties du discours selon Priscien, *cf.* également, au début du livre 17, 115.20-121.12.

2. Donat par exemple cite les *partes orationis* dans l'ordre suivant : *nomen, pronomen, uerbum, aduerbium, participium, coniunctio, praepositio, interiectio*.

3. *Cf.* Apollonius, *Synt.* 1, 12 = *GG* 2/2, 13.1-14.4 ; Lallot 2003 ; Garcea & Lomanto 2003 : 47-50.

éléments constitutifs du *sens*, dans la mesure où le *logos* représentait selon eux toute expression signifiante correspondant à une *lexis*, ou « voix articulée ». Ils attribuaient pleinement le statut de *merê logou* aux nom (*onoma*)[1], verbe (*rhêma*), article-pronom (*arthron*) et « connecteur » (*sundesmos*). S'agissant de ce dernier, dont la connexion concerne non seulement des mots isolés mais aussi des segments d'énoncé, voire plusieurs énoncés combinés dans un argument[2], Posidonius, suivi par Chaeremon[3], avait critiqué la définition proposée par Aristote, qui y voyait un élément *asémantique*[4] : lui au contraire assignait une valeur sémantique propre à cette catégorie[5] – dans laquelle il incluait à la fois les prépositions et les conjonctions[6].

Une autre classe d'invariables devait se cacher derrière l'étiquette de *mesotês* qu'Antipater de Tarse ajouta au recensement de ses maîtres stoïciens[7]. À l'instar d'Aristarque, chez qui la *mesotês* est également attestée, Antipater dut réduire le *rhêma* à la classe morpho-lexicale du verbe et rendre ainsi autonomes des unités jusqu'alors englobées dans la catégorie du « prédicat » (*katêgorêma*), notamment les adverbes (*GG* 1/3, 95.20). Comme son nom l'indique, la *mesotês* fait allusion au caractère intermédiaire de ce groupe, peut-être parce que l'adverbe apparaissait à mi-chemin entre le verbe, dont il est le modificateur, et le nom-adjectif, quand il en est issu par dérivation[8].

À la suite d'Apollonius, Priscien connaît les classements des Stoïciens, mais il s'oppose à leur doctrine d'une inclusion des prépositions dans la catégorie des conjonctions, en faisant valoir des considérations syntagmatiques : place respective des prépositions et des conjonctions, combinaison des unes et des

1. Séparé par Chrysippe en *onoma* « nom propre » et *prosêgoria* « nom appellatif » – distinction que Denys le Thrace (Σ ᵛ *GG* 1/3, 124.7-14 ; 160.26) maintiendra, vraisemblablement sous l'influence d'Apollodore d'Athènes, qui lui aurait fait connaître l'œuvre du stoïcien Diogène de Babylonie.

2. Cf. *FDS* 536 = Diogène Laërce 7, 56-58.

3. Chez Apollonius, *Conj.* *GG* 2/1 [1], 248.1-12.

4. Aristote, *Poét.* 1456b38-57a2.

5. Dans les couples de composés *epi-dounai* [ajouter] / *apo-dounai* [rendre] et *ap-aitein* [réclamer] / *pros-aitein* [supplier], il soulignait que le changement de préfixe, appliqué au même thème verbal, est responsable des distinctions de signifié, *cf.* Posidonius, frg. 45 E. & K., et Apollonius, *Conj.* *GG* 2/1 [1], 214.4-26.

6. Le motif avancé pour cette inclusion était la possibilité qu'elles ont de se substituer les unes aux autres (*ei* [si] = *anth'hôn* [en échange de] ou *dià to* [par le fait de]) ; les Stoïciens ont pu établir un parallèle entre les syntagmes prépositionnels dans l'énoncé simple et les propositions dans l'énoncé complexe, le rôle d'intégration joué par les prépositions dans l'énoncé simple étant alors identifié à celui des conjonctions dans l'énoncé complexe, mais rien ne vient confirmer cette hypothèse ; Dalimier 2001 : 236-240. *Cf.* livre 14 : 34.24. Avant Posidonius, les Stoïciens semblent avoir considéré les prépositions dans la catégorie des *arthra*, comme le faisait Aristote, *Poét.* 20, 1457a6-8 : *cf.* le passage controversé de Priscien, *Part.* 109.7-11 P., *cf.* *FDS* 556.

7. Cf. *FDS* 536 = Diogène Laërce 7, 57.

8. Cette question est controversée. Sur l'histoire de l'adverbe dans la tradition grammaticale grecque, *cf.* Matthaios 2005 ; plus spécifiquement sur la tradition latine : Swiggers & Wouters 2002 ; Bonnet 2005b ; Wouters & Swiggers 2007.

autres avec des mots déclinables ou indéclinables[1]. En outre, il suit la tradition grammaticale qui s'impose à partir du 1er siècle a. C. et qui, choisissant le terme d'*epi-rrhêma* / *ad-uerbium*, conçoit l'adverbe en fonction du seul verbe[2]. Enfin, à propos des interjections, il ne se range pas entièrement à la position des Grecs, qui les incluaient la plupart du temps dans les adverbes, au motif qu'elles aussi, comme les adverbes, peuvent s'expliquer à partir d'une action, et donc à partir d'un verbe[3].

2. *Le détail des sources*

Au tout début du livre 14, Priscien introduit l'ensemble des invariables en se référant aux *Graecorum doctissimi*. De ceux-ci, il ne cite alors nommément qu'Apollonius Dyscole, pour affirmer qu'il en a « suivi l'autorité en tous points » (24.7-8)[4]. La dépendance par rapport à Apollonius est néanmoins plus difficile à cerner pour les livres sur les invariables qu'elle ne l'est pour les livres 17 et 18. Les *scripta minora* du grammairien grec ne sont pas en effet demeurés dans le même état de conservation que le *Peri suntaxeôs* qui a servi de modèle à ces deux derniers livres : le volume consacré aux prépositions ne nous est pas parvenu, et ceux qui portent sur les adverbes et les conjonctions sont lacunaires. Par ailleurs, l'objectif de décrire les propriétés de ces parties du discours *en latin* ne pouvait que réduire la part du modèle grec dans les livres 14, 15 et 16.

Dans le détail, les parallèles avec Apollonius sont impossibles à établir pour le livre 14 en l'absence du traité *Peri protheseôn* que celui-ci avait consacré à la préposition[5]. Néanmoins, la définition que Priscien donne de la préposition (24.13-14) est très proche de celle que propose une scholie à la *Tekhnê* pour corriger la définition indiquée dans ce traité[6]. La substance de cette scholie, attribuée à Héliodore, a-t-elle été empruntée à Apollonius ? Sans doute cette définition ne comporte-t-elle aucun critère sémantique, ce qui n'est guère

1. *Cf.* livre 14 : 34.23-35.3. Sur les prépositions chez les grammairiens latins, *cf.* Santiago Àngel 1996 ; Colombat & Garcea à paraître.

2. Pas avant Philoxenos, qui emploie encore *mesotês* (frg. 578 T. cité dans *Schol. Hom.* 410d), mais avec Tryphon, auteur d'un traité *Peri epirrhêmatôn* (frg. 65 V. cité par Apollonius, *Adv. GG* 2/1[1], 146.15-23) ; Nigidius Figulus, frg. 7 F. chez Nonius 149 L. ; Denys d'Halicarnasse, *Comp.* 5, 5 A.L.

3. Sur la position ambiguë de Priscien, cf. *infra*, section 3, *Une catégorie à part, l'interjection*.

4. Cette référence à Apollonius à propos des invariables trouve un parallèle et une confirmation dans un passage du livre 17 (120.18-121.2), où Priscien suit de près son modèle grec pour expliquer en quoi consiste la *priorité* impliquée par le nom même de la préposition. *Cf.* notre édition p. 94 note *c* et 95 note 56.

5. Une comparaison systématique entre le livre 14 et le reste de l'œuvre d'Apollonius est faite par Matthias 1887 : 601-602 et Luscher 1912 : 191-192.

6. Σ[h] *GG* 1/3, 91.20-22 : *prothesis esti meros logou kath'hena skhêmatismon legomenon, prothetikon <pantôn> tôn tou logou merôn en parathesei ê sunthesei, hote mê kata anastrophên ekpheretai* [la préposition est une partie du discours qui ne s'emploie que sous une seule forme, qui est pré-posée à toutes les autres parties du discours, en juxtaposition ou en composition, sauf quand elle est prononcée avec anastrophe].

caractéristique d'Apollonius, mais c'est un vrai problème pour l'ensemble des invariables, et, comme on l'a évoqué, aucun des grammairiens anciens n'a su définir clairement ce type de signifié, quoiqu'ils insistent sur le fait que les invariables en sont pourvus. Cette absence n'est donc pas déterminante: Apollonius soulignait plutôt les rapports syntagmatiques, comme il le fait abondamment dans le livre 4 de sa *Syntaxe*[1]. En outre, la réserve finale de la définition du scholiaste (*hote mê*...) trouve un parallèle formel dans d'autres définitions d'Apollonius et renvoie à l'autre grande question qu'il traite au livre 4 de sa *Syntaxe*: l'anastrophe (§ 4-11)[2]. C'est cette précision fournie par la source grecque qui permet d'expliquer, juste après la définition latine qui ne comporte aucune référence à l'anastrophe, la part que Priscien accorde néanmoins à la postposition des prépositions (24.13-22).

En outre, les parallèles que l'on peut trouver entre les scholies d'Héliodore (Σ^h *GG* 1/3, 92.12-93.9) et le livre 14 de Priscien (27.26-28.18) conduisent à penser que ces deux auteurs avaient bien puisé dans le *Peri protheseôn* d'Apollonius, notamment pour présenter la combinatoire des prépositions avec les différentes parties du discours[3].

Pour le livre 15, le traité d'Apollonius *Peri epirrhêmatôn*[4] constitue une source très évidente, mais vu le rôle décisif que la morphologie joue dans le texte de Priscien, le modèle grec ne pouvait guère former qu'un arrière-plan. Son influence est essentiellement sensible dans la section introductive, qui représente un commentaire de la définition de l'adverbe (*Adv. GG* 2/1^1, 119.5-145.25): Priscien reprend la définition d'Apollonius en la simplifiant, et s'engage directement dans l'exposé des restrictions de combinaison entre l'adverbe et les modes, les temps et les personnes du verbe. C'était la démarche qu'avait suivie son modèle grec, conformément à ce qu'il avait annoncé dans une formule de sa définition initiale que Priscien laisse de côté (*lexis... katêgorousa tôn en tois rhêmasin egkliseôn katholou ê merikôs* [un mot... qui prédique, en totalité ou en partie, les variables du verbe]). Ensuite, quand Priscien passe au traitement des *accidentia* de l'adverbe, les correspondances avec le texte d'Apollonius deviennent ponctuelles, mais toujours avec les mêmes types d'adaptations et de reclassements[5]. Ainsi, au début de son traité, Apollonius explique que les formes casuelles (*ptôtika*) remplissant le rôle d'adverbes deviennent des indéclinables (*aklita*) à cause du changement de fonction syntaxique (*GG* 2/1^1, 120.1-18);

1. *Cf.*, dans la partie conservée, § 12-31 : constructions avec les noms; § 32-49 : constructions avec les verbes ; § 52-78 : constructions avec les autres parties du discours.

2. Voir aussi la remarque d'Héliodore, dans la suite du texte, sur le fait que, seule parmi les invariables, la préposition n'a pas de *monadikê suntaxis* (Σ^h *GG* 1/3, 92.4) – expression apollonienne –, car elle peut se combiner avec plusieurs autres parties du discours.

3. *Cf.* Schneider *GG* 2/3, 134.1-135.20.

4. Une comparaison systématique entre le livre 15 et l'œuvre d'Apollonius est faite par Matthias 1887 : 604-605 et Luscher 1912 : 192.

5. Sur l'influence d'Apollonius, *cf.* aussi notes 1, 3, 8, 12, 40, 94 de la traduction du livre 15.

Priscien déplace cette section sous la rubrique de l'*espèce*, et souligne l'aspect morphologique de la question en traduisant *ptôtika* non par *casualia*, qui en est le calque usuel, mais par la lourde paraphrase *nominum terminatio diuersorum casuum* (63.21). En ce qui concerne la place des adverbes, Apollonius se préoccupe tout d'abord d'expliquer pourquoi une classe morpho-lexicale dont la dénomination indique l'antéposition (*epi-rrhêma*) peut aussi être postposée, puis il opère une comparaison entre adverbe et verbe d'une part, adjectif et nom d'autre part, et inclut dans sa démonstration le test d'adjonction de l'article au binôme adjectif + nom (*GG* 2/1^{1}, 125.6-126.23); Priscien reprend cette dernière comparaison, mais se passe de l'argumentation générale (60.3-5).

Quant au livre 16, il pose des problèmes proches de ceux du livre 14, même si le *Peri sundesmôn* d'Apollonius est conservé, encore que sous une forme lacunaire[1]. En fait, les rapprochements qu'il est possible d'établir sont très limités. La définition de la conjonction fait difficulté : elle est absente du traité d'Apollonius tel qu'il nous est parvenu, mais celle que donne Priscien (93.2-3) se retrouve à l'identique dans une scholie d'Héliodore, qui la présente là encore pour corriger celle de la *Tekhnê*[2]. Le scholiaste la fait suivre en outre du même exemple d'*ordre* que celui que propose Priscien (93.5-8 $\approx \Sigma^{h}$ *GG* 1/3, 102.26-103.9). L'origine de cette définition demeure controversée, mais il n'est pas invraisemblable que le scholiaste l'ait empruntée au traité d'Apollonius[3].

Pour ce qui est des dénominations des conjonctions, le manque d'une liste complète chez Apollonius peut être compensé par la mise en parallèle de la liste de Priscien (93.13-16) et des dénominations grecques correspondantes que l'on trouve ailleurs chez Apollonius[4]. Ce rapprochement permet d'aboutir à l'inventaire suivant :

copulatiua	correspondant à	*sumplektikos, athroistikos*
continuatiua		*sunaptikos*
subcontinuatiua		*parasunaptikos*
adiunctiua		*epizeuktikos*
causalis		*aitiologikos, aitiôdês*
effectiua		*apotelestikos*
approbatiua		*(dia)bebaiôtikos*

1. Une comparaison systématique entre le livre 16 et l'œuvre d'Apollonius est faite par Matthias 1887 : 602 et Luscher 1912 : 192.

2. Σ^{h} *GG* 1/3, 102.15-18 : *sundesmos esti meros logou akliton, sundetikon tôn tou logou merôn, hois kai sussêmainei, ê taxin ê dunamin <ê kai taxin kai dunamin> paristôn* [la conjonction est une partie du discours invariable qui sert à joindre les parties du discours, avec lesquelles elle est co-signifiante, en indiquant ordre ou valeur, ou ordre et valeur].

3. Une autre scholie (Σ^{m} *GG* 1/3, 435.40-436.1) en cite le début et l'attribue explicitement à Apollonius. Baratin 1989 : 54-56 considère que cette définition émane d'une modification opérée par Apollonius sur la définition du stoïcien Posidonius; Lallot 1998^{2} : 238 pense que l'« emprunt à Apollonius paraît plausible, *au vocabulaire près* ». *Cf.* aussi Dalimier 2001 : 232-235.

4. *Cf.* Schneider *GG* 2/1^{2}, 220-221. Pour chaque catégorie, *cf.* notes *ad loc.* dans notre traduction.

disiunctiua	*diazeuktikos*
subdisiunctiua	*paradiazeuktikos*
disertiua	*diasaphêtikos*
ablatiua	
praesumptiua	
aduersatiua	*enantiômatikos*
abnegatiua	*anairetikos*
collectiua, rationalis	*sullogistikos, epiphorikos*
dubitatiua	*diaporêtikos, aporêmatikos*
completiua	*paraplêrômatikos*

Dans la suite du texte, Priscien se réfère explicitement à Apollonius – et Hérodien – (95.13-15) à propos des causales, mais son classement repose sur une profonde réorganisation de la doctrine du grammairien grec [1].

En plus de cette source grecque, la nécessité de bâtir un classement morphologique axé sur le latin a imposé à Priscien de se servir de sources latines.

Un point particulièrement net est celui de la catégorisation des prépositions quand elles peuvent se confondre avec des adverbes ou des conjonctions : c'est à ce sujet qu'apparaissent des renvois aux *Romani artium scriptores* (26.5), *artium scriptores Latinarum* (31.3), *artium scriptores Latini* (45.21), *artium scriptores* (36.15 et 40.9), et plus précisément à Donat (27.20-23, 41.16-19 et 51.19) [2], Censorinus (27.23-25 et 45.25-47.4), ou même Caper (40.30 et 44.9) [3]. Ce dernier, qui se situe dans la mouvance archaïsante de la fin du IIe siècle p. C. [4], constitue l'une des sources privilégiées pour les livres 5-10 de l'*Ars Prisciani*, alors que dans les livres 11-16 son nom figure peu souvent, peut-être parce que, pour ces parties, Priscien disposait seulement d'*excerpta* de l'œuvre de Caper [5], ou parce que l'influence des modèles grecs devenait de plus en plus importante. Quoi qu'il en soit, les deux références que l'on trouve dans le livre 14 pourraient être simplement des reprises de ce que Priscien avait dit auparavant, au livre 3 [6].

La doctrine du même Caper à propos des adverbes est attestée par cinq mentions explicites dans l'extrait sur les adverbes de Julius Romanus, tel que le cite Charisius 2,13 (233-289 B.), mais, comme dans la même section d'autres grammairiens sont aussi évoqués (Sisenna, Acron, Modestus), il est difficile de dire quel est précisément l'apport de Caper. Il se peut aussi que ce grammairien ait

1. Cf. *infra*, section 3, *Les critères et le cas des conjonctions*.

2. Donat est également mentionné au livre 15, en 61.20-21 (à propos de *ni*) et, à propos de l'accent des interjections, en 91.20-22, où son point de vue est approuvé sans réserve (cf. *infra*, section 3).

3. *Cf.* notes *ad loc.*

4. Sur les auteurs classiques cités par Caper, qui connaît non seulement les *ueteres* mais aussi Tibulle, Perse, Juvénal, *cf.* Hoeltermann 1913; sur les citations de Caper dans le livre 14, *cf.* Keil 1889 : 63.

5. *Cf.* Wischnewski 1909 : 78-80.

6. Cf. *GL* 2, 85.1-6 (avec la même citation de Caton) et 95.18-96.7.

été utilisé même ailleurs sans qu'une allusion transparente y soit faite [1]. De même, la dérivation des adverbes à partir des participes, ainsi que l'exemple *indulgens / indulgenter*, apparaissent aussi bien chez Priscien 76.18-22 et 80.20-21 que chez Pompée, dans un passage où ce dernier dit explicitement se rapporter à Caper (*GL* 5, 243.19-21). Une autre piste est offerte par l'accord entre ce que Priscien lui-même a attribué à Caper dans les livres précédents et ce qu'il dit au livre 15, mais on ne peut affirmer avec certitude s'il puise *ex nouo* dans Caper ou s'il reprend tout simplement ce qu'il avait dit auparavant [2].

Par ailleurs, il est bien établi que Priscien s'est abondamment servi du *De compendiosa doctrina* de Nonius Marcellus, tout au moins des livres à contenu linguistique [3] : plus de quarante passages de l'*Ars* sont à coup sûr dépendants de Nonius (mêmes citations à propos des mêmes termes) et plus de vingt autres le sont probablement – alors même que Priscien ne cite nommément Nonius que trois fois [4]. Les livres 14, 15 et 16 – où n'apparaît jamais le nom de Nonius – offrent des cas de dépendance sûre en 31.25-26 (à propos de *propter* au sens de *causa*) [5]; 32.14 et 53.11, 32.18, 32.20 (*tenus*) [6]; 70.4-71.6 et 77.7-12 [7]; 83.7 (*quando* pro *quoniam*) [8]. La dépendance est probable pour 31.12 (*(e)ruere*) [9] et 98.6-7 (*uel* pro *etiam*) [10]. Priscien n'a pas du tout la même approche de la langue que Nonius [11], mais trouve dans le *De compendiosa doctrina* (qu'il avait manifestement à sa disposition) un riche recueil de citations illustrant divers faits de langue.

1. Sur les influences de Caper dans le livre 15, *cf.* Keil 1889 : 63-65. Voici quelques menues correspondances entre la section *de aduerbio* chez Charisius et le livre 15 de Priscien : *sane* employé pour *ualde*, sur le modèle de *sanus* pour *ualidus* : Charisius 282.7-9 B. et Priscien 71.12; *donicum* archaïque pour *donec* : Charisius 256.23 B. et Priscien 74.11 ; *actutum* exemplifié par Virgile, *Én.* 9, 254-256 : Charisius 253.5-8 B. et Priscien 76.5-9.

2. La question des comparatifs de *potis*, *pote*, qui fait l'objet d'une incise en 68.16-17, avait déjà été traitée au livre 6 (*GL* 2, 251.17-18), qui dépend du *De Latinitate* de Caper; les deux séries *nuper nuperrime* et *nuperus nuperrimus*, mentionnées en 80.10-11 avaient déjà été traitées au livre 3 (*GL* 2, 95.18-96.3), avec mention explicite de la source : *ut Capro uidetur*.

3. L'exploitation du *De compendiosa doctrina* par Priscien a fait l'objet d'une étude systématique par Bertini 1975 : 57-96, qui a montré que « Prisciano utilizzò, più o meno ampiamente, i primi 12 libri del dizionario noniano con la sola eccezione del libro V (*De differentia similium significationum*). Per contro non utilizzò affatto gli ultimi 8 libri ad eccezione del XV (*De genere uasorum uel poculorum*), di cui si servì, peraltro, una sola volta » (p. 94).

4. Aux livres 1, 6 et 10 (*GL* 2, 35.20-21, 269.24-270.2 et 499.20-500.2 respectivement) : *cf.* Bertini 1975 : 59 et 93-96 (repris 2009 : 202-204).

5. Bertini 1975 : 74 et 76-77 (n° 41).

6. Bertini 1975 : 74 et 77 (n° 44, 46, 47).

7. Analyse détaillée de la manière dont Priscien a exploité, pour ces deux passages, le livre 11 de Nonius, *De indiscretis aduerbiis*, dans Keller 2009a, qui précise Hertz 1856.

8. Bertini 1975 : 89 et 90 (n° 3).

9. Bertini 1975 : 74 et 76 (n° 49).

10. Bertini 1975 : 89 et 90 (n° 4).

11. *Cf.*, par exemple, à propos des adverbes dérivés d'adjectifs, *infra*, la fin de la section 6.

3. *Les critères de définition et de différenciation*

La préposition, l'adverbe et la conjonction sont définis à deux reprises dans l'*Ars* : sous forme regroupée dans l'introduction à l'étude des parties du discours, au livre 2 (*GL* 2, 56.3-27), et pour chacune d'entre elles au début des livres 14, 15 et 16. L'interjection fait l'objet d'un traitement marginal et particulier, que l'on examinera à part. Les définitions du livre 2 et celles qui introduisent chacun des trois livres particuliers ne sont pas identiques, et leur comparaison permet de préciser les points sur lesquels Priscien veut insister dans les livres 14, 15 et 16. Leur présentation même diffère : dans le livre 2, où toutes les parties du discours sont présentées dans une sorte de vue d'ensemble, il s'agit de caractériser chacune dans une perspective contrastive, à partir de la formule *proprium est* (*praepositionis*, *aduerbii*, *coniunctionis*)... En revanche, dans les livres 14, 15 et 16, il s'agit de définitions liminaires, destinées à servir de cadres aux exposés qui leur sont consacrés à chacune, et elles sont introduites par la formule, canonique dans toute la tradition artigraphique, *praepositio* (*aduerbium, coniunctio*) *est pars orationis indeclinabilis...*

Voici ces différentes définitions :

Préposition :

Livre 2 : praepositionis autem proprium est separatim quidem per appositionem casualibus praeponi, ut *de rege*, *apud amicum*, coniunctim uero per compositionem tam cum habentibus casus quam cum non habentibus, ut *indoctus...*, *induco* ;
[le propre de la préposition est d'être préposée à des mots fléchis, en position détachée, par juxtaposition, comme *de rege*, *apud amicum*, et en position attachée, par composition, que ce soit avec des mots à cas ou avec des mots sans cas, comme *indoctus...*, *induco*] ;

Livre 14 : ... pars orationis indeclinabilis quae praeponitur aliis partibus uel appositione uel compositione ;
[la préposition est une partie du discours invariable qui est placée devant d'autres parties du discours, en juxtaposition ou en composition].

Adverbe :

Livre 2 : proprium est aduerbii cum uerbo poni nec sine eo perfectam significationem posse habere ;
[le propre de l'adverbe est d'être employé avec un verbe et de ne pouvoir avoir de signification complète sans lui] ;

Livre 15 : ... pars orationis indeclinabilis cuius significatio uerbis adicitur ;
[l'adverbe est une partie du discours invariable dont la signification s'adjoint aux verbes].

Conjonction :

Livre 2 : proprium est coniunctionis diuersa nomina uel quascumque dictiones casuales uel diuersa uerba uel aduerbia coniungere ;

[le propre de la conjonction est de conjoindre différents noms, ou tout mot à cas, ou différents verbes ou adverbes (exemples : *et* et *uel*)] ;

Livre 16 : ... pars orationis indeclinabilis, coniunctiua aliarum partium orationis, quibus consignificat, uim uel ordinationem demonstrans ;
[la conjonction est une partie du discours invariable qui sert à joindre d'autres parties du discours – avec lesquelles elle est co-signifiante –, en indiquant valeur ou ordre (exemples : *et* et *si*)].

Par rapport au livre 2, les définitions des livres 14, 15 et 16 sont à la fois plus synthétiques et plus complexes : plus synthétiques dans la mesure où la suite de chaque livre est censée apporter des précisions dont la présence est de ce fait superflue dans une présentation liminaire, mais que Priscien juge en revanche utile d'évoquer dans les définitions du livre 2 – qui doivent se suffire à elles-mêmes ; plus complexes en raison même de leur caractère synthétique, comme pour l'adverbe, ou en raison de l'adjonction de notions absentes du livre 2, comme pour la conjonction, dont la définition du livre 16 introduit les notions de « co-signification », de « valeur » et d'« ordre ».

Priscien est coutumier de ces variations de formulation, voire de conception, qui correspondent à des différences d'objectifs, selon l'ouvrage ou le contexte : dans les *Partitiones*, texte essentiellement pédagogique, les définitions de ces mêmes parties du discours sont destinées à un enseignement élémentaire, et sont par là très voisines de celles de la tradition artigraphique latine, c'est-à-dire d'une sorte de niveau « standard » de présentation[1] ; les définitions de l'*Ars*, et particulièrement des livres 14, 15 et 16, représentent un tout autre degré d'élaboration et de complexité.

La présentation de la conjonction à l'intérieur de l'*Ars* est le meilleur exemple de l'ampleur de ces variations. À la définition du livre 2, qui vise fondamentalement le mécanisme que les Modernes appellent la coordination, avec pour seule illustration *et* et *uel*, fait pendant l'évocation du début du livre 17 (116.12-13), où seule est visée ce que les Modernes appellent la subordination, avec l'indication que la conjonction « réclame un autre énoncé » et ne saurait donc figurer avec chacune des autres parties du discours dans un énoncé simple. À l'opposé de ces deux simplifications, qui correspondent aux objectifs particuliers de leurs contextes respectifs, la définition du livre 16 prend appui sur les deux mécanismes à la fois, en illustrant la définition par les deux exemples *et pius et fortis fuit Aeneas* et *si ambulat, mouetur*.

Dans ces trois livres, ces définitions sont en outre précisées par de multiples mises en perspective, qui permettent de différencier les parties considérées les

1. Pour la préposition : *pars orationis quae praeposita aliis partibus orationis significationem earum aut complet aut mutat aut minuit* (60.2-3 P.) ; pour l'adverbe : *pars orationis quae adiecta uerbo significationem eius explanat atque implet* (69.8-9 P.) ; pour la conjonction : *pars orationis connectens ordinansque sententiam* (55.20 P.) et *pars orationis adnectens ordinansque sententiam* (75.3-4, 90.17, 97.8-9 P.). Ce sont notamment les définitions de Donat.

unes par rapport aux autres[1]. Cela permet à Priscien de prendre parti dans le débat sur la distinction entre préposition et conjonction, et de souligner ce qui lui paraît le plus caractéristique de chacune des trois parties du discours concernées.

La préposition et la conjonction sont rapprochées, notamment en 24.23-25.25, dans une perspective morphologique et syntaxique. D'un point de vue morphologique, Priscien souligne l'aptitude de la préposition à fonctionner comme préfixe et à former ainsi un composé avec un mot à flexion, contrairement à la conjonction[2]. D'un point de vue syntaxique, deux concepts sont évoqués : la *transitio* et le couple sujet / prédicat. La *transitio* caractérise la préposition, dans la mesure où celle-ci assure le *passage* entre deux entités en présence, les *personnes*, dans des tournures du type *in hostem uado* ou *de te loquor*, prototypes de la construction prépositionnelle[3]. Quant à l'opposition du sujet et du prédicat, elle apparaît au moins implicitement à travers la distinction de la *substance* et de l'*accident*, quand Priscien souligne que la conjonction « conjoint deux substances avec un accident, ou deux accidents avec une substance » (25.2-4) dans des tournures du type *ego et tu facimus* ou *scribit et legit homo*. L'analyse syntaxique fondée sur ces deux concepts est tout à fait originale. Elle postule en effet que dans la construction de la proposition, la préposition, sous couvert du passage d'une *personne* à une autre (*transitio personarum*), assure en fait le passage d'une *fonction* à une autre, par le biais de la transitivité, par opposition à la conjonction qui, dans ce même cadre propositionnel, est limitée ou bien à la fonction de sujet (*ego et tu*) ou bien à celle de prédicat (*scribit et legit*), mais n'assure pas le passage de l'une à l'autre[4]. Du point de vue historique, cette comparaison fait écho aux analyses stoïciennes fondées sur le cadre de la proposition, quoiqu'elles soient limitées paradoxalement au cadre de la proposition simple, avec pour conjonction prototypique *et*, alors que les analyses stoïciennes concernaient les propositions complexes, avec pour conjonction prototypique *si*[5].

La comparaison entre la préposition et l'adverbe reprend et précise le critère de la *transitio*. Les prépositions en effet sont associées à des cas obliques, au moins pour les prépositions « en juxtaposition » (cependant que les prépositions « en composition », c'est-à-dire comme préfixes, dans une forme comme *in-doctus*, ne sont pas associées en tant que telles à certains cas plutôt qu'à d'autres) ;

1. Préposition vs conjonction : 24.23-25.25 ; 34.23-35.3 (et déjà dans le livre 2 : *GL* 2, 56.21-27). Préposition vs adverbe : 25.26-27.3 ; 45.2-20 (et déjà dans le livre 2 : *GL* 2, 56.4-11).

2. Sauf formations exceptionnelles, en l'occurrence *siqua*, *nequa*, 25.1.

3. Ce sont les deux premiers exemples du chapitre consacré à la « potentialité » des prépositions, 35.8-10.

4. La différence de vocabulaire dans les deux cas est révélatrice. Il s'agit en effet de *personae* quand il y a *transitio*, tandis qu'il s'agit de *substantiae* ou d'*accidentia* à l'intérieur de chaque place, de chaque fonction. La *persona*, qui correspond encore dans de nombreux passages à la notion concrète de personne physique, et le plus souvent à la notion grammaticale de *personne* (1re / 2e / 3e), est ainsi également susceptible de recouvrir la notion de place, de *fonction*. Sur le détail des difficultés présentées par les relations entre personne et transitivité, *cf.* livre 14, note 44 *ad* 32.30 et 80 *ad* 45.20.

5. Cf. *supra*, note 17.

or les cas obliques sont liés de leur côté à la transitivité : *nihil enim carens casu per se transitiuum potest esse*, 32.30 – le nominatif étant de son côté « absolu », c'est-à-dire ne supposant pas par lui-même de relation transitive (*cf.* livre 18, *GL* 3, 210.11-12). Les prépositions, dans leur emploi « en juxtaposition », sont ainsi liées à la transitivité : *separatae enim eae semper transitionem significant* (32.26-27). Dans la comparaison avec l'adverbe, ce critère de la *transitio* permet de dépasser des considérations morphologiques empruntées au grec, mais jugées peu décisives en latin. Le point de départ de cette comparaison dans le livre 14 est en effet d'ordre formel, et son origine grecque explicitement reconnue : « les adverbes peuvent être dérivés, les prépositions sont toutes primaires – si nous suivons la doctrine des Grecs » (25.27-28). Ce critère formel se heurte en latin à un certain nombre de contre-exemples, immédiatement cités : *aduersum*, *extra*, *infra*, *inter*, *intra*, qui sont dérivés, alors qu'ils sont inclus par la tradition latine dans les prépositions. Priscien tente de sauver la position inspirée du modèle grec en suggérant qu'il s'agit d'« adverbes prépositifs » – autrement dit que le critère formel est pertinent et que ces termes sont bien des adverbes, mais susceptibles éventuellement d'un emploi secondaire, comme prépositions. Pour cela, il cite des emplois de ces termes où ils sont « associés à des verbes même sans la présence de mots à cas » (26.2-3). En fait, cette tentative de sauvetage de la position grecque est déjà en elle-même un hommage à la thèse des grammairiens latins, pour qui le critère déterminant est précisément la construction avec des cas (26.5), qui entraîne le classement dans la catégorie des prépositions. Priscien revient sur cette question plus loin dans le livre 14 (45.2-20), en passant directement au critère de la *transitio*, c'est-à-dire à la construction avec des cas, reconnu ainsi comme caractéristique de la préposition, par opposition à l'adverbe. Finalement, ce critère de la *transitio* est discriminant dans le débat sur l'interprétation prépositionnelle ou adverbiale d'un certain nombre de formes – et conduit à définir négativement les adverbes, dans la mesure où ils n'instaurent pas de *transitio*. Cela correspond à la conception de l'adverbe comme catégorie « fourre-tout » – où les termes figurent en quelque sorte par défaut.

Dans cette perspective, l'adverbe apparaît comme l'envers de la préposition, et de ce fait, malgré ses liens affirmés avec le verbe, comme libre de liens syntagmatiques. Cette autonomie de fonctionnement est soulignée *a contrario* à propos des adverbes en *-e* (67.22-68.7) : dans les locutions *sponte sua* [de son propre mouvement] et *mane primo* [de bon matin], *sponte* et *mane* ne sont pas des adverbes, mais bien des noms, « en raison de leur association avec d'autres formes casuelles » (en l'occurrence *sua* et *primo*) : le lien syntagmatique constitue l'argument qui permet de nier à ces formes le statut d'adverbes de plein droit.

La relation avec le verbe, elle, est d'ordre sémantique. C'est indiqué dans la définition liminaire de l'adverbe (« sa signification s'adjoint au verbe »), et Priscien le formule plus nettement un peu après (62.17-18) : « sans un verbe ou un participe (qui a la valeur d'un verbe), un adverbe ne comporte pas un sens qui soit complet ». En fait, comme on l'a vu, l'adverbe est présenté comme développant une dimension de la signification du verbe. C'est le sens de la partie introductive du livre 15, juste après la définition liminaire : il s'agit de montrer que les adverbes « s'associent de façon cohérente » (*conuenienter sociantur*, 60.6) avec les modes, les temps ou les personnes, c'est-à-dire à chaque fois avec l'un des traits du sens du verbe.

La sémantique est à elle seule le critère d'une autre différence entre les prépositions et les adverbes (mais qui n'est pas évoquée explicitement dans les passages où ces deux parties du discours sont distinguées) : la variabilité du sens des prépositions, qui « adaptent leur signification en fonction du sens de ce qui les suit », par opposition à l'unicité du sens des adverbes (30.9-31.10). En fait, Priscien souligne que ce critère est d'origine grecque, et il en conteste la validité en latin, au moins pour les prépositions : certaines ont un sens précis, comme *supra*, *infra*, *extra*, *pone*, et leur classement parmi les adverbes, auquel aboutirait l'application du critère grec, lui paraît contradictoire avec trois autres critères, de natures différentes : la construction avec des mots à flexion, combinée avec la place antéposée dans cette construction, l'absence d'accent, et l'équivalence sémantique avec des prépositions grecques (30.27-31.4).

Ce conflit de critères, qui conduit Priscien à reconnaître la pertinence du classement usuel des grammaires latines, est un bon exemple de la diversité des données prises en compte dans la détermination des parties du discours considérées, et de la pondération de ces données. Priscien revient ainsi dans le livre 15 (83.25-84.15) sur ces mêmes termes, *supra*, *infra*, *extra*, *pone*, auxquels il ajoute *ultra* et *citra*, et il rappelle les critères de la construction avec des formes à cas obliques et de l'absence d'accent, mais sa conclusion n'est pas la même que dans le livre 14 : le critère de l'autonomie sémantique paraît cette fois déterminant, et Priscien préfère considérer qu'il s'agit d'adverbes susceptibles d'emplois prépositionnels. L'angle d'approche, depuis les prépositions dans le livre 14, depuis les adverbes dans le livre 15, semble avoir pesé dans le choix des critères déterminants…

Un critère commun : l'accent

La morphologie occupe une place très importante, au moins dans les livres 14 et 15. Par exemple, les prépositions sont classées selon le nombre de leurs syllabes, en monosyllabiques, dissylabiques et trisyllabiques, et les adverbes en fonction de leur syllabe finale, par ordre alphabétique de ces finales ; de même, l'analyse des problèmes de composition, pour les prépositions, et de dérivation, pour les adverbes, retient constamment l'attention de Priscien dans ces deux livres. Une question morpho-phonologique occupe cependant une place particulière, parce que transversale, et appelle de ce fait un examen spécifique : l'accent. Cette question n'est assurément abordée que de façon éparse, et volontiers allusive, parfois jusqu'à l'obscurité, mais très fréquemment[1]. Si l'on récapitule et que l'on regroupe ces éléments épars, il s'en dégage, pour les invariables, moins une règle générale qu'une série de cas particuliers, surtout pour les prépositions. La synthèse de ces remarques permet de saisir les objectifs et les ressorts de cette description.

Comme les autres grammairiens latins, Priscien décrit l'accent de mot en se servant des outils conceptuels mis au point par les grammairiens grecs[2], et retient les trois accents qu'ils avaient définis : aigu, grave, circonflexe. L'accent de base est l'aigu, le grave correspondant à l'absence d'un aigu : indiquer qu'une syllabe porte l'accent grave revient à souligner l'absence ou l'effacement de l'accent aigu ; toute syllabe non accentuée n'est donc pas marquée comme portant l'accent grave, mais seulement celles qui pourraient ou devraient porter un aigu, et dont il est utile de souligner qu'elles ne le portent pas. L'accent circonflexe caractérise la syllabe longue accentuée dans le cas particulier où la voyelle de cette syllabe est longue en elle-même (longue « par nature » selon la formule classique), avec une restriction de position (en finale de mot, ou en pénultième si la finale est brève)[3].

L'accent des prépositions est décrit à partir de trois axes essentiels, selon que la préposition apparaît en mention, comme autonyme, ou en emploi, qu'elle est « en juxtaposition » ou « en composition », et enfin qu'elle est antéposée ou postposée :

– en mention, la préposition porte un accent aigu sur la finale ;
– en emploi, Priscien distingue :
  – l'emploi juxtaposé antéposé (préposition + régime) : son accent devient grave, sc. elle perd son accent ;
  – l'emploi juxtaposé postposé (régime + préposition) : son accent reste aigu, avec remontée sur l'initiale si la préposition est dissyllabique ; mais cette application de la règle générale de l'accentuation dans ce cas particulier est contrariée en cas de « différenciation » (*differentia*) : si la forme prépositionnelle, dissyllabique et en position d'être accentuée, doit être

1. Priscien n'a laissé aucune description synthétique et détaillée de sa conception des accents : le traité *De accentibus*, *GL* 3, 519-528, est un apocryphe qui apparaît, sous le nom de Priscien, à partir du XIe siècle.

2. Alors que dans les deux langues les phénomènes concernés n'étaient pas forcément les mêmes. La nature exacte de l'accent de mot en latin reste discutée ; une majorité de spécialistes considèrent comme plausible l'existence d'un accent à dominante de hauteur ayant évolué (à partir du IIe-IIIe siècle ?) vers un accent à dominante d'intensité ; à l'époque de Priscien, il s'agissait très probablement d'un accent d'intensité. En outre, contrairement à l'accent grec, sa place est fixe : sur la syllabe pénultième si elle est longue, et sur l'antépénultième si la syllabe pénultième est brève. Quoiqu'elle ne soit jamais énoncée explicitement, c'est cette règle générale d'accentuation qui sert de toile de fond aux descriptions des accents des prépositions, des adverbes ou des conjonctions, dans la mesure où Priscien a l'attention retenue surtout par les phénomènes qui s'écartent de cette régle générale – comme c'est le cas notamment des prépositions.

3. Le circonflexe n'est évoqué qu'à deux reprises dans les livres 14, 15 et 16, en 49.24 à propos de l'emploi interjectif de *pro*, et en 74.17 à propos de la syllabe finale longue accentuée.

distinguée d'une forme homonyme, substantive ou adverbiale, l'accent se déplace (*circúm* préposition postposée vs *círcum* substantif ou adverbe, distinction comparée à l'opposition grecque de la préposition *diá* vs le substantif *Día*, accusatif de *Zeus*), de même que l'emploi d'une préposition en fonction adverbiale ou interjective entraîne l'inversion de la règle accentuelle des prépositions monosyllabiques, et donc l'accentuation de la forme si elle est pré-posée (type *pér pulchra / pró tristia fata*);

- l'emploi en composition antéposé (règles normales d'accentuation);
- l'emploi en composition postposé, type *mécum* – pour lequel deux interprétations sont possibles:
  a) c'est un composé proprement dit;
  b) la préposition postposée fonctionne en fait comme un enclitique (*enclitici uice fungitur*) – qui entraîne en tant que tel l'accentuation de la syllabe précédant l'enclitique (cf. *Part.* 72.23-25 P.) – cette dernière solution étant préférée par Priscien (*GL* 3, 51.7-10)[1].

L'accent des adverbes est évoqué à titre d'élément distinctif, pour opposer le relatif / indéfini à l'interrogatif (à propos de *quando*, *ubi*, *quo*, *unde*, *qua*, 82.24-83.1 et 83.11-23), et pour rendre compte d'un accent irrégulier[2].

À la fin du livre 15, la description de l'accent des interjections n'est même pas envisagée, au motif que cet accent « n'est pas fixe », selon la formule de Donat, élogieusement cité (91.20-22). Priscien explique ce phénomène par l'absence de netteté de l'articulation des interjections et par les variations dans l'expression des sentiments éprouvés[3].

L'accent est évoqué enfin à propos de la conjonction, mais seulement pour les séquences ou formes composées *et enim / etenim*, *sed enim / sedenim* (93.12), et pour *itaque*, accentué différemment selon son sens (100.15-16)[4].

À quels objectifs correspondent ces éléments épars de description de l'accent? Priscien les évoque souvent dans une perspective plus phonologique que phonétique, notamment pour leur valeur discriminante – par exemple pour opposer globalement les prépositions aux adverbes, comme on l'a vu, ou à propos de termes du type de *circum*, nom ou préposition selon qu'il est accentué sur

1. Sur la distinction entre accent des composés et accent d'enclise, cf. *GL* 2, 181.14 *sq.*, notamment à propos du nominatif *utráque*.

2. Ces irrégularités sont les suivantes: accent sur l'antépénultième alors que la pénultième est longue (à propos des dérivés de *inde* et de *quando*, 67.10-19); accent sur la finale d'un polysyllabe (à propos de *illic*, *illuc*, *illac* ..., 74.17 et 77.14); accent sur un groupe de mots et non pas sur un mot unique (unité accentuelle des groupes *orientem uersum*, *occidentem uersum*, 75.21-76.4); absence d'accent sur les adverbes *pone*, *supra*, *infra*, *extra*, *ultra*, *citra*, d'où l'hypothèse, rejetée, qu'il s'agit de prépositions, 83.25-27.

3. *Cf.* livre 15, note 96 *ad* 91.21.

4. En revanche, dans le passage consacré à la place des conjonctions (104.14-105.14), l'accent n'est pas cité.

la syllabe initiale ou finale, ou encore pour distinguer parmi les adverbes l'anaphorique / indéfini d'une part et l'interrogatif d'autre part. Au-delà de cette dimension, ce qui retient l'attention dans le traitement de la question des accents, c'est l'importance de l'opposition entre mention et emploi : Priscien oppose au fil de son analyse l'accentuation d'un mot considéré isolément, en mention, et la réalisation accentuelle de ce même mot dans la chaîne parlée – d'où l'idée qu'un mot a « son accent », mais que cet accent peut varier en fonction de son emploi (*cf.* 83.23). Cette opposition est formulée explicitement dans d'autres livres, par exemple au livre 13, *GL* 3, 9.22, sous la forme *per se / in lectione*[1]; elle est implicite mais bien présente dans les livres consacrés aux invariables, et explique finalement l'affirmation, reprise de Donat, selon laquelle il est impossible de définir l'accent des interjections, qui sont intrinsèquement liées à une réalisation dans la chaîne parlée : Priscien veut dire par là qu'il est impossible, pour une interjection, de dire quel est « son » accent (91.20-22). C'est dans la perspective de cette prise en compte de la réalisation accentuelle en emploi qu'il convient d'interpréter le fait que Priscien introduit des éléments qui relèvent de l'intonation de la phrase, opposant l'accent grave des anaphoriques-indéfinis (sc. l'absence d'accent) à l'accent aigu des interrogatifs (à propos de *quando*, *ubi*, *quo*, *unde*, *qua*, comme on l'a vu). Sous cet angle, ces références à l'accent sont la preuve de la pleine conscience du problème pédagogique posé par une démarche métalinguistique qui, en citant les mots dont elle fait son objet d'étude, les accentue différemment de ce qu'ils le sont dans la chaîne parlée.

Les critères et le cas des conjonctions

Les critères d'identification des conjonctions ne sont pas vraiment clairs. La nature même du rôle attribué à la conjonction est problématique. Un passage du livre 15 (82.24-83.8) permet de prendre toute la mesure de cette difficulté. Il y est question des emplois de *quando* comme adverbe et comme conjonction, avec un exemple pour chaque emploi :

quando adverbe interrogatif : *quando uenisti ?* [quand es-tu venu ?]
quando adverbe relatif : *quando eram iuuenis, peccaui* [quand j'étais jeune, j'ai péché]
quando adverbe indéfini : *quando ueniam, faciam* [quand je viendrai, j'agirai]

1. À propos de l'anaphorique *qui* : *acuitur per se, in lectione uero grauatur.* Déjà dans le livre 2, *GL* 2, 61.8, à propos d'interrogatifs-indéfinis comme *quis* ou *qualis*, qui, quand ils sont interrogatifs, « conservent leur accent » (*suos seruant accentus*), c'est-à-dire qu'ils sont accentués (« leur » accent, l'accent de référence, c'est celui qu'ils ont en mention), cependant qu'indéfinis, « en emploi » (*in lectione*), ils le perdent (*graui accentu pronuntiantur*).

quando conjonction causale : *hic tibi fabor enim quando haec te cura remordet* [lui – écoute, car je vais parler, puisque ce souci te tourmente, *Én.* 1,261][1].

Par rapport à la grammaire classique, il n'est pas inattendu que le *quando* de *quando uenisti ?* soit présenté comme adverbe, et celui de *tibi fabor enim quando haec te cura remordet* comme conjonction, mais il est énigmatique que les deux autres emplois soient rangés parmi les adverbes. Il est clair que Priscien ne se situe pas dans le cadre de ce que la grammaire classique appelle des propositions indépendantes et des propositions subordonnées pour différencier les emplois adverbiaux et les emplois conjonctifs de *quando*. L'absence de ce cadre rend cependant plus difficile à saisir la conception que Priscien se fait du rôle de la conjonction.

Deux interprétations ont été envisagées pour rendre compte de cette conception[2]. La première est de type sémantique, et prend pour cadre l'énoncé simple, pour y opposer l'adverbe et la conjonction. Comme on l'a vu, l'adverbe est analysé en liaison avec le verbe, donc dans une perspective qu'on peut dire interne à l'énoncé, et les termes jugés adverbiaux par Priscien sont prioritairement ceux qui présentent une communauté de traits sémantiques avec le verbe : c'est le sens de l'analyse des adverbes exprimant le mode ou le temps, au début du livre 15. En revanche, dans la perspective de l'énoncé simple, la conjonction est présentée comme une unité marginale, sans rapport avec la constitution du noyau de cet énoncé, et les termes jugés conjonctifs sont ceux qui, ou bien démultiplient simplement l'un des éléments de l'énoncé dans le cas des copulatives ou des disjonctives, ou bien indiquent la relation que cet énoncé entretient avec autre chose : par exemple, s'il est présenté comme étant la cause ou l'implication d'un autre énoncé, ce que Priscien appelle la *consequentia rerum*. D'où l'opposition sémantique établie entre l'emploi adverbial de *quando*, correspondant à l'expression du temps, et l'emploi conjonctif, correspondant à l'expression de la cause. Dans cette première interprétation, la fonction conjonctive consiste aux yeux de Priscien à établir un lien sémantique entre un énoncé simple et autre chose, qui n'en fait pas partie.

La seconde interprétation est de type plutôt syntaxique, et prend pour cadre l'énoncé complexe, qui permet de repérer l'association de la conjonction avec un autre mot, qui lui répond et en précise le sens, dans une structure en diptyque : la conjonction établit un lien syntaxique d'association dans un système corrélatif, chacun s'entendant en l'occurrence en relation avec l'autre. Dès lors, si *quando* est conjonctif dans le vers de Virgile, *hic tibi fabor enim quando haec te cura remordet*, c'est du fait de la présence de *enim*, dans le diptyque causal *enim /*

1. Priscien ajoute un emploi de *quando* équivalant à *aliquando* (« Virgile en X, *aspera quis natura loci dimittere quando / suasit equos* [l'inégalité du sol les a alors incités à quitter leurs chevaux, *Én.* 10,366-367], avec *quando* à la place de *aliquando* »), qui ne nous intéresse pas ici.

2. La première a été développée par Baratin 2005 : 158-165, la seconde par Bonnet 2005a.

quando. En revanche, les autres exemples de *quando* n'offrent pas de corrélation comparable, et sont donc rangés dans les emplois adverbiaux. La notion de *cosignification*, largement développée par Apollonius, et reprise par Priscien, sert de base théorique à cette conception. Cette notion permet de rendre compte du fait qu'il est impossible de définir le sens de certains termes, parce qu'ils n'en ont qu'en combinaison avec d'autres termes (l'exemple le plus souvent cité est celui des prépositions qui se construisent avec différents cas : c'est la combinaison avec tel ou tel cas qui éclaire, qui révèle le sens de la préposition considérée). Apollonius et Priscien soulignent que la conjonction est par définition *cosignifiante* – ce qui justifie le recours aux structures corrélatives. Cette interprétation explique l'envahissement du champ des conjonctions par des éléments que d'autres traditions considèrent plus volontiers comme des adverbes : tous ces termes constituent l'expression d'une corrélation au sens large, ou plutôt d'un « enchaînement motivé ».

Ces deux interprétations ne sont pas incompatibles : l'une prend pour cadre l'énoncé simple, l'autre l'énoncé complexe, l'une met l'accent sur la dimension sémantique, l'autre sur la dimension syntaxique, mais les deux points de vue peuvent avoir existé en même temps, voire s'être renforcés l'un l'autre[1].

En tout état de cause, la conjonction est présentée comme un élément qui, dans un énoncé, rattache cet énoncé à autre chose, mais en dehors de toute perspective hiérarchique, de telle façon que dans une suite d'énoncés liés les uns aux autres, il est possible que *tous* comportent une conjonction, comme c'est le cas précisément dans la séquence *hic tibi, fabor enim quando haec te cura remordet*, où les deux énoncés *hic tibi, fabor enim* et *quando haec te cura remordet* comportent chacun la conjonction (*enim* / *quando*) qui les relie à l'autre. C'est encore ce qui permet à Priscien d'affirmer que les « annulatives » *ken* et *an*, grecques, ont pour équivalent en latin le subjonctif seul, par exemple dans *fecissem si potuissem* : dans l'esprit de Priscien, *fecissem* et *potuissem* sont chacun susceptibles d'être reliés à l'autre par une conjonction, et c'est simplement une particularité du latin de ne pas l'être explicitement pour *fecissem* – contrairement à l'équivalent grec *epoiêsa an ei êdunêthên*[2]. En somme, la conjonction est un lien, mais non le signe d'une hiérarchisation : la subordination n'existe pas dans ce système de pensée[3].

Ce lien, syntagmatique en tant que tel, s'accompagne d'une relation sémantique, dont la nature est double. Il peut s'agir d'une modalisation du verbe conjoint, comme c'est le cas par exemple pour les coordinatives, les para-implicatives ou les causales proprement dites, qui « indiquent la réalité » de ce qu'elles conjoignent, et de même pour les annulatives, qui « indiquent qu'un fait pourrait se produire, mais qu'une cause empêche qu'il ait lieu ». Le plus souvent

1. Pour une position moins consensuelle, *cf.* Baratin 2005 : 160-161.

2. C'est pour cette raison que *ken* et *an*, qualifiées de « particules » par la grammaire classique, sont considérées comme des conjonctions de plein droit par Priscien.

3. *Cf.* livre 17, note 35.

cependant, la relation sémantique concerne les deux énoncés conjoints : une conjonction causale exprime la relation de causalité entretenue par les deux énoncés conjoints. C'est cette relation sémantique qui sert de base au classement des catégories de conjonctions : le critère sémantique, que Priscien appelle leur *potentialité*[1], est le fil rouge de la présentation des différentes catégories de conjonctions – y compris la dernière, l'explétive, qui peut être interprétée comme une sorte de degré zéro de la valeur sémantique. Voici cette liste, accompagnée des exemples cités dans le corps du livre 16[2] :

copulatiuae [coordinatives] : *et*, *-que*, *ac*, *atque*, *quidem*, *quoque*, *at*, *ast*, *sed*, *autem*, *uero*, *neque*, *nec* ;
continuatiuae [implicatives] : *si*, *siue*, *sin*, *seu* ;
subcontinuatiuae [para-implicatives] : *quoniam*, *quia* ;
adiunctiuae [adjonctives] : *ut*, *si*, *cum*, *dum*, *quatenus* ;
causales [causales] : *quoniam*, *quia*, *quamobrem*, *nam*, *enim* (+ *ideo*, *eo*, *qua causa*, *qua gratia*, *qua propter*, *quam ob rem*, *quas ob res*, *ne*) ;
effectiuae [effectives] : *enim* ;
approbatiuae [confirmatives] : *equidem*, *ita* (+ *si*) ;
disiunctiuae [disjonctives] : *-ue*, *uel*, *aut*, *siue* ;
subdisiunctiuae [para-disjonctives] : *uel*, *siue* ;
disertiuae [explicitatives] : *quam* (+ *ac*, *atque*) ;
ablatiuae [privatives] ;
praesumptiuae [anticipatives] ;
aduersatiuae [adversatives) : *quamquam*, *etsi*, *tamen*, *quamuis*, *tametsi*, *saltem* (+ *quamuis*, *licet*, *at*, *uel*, *aut*, *ne*, *nec*, *neque*) ;
abnegatiuae [annulatives] : *ken*, *an* ;
collectiuae uel rationales [syllogistiques ou argumentatives] : *ergo*, *igitur*, *itaque*, *quin*, *alioquin*, *immo*, *utique*, *atqui* ;
dubitatiuae [dubitatives] : *an*, *-ne*, *necne* ;
completiuae [explétives] : *uero*, *autem*, *quidem*, *equidem*, *quoque*, *enim*, *nam*, *namque* (+ *-que*).

Cette liste comporte quelques bizarreries : deux catégories, les *ablatiuae* et les *praesumptiuae*, annoncées dans la liste initiale, ne sont pas traitées dans la suite[3], tandis qu'une catégorie, celle des *abnegatiuae*, est uniquement consacrée à des formes grecques (*ken* et *an*). En outre, d'autres noms de catégories sont cités après la liste initiale, dans le corps du livre 16 : *electiuae* (98.25), *expletiua* (100.21), *illatiuae* (101.6), *interrogatiuae* (101.16, 102.5), *confirmatiua* (101.21, 102.5),

1. *Cf.* note 3 *ad* 93.9.

2. Les exemples sont cités dans leur ordre d'apparition dans le livre 16, sans les indications de restriction, du genre « *quoque* quand il est employé avec la valeur de *-que* », ou « *uero* quand il équivaut à *autem* », ni les répétitions d'une même forme quand elle est porteuse de sens différents (par exemple *cum*, cité deux fois dans la liste des adjonctives). Enfin sont ajoutés entre parenthèses avec le signe « + » les termes dont il est précisé qu'ils ne sont intégrés à la catégorie concernée qu'en vertu de leur emploi, mais sans en faire partie a priori.

3. *Cf.* note 6 *ad* 93.15.

distributiua (102.19), *affirmatiua* (103.28, 104.6), *repletiuae* (104.9). Ce sont surtout des synonymes de termes initialement cités : c'est explicitement le cas des *electiuae* par rapport aux *disertiuae* et des *illatiuae* par rapport aux *collectiuae uel rationales*, le synonyme permettant d'apporter un nouvel éclairage sur la catégorie concernée[1]; d'autres de ces termes sont demeurés comme traces d'anciennes distinctions devenues sans objet, comme c'est sans doute le cas pour *expletiua* et *repletiuae* en face de *completiua*, de même que pour *confirmatiua* et *affirmatiua* en face de *approbatiuae*[2]. Deux derniers termes, *distributiua* en face de *expletiua* et *interrogatiua* en face de *dubitatiua*, permettent de réinterpréter la catégorie en fonction d'emplois particuliers[3]. L'effet de cette sorte de terminologie alternative est aussi de montrer que la liste n'est pas une liste close.

L'ordre des catégories de cette liste n'est pas indifférent, au moins pour le début et la fin. Priscien met en première et deuxième place les *copulatiuae* [coordinatives] et les *continuatiuae* [implicatives], c'est-à-dire les deux catégories dont les prototypes, *et* et *si*, lui ont servi de modèles pour définir le fonctionnement même des conjonctions, et qui en tant que telles apparaissent elles-mêmes comme les prototypes de la conjonction. À la suite de ces deux premières catégories, les implicatives entraînent celles qui constituent avec elles l'ensemble des catégories relevant de la « cause », c'est-à-dire les para-implicatives, adjonctives, causales et effectives. L'ordre des autres catégories paraît moins déterminé, hormis la dernière place, traditionnellement réservée aux explétives chez les grammairiens grecs et latins. L'ensemble constitue un dégradé, depuis celles qui sont le plus évidemment conjonctives jusqu'à celles qui le sont le moins, c'est-à-dire les explétives, simples « indices de contexte »[4].

La *cause* englobe donc à elle seule cinq catégories, et cette répartition pose de multiples problèmes. Priscien l'attribue à Apollonius (95.13-15), et les cinq catégories correspondent en effet formellement à des catégories citées par Apollonius dans le traité qu'il a consacré aux conjonctions (*continuatiuae*: *sunaptikoi*; *subcontinuatiuae*: *parasunaptikoi*; *adiunctiuae*: *epizeuktikoi*; *causales*: *aitiologikoi*; *effectiuae*: *apotelestikoi*), mais le texte d'Apollonius est trop lacunaire pour confirmer directement l'attribution de Priscien, et il semble que ce dernier a procédé à des ajustements qui obscurcissent le dispositif d'ensemble.

Dans l'état, sous le nom générique de « cause », Priscien regroupe la cause finale, qui apparaît dans la catégorie des adjonctives (*adiunctiuae*), et la cause efficiente, plus ou moins directement concernée par les quatre autres catégories. Parmi ces dernières, la cause efficiente apparaît avec *quoniam* et *quia* sous la

1. Priscien le dit explicitement pour les *illatiuae*, 101.5-8, et *cf.* note 36 *ad* 98.25 pour les *electiuae*.

2. *Cf.* notes 44 et 53 *ad* 101.21 et 104.6-9.

3. *Cf.* notes 41 *ad* 101.9 et 49 *ad* 102.19.

4. *Cf.* note 47 *ad* 102.12-14.

forme de l'inférence, dans la catégorie des para-implicatives (*subcontinuatiuae*), qui forme couple avec les implicatives (*continuatiuae*) du type *si*, cependant que les causales (*causales*) et les effectives (*effectiuae*) représentent une conception plus élémentaire de la cause efficiente, et ne sont d'ailleurs pas distinguées l'une de l'autre.

Dans le traité d'Apollonius, la partie consacrée aux conjonctions *aitiologikoi* [causales] est introduite par un rapprochement entre ces causales et les conjonctions exprimant l'inférence : *aitiologikoi* et *parasunaptikoi* sont « presque identiques ». Mais sur cette base, Apollonius distingue deux modes de classements : certains (sans plus de précision) assimilaient l'expression de la cause et celle de l'inférence au point « de classer sans faire de différence la conjonction *epei* [puisque] parmi les causales »[1], cependant que d'autres, auxquels manifestement se rallie Apollonius, « établissaient des distinctions entre ces différentes conjonctions ». En somme, en affirmant en manière d'introduction à son exposé sur les causales la « quasi-identité » des *aitiologikoi* et des *parasunaptikoi*, Apollonius reconnaît la validité d'un regroupement dans un ensemble de « causales », mais tout en maintenant leur spécificité aux catégories ainsi regroupées. La classification de Priscien correspond tout à fait à cette position de principe.

La suite du chapitre d'Apollonius, qui porte sur des conjonctions particulières et non sur des catégories, montre qu'il introduisait en effet parmi les causales des conjonctions de sens variés, incluant notamment la cause finale. D'autres classements grammaticaux confirment l'existence de regroupements dans un ensemble causal[2], cependant qu'une tradition différente, illustrée par le classement de la *Tekhnê* attribuée à Denys, relève d'une conception restrictive de la cause, limitée à la seule cause efficiente. La position d'Apollonius paraît donc nuancée : il admet une conception large de la cause, mais refuse l'assimilation indifférenciée de toutes les catégories que l'on peut ainsi regrouper.

L'origine de ce regroupement a donné lieu à une tentative de reconstruction, à partir des analyses stoïciennes, avec plusieurs strates, issues d'ajustements successifs[3] : un couple initial correspondant à l'analyse de l'implication et de l'inférence : *ei* / *epei* [si / puisque] ; puis le couple de la cause efficiente et de la cause finale : *hoti* / *hina* [parce que / pour que] ; et enfin la catégorie isolée des *epizeuktikoi* (« adjonctives »), sans doute créée pour rendre compte spécifiquement de la conjonction *ean* [si] et la distinguer ainsi de *ei* (d'où les considérations de type modal sur l'expression du « doute » ou de la « réalité »). Le regroupement de toutes ces catégories sous le chef de la « cause » procèderait du rapprochement

1. *Conj. GG* 2/1 [1], 234.13-235.3 : « en tout cas, certains ont aussi rangé, sans faire de différence, la conjonction *epei* dans la catégorie des causales, sous prétexte que les <énoncés> para-implicatifs et les conjonctions causales indiquent la même chose ».

2. Diomède, *GL* 1, 416.1-6, attribue ainsi à Palémon une catégorie de causales où se côtoient *quia* et *si*.

3. *Cf.* Baratin 1989 : 102-113.

sémantiquement évident de l'inférence et de la cause efficiente (*epei* / *hoti* [puisque / parce que]). Quant aux incertitudes dont la répartition de Priscien est le résultat, elles seraient elles-mêmes la conséquence de tentatives ultérieures de rationalisation des classements sémantiques et des considérations modales ainsi mis en place. Priscien paraît bien avoir recentré les *adiunctiuae* (dont le modèle servait à rendre compte de « causales » construites avec le subjonctif, sur la base de *ean* + subjonctif) autour du *ut* final, ôtant ainsi sa spécificité à la catégorie des *effectiuae*, censée concerner originellement la cause finale, et qu'il a alors réinterprétée comme signifiant la cause pure et simple, ce qui rend cette catégorie synonyme des *proprie causales*. Mais cette dernière formule, reprise en 95.10 sous la forme *causales quasi proprio nomine* [causales en quelque sorte proprement dites], semble bien indiquer que Priscien penche plutôt du côté de la tradition qui n'entendait la cause que dans son sens commun de « cause efficiente », et qu'il est embarrassé par la présence dans le même ensemble « causal » de la cause finale et de l'implication.

Une autre interprétation [1], se plaçant dans une perspective différente, présente ces regroupements comme issus de la pratique rhétorique et grammaticale consistant à repérer l'*aitiologia*, c'est-à-dire l'introduction de toute forme d'énoncé explicatif : serait entré dans la cause tout ce qui, dans une perspective rhétorique, relève de l'explication des faits, codifiée par les rhéteurs sous la figure de l'étiologie.

Des corpus ou des emplois ? Catégorisations et recatégorisations

La catégorisation des éléments considérés est une constante de la tradition grammaticale antique : la répartition arborescente en *partes orationis*, classes de mots dotées de caractères propres, les *accidentia*, correspond à un mode d'analyse qui vise à assigner à chaque forme une place dans une grille censée rendre compte de la totalité des mots. Les livres 14, 15 et 16 procèdent de ce principe descriptif, et les critères précédemment évoqués, ainsi que les différenciations entre parties du discours, ont pour fonction la catégorisation des formes examinées. Ce principe donne à son tour naissance aux recatégorisations, lorsqu'une forme appartenant a priori à telle ou telle catégorie se trouve employée de telle façon qu'elle doit être reclassée dans une autre. La distinction entre une appartenance a priori et des emplois particuliers est clairement exprimée – ainsi dans le livre 15, à propos de formes casuelles : « en fait, ce n'est pas que nous considérions ces formes comme étant incontestablement des adverbes : ce que nous disons, c'est que ce sont des noms ou des pronoms, mais employés en guise d'adverbes (*loco aduerbiorum posita*) » (64.11-12). La formulation de la recatégorisation est variée, mais repose essentiellement sur l'emploi de *pro*, *loco* ou *uice* [selon le contexte : à la place de, en guise de, comme, avec la valeur de], seuls ou

1. *Cf.* Dalimier 2001 : 308.

accompagnés de verbes comme *poni* ou *accipi* [être employé], qui servent en l'occurrence de simples supports, ou parfois de verbes de sens plus marqué, comme *fungi* [fonctionner][1]. Cette recatégorisation apparaît comme un « passage », un « transfert » : la forme passe (*transit*) d'une catégorie à l'autre – ainsi à propos de formes nominales ou pronominales *quando in aduerbia transeunt* [quand elles passent dans les adverbes, 69.7]. Ce passage sanctionne le fait que le terme considéré « assume la construction » d'une autre partie du discours, ou en « reçoit la valeur » (ainsi à propos de la forme casuelle de différents noms *constructionem aduerbialem suscipiens*, 63.21-22 ; ou à propos de ces mêmes noms *uim aduerbiorum recipientia*, 65.13). Comme le dit explicitement la formule *alicuius partis orationis loco* ou *uice fungi*, la forme considérée *fonctionne* comme si elle faisait partie d'une autre partie du discours.

L'adverbe et la conjonction sont les plus concernés par le phénomène de la recatégorisation : Priscien revient à plusieurs reprises – signe de l'importance qu'il y attache – sur l'emploi de formes nominales, mais aussi pronominales, comme adverbes[2], et il fait le point dans le livre 16 (95.26-96.22) sur les diverses parties du discours susceptibles d'être employées comme conjonctions : noms, pronoms, prépositions, adverbes, verbes… Il n'est pas jusqu'à l'interjection qui ne soit l'occasion d'une allusion à ce mécanisme : Priscien cite la forme *infandum* [indicible] employée selon lui comme interjection chez Virgile, *Én.* 1, 251 (91.25).

Deux plans se distinguent ainsi : celui des *corpus* morphologiques, c'est-à-dire des ensembles fixes des formes qui constituent chacune des parties du discours, et celui, mouvant, des formes qui correspondent aux *emplois* de ces parties du discours.

Cette distinction de plans est un effet de la multiplication des critères de classement : la recatégorisation n'est rien d'autre que la conséquence d'un conflit de critères, notamment entre la morphologie et des valeurs sémantiques ou syntagmatiques. Cette multiplication des critères fait qu'une structure destinée à classer des formes, et fixe dans son principe, se trouve finalement servir de paravent à un système en tension constante, où les emplois des formes entraînent leur mobilité dans la grille qui était censée en assurer la fixité. Le livre 17 fera en quelque sorte la théorie de cette tension avec la notion de *figure*[3], qui sanctionne le passage d'une conception formelle et statique du classement des mots à une conception fonctionnelle et dynamique.

1. Pour la tournure *alicuius (partis orationis) loco* ou *uice fungi*, *cf.* 27.15, 39.6 et 20, 42.17, 44.19, 50.9, 51.8, etc.

2. *Cf.* par exemple 67.22-68.7, 69.19-70.3, 78.17-21, 84.23-85.5.

3. *Cf.* notre édition du livre 17 : 25-29 et Baratin 2011. Priscien fait à l'occasion usage de la notion de figure dans les livres consacrés aux invariables (voir l'*Index terminologique*), mais très rarement, surtout par rapport à sa fréquence dans le livre 17.

Une catégorie à part : l'interjection

Avec l'interjection, Priscien aborde un point particulièrement délicat de la confrontation entre les descriptions grammaticales grecque et latine. Les Grecs incluaient en effet l'interjection dans l'adverbe, alors que les Latins lui ont donné le plein statut de partie du discours, à la huitième et dernière place de leur classement. Le motif invoqué par les Latins était leur refus de considérer les interjections comme des adverbes[1]. Dans le texte de Priscien, l'interjection apparaît à la fin du livre consacré à l'adverbe, ce qui peut apparaître comme une sorte d'hommage préliminaire à la position grecque – en écho à l'examen de certaines interjections dans le corps même du livre 15, sur le motif que les Grecs « comptent les interjections parmi les adverbes » (73.14-74.10).

Priscien évoque d'abord la position des Grecs, dont le détail nous est connu par Apollonius. Pour démontrer l'appartenance à la catégorie de l'adverbe des expressions de plainte et d'extase (*ta skhetliastika kai euastika*, délocutifs des interjections *skhetlie!* et *eu!)*, le grammairien grec employait l'argument suivant, que Priscien résume : ces expressions traduisent une émotion éprouvée par un individu qui a subi un affect; en cela elles présupposent une action, et donc un verbe, implicite dans le contexte, mais en fonction duquel elles doivent être interprétées, comme des adverbes en fonction d'un verbe[2].

Dans un second temps cependant, le point de vue des Latins, qui repose sur une critique de cette conception grecque, est présenté sans être contredit : la présupposition d'un verbe est interprétée comme l'aptitude de l'interjection à exprimer pleinement par elle-même ce qu'exprime le verbe – différence essentielle par rapport à l'adverbe, et qui justifie de faire de l'interjection une partie du discours indépendante.

Priscien ne tranche pas vraiment entre ces deux interprétations, mais il poursuit dans la contestation de la position grecque en élargissant la palette des sens exprimés par les interjections au-delà de la seule « plainte », et cite la joie, la douleur, la peur et l'admiration, pour évoquer enfin des « sons inarticulés », dont le rire, et d'autres, qu'il cite mais ne nomme pas (*phy* [pouah !], *heu hoe* [évohé !], *au* [hou là !]).

Malgré cette incontestable prise en compte des arguments de la tradition grammaticale latine, Priscien revient, à propos des différents sens de *o*, à un rapprochement de l'interjection et de l'adverbe, ce qui équivaut en quelque sorte à aménager tout au plus la position grecque, en faisant de l'interjection une variante

1. *Cf.* Julius Romanus, cité par Charisius : *quam partem orationis nostri, non ut numerum octo partium articulo, id est tôi arthrôi, deficiente supplerent, sed quia uidebant aduerbium esse non posse, segregauerunt* (246.26-247.3 B.). L'explication fréquemment avancée d'une volonté des grammairiens de parvenir en latin à un nombre de parties du discours égal à celui du grec, en compensant l'absence d'article en latin par l'adjonction de l'interjection, est explicitement réfutée par ce témoignage de Julius Romanus.

2. Cf. *Adv.* 121.14-25 ; 127.10-17 U.

de l'adverbe. La fin du chapitre insiste sur la spécificité non négligeable de cette variante : l'interjection relève d'une matière sonore mouvante, comme le souligne la citation de Donat, et forme un groupe susceptible de tous les accroissements (cf. *infandum).*

La place accordée à l'interjection apparaît finalement comme la fidèle illustration des ambiguïtés de Priscien sur ce point : un chapitre particulier lui est consacré, ce qui en fait une catégorie à part, mais en continuité avec l'adverbe et dans le cadre du livre qui est consacré à celui-ci. Priscien se refuse en quelque sorte à adopter pleinement l'une ou l'autre des deux positions en présence, et il tente une interprétation médiane pour traiter cet ensemble d'expressions qui ne sauraient être réduites à aucune autre partie du discours, mais qui en même temps, du fait notamment que leur forme même n'a pas d'articulation nette, ne peuvent être considérées comme constituant une partie du discours à part entière[1].

4. *Place et rôle de la langue grecque*

Ces ambiguïtés relevées à propos de l'interjection se retrouvent-elles ailleurs ? Il faut remarquer au préalable que le traitement du grec n'est pas le même dans les trois livres. Hormis pour ce qui concerne l'interjection, la présence du grec est limitée dans le livre 15, de même que dans le livre 16, alors qu'elle est très importante dans le livre 14. Dans les livres 15 et 16, le grec est surtout présent comme moyen de distinguer les sens d'une forme latine : par exemple ceux de *si* selon que cette conjonction correspond à *ei* ou à *ean* (94.12-14), ceux de *cum* selon qu'elle équivaut à *hina* ou à *epan* (95.16-18), ceux de *enim* ou de *nam* selon qu'elles sont identifiées à *gar* ou à *dê* (103.23-25 et 104.5-6), etc. Ces distinctions sémantiques ne sont pas gratuites; elles permettent en effet le classement de la forme considérée dans la catégorie qui est celle de la forme grecque de référence : *ne* par exemple, « quand il a le sens de *mê* ou de *panu*, est un adverbe » (96.13-14). Le classement grec apparaît ici comme le point de repère, la référence de l'analyse. De même, Priscien se rapporte à la langue grecque quand il prend soin de souligner que la catégorie des diminutifs d'adverbes, qu'il décrit pour le latin, n'existe pas en grec. La présence de ce point de repère apparaît encore plus nettement à propos des catégories de conjonctions; Priscien affirme lui-même à propos des différentes causales qu'il se fonde sur une classification grecque (95.13-15), et la présence des *abnegatiuae* [annulatives], qui ne concernent que

1. Dans son édition, Hertz met le titre *De interiectione* sur le même plan que le titre de ce livre 15, *De aduerbio*, en se fondant sur quelques éléments de la tradition manuscrite (la seconde main de R et le manuscrit B) et sur l'annonce qui est faite dans l'épître dédicatoire de l'*Ars*, *GL* 2, 4.7 : *Quintusdecimus de aduerbio et interiectione*. Le traitement même de l'interjection montre cependant que Priscien ne met pas celle-ci sur le même plan que l'adverbe.

les seules formes grecques *ken* et *an* (100.5-14), ne laisse pas de doute sur l'origine grecque de la classification[1].

Quoique limités, ces premiers éléments donnent une idée du rôle que Priscien attribue au grec dans cette présentation des invariables. Tout se passe en effet comme si l'objet propre de la description, la langue latine, était constamment l'objet d'une comparaison implicite avec la langue grecque – qui donne un relief particulier aux éléments de divergence entre les deux langues.

La présence du grec dans le livre 14, beaucoup plus ample, permet une vue plus précise de cette question.

Plus que les deux autres, ce livre consacré aux prépositions s'inscrit dans une dialectique de la ressemblance et de la différence par rapport au grec[2], clairement formulée par des tournures telles que *tam apud Graecos... quam apud nos* et *apud nos quoque*, ou, pour marquer les différences, *nostri autem*[3]. La recherche des ressemblances est de loin la plus fréquente : d'une manière générale, tout fait latin se doit d'avoir un correspondant en grec – au point que Priscien parle à l'occasion d'imitation[4] – voire d'une obligation d'imitation des Grecs; ainsi à propos de l'assimilation des préverbes *con-* et *in-* devant une consonne liquide : *imitari debemus* [nous devons les imiter] (51.3).

Dans le détail, Priscien multiplie les correspondances entre les prépositions latines et les prépositions / adverbes du grec, compte tenu des faits d'identité formelle ou sémantique, en proposant des équivalences bilingues et en établissant des *differentiae* latines à partir du grec. Par exemple, à propos de *contra* : « quand *contra* a le sens de *kata* ou *anti*, il s'agit à proprement parler d'une préposition; quand en revanche *contra* est employé sans forme casuelle, il a le sens de *exenantias* [en face], qui est un adverbe » (41.26-42.3); ou encore, à propos de *peri* : « *peri* est employé avec la valeur de *circum* [autour de], *circa* [aux environs de], *erga* [à l'égard de], *de* [au sujet de], et *super* [à propos de] quand il est question d'évoquer quelque chose » (28.22-23)[5]. Ces correspondances sont constantes dans le livre 14.

Sur ce fond de juxtaposition omniprésente, tout ce livre tourne autour de la distinction entre les prépositions et les adverbes, et de la répartition entre ces deux

1. L'ensemble formé par ces catégories de conjonctions (sur lesquelles cf. *supra*, 3, *Les critères et le cas des conjonctions*) se distingue nettement de la classification latine la plus courante, qui ne comportait que cinq catégories. D'autres classifications latines, beaucoup plus étoffées (ainsi celle de Palémon, rapportée par Charisius, qui évoque aussi au passage celle de Pline, *GL* 1, 225.16-226.9, ou encore celle du Ps. Asper, *GL* 5, 553.11-22), sont sans doute elles-mêmes d'origine grecque.

2. Selon l'analyse de Desbordes 1988.

3. 27.4-5; 34.12-13; 37.1; 42.8, etc.

4. Par exemple en 34.6 : *hoc tamen quoque Graecis auctoribus facimus*; en 49.13-14 : *ad imitationem Graecorum, apud quos* pro *praepositio corripitur, nostros quoque ... hoc fecisse*.

5. La liste des prépositions et des équivalents grecs apparaît dans l'Index 3, *Récapitulatif complémentaire des formes par catégories*.

classes en grec et en latin [1]. La position de Priscien était sur ce point d'autant plus délicate que la composition de ces deux catégories n'était pas la même dans les deux langues – d'où les divergences d'analyse des grammairiens grecs et latins. Cette différence constitue pour Priscien la principale difficulté : comment expliquer que ce qui est classé comme adverbe en grec puisse avoir pour équivalent en latin une préposition ? L'écart très fort entre le nombre des prépositions grecques (18 [2]) et le nombre des prépositions latines (plus de 50) renforçait la difficulté, en faisant apparaître qu'il ne s'agissait pas de simples différences ponctuelles.

En particulier, comme on l'a déjà vu, les grammairiens grecs insistaient sur le fait que seuls les adverbes pouvaient être dérivés, les prépositions étant toutes primaires : *et aduerbia quidem deriuata possunt esse, praepositiones uero positiuae sunt omnes, si sequimur Graecorum auctoritatem* (25.27-28). Or en latin, des prépositions telles que *aduersum*, *extra*, *infra*, *inter*, *intra*, prouvaient qu'il existait des prépositions dérivées, que les artigraphes latins classaient bel et bien parmi les prépositions, et non parmi les adverbes : *Romani artium scriptores inter praepositiones posuerunt* (26.5-6).

Priscien ne manque pas de reconnaître le bien-fondé de l'analyse des artigraphes latins, arguments à l'appui [3], et il suggère dans ce cas précis une solution de compromis en proposant la catégorie intermédiaire des *aduerbia praepositiua* [adverbes prépositifs] (26.1-2) [4]. Cette tentative est néanmoins isolée. La principale préoccupation de Priscien paraît être en effet de réduire la différence entre les deux descriptions, la grecque et la latine, en suggérant de ramener la préposition latine au statut d'adverbe lorsque son correspondant grec est lui-même un adverbe. Cette entreprise de réduction passe par plusieurs types d'arguments :

– la préposition latine a le même sens que l'adverbe grec qu'elle sert à traduire [5] ;

– la préposition latine peut aussi être employée comme adverbe ou à la place d'un adverbe [6] ;

– ou encore plus simplement : c'est un adverbe en grec [7].

À ces critères sémantiques peuvent venir en outre s'adjoindre des critères de similitude formelle [8].

1. Voir en particulier 25.27-27.3 ; 28.19-29.11 ; 30.25-31.4 ; 36.2-37.5 ; 42.7-44.22 ; 45.1-25 ; 51.11-53.11.

2. Chiffre donné en 28.20 – alors que le nombre précis des conjonctions latines n'est jamais indiqué, cf. *infra* 5. *Les plans d'ensemble et le détail de l'exposé*, p. 43 et note 1.

3. *Cf.* 29.8-11 ; 30.25-31.4 ; 45.21-24.

4. De même qu'au livre 15, à propos des interjections, il évoque les *dubiae inter aduerbia et interiectiones* (91.5).

5. *Cf.* 26.7 ; 43.10 ; 45.3 et 22.

6. *Cf.* 42.8-10 et 24-25 ; 44.12-14 ; 51.15-16, etc.

7. *Cf.* 41.1 ; 42.23-24 ; 45.2, etc.

8. Voir en particulier 42.7-44.22 et 51.11-53.11.

Cette réduction prend parfois des voies plus tortueuses. Ainsi lorsque Priscien, pour mieux fonder son choix de faire de *coram* et de *palam* des adverbes, comme le sont leurs équivalents en grec, n'en cite que des emplois adverbiaux (52.1-15) – alors même qu'il connaît d'autant mieux l'emploi prépositionnel de *coram* qu'il l'a cité quelques pages plus haut (45.18), en l'illustrant par la tournure *coram Cicerone*. L'existence même de prépositions latines dérivées, incompatible avec la théorie grecque, pourrait suffire à justifier leur catégorisation par les grammairiens latins dans la classe des prépositions; mais, malgré la proposition initiale de médiation que représente la classe intermédiaire des *aduerbia praepositiua*, Priscien tente de réduire cette différence en avançant que si les grammairiens latins ont classé ces formes parmi les prépositions, c'est surtout parce qu'elles servent à traduire, en grec, des prépositions qui peuvent aussi être des adverbes (26.7-8).

Cette entreprise de réduction des différences entre les deux descriptions peut avoir plusieurs causes. Une cause pratique tout d'abord : en dernier ressort, c'est la traduction, l'*interpretatio*, qui est visée, à destination de futurs hauts fonctionnaires de bureaux impériaux bilingues, et le moyen d'y parvenir est de faire coïncider autant que faire se peut les deux grilles d'interprétation en présence que sont la grammaire du grec et celle du latin. L'objectif final est de construire des automatismes de transfert d'un système descriptif à l'autre : à défaut de pouvoir disposer d'une seule grammaire pour deux langues, pouvoir au moins réduire les différences pour faciliter le passage d'un système à l'autre. D'où les constantes équivalences sémantiques, qui se combinent avec la superposition des deux grilles grammaticales, parfois jusqu'à la bizarrerie, comme en témoigne la catégorie déjà citée des conjonctions *abnegatiuae*, qui ne comporte que les « conjonctions » grecques *ken* et *an*, et dont l'équivalent latin est en fait le subjonctif seul. C'est un exemple extrême de la volonté de rapprocher les deux systèmes descriptifs, voire de les rendre superposables, en créant la fausse fenêtre d'une catégorie de *conjonctions* dans la description du latin pour rendre compte de tournures où le grec recourt précisément à des éléments interprétés comme des conjonctions (*ken* et *an*), alors que le latin n'emploie lui-même que le subjonctif seul dans les tournures correspondantes. Priscien écrit une grammaire du latin, mais il l'adresse à un public d'hellénophones, à coup sûr bon connaisseur de la grammaire grecque, à qui il s'agit de donner les moyens intellectuels et pratiques de passer quasi automatiquement d'une langue à l'autre, en lui montrant les possibilités de superposition des deux systèmes descriptifs.

Au-delà de cet objectif pratique, le bilinguisme lui-même peut conduire paradoxalement à effacer les frontières entre les deux langues. Priscien en donne plusieurs témoignages dans ces trois livres, par exemple lorsqu'il propose une étymologie grecque pour un mot latin : *a Graecis quoque nominibus deriuantur aduerbia, ut* ôkus, ocius, ocissimum (88.12); *affatim... a Graeco* aphatôs (75.7-8)[1], mais aussi lorsqu'il écrit que le latin *extra* et le grec *ektos* dérivent de la même préposition *ex* : *a praepositione* ex *tam apud illos quam apud nos* (42.7-8)[2], ou, mieux encore, quand il affirme dans un raccourci d'expression que *clam*, *sine* ou *absque* sont, en grec, des adverbes : clam, *quod apud Graecos aduerbium est* (45.1-2)[3], sans éprouver la nécessité de préciser quels sont leurs équivalents grecs. En parfait bilingue, Priscien est capable de passer spontanément d'une langue à l'autre, sans recourir à des indicateurs métalinguistiques. Ainsi en 32.12, dans la formule *nisi* hellênismôi *utatur auctoritas*, il emploie comme complément de *utitur* la forme grecque au datif *hellênismôi* (précisément pour le nom de l'hellénisme...), homophone de l'ablatif que l'on aurait si le mot était latinisé : la distinction entre les deux langues, qui ne repose pour cette forme *hellênismôi* que sur le choix de l'alphabet, grec ou latin, n'a plus de pertinence.

Dans cette perspective, cette entreprise de réduction participe de l'intégration du latin dans une entité fusionnelle qui subsume l'individualité des deux langues en une unité originale ; celle-ci correspond à l'idéal culturel du *tertium ex utroque compositum* (*GL* 2, 2.29), évoqué à propos du livre 17[4].

5. *Les plans d'ensemble et le détail de l'exposé*

Les invariables échappent par nature à l'analogie paradigmatique, qui permet d'évoquer commodément des séries entières de noms ou de verbes par référence à un type morphologique seul décrit. Faute de ces paradigmes, c'est une logique d'énumération lexicale qui semble le moyen le plus approprié pour rendre compte des prépositions, adverbes, interjections et conjonctions. C'est la caractéristique d'ensemble de ces trois livres, avec cette particularité que Priscien se montre d'une remarquable flexibilité dans la mise en œuvre de cette logique : les parties du discours ont chacune droit à un traitement spécifique, sans qu'il soit aisé d'y cerner des constantes. Le schéma classique des chapitres consacrés aux parties du discours dans les grammaires antiques, c'est-à-dire la succession *définition / accidents / exceptions*[5], n'est ici qu'un mode d'exposition parmi d'autres : il structure certes le *De aduerbio* et le *De coniunctione*, mais il y est peu lisible étant donné les déséquilibres de la présentation des accidents, comme on va le voir, et l'attention portée aux cas particuliers – conformément à la logique même de l'énumération ; enfin, il est entièrement absent du *De praepositione*. C'est au contraire une logique de listes qui s'impose – dont l'ordre attendu est alphabétique, limité à la première lettre, comme le pratiquent les Anciens –, mais cette logique est traitée différemment dans chaque livre.

1. *Cf.* Keller 2008 : 385-386.
2. Pour Priscien, *ex* est en latin une préposition grecque : ex *praepositio quae Graeca est* (29.27).
3. *Cf.* aussi 52.16.
4. Livre 17, *Introduction*, section 9. *Cf.* Biville 2008 : 31-50 ; 2009 : 47-60.
5. *Cf.* Holtz 1981 : 49-57.

Voici ces plans, dans leurs grandes lignes[1] :

Livre 14, *De praepositione*
- Définition, propriétés et rapport de la préposition aux autres parties du discours 24.2
- Comparaison entre prépositions latines et prépositions grecques 28.19
- Potentialité des prépositions 35.4
  - Prépositions suivies de l'accusatif 36.20
    - Monosyllabiques 37.7
    - Dissyllabiques 40.8
  - Prépositions suivies de l'ablatif 44.26
    - Monosyllabiques 47.11
    - Dissyllabiques 52.1
  - Prépositions suivies de l'accusatif ou de l'ablatif 53.12
  - Prépositions en composition 56.4
    - Juxtaposition et composition 56.4
    - Prépositions non juxtaposables 56.10.

Livre 15, *De aduerbio*
- Définition et construction avec le verbe 60.2
- Accidents : espèce, figure, signification 63.5
  - L'espèce (primaires et dérivés) 63.6
    - Classement par origine 63.10
    - Classement par finale 65.21
      - voyelles / diphtongues / consonnes / groupes consonantiques
    - Classement par degré (comparatif, superlatif, diminutif) 79.24
  - La figure (simple, composée, dérivée de composé) 80.22
  - La signification 80.30
    - Temps ; lieu ; dissuasion, négation, affirmation ; serment, souhait, exhortation, modération ; qualité, quantité, doute ; association, dissociation, assimilation, succession ; intensité, comparatifs, superlatifs, numéraux, diminutifs. Significations multiples.
  - Place des adverbes 89.14
- L'interjection 90.5

Livre 16, *De coniunctione*
- Définition 93.2
- Accidents : figure, espèce, place 93.9
  - La figure, simple ou composée 93.11
  - L'espèce 93.13
    - Coordinatives ; causales (implicatives ; para-implicatives ; adjonctives ; proprement causales) ; confirmatives ; disjonctives et para-disjonctives ; explicitatives ou électives ; adversatives ; annulatives ; syllogistiques ou argumentatives ; dubitatives ; explétives.
  - La place 104.14

1. Les plans détaillés sont présentés au début de chaque livre.

S'agissant du livre 14, la série finie des prépositions se prête à un classement exhaustif. Cependant, la situation linguistique latine rend insuffisant, pour définir les *praepositiones*, le critère grec, très simple, de l'aptitude simultanée à la juxtaposition *et* à la préfixation. Du coup, les grammairiens latins, livrés sur ce point à eux-mêmes, ne s'accordaient pas sur les traits définitoires. Une réflexion préalable s'impose donc à Priscien – qui fait l'objet de la première partie du livre (24.2-35.3), jusqu'à la présentation de la *potentialité* des prépositions. Deux mouvements se distinguent dans cette partie initiale, dont le premier apparaît comme une tentative de décrire d'abord la préposition d'un point de vue indifférencié, en quelque sorte dans une perspective de linguistique générale, comme les grammairiens grecs le faisaient eux-mêmes, mais pour la raison qu'ils ne décrivaient que les prépositions d'une seule langue. Cette tentative se solde par le constat implicite de l'impossibilité de parvenir à une description applicable aux deux langues, ce qui enclenche le second mouvement, où est développée une comparaison explicite entre les deux langues.

Il n'est que plus remarquable que Priscien ne se soucie à aucun moment, en traitant du nombre des prépositions en latin par comparaison aux dix-huit du grec (28.19-29.11), de fournir une liste complète, voire un décompte global du matériel qu'il reconnaît comme prépositionnel en latin [1]. Les listes partielles qu'il fournit dans la suite du livre sont présentées dans le cadre de la structure syllabique – ce qui est un héritage grec, en liaison avec les règles prosodiques –, en quatre ensembles constitués d'après les particularités du latin, c'est-à-dire la construction avec l'accusatif, avec l'ablatif, avec les deux, ou enfin avec tous les cas, pour les prépositions « en composition », autrement dit celles qui sont seulement préfixées [2] :

Prépositions suivies de l'accusatif (36.20-23)
- Monosyllabiques : *ad, ob, per, post, cis, trans*
- Dissyllabiques : *apud, ante, citra, circum, circa, contra, erga, extra, inter, intra, infra, iuxta, prope, pone, ultra, praeter, propter, supra, usque, penes*
- Trisyllabiques : *circiter, aduersus, secundum*

Prépositions suivies de l'ablatif (44.27-45.3)
- Monosyllabiques : *a, ab, abs, e, ex, de, pro, prae, cum, clam*
- Dissyllabiques : *coram, palam, sine, absque, tenus*

Prépositions suivies de l'accusatif ou de l'ablatif (53.13) : *in, sub, super, subter*

Prépositions en composition (56.11) : *di-, dis-, re-, se-, am-, con-*.

1. Il retient 54 items lexicaux, soit 29 suivis de l'accusatif (6 monosyllabiques, 20 dissyllabiques et 3 trisyllabiques), 15 suivis de l'ablatif (10 monosyllabiques, 5 dissyllabiques), 4 suivis de l'un ou l'autre cas (2 monosyllabiques, 2 dissyllabiques), et 6 connaissant tous les cas, c'est-à-dire en fait ignorant la juxtaposition au profit de la seule composition. Sur d'autres insuffisances de l'exposé, *cf.* aussi, au livre 14, la note 56.

2. Il s'agit ici des listes annoncées, non du traitement effectif des prépositions, qui fait suite à ces listes introductives, et qui est retenu dans le plan détaillé indiqué ici même au début du livre 14. D'où un certain nombre de différences : par exemple, les listes annoncent des prépositions trisyllabiques construites avec l'accusatif, mais celles-ci ne sont pas traitées ensuite.

L'ordre alphabétique usuel dans ce genre de listes n'est pas toujours conservé : parmi les monosyllabiques voulant l'accusatif, la préposition désuète *cis*[1] n'est annoncée et traitée qu'après *post*, c'est-à-dire en fait avec son antonyme *trans*, lequel est bien à sa place ; dans la liste des vingt dissyllabiques, *ultra* et *penes* ne sont pas à leur place alphabétique, *contra* et *erga* sont interverties dans le traitement détaillé – d'où sont omises les huit dernières prépositions ; les trissyllabiques *circiter*, *aduersus* et *secundum* sont enfin énumérées dans un ordre énigmatique, que n'éclaire pas la suite puisque aucun exposé détaillé ne leur est consacré. En ce qui concerne les prépositions construites avec l'ablatif, les monosyllabiques sont présentées dans un ordre largement induit des associations sémantiques possibles entre elles : *a*, *ab* et *abs* face à *e*, *ex* ; *de* par opposition à *e* et *ex* et précédant *pro* et *prae*, qu'associe une *differentia*. Les cinq dissyllabiques sont associées deux à deux (*coram* et *palam*, antonymes ; *sine* et *absque*, quasi synonymes), laissant pour la fin *tenus*. Si enfin les quatre prépositions admettant les deux cas sont exposées dans l'ordre alphabétique, les cinq qui ne connaissent que la préfixation apparaissent dans un ordre curieux qui relègue *am* et *con* à la fin. Globalement, l'ordre alphabétique n'est dans ce livre qu'une trame autorisant toutes les variations.

Dans le livre 15, les adverbes appellent, en tant que classe non finie et polymorphe, un traitement qui doit permettre un balayage suffisant et représentatif, mais ne peut prétendre à l'exhaustivité : c'est le parti adopté par la tradition grammaticale[2]. Dans cette perspective, Priscien propose deux classements successifs, qu'il faut se garder de croire redondants ou alternatifs. Le premier descend dans les détails d'une énumération alphabétique des finales. Cette méthode d'exposition strictement morphologique était traditionnelle : on la trouve par exemple dans les *Catholica* nominaux du Pseudo-Probus (*GL* 4, 3-43) ; elle était destinée au repérage formel des unités lexicales en fonction des informations que donne la fin des mots – méthode évidente pour les usagers d'une langue à déclinaisons. Ayant ainsi fixé précisément les contours formels de l'ensemble concerné, Priscien avance ensuite un second classement, par catégories sémantiques, où viennent s'ordonner les adverbes cités en exemples. Dans ce classement, les catégories du temps et du lieu sont traditionnelles ; la suite est plus personnelle.

Le livre 16 enfin est plus encore que les autres fondé sur une logique de liste, en l'occurrence celle des catégories de conjonctions, comme on l'a vu. Ce livre repose pourtant sur le schéma par accidents : il est construit sur la succession de la *figure*, de l'*espèce* et de la *place*, les trois accidents de la conjonction. En réalité, l'*espèce* se voit accorder une part si importante par rapport aux deux autres accidents que la liste de ses catégories domine l'ensemble du livre et fait oublier le

1. Sans mention de *uls*, *cf.* note 56 *ad* 36.20.
2. *Cf.* Bonnet 2005b : 145-147.

rôle structurel du traitement de la *figure*, à laquelle deux lignes sont consacrées, et de la *place*, à l'extrême fin du livre.

Composition par glissements et « effet de fiches »

Une autre caractéristique de la structure de ces exposés est leur composition par glissements. Le premier classement global des adverbes est ainsi introduit par la présentation de l'accident de la *species* : l'adverbe est primaire ou dérivé. La dérivation suggère un classement partiel par la nature des bases lexicales, et, quand vient le tour des bases « nominales » que sont ce que les Modernes appellent des adjectifs, Priscien évoque les formations de comparatifs, superlatifs et diminutifs d'adverbes. Quant au constat qu'il y a des adverbes non dérivés, mais primaires, il donne lieu à un classement, à nouveau partiel, par finales – classement auquel invitait du reste la dérivation nominale –, qui se déploie dans deux grands types : les adverbes en *-iter*, et ceux en *-e*. Le seul accident de l'espèce est ainsi à l'origine de trois classements, dont deux partiels, et de l'évocation de la *comparatio* – que Donat considérait au demeurant comme un accident à part entière (*Mai.* 641.8 H.) –, et à chaque fois le traitement de ces sujets procède non pas de l'application stricte des prémisses mises en place, mais plutôt de glissements plus ou moins subreptices, comme par un mécanisme d'association d'idées.

À un niveau inférieur, dans le détail de l'exposé, ces livres offrent des exemples de même nature. Ainsi, quand Priscien s'étend sur le caractère superflu – au niveau informationnel – des conjonctions explétives, il cite entre autres (102.24) un vers de Virgile, *Én.* 12, 931, *equidem merui...*, où *equidem* lui paraît inutile, et il récrit la séquence constituée de cette explétive et du verbe en remplaçant *equidem* par *ego*, mention redondante de la personne verbale. Cette substitution vaut sans doute interprétation de la véritable valeur de *equidem*, mais surtout elle donne lieu, après le détour par un second exemple littéraire impliquant un matériel différent, à une longue note critique sur une étymologie fantaisiste de *equidem*, où certains voyaient justement la trace de *ego* (103.5-15).

Ce type de progressions et de développements fait suspecter l'utilisation indiscrète de *fiches* préexistantes. Ainsi au livre 15, quand Priscien évoque les adverbes non primaires se terminant en *-o*, la mention de *citro* est suivie d'une référence à la base *in-*, fournissant la série *intra*, *intro*, *intus*, *inter* (72.23) ; en fait, seul était pertinent ici le deuxième adverbe de la liste, et celle-ci paraît bien n'être citée tout entière que parce qu'elle se présentait ainsi *comme fiche* dans des notes sur la composition adverbiale. Plus loin, l'adjonction de *deorsum uersum* (75.21-76.4 et note 45) à une série où *uersum* est censé être précédé d'un nom (*orientem* et *occidentem uersum*, par exemple) contredit la tacite étymologie prépositionnelle accompagnant la première mention de *deorsum* (75.20), et relève de la citation *in extenso* d'une fiche consacrée à *uersum*. Au livre 16 encore, le traitement de la catégorie des conjonctions dubitatives, dont fait partie *ne*, se conclut sur deux remarques, dont une sans exemple pour l'illustrer, ce qui est rare, à propos de l'aptitude de *ne*, seule de toutes les conjonctions, à « recevoir l'apostrophe » (102.9) ; ainsi se trouve signalée comme en passant une caractéristique morphologique remarquable, car rarement consignée par l'orthographe latine : l'apocope. Il est probable que ce qui était l'ultime remarque d'une fiche consacrée à *ne* a été ajouté ici par scrupule – d'ailleurs loin des deux exemples virgiliens qui l'auraient illustrée, et qui sont déjà exploités à propos de la valeur interrogative des dubitatives (101.18 et 20). La multiplication des informations induite par cet « effet de fiches » aboutit ainsi à une certaine confusion.

Profusion, confusion et ordre caché

On a vu qu'un exemple virgilien, introduisant une remarque étymologique sur *equidem*, en était séparé par une autre citation littéraire. Ces effets de chevauchement, voire d'enchevêtrement, sont fréquents, et la multiplication des renvois du type *ut supra diximus* révèle le déroulement quelque peu chaotique de l'exposé[1]. L'abondance des faits de langue rapportés crée une sensation de profusion, et donne parfois au lecteur le sentiment d'être égaré dans la « forêt de remarques » que Suétone évoque à propos de Probus[2]. Des anticipations, retours, mises en parallèle ou incidentes suscitent la perplexité. Par exemple, les prépositions *cum* et *clam* sont traitées une première fois à la suite des monosyllabiques associées à l'accusatif (39.11-40.7), alors qu'elles sont plus à leur place quand elles sont abordées à nouveau plus loin (50.22-51.24), dans le passage où il est question de celles qui veulent l'ablatif : Priscien a-t-il voulu, à l'occasion de la fin du traitement de la première série de prépositions monosyllabiques, mettre en évidence leur double construction, ce qui l'aurait entraîné à évoquer par anticipation ces deux exceptions ? À la fin de ce même livre 14, le préverbe *convient* en dernier parmi les prépositions ignorant la juxtaposition : est-ce parce qu'il a fait l'objet d'un cadrage antérieur, à l'occasion de sa mise en relation avec *cum* (50.25-26), dont le rapproche la forme ancienne *com* (39.12-16), de telle façon qu'il ne s'agirait plus, dans l'ultime liste des prépositions, que de rappeler son existence ?

Dans le détail de l'exposé, la succession même des arguments paraît à l'occasion désordonnée. Par exemple, dans le livre 15, l'ordre de présentation des catégories sémantiques à la suite des *localia* ne manque pas de surprendre : deux valeurs de *ne*, *dehortatiuum* (84.16-22) et *abnegatiuum* (84.23), succèdent abruptement aux *localia*, avant un développement sur les transferts de catégorie, puis le retour (85.6-11) aux *confirmatiua* – complément naturel de l'*abnegatiuum* –, suivi à nouveau d'une ligne sur les recatégorisations fonctionnelles (85.12 : des noms en emploi adverbial) et des réflexions sur les transferts de catégories

1. Particulièrement dans le livre 14 : *ut supra diximus*, 28.26 ; *ut diximus*, 31.18, 51.11 ; *ut saepe iam dixi*, 32.9 ; *ut supra dixi*, 35.27 ; *ut praediximus*, 40.1, 48.11, 56.5 ; *quod saepe dixi*, 43.7 ; *sed dixi saepissime …*, 45.4 ; *ut dixi*, 45.14, 47.18 ; *ut supra dixi*, 47.4.

2. *Gram.* 24, 5 : *non mediocrem siluam obseruationum sermonis antiqui.*

sémantiques (entre le lieu et le temps). Où est la logique de cette progression heurtée et zigzagante[1] ?

Une part doit sans doute être faite à la négligence : n'est-ce pas elle qui conduit Priscien à ne pas exclure *inter* d'une série de prépositions n'entrant jamais en composition (29.10-11 et note 27), ou, comme on l'a déjà évoqué, à omettre le traitement des conjonctions *ablatiuae* et *praesumptiuae*, pourtant annoncées dans la liste liminaire (93.14-15) ?

Ces imprécisions dans des développements très copieux peuvent aussi renvoyer aux conditions mêmes dans lesquelles l'exposé a été produit. On est en effet conduit à en imaginer la réalisation moins dans le silence du cabinet, qui permet d'approcher l'exhaustivité, ou à tout le moins une certaine perfection formelle, et qui rend alors la moindre imprécision difficilement compréhensible, que dans le cadre d'une prise de parole face à des interlocuteurs. On devine parfois la présence intellectuelle de ceux-ci, quand Priscien fait une allusion au procédé pédagogique de la *differentia* au début du livre 14 (24.18-19), ou propose, plus loin (29.12-14), un « truc » pour repérer les prépositions : l'absence d'aspiration initiale des initiales vocaliques. Il y aurait un ordre caché, dans le texte que nous lisons : celui d'un cours que le professeur déroule devant ses auditeurs, et qu'il infléchit selon leurs réactions; celui qui fait s'enchaîner les différentes espèces d'adverbes selon des associations notionnelles (dissuasion / négation, serment / souhait / exhortation / modération, intensité / comparatifs / superlatifs / numéraux / diminutifs) aussi aisées à faire saisir intuitivement qu'il serait complexe de les définir; celui qui pousse à dilater la catégorie des conjonctions causales (94.14) avant même leur apparition. De la sorte, une lacune aussi patente que celle qui passe sous silence les huit dernières prépositions dissyllabiques associées à l'accusatif, ainsi que les trois trissyllabiques (cf. *supra*), ne s'explique pas forcément par une altération textuelle très tôt advenue dans la tradition de l'original : on ne peut exclure que Priscien ait choisi de les taire dans un exposé qui se révèlerait ainsi, finalement, moins soucieux d'exhaustivité lexicale, pourrait-on dire, que de pertinence théorique.

6. *La langue décrite et les exemples*

Les exemples d'auteurs

Pour illustrer son propos, Priscien recourt à de très nombreux exemples empruntés à des œuvres littéraires, comme il ressort de l'Index 1, *Auteurs*, donné à la fin du présent volume[2] : les trois livres consacrés aux invariables, qui correspondent à 80 pages du recueil des *Grammatici Latini*, ne comportent pas moins de 352 citations littéraires latines différentes, 287 extraites de textes

1. *Cf.* note 70, où est suggérée une possibilité de justification.
2. Voir aussi l'Index 3, *Récapitulatif complémentaire des formes par catégories*.

poétiques et 65 de textes en prose (159 du seul Virgile[1], 71 de Térence[2], 33 de Salluste, 26 de Cicéron (dont 3 en vers), 16 de Lucain, 13 d'Horace, 8 de Tite-Live, 8 de Juvénal, 6 de Plaute, 4 de Perse, 4 de Stace, 2 de Pomponius, 1 de Titinius[3], 1 de Caton). Étant donné les répétitions (39 citations sont données deux fois, 1 trois fois et 3 quatre fois[4]), le nombre total s'élève à 402 (dont 193 de Virgile, soit près de 48%). Certaines citations sont très brèves, réduites à deux mots ; ainsi, de Virgile, *mane nouum* et *sponte sua* (34.14-16, 84.26-85.1), du *Pro Sex. Roscio Amerino*, *indidemne Ameria?* (75.2) ou encore des *Histoires* de Salluste, *ad Corycum* en 66.20 et *apud Mutinam* en 67.2. Quelques-unes représentent plusieurs lignes de l'édition Hertz (par exemple, de Stace, 34.18-21 ; de Cicéron, 87.21-25 ; de Lucain, 96.19-22). Mais le plus fréquemment, la longueur se situe entre une demi-ligne et deux lignes. Par l'importance accordée aux citations, Priscien s'apparente aux grammairiens érudits tel que Caper, qui devait lui-même beaucoup au Pline des *Dubii sermonis libri* ; comme ce dernier, Priscien a pratiqué l'ouverture aux *iuniores* – auteurs postérieurs à Térence, Cicéron, Salluste et Virgile[5].

À de très rares exceptions près, ces citations littéraires sont accompagnées d'une référence (placée le plus souvent avant la citation[6]), comportant – à la manière antique[7] – le nom de l'auteur, le titre de l'œuvre (systématique seulement pour les auteurs s'étant illustrés par plus d'une œuvre) et, pour les œuvres comportant plus d'un livre ou d'un chant, le numéro du livre ou du chant (le titre est alors au génitif – sauf, bien sûr, s'il comporte une préposition) : « Terentius in *Eunucho* », « Horatius in I *Sermonum* » (ou, moins fréquemment, « Horatius *Sermonum* I », 87.6), « Liuius in III *Ab urbe condita* » (« Liuius in XIII », 69.5), etc. Un titre comportant une préposition (*ab*, *ad*, *de*, *in*, *pro*) n'est jamais directement précédé de *in*, d'où soit « *De re publica* VI » (70.11), soit « in IIII *De*

1. *Bucoliques* : 13 différentes (dont 2 citées deux fois, d'où 15 au total) ; *Énéide* : 125 (153 au total, dont 43 du chant 1) ; *Géorgiques* : 21 (25 au total).

2. Les citations les plus nombreuses viennent de l'*Andrienne* (27 différentes, 29 compte tenu des répétitions) et de l'*Eunuque* (21 – 22 au total); le *Phormion* est mentionné 16 fois (pour 14 citations effectives : voir l'Index 1, *Auteurs*). Le reste des citations provient des *Adelphes* (7 – 8 au total) et de l'*Heautontimoroumenos* (2) ; l'*Hécyre* est totalement absente (dans le livre suivant, aucune de ces deux dernières pièces n'est représentée : *cf.* livre 17, Index 1).

3. Les citations de Titinius et de Pomponius (70.16 et 18-19 ; 77.11) illustrent des adverbes dont l'usage est condamné par Priscien (voir la dernière partie de la présente section).

4. Pour le détail, voir l'Index 1, *Auteurs*. L'étendue de la citation varie dans le cas de Cic., *Cat.* 1, 23 et 3, 24; Hor., *Sat.* 1, 6, 49-50; Sall., *Hist.* 1, frg. 1 M.; Virg., *Én.* 1, 5-6, 65-66, 85; 2, 275; 5, 500-501 ; 10, 664. Priscien répète parfois une citation à quelques lignes seulement d'intervalle, sans aucun souci de *uariatio* (ainsi Cic., *Cat.* 3, 24 en 61.1-2 et 16-17 ; Tér., *And.* 74-75 en 69.22-23 et 70.7-8 ; Virg., *Én.* 11, 50 en 78.19 et 79.8).

5. *Cf.* De Nonno 1990b : 642-646.

6. Il arrive néanmoins qu'elle soit située après, notamment quand la citation littéraire fait suite à un exemple « forgé » (cf. *infra*), ainsi dans la séquence 95.10-12 ou encore 96.24-97.3.

7. L'imprécision des références antiques – faute de numérotation des vers ou des chapitres et paragraphes – conduit à produire des citations donnant un contexte un peu large, même pour illustrer des faits strictement morphologiques, *cf.* Colombat 2007 : 74.

re publica » (76.14). Étant donné l'abondance des citations de l'*Énéide* – et la célébrité de l'œuvre –, les références en sont souvent allégées du titre (en 95.11-12 ou 103.26-28, par exemple) [1] – sans risque de confusion avec les autres œuvres de Virgile puisque le titre de celles-ci est systématiquement indiqué[2].

Le soin méticuleux apporté par Priscien aux références a pu être comparé à celui des juristes du *Digeste*, élaboré de 530 à 533[3]. Toutefois, dans une société fondée sur une culture de la référence littéraire[4], Priscien peut se dispenser parfois d'indiquer la référence pour des passages particulièrement célèbres[5] (ainsi *ad balneas Pallacinas*, 37.9; *quamobrem discede*, 95.12; deux des tout premiers vers de l'*Énéide*, 95.19-20) ou se contenter de citations allusives (82.20-21). Cette grande familiarité avec les textes est du reste une source d'erreurs, ou bien dans les références (ces erreurs sont indiquées par « sic » dans la traduction)[6], ou bien dans le texte des citations[7] : il arrive manifestement à Priscien de citer de mémoire. Mais le nombre d'inexactitudes, rapporté au nombre de citations, est remarquablement faible, si l'on met à part le cas particulier des citations de Térence (voir *infra*, section 8).

Les exemples forgés

Dans la mesure où il s'appuie sur le donné philologique constitué par les œuvres d'auteurs qui lui sont largement antérieurs – le plus récent pour les livres considérés est Juvénal –, le travail de Priscien s'apparente à celui d'un grammairien travaillant sur un corpus clos, avec des indications telles que *in usu non inueni* (42.22-23) ou *non inueni nisi*... (45.10-13). Mais ce corpus est écrit dans la langue qui est celle de Priscien : la langue des *Latini* (29.4) ou *Romani* (27.17) est présentée comme étant aussi la sienne (cf. *apud nos*, 30.11, etc. – souvent en opposition à *apud Graecos* –, ou les formes verbales à la première personne du pluriel comme *facimus*, 34.6). À cet égard, il n'y a pas de solution de continuité entre les exemples tirés des auteurs latins et ceux qui n'offrent d'autre garant que la compétence du locuteur latin qu'est Priscien. Ces exemples, produits spécialement pour les besoins de l'exposé grammatical par Priscien lui-même ou repris de ses prédécesseurs, peuvent être dits « forgés » – *exempla ficta* que l'intérêt, en soi

1. Omission du titre également en 74.27, pour une citation de Salluste traditionnelle chez les grammairiens (*cf.* Holtz 1978 : 233). Ni titre ni nom d'auteur en 26.9, 11 et 13 (Virgile).

2. *Cf.* De Nonno 1988 : 280 B.

3. *Cf.* De Nonno 2009 : 263-264.

4. *Cf.* Baratin 1996 : 48.

5. Bonnet 2009 : 20 envisage la possibilité dans certains cas de « complément oral » fourni par le maître.

6. Erreur sur le livre en 66.18, sur l'œuvre en 62.12, 64.1, 69.2 et 73.10.

7. Notamment en 67.23-24, 73.16 et 18, 82.15-16 : *cf.* notes 26, 37, 58 du livre 15, et Groupe *Ars grammatica*, 2005 : 23-24.

légitime, porté aux exemples d'auteurs risque de faire négliger[1]. Priscien en prend explicitement à son compte quelques-uns, en les introduisant par *(ut) si dicam*, ou par une expression comportant un verbe de sens « dire » à la première personne[2]. Les exemples forgés sont insérés dans le développement de la même manière que les citations littéraires, c'est-à-dire avec ou sans *ut*.

Certains des *exempla ficta* sont très longs (ainsi l'illustration de *nec / neque* en 100.2-4), mais la plupart sont dépouillés : leur caractère économique est précisément l'un de leurs intérêts. Il suffit de trois mots pour présenter une conjonction en contexte (*si ambulat, mouetur*, 93.6), de deux pour un adverbe (*prudenter agit*, 60.4), comme pour un nom adjectif (*prudens homo*, *ibid.*). Deux mots suffisent également à Priscien pour une préposition en juxtaposition; ainsi une courte liste illustre les différents emplois de *ad* (*ad templum, ad tempus, ad iustitiam, ad hominem*, 54.16-17). Et, bien sûr, un unique mot, préfixé, permet de présenter une préposition en composition; nombreuses sont alors souvent les illustrations produites (par exemple, quatre – *adeo*, *adcurro*, *aduenio*, *assideo* – simplement pour *ad-* exprimant la proximité, en 37.8[3]).

L'approche de Priscien est analogue à celle d'Apollonius[4], à ceci près que Priscien est bilingue : outre qu'il connaît les deux traditions grammaticales grecque et romaine, il a la double compétence linguistique. Comme son *Ars* s'adresse en priorité à un public hellénophone, il recourt à l'occasion à des illustrations grecques quand il s'agit de souligner la conformité du latin au grec ou de faire apparaître une divergence entre les deux langues[5]. La plupart des *exempla ficta* latins illustrant les conjonctions, au livre 16, sont traduits ou inspirés d'exemples grecs traditionnels – à commencer par *si ambulat, mouetur,* adapté du *ei peripateis, kinêi* d'Apollonius –, exemples qui sont eux-mêmes en dernière analyse issus des énoncés complexes étudiés par la dialectique stoïcienne. Dans le livre 14, il est fréquent que Priscien donne l'équivalent grec des exemples forgés latins (31.2, 38.2, 38.7-8, etc.) et il lui arrive de traduire la préposition contenue dans telle ou telle citation latine (26.10 et 14, 37.23, 43.5).

Rapports entre exemples d'auteurs et exemples forgés

Entre les deux types d'illustrations – citations littéraires et exemples forgés – la frontière n'est pas étanche : une très courte citation a parfois un statut en quelque sorte intermédiaire entre citation proprement dite et *exemplum fictum*,

1. *Cf.* Keller 2009b : 147.

2. *Cf.*, entre autres, 54.16, 62.20-23, 84.4-9, 90.7-8, 98.16-21, 102.15-19.

3. L'Index 3, *Récapitulatif complémentaire des formes par catégories*, permet d'apprécier le nombre et l'étendue des exemples forgés ainsi que des exemples d'auteurs.

4. *Cf.* Lallot 2007 : 60-62.

5. Ainsi en 33.8-11 et 16-17, et 34.9-11 (9 citations d'Homère) ; de même en 41.21 (une citation d'Hésiode, en fait contaminée avec un vers d'Homère). En 100.7-10, un exemple forgé grec et un vers de l'*Iliade* (donné sans référence) avec la traduction en latin de l'exemple grec et un exemple forgé latin (*gaudeat Priamus, si audiat*) inspiré du passage de l'*Iliade* d'où est extraite la citation.

comme *sponte sua* cité avec référence en 34.14-16 et 84.26-27, mais sans en 68.6; de même, extrait de l'*Énéide* (10, 664 : *cf.* 68.3-4), *sublime uolans* est cité en 64.2 avec référence (erronée d'ailleurs), mais sans en 65.10-13 et 77.9 – et, en 65.10-13, cette formule est l'objet d'une manipulation, comme peuvent l'être les *exempla ficta*: *sublime uolans/uolantis/uolanti* (et *cf.* 115.19, 148.19, 193.10, 227.30-31). Surtout, pour illustrer un même fait linguistique, il n'est pas rare que Priscien associe, en les coordonnant ou en les juxtaposant, citations – le plus souvent avec référence – et exemples forgés, ou *uice uersa* [1].

En fait, pour Priscien, toutes ces productions langagières permettent au même titre de cerner l'usage du latin [2] et leur analyse d'atteindre l'un des objectifs de son *Ars*, indiqué au début du livre 17 : « l'explication de texte, de quelque auteur que ce soit » (108.8) [3]. Dès lors qu'un usage ne contrevient pas à la logique propre du système décrit, il peut être enregistré, même s'il n'est pas attesté chez les auteurs classiques; ainsi de l'emploi de *quatenus* avec valeur finale (*cf.* 95.15-22 et note 18) ou de systèmes conditionnels tels que *eris doctus si legas* (95.24 et note 21).

La diversité des exemples produits par Priscien et la manière dont il les mêle supposent une conception unitaire de la langue latine [4]; c'était aussi, pour le grec, la conception tacite d'Apollonius [5]. Cela n'empêche pas Priscien d'être conscient de certaines particularités des Anciens [6], de telle tendance propre aux historiens (66.12-67.3), ni surtout d'être attentif aux différences éventuelles entre poésie et prose [7].

Il n'est pas rare toutefois que certains passages voient s'enchaîner ou bien des citations littéraires, ou bien des exemples forgés : il y a une certaine spécialisation entre les deux types d'illustrations. C'est ainsi que les *exempla ficta* permettent d'envisager de multiples cas de figure en faisant varier un seul élément dans un contexte identique : par exemple la combinaison cohérente de certains adverbes avec n'importe quel temps (*sapienter dico, sapienter dicebam*, etc., en 60.6-8) ou, en 94.23-24 et 95.3-5, divers types de conjonctions : *quoniam ambulat, mouetur / si ambulat, mouetur / quia ambulat, mouetur / ut moueatur, ambulat / mouetur, ambulat enim*. De même, un exemple forgé se prête à toutes les manipulations jugées nécessaires pour éclairer des différences fines, comme celle qui existe entre disjonction et para-disjonction (98.16-21 et note 35).

1. *Cf.*, parmi d'assez nombreuses séquences de ce type, 95.10-12 (exemple forgé + citation avec référence + citation sans référence), 95.18-22 (exemple forgé + exemple forgé + citation sans référence + exemple forgé + citation avec référence).

2. *Cf.* Baratin 1996 : 49 sur le fait que Priscien ne conserve pas l'opposition *auctoritas / consuetudo*, mais range ces deux critères dans la seule catégorie de l'*usus*, qu'il oppose à la *ratio*.

3. *Cf.*, livre 17, p. 63, note 2.

4. *Cf.* Keller 2009b : 151.

5. *Cf.* Lallot 2007 : 66.

6. Voir l'Index 4, *Terminologie grammaticale latine* (*antiqui, ueteres, uetustissimi*).

7. Voir l'Index 4, *Terminologie grammaticale latine* (*metrum, poema, poeta, poetica, poetice, prosa*).

En revanche, ce sont de préférence des exemples littéraires qui illustrent les questions délicates comme l'emploi de diverses parties du discours avec valeur de préposition (par exemple *contra*, *aduersum* et *secundum*, en 26.15-27.3). Le long extrait de Censorinus au livre 14 (45.25-47.4) – de même que les passages abondamment illustrés de citations repris de leurs prédécesseurs par Diomède et Charisius – montre que s'étaient constitués dans la tradition grammaticale latine, comme déjà dans la tradition grecque[1], des regroupements de citations (avec éventuellement quelques exemples non référencés, *cf.* 47.3) consacrés à des problèmes particuliers, d'où pouvaient être commodément extraites des illustrations. Dans les développements que Priscien consacre aux mêmes termes (*ante*, 26.9-14 et 40.16-22, *contra*, 26.14-19, et *super*, 55.16-21), les citations sont différentes de celles de Censorinus; elles ont quelques chances d'être issues d'autres sources grammaticales comparables, plutôt que directement des œuvres littéraires elles-mêmes. Dans la présente édition, les notes au texte latin permettent de repérer, notamment, les nombreuses citations communes à Priscien et à ceux des grammairiens qui l'ont précédé dont les œuvres nous sont parvenues. D'autre part, il est établi que les livres 14, 15 et 16 ont 29 citations en commun avec le *De compendiosa doctrina* de Nonius. Dans 11 cas la dépendance de Priscien par rapport à Nonius semble certaine et dans 2, probable; les 16 autres coïncidences pourraient être fortuites[2].

Le cas particulier des adverbes condamnés : Priscien et la ratio *de la langue*

En ce qui concerne les adverbes issus des noms (adjectifs) des 2e et 3e déclinaisons[3], Priscien reprend la répartition dégagée par les artigraphes, qui se fondaient essentiellement sur la langue de Térence, Cicéron et Virgile : ces adverbes dérivés sont respectivement en *-e* long et en *-(i)ter*[4]. C'est vraisemblablement parce que le principe de répartition est satisfaisant pour un esprit attentif aux secteurs de la langue où sont discernables des *regulae* (*cf.* 65.16-18) que Priscien le reprend à son compte et n'hésite pas à se montrer normatif, ce qui est exceptionnel chez lui. À partir des noms (adjectifs) et participes de la 3e déclinaison sont issus régulièrement des adverbes en *-ter*, les seules formes divergentes acceptables, selon Priscien, étant les formes casuelles de noms (adjectifs) prises comme adverbes, conformément à ce qui a été exposé en 63.21-65.13; les autres doivent être rejetées (*reiciantur*, 77.9). Même position en ce qui concerne les adverbes issus des noms (adjectifs) de la 2e déclinaison, présentés dans le long développement de 68.19 à 71.5 : en plus des formations en *-e* long, Priscien recense un certain nombre de formes casuelles (ainsi *primo* et *primum* – à côté de

1. Lallot 2007 : 60-61.

2. D'après les analyses de Bertini 1975 complétées, pour le livre 11 de Nonius, par Keller 2009a. Sur l'exploitation que Priscien fait de ce livre dans son livre 15, voir la fin de la présente section.

3. Adjectifs de la 1re et de la 2e classe dans notre terminologie.

4. Bonnet 2005b : 145-146.

(*ad*)*prime*). Il doit cependant tenir compte aussi d'*aduerbia excepta uel anomala* (*cf.* 65.18-19) : outre *bene* et *male* (dont le -*e* est bref, 68.23-24), des adverbes en -*iter*; il en énumère cinq, qui sont des doublets consacrés par l'usage d'adverbes en -*e* long (*duriter*, *largiter*, *humaniter*, *inhumaniter* et *firmiter*, doublets de *dure*, etc.), et les illustre – sauf *largiter* – de citations de Térence et de Cicéron également attestées, pour ces adverbes, chez d'autres grammairiens (70.4-13), puis indique fermement que les autres ne doivent pas être employés : *inueniuntur et alia, quibus tamen non est utendum.*

Sont alors cités 28 adverbes (jusqu'en 71.5). Il est évident que cela ne représente qu'une petite partie des très nombreux adverbes en -*iter* irréguliers (en tant que correspondant à des adjectifs de la 1re classe, et non de la 2e) qui, malgré les recommandations des puristes, n'ont cessé d'être bien représentés dans la langue courante tout au long de la latinité et qui ont connu un regain de faveur chez les écrivains archaïsants à l'instar de Fronton ou d'Aulu-Gelle. C'est que Priscien s'est contenté de prendre ses exemples dans le livre 11 du *De compendiosa doctrina* de Nonius Marcellus[1]. Dans ce livre *De indiscretis aduerbiis* sont présentés, dans le plus grand désordre à nos yeux, 64 doublets adverbiaux de formations diverses (dont 34 en -*iter*), qui, selon Nonius, peuvent être employés au même titre que les adverbes dont ils sont les doublets, puisqu'ils bénéficient de la caution d'auteurs, notamment anciens (*auctoritas ueterum*) : chacun est illustré d'au moins une citation littéraire (le nombre de ces illustrations, dûment référencées, peut aller jusqu'à 5, voire 6). Priscien ne partage pas cette conception de la *latinitas* : l'*auctoritas ueterum* ne saurait pour lui primer sur la logique (*ratio*) de la langue – manifestée, en l'occurrence, dans une répartition morphologique claire. Mais il exploite méthodiquement les données de Nonius (sans mentionner sa source[2]), et elles seules : les adverbes qu'il engage à ne pas employer sont tous extraits de ce relevé, comme le sont aussi les citations de Pomponius et de Titinius qui illustrent les deux premiers, *insaniter* et *seueriter* (70.14-19)[3]. L'ordre d'apparition est le même que chez Nonius (et la répétition de *ignauiter* est conservée : *cf.* 71.2 et 3), à ceci près que Priscien, qui a choisi de mentionner 6 des 19 auteurs cités par Nonius (pour 44 citations), a opéré quelques regroupements d'adverbes, par auteurs. D'où ces noms qui émaillent la liste dans un ordre aléatoire : Titinius (mentionné pour 3 adverbes), Plaute (5)[4],

1. *Cf.* Hertz 1856.

2. Dans l'ensemble de l'*Ars Prisciani*, Nonius n'est nommément cité que 3 fois, alors qu'il a été une source pour Priscien en plusieurs dizaines d'endroits (cf. *supra* la fin de la section 2).

3. Les citations produites par Priscien plus haut (70.6-13) pour illustrer *duriter*, *firmiter* et *humaniter* sont également chez Nonius (Keller 2009a : 212-213). En 77.11, Priscien reprend, en la déformant, une citation de Pomponius qui est aussi chez Nonius (*ibid.* : 215).

4. Dans l'énumération qui suit *Plautus* (70.20), seuls les cinq premiers adverbes sont à attribuer à Plaute, et il faut un point-virgule entre *maestiter* et *aequiter*, comme le préconisait Hertz lui-même (1856 : 594 et 595).

Novius (1), Lucilius (2), Varron (2) et Ennius (1). On peut facilement montrer que Priscien a procédé à un dépouillement minutieux du répertoire de Nonius, avec des balayages successifs ; seuls trois adverbes en *-iter* ont échappé à son attention, *parciter, longiter, saniter*[1].

Ainsi, les passages du livre 15 où Priscien exploite le *De indiscretis aduerbiis* de Nonius permettent de voir comment il tire parti des ouvrages dont il dispose pour y sélectionner des données, quelles que puissent être les divergences de fond qui le séparent de leurs auteurs. Le rapprochement avec Nonius fait particulièrement bien ressortir, par contraste avec ce lexicographe respectueux de l'*auctoritas ueterum*, l'importance que Priscien accorde, lui, à la *ratio* de la langue.

7. *La postérité des invariables de l'* Ars Prisciani *: l'exemple du classement des conjonctions*

Les trois livres consacrés aux invariables ont joué un rôle important dans la suite de la tradition, car celle-ci a considéré que les trois parties du discours en cause, préposition, adverbe et conjonction, étaient essentiellement concernées par la notion de « syncatégorèmes » (*syncategorêmata*), ou parties du discours « cosignifiantes » (*consignificantia*), notion évoquée fugitivement par Priscien, mais à laquelle la tradition médiévale a réservé un grand avenir[2].

Suivre le rôle joué par les textes de Priscien consacrés à ces trois invariables dépasserait les bornes de cette introduction. On se limitera au classement sémantique des conjonctions, tel que certains textes médiévaux l'envisagent et tel qu'il est renouvelé au XVIe siècle.

Reprenons la liste initiale de Priscien (93.12-16) : *Species sunt : copulatiua, continuatiua, subcontinuatiua, adiunctiua, causalis, effectiua, approbatiua, disiunctiua, subdisiunctiua, disertiua, ablatiua, praesumptiua, aduersatiua, abnegatiua, collectiua uel rationalis, dubitatiua, completiua* – soit 17 catégories, dont deux ne seront pas reprises dans la suite du développement : les *ablatiuae* et les *praesumptiuae*.

Sur ce point comme sur bien d'autres (par exemple le classement des pronoms ou l'interprétation de *qui*), les Médiévaux perçoivent une double tradition : celle de Donat et celle de Priscien. La liste des conjonctions se limite à cinq catégories chez Donat : *copulatiuae*, *disiunctiuae*, *expletiuae*, *causales* et *rationales.* Ce classement est modifié par Isidore (*Étym.* 1, 12), avec l'intégration des deux critères, non homogènes, de la *uis* et de l'*ordo*, qui entraînent l'inclusion dans la liste initiale de deux catégories supplémentaires, les *subiunctiuae* et les

1. Keller 2009a : 209-211.

2. *GL* 2, 54.5-8, *cf.* ici même, section 1, *Premiers repères*. Le terme *syncategorêmata* ne se trouve qu'une fois chez Priscien, et n'apparaît pas dans les autres textes grammaticaux latins. Priscien le traduit par *consignificantia*, représenté également, dans l'*Ars Prisciani*, par *consignificat* (*GL* 3, 93.3 et 129.15) et *consignificant* (*GL* 3, 114.19). Sur l'histoire et le succès du terme dans la postérité, voir Rosier (dir.) 2003.

communes – d'où une liste de sept catégories. Mais Bède le Vénérable, *De octo partibus orationis*, s'en tient à la liste telle qu'elle apparaissait chez Donat.

Parmi les grammaires en vers – dans lesquelles la terminologie technique se heurte à l'occasion aux contraintes de la métrique (le crétique d'*abnegatiua* par exemple ne passe pas dans l'hexamètre), le *Doctrinale* d'Alexandre de Villedieu ne consacre pas de développement spécifique à ce classement, mais Evrard de Béthune (*Grécisme*, 201-205 W.) présente les termes suivants : *copulatiue* (v. 7), *continuatiua* (v. 11 = *consecutiua*), *subcontinuant* (v. 13-14), *causales*, *adiunctiuae* (v. 15), *disiunctiua* (v. 28), *abnegat* (v. 40). C'est, en partie au moins, la terminologie de Priscien. De son côté, le *Compendium* de Jean de Garlande fait intervenir dans le traitement de la conjonction (livre 2, v. 1680-1684) les verbes *contiguare* et *continuare*, sur lesquels sont formées deux catégories de conjonctions : les *continuantes*, parmi lesquelles se trouvent les *condiciales*, et les *contiguantes*, dont font partie les *rationales* (v. 1686-1687) ; apparaissent aussi les termes *disiunctiua* et *subdisiunctiua* (v. 1697 et 1727). Autant de termes qui montrent aussi qu'on ne s'en tient plus alors dans la grammaire pédagogique à la liste de Donat.

Et de fait, le classement de Priscien se retrouve non seulement bien sûr dans la *Summa super Priscianum* (812-829 R.) de Pierre Hélie, dont le commentaire détaillé des *species* de la conjonction reprend assez fidèlement l'ordre de présentation initiale, sans faire mention des deux catégories non traitées par Priscien, les *ablatiuae* et les *praesumptiuae*, mais aussi chez Papias (*Vocabulista*, Venise, 1496 [XIe s.]), sous une forme à peine modifiée et réduite à 13 catégories : *Species sunt copulatiua, continuatiua, subcontinuatiua, adiectiua, causalis, effectiua, approbatiua, disiunctiua, subdisiunctiua, discretiua, rationalis, dubitatiua, completiua*; les *aduersatiuae* et les *abnegatiuae* ont disparu, les *adiunctiuae* sont devenues des *adiectiuae* (terme qu'on retrouve dans le *Catholicon* de Giovanni Balbi), les *disertiuae* sont devenue des *discretiuae*, la *collectiua uel rationalis* est devenue simplement *rationalis*.

Avec la grammaire modiste, une première prise de distance apparaît par rapport aux classements sémantiques de Donat et de Priscien : la variété des conjonctions compte moins que le *mode* de conjonction. Dans la *Grammatica speculatiua* de Thomas d'Erfurt (257-263 B.-H.) par exemple, le mode de signifier essentiel de la conjonction est, sous sa forme la plus générale, le *modus significandi per modum coniungentis duo extrema*, et, dans ses variétés, les modes subalternes, on trouve la *coniunctio per uim* (*copulatiua et disiunctiua*) et la *coniunctio per ordinem* (*causalis, rationalis et expletiuua*). Ces deux notions, *uis* et *ordo*, sont présentes dans la définition de la conjonction proposée par Priscien au début du livre 16[1], et leur reprise dans la grammaire modiste permet de mettre en avant des structures de fonctionnement, au détriment du classement

1. 93.4-5 et note 2. *Cf.* également *supra*, 3, *Les critères de définition et de différenciation*.

proprement sémantique, qui est relégué, au titre de l'*espèce*, avec la *figure* et l'*ordre*, parmi les modes accidentels.

Le *Catholicon* de Giovanni Balbi ne consacre pas non plus de traitement spécifique aux catégories de conjonctions, et si certaines sont citées dans les livres 2 et 3, c'est de façon éparse : il n'est question dans le livre 2 que de la *coniunctio causalis* et de la *coniunctio aduersatiua*, et dans le livre suivant sont évoquées l'*expositiua* (chap. LI), l'*encletica* (*ibid.*), l'*acquisitiua* (chap. LII, à propos de *si*), la *repulsiua* (*ibid.*, à propos de *ne*) ; il s'agit d'une « nomenclature sous-jacente, mais qui n'est jamais présentée d'un seul tenant »[1]. De même, dans la partie lexicale du *Catholicon*, sont citées l'*aduersatiua* (*quamuis*), les *causales* (*quatenus* et *quoniam*), la *subcontinuatiua* (*quoniam* encore), la *copulatiua* (*-que*), l'*affirmatiua* (*quidem*), la *disiunctiua* (*uel*), l'*adiectiua* et l'*illatiua* (l'une et l'autre à propos de *quin*) – mais hors de toute construction systématique.

Un classement sémantique systématique des conjonctions paraît ainsi moins prégnant à la fin de la période médiévale, mais il n'a pas disparu pour autant[2]. Deux traditions s'affrontent : celle qui a sa source chez Donat et qu'on trouve surtout en Europe du Nord (Despautère en reprend la liste en 5 espèces), et celle qui s'inspire de Priscien et qu'on trouve en Europe du Sud, chez les humanistes italiens. On voit par exemple chez Perotti (1475, f. [35^r]-[36^r]) une liste de 18 conjonctions correspondant d'assez près aux 15 de Priscien, même si l'ordre de traitement est modifié : *copulatiua*, *continuatiua*, *subcontinuatiua*, *adiunctiua*, *causalis*, *approbatiua*, *disiunctiua*, *sub[dis]iunctiua*, *dubitatiua*, *disertiua*, *aduersatiua*, *abnegatiua*, *collectiua*, *interrogatiua*, *completiua*, *effectiua*, *distributiua*, *diminutiua*.

Cette liste est d'ailleurs d'autant plus fidèle qu'elle omet les catégories non traitées de la liste initiale, cependant que les trois catégories qu'elle ajoute sont aisées à trouver dans le texte de Priscien : les *interrogatiuae* sont créées à partir du dédoublement des *dubitatiuae* de Priscien (101.16 : *frequentissime tamen eaedem* [*dubitatiuae*] *interrogatiuae sunt*) ; les *distributiuae* peuvent être tirées de la phrase qui porte sur l'utilisation de *uero* (102.19-20 : *potest tamen et distributiua dici, quia distribuit diuersas res diuersis personis*) ; les *diminutiuae* peuvent s'inférer de 99.13-14 : *aduersatiuae... etiam diminutiuam significationem habent*. On retrouve à peu près la même liste chez Alde Manuce (1508) et une liste un peu réduite (13 catégories) chez Nebrija (1510), qui regroupe par ailleurs les *continuatiuae*, les *subcontinuatiuae*, les *adiunctiuae* et les *effectiuae* dans la catégorie générale des *causales*.

C'est toujours sur la base du texte de Priscien que Linacre (1524, f. 32v-34v) développe une liste de 18 conjonctions, réparties en 15 catégories, comme la liste des catégories effectivement traitées dans l'*Ars Prisciani*, mais il tente une réorganisation : *copulatiuae*, *suspensiuae*, *discretiuae*, *disiunctiuae*,

1. *Cf.* Bert 2011 : 184.
2. *Cf.* Colombat 1999 : 215-220.

rationis redditiuae, continuatiuae, subcontinuatiuae, definitiuae, perfectiuae, dubitatiuae, collectiuae, aduersatiuae, epilecticae, elattoticae, expletiuae. Les différences par rapport à la liste de Priscien sont sensibles : ajout des *suspensiuae, discretiuae, definitiuae, perfectiuae, epilecticae, elattoticae, expletiuae*; suppression des *adiunctiuae, causales* (partiellement remplacées par les *rationis redditiuae*), *effectiuae, approbatiuae, subdisiunctiuae, dissertiuae, abnegatiuae* et *completiuae*, si bien que ne restent communes aux deux listes que les *copulatiuae, continuatiuae, subcontinuatiuae, disiunctiuae, aduersatiuae, collectiuae* et *dubitatiuae*. Linacre cite quatre fois le nom de Priscien dans le passage concerné, mais pour mieux s'en démarquer en établissant un classement qui lui soit propre et pour lequel il réactive des termes grecs (les *epilecticae* et les *elattoticae*). En réalité, la perspective est globalement la même.

Ce n'est que dans le cours du XVIe siècle que commence à être réellement mise en cause la double tradition qui ne laisse de choix qu'entre un classement sémantique court, issu de Donat, et un long, issu de Priscien. Cet effacement date des efforts de Scaliger (1540) pour rationaliser la description, avant le rejet de tout classement par Sanctius (1587).

Dans le livre XI (chap. 166-172) du *De causis*, Scaliger part des multiples catégories des listes longues, mais il accuse les grammairiens qui les retiennent d'être poussés par une « minutie excessive » (*superflua curiositas*[1]), et lui-même en entreprend la réorganisation pour réduire le nombre de ces catégories, qu'il ramène à cinq têtes de chapitres : *copulatiuae, continuatiuae, disiunctiuae, subdisiunctiuae, completiuae* – tout en indiquant que ces catégories pourraient être encore réduites puisque les *continuatiuae* et les sous-catégories afférentes sont réductibles aux *copulatiuae*[2]. La volonté de simplification est très nette, comme le confirme la *Récapitulation* du chapitre 172 : « Les conjonctions joignent ou uniquement des mots, ou aussi le sens. Dès lors, on les a rangées en trois classes ; il s'agit en effet ou bien d'une jonction nécessaire, ou d'une jonction non nécessaire, ou d'une nécessaire non-jonction »[3]. Aux yeux de Scaliger, Priscien et Linacre sont des grammairiens « trop tatillons ».

Quant à Sanctius, il se signale par son scepticisme devant ce type de classement sémantique qui, selon lui, ne concerne pas le grammairien : ce qui compte, c'est ce à quoi servent ces conjonctions[4]. Il n'en retient pas moins un classement, mais dont il renouvelle la forme – sans doute précisément pour manifester cette modification de perspective –, en recourant à des formes

1. XI, 167, 1540, p. 324.

2. XI, 169, p. 326, *Resolutio in copulatiuas.*

3. *Iungunt [...] aut uerba tantum, aut etiam sensum : quare tribus classibus dispositae sunt; aut enim iungunt necessario, aut non necessario, aut necessario non* (XI, 171, 1540, p. 339).

4. *Si ad Grammaticam spectes, omnes sunt coniunctiones, id est omnes coniungunt, etiamsi uideantur disiungere* (« Du point de vue de la grammaire, ce sont toutes des conjonctions, c'est-à-dire qu'elle servent à *joindre*, même si parfois elles semblent *disjoindre* », 1587, f. 43v, trad. Clerico 1982, p. 159).

de participes en *-nt* plutôt qu'au traditionnel suffixe en *-iua*: *copulantes, disiungentes, aduersantes, rationales illatiuae, causales, declarantes.*

Pourtant, du côté de la grammaire française[1], c'est le modèle de Donat à cinq catégories qui demeure le plus fréquent dans les premiers textes pédagogiques – dont la métalangue reste très souvent le latin (Sylvius 1531, Pillot 1550, Garnier 1558). Dans les adaptations du *Donat*[2], la traduction des cinq variétés de la *potestas* de la conjonction se fait en ces termes: *copulatives, disjunctives, explectives, causeles, rationeles.*

La tradition issue de Priscien se maintient quant à elle avec Meigret, qui est, des grammairiens du XVIe siècle, celui qui est le plus fidèle au grammairien de Constantinople, qu'il suit généralement de très près. Il s'en écarte néanmoins pour la description des conjonctions, en retenant seulement 8 catégories – mais la plupart manifestement héritées de Priscien: *copulatiues, disjonctiues du sens, continuatiues ou condiçionęlles, caozalles, negatiues, auęrsatiues, exçeptiues, ajonctiues* (1550, f. 131r-v). Cette liste sera en grande partie reprise par R. Estienne (1557 p. 82-83; *cf.* tableau).

Une tradition propre se crée dans la grammaire française au XVIIe siècle, avec une liste de taille intermédiaire, qui n'est plus ni celle de Donat ni celle de Priscien. En témoigne par exemple la liste de Maupas (1618, f. 174r-179v): *copulatives, conditionnelles, dis-jonctives ou dubitatives, causelles ou rationnelles, discretives & adversatives, conclusives.* Souvent la description ne fait plus intervenir de termes techniques, ainsi chez Irson: *Les Conjonctions servent [...] pour unir [...], separer [...], marquer quelque condition [...], rendre raison [...], distinguer [...], conclure* (1662: 84); ou recourt seulement partiellement à une terminologie spécifique, comme chez Oudin: *copulatiues, disionctiues, conditionnelles, d'assigner la raison et la cause, de discerner* (1632: 301-305).

Au XVIIIe siècle, la liste de Girard (1747, vol. 2, p. 258-259), à 12 termes, innove sur le plan terminologique: *copulative, augmentative, alternative, hypothétique, adversative, extensive, périodique, motivale, conclusive, explicative, transitive, conductive.* Elle est reprise et commentée par Du Marsais dans l'article *conjonction* de l'*Encyclopédie*. La liste de Beauzée (1767, vol. 1, p. 582), à 9 entrées, est plus fidèle à la tradition pour le choix des qualificatifs: *copulatives, adversatives, disjonctives, explicatives, circonstancielles, conditionnelles, causatives, transitives, déterminatives.* Ces deux listes s'éloignent assurément de celle de Priscien, qui n'est d'ailleurs pas cité dans les développements correspondants[3], mais elles sont le résultat d'un processus particulièrement long, dont le classement du grammairien de Constantinople a été un jalon décisif.

1. *Cf.* Colombat 2003: LXX-XC.
2. *Cf.* Colombo-Timelli 1996: 157-158 et 177-178.
3. 1747, vol. 2, p. 257-309; 1767, vol. 1, p. 563-601.

TABLEAU DES CONJONCTIONS

PRISCIEN	EXEMPLES	TERMES GRECS	TRADUCTION	R. ESTIENNE (1557)
copulatiuae	*et, -que, ac, atque, quidem, quoque, at, ast, sed, autem, uero*	sumplektikoi / athroistikoi	coordinatives	copulatives (*et, aussi, ainsi que*)
continuatiuae	*si, siue, sin, seu*	sunaptikoi	implicatives	continuatives ou conditionnelles (*si*)
subcontinuatiuae	*quoniam, quia*	parasunaptikoi	para-implicatives	
adiunctiuae	*si, cum, ut, dum, quatenus*	epizeuktikoi	adjonctives	adjonctives (*pendant, tandis que*)
(proprie) causales	*quoniam, quia, quamobrem*	aitiologikoi	causales proprement dites	rendent la cause de ce qui est dict, ou faict (*car*)
effectiuae		apotelestikoi	effectives	
approbatiuae	*equidem, ita*	(dia-)bebaiôtikoi	confirmatives	
disiunctiuae	*-ue, uel, aut*	diazeuktikoi	disjonctives	disjonctive du sens (*ou*)
subdisiunctiuae	(même forme que les disjonctives)	paradiazeuktikoi	para-disjonctives	
disertiuae (uel electiuae)	*quam*	diasaphêtikoi	explicitatives	
*ablatiuae			privatives	
*praesumptiuae			anticipatives	
aduersatiuae	*tamen, quamquam, quamuis, etsi, etiamsi, saltem, at, uel, aut*	enantiômatikoi	adversatives	adversatives (*mais, toutesfois, combien que, ia soit que, au moins, à tout le moins...*)
abnegatiuae	*ken, an*	anairetikoi	annulatives	négatives (*ni, ne... ne*)
collectiuae uel rationales (illativae)	*ergo, igitur, itaque, quin, alioquin, immo, utique, atqui*	sullogistikoi	syllogistiques ou argumentatives (conclusives)	qui inferent, ou recueillent des propos précedens, ce qu'il ensuit (*parquoy, dont...*)
dubitatiuae	*an, -ne, necne*	diaporetikoi / aporêmatikoi	dubitatives	
completiuae = distributiuae	*uero, autem, quidem, equidem, quoque, enim, nam, namque*	paraplêrômatikoi	explétives	ne servent que d'accomplir l'oraison (*or, donc...*)

* Catégories figurant dans la liste initiale, mais non traitées dans la suite du livre.

8. *Modifications apportées au texte de Hertz*

L'examen approfondi du texte, nécessaire pour la traduction, nous a conduits à nous écarter de certains choix de Hertz.

Modifications sérielles

Passages conservés comme authentiques, alors que Hertz les met entre des crochets droits que nous supprimons : 33.2; 33.22-23; 36.5; 36.6; 36.6-7; 43.13-14; 62.12; 71.12-13; 73.15-17; 73.20; 80.4; 81.10; 83.22; 94.20-21. Pour six passages néanmoins, en 43.5; 53.16-17; 54.19; 75.11; 79.21; 96.23, nous avons conservé les crochets droits.

D'un bout à l'autre de l'*Ars*, Hertz adopte les formes *Virgilius*, *Virgilianus*; ce sont celles des manuscrits utilisés par Hertz, qui sur ce point reproduisent les habitudes du Haut Moyen Âge (*cf.* le nom du grammairien du VIIe siècle qui se faisait appeler *Virgilius Maro*). Certes, Priscien connaissait l'étymologie (sans doute populaire) qui faisait venir de *uirgula* la forme *Virgilius* du nom du poète (cf. *GL* 2, 135.14-15), mais il est invraisemblable que le grammairien, lié à l'aristocratie romaine d'où sont issus les luxueux manuscrits virgiliens de l'Antiquité, auteur lui-même des *Partitiones*, et héritier pour une large part des traditions scolaires, ait écrit et prononcé à son époque autre chose que *Vergilius*, *Vergilianus*, formes que nous avons restituées. Telles sont du reste les graphies que conserve le rameau de la tradition manuscrite originaire d'Italie du sud, alors que la généralisation de la forme *Virg-* s'imposait peu à peu aux scribes insulaires et carolingiens.

Quand les citations poétiques, et principalement celles de Térence, ne correspondent pas au texte dont elles sont censées être extraites, Hertz, les jugeant inauthentiques, les marque d'une croix ou de points correspondant au nombre des syllabes supposées manquer : il signale une lacune en 52.15; 89.24; 91.2; 99,2; il introduit des croix en 26.22; 26.25; 50.6; 51.14; 61.8; 67.3; 74.5; 81.10; 85.11; 89.25; 90.26; 98.9; 99.1; 102.4. Nous avons estimé de notre côté que conformément aux usages du temps, ces vers, parfois transmis par la tradition scolaire, étaient en fait cités de mémoire : il n'est pas anormal dans ces conditions que certains soient déformés, voire amétriques, quand ils n'étaient pas délibérément réadaptés par Priscien. Il convient donc de les conserver tels quels. On trouvera néanmoins en note sous le texte latin la forme admise de ces passages telle qu'elle est restituée dans les éditions critiques modernes.

Pour la ponctuation, nous ne nous sommes pas sentis tenus par le système de Hertz, surtout dans ses aspects spécifiques à la langue allemande (virgules avant les subordonnées). De même, le découpage des paragraphes a pu être modifié par souci de clarté, ainsi que l'usage des parenthèses (cf. *infra*, *Modifications ponctuelles*).

Nous n'avons conservé ni les accents ni les signes de quantité du texte de Hertz – mais nous avons eu recours à de tels signes diacritiques dans la traduction quand ils pouvaient aider à la compréhention.

Enfin nous indiquons les emplois «en mention», c'est-à-dire les formes autonymiques, en les signalant par des italiques – alors qu'à l'époque de Hertz les aspects métalinguistiques de ce genre de texte n'étaient pas systématiquement pris en compte.

Modifications ponctuelles

Nous les présentons ci-dessous, rédigées librement en français, selon les conventions suivantes, usuelles dans les apparats critiques : les caractères romains sont employés pour le latin de Priscien ou de ses manuscrits (sauf dans le cas de formes en mention, cf. *supra*, ou de mots faisant partie d'une citation d'auteur) et pour les références chiffrées à l'édition Hertz (page et ligne) le reste étant en italiques ; le sigle *H* désigne le texte adopté par Hertz. Quand ils ne sont pas évidents, les motifs de notre choix, qui reposent toujours sur les témoins cités par Hertz dans son apparat, sont exposés en note de bas de page dans la traduction.

Livre 14

24.5 Itaque cum : *sans alinéa H* — 24.15 Est autem : *alinéa H* — 25.5 Et ut hoc : *sans alinéa H* — 25.14 *que* : *pas en mention H* — 25.14 *ce* : *pas en mention H* — 25.20 *que* : *pas en mention H* — 25.21 δε : δέ *H* — 25.27 Et aduerbia : *alinéa H* — 26.14 Similiter *contra* : *sans alinéa H* — 26.20 *Aduersum* quoque : *sans alinéa H* — 26.27 *Secundum* quoque : *sans alinéa H* — 27.16 Nec mirum : *sans alinéa H* — 28.9 *que* : *pas en mention H* — 28.11 Igitur nomini : *sans alinéa H* — 28.24 Nec solum : *sans alinéa H* — 29.1 habent, et pleraque : habent. et pleraque *H* — 29.24 Nec non habent : *alinéa H* — 29.25-26 ut *in*, ad locum et in loco, *a* et *ab* et *e* et *ex*, de loco : ut *in* : *ad locum* et *in loco*, *a* et *ab* et *e* et *ex* : *de loco H* — 29.26-29 Sciendum… Graecum est : *sans alinéa et entre parenthèses H* — 30.8 Nec solum : *alinéa H* — 30.9 Oportet autem : *sans alinéa H* — 30.21 In compositione quoque : *sans alinéa H* — 31.16 Compositae praepositiones : *alinéa H* — 32.1 Similiter *ob* : *sans alinéa H* — 32.18 *hac tenus* : *hactenus H* — 32.21 Nominatiuo uero : *sans alinéa H* — 32.21 manet : manet et *H* — 33.2 ab acuto incipit : [ab acuto incipit] *H* — 33.19 Est tamen : *sans alinéa H* — 33.22-23 ab acuto incipit : [ab acuto incipit] *H* — 34.2 *per pulchra* : *pèrpulchra H* — 34.6 Hoc tamen : *sans alinéa H* — 34.22 Praepositiones quoque : *sans alinéa H* — 35.14-19 Cum apud… non licet : *sans alinéa et entre parenthèses H* — 35.19 Est quando : *sans alinéa H* — 35.23 Est quando : *sans alinéa H* — 36.5 et localia : [et localia] *H* — 36.6 et nomina : [et nomina] *H* — 36.6-7 et *aduersus* uel *aduersum hostes* : [et *aduersus* uel *aduersum hostes*] *H* — 38.2 διαρρήγνυμαι : διαρρήγνυμι *H* — 38.2 Sciendum autem : *sans alinéa H* — 38.6 Est etiam : *sans alinéa H* — 41.8 *Circa* quoque : *sans alinéa H* — 41.26 *Contra* : *pas en mention et sans alinéa H* — 43.2 διαρρήσει *par conjecture* : διαρήσσει *H* — 43.3 διαχώρισμα *par conjecture* : διαχώρημα *H* — 43.6 Hic ergo : *sans alinéa H* — 43.13-14 Ex *inter* praepositione nomen deriuatur † *interea*, τὸ ἐνίχνιον † : [ex *inter* praepositione deriuatur *interea*, τὸ ἐνίχνιον] *H* — 44.24 *pridie Nonas, pridie Idus* : *pridie Nonas* ; *pridie Idus H* — 45.14 Suum uero : *sans alinéa H* — 45.25 Quod Censorinus : *sans alinéa H* — 47.4 Nec mirum : *sans alinéa H* — 48.2 *E* et : *sans alinéa H* — 48.12 Et omnia : *sans alinéa H* — 48.14 ablationi : ablatiuo *H* — 48.24 Deriuatur autem : *sans alinéa H* — 49.6-8 Sallustius… *ante curiam* : *entre parenthèses H* — 49.9-10 Terentius… *stultitiae tuae* : *entre parenthèses H* — 53. 2 δε : δέ *H* — 54.15 Omnes enim : *sans alinéa H.*

Livre 15

60.12 Sunt quae : *sans alinéa H* — 61.13 Sed et : *sans alinéa H* — 61.21 *Non* uero : *sans alinéa H* — 62.5 *non, mihi si* : *non mihi, si H* — 62.12 in *Phormione* : [in *Phormione*] *H* — 62.27 Et sciendum : *sans alinéa H* — 63.10 Deriuatiua igitur : *sans alinéa H* — 64.5 Pronomina quoque : *sans alinéa H* — 64.11 Neque enim : *sans alinéa H* — 65.10 Cum autem : *sans alinéa H* — 65.16 Deriuatiua uero : *sans alinéa H* — 65.19 Ergo per singulas : *sans alinéa H* — 66.3 *nequa* : *ne qua H* — 66.12 Inueniuntur tamen : *sans alinéa H* — 67.4 Inueniuntur tamen : *sans alinéa H* — 68.7 Sunt etiam : *sans alinéa H* — 68.23 Excipitur *bene* : *sans alinéa H* — 69.19 Sunt tamen : *sans alinéa H* — 70.4 Excipiuntur a *duro* : *sans alinéa H* — 70.13-14 Inueniuntur et alia : *sans alinéa H* — 71.1 *maestiter* ; *aequiter* : *maestiter, aequiter H* — 71.6-15 Sciendum tamen… credatur : *sans alinéa et entre parenthèses H* — 71.12-13 (hoc quoque … profertur) : [hoc quoque … profertur] *H* — 71.16 A quintae : *sans alinéa H* — 73.15-17 in *Carminibus* … idem : [in carminibus … idem] *H* — 73.20 *au, obsecro* : *au,* [*obsecro*] *H* — 76.10 Nomina quoque : *sans alinéa H* — 77.5 Praeterea et : *sans alinéa H* — 78.12 *Eminus* quoque : *sans alinéa H* — 79.20 Quomodo a : *sans alinéa H* — 80.4 uel diminutiua : [uel diminutiua] *H* — 80.12-14 *satis* quoque… comparationem : *entre parenthèses H* — 80.14 Attendendum igitur : *sans alinéa H* — 80.19 Deriuantur autem : *sans alinéa H* — 80.25 Haec tamen : *sans alinéa H* — 80.30 Sunt enim : *sans alinéa H* — 81.10 *dixit* : [*dixit*] *H* — 81.20 Alia communia : *sans alinéa H* — 82.19 Instantis temporis : *sans alinéa H* — 82.21 *Quando* quoque : *sans alinéa H* — 82.24 *Quando* autem : *sans alinéa H* — 83.12-20 quod interrogatiuum… *unde Latinum* : *entre parenthèses H* — 83.22 *qua* : [*qua*] *H* — 84.4 Et quod : *sans alinéa H* — 84.23 Abnegatiuum est : *sans alinéa H* — 84.23 Sciendum tamen : *sans alinéa H* — 84.25 *nullo modo, nulla tenus* : *nullomodo, nullatenus H* — 85.9 *quid ni, cur non, sic est, quid istic* : *quidni, curnon, sicest, quidistic H* — 85.11 *quid istic* : *quidistic H* — 85.12-21 Similiter *militiae… postquam* : *sans alinéa et entre parenthèses H* — 86.9 *Vt* autem : *sans alinéa H* — 87.7 *fors sit* : *forsit H* — 89.2 *O* quoque : *sans alinéa H* — 90.3 *non ita* : *non; ita H* — 90.5 *pas de titre* : *titre* De interiectione *H* — 91.3 Inter has : *sans alinéa H.*

Livre 16

93.20 Inueniuntur tamen : *sans alinéa H* — 94.20 Et hae quidem : *sans alinéa H* — 94.20-21 id est continuatiuae : [id est continuatiuae] *H* — 94.22 essentiae :

essentiam *H* —94.25 Quidam tamen : *sans alinéa H* — 95.11 quia nam : quianam *H* — 95.15 Adiunctiuae sunt : *sans alinéa H* — 95.17 significant : significat *H* — 95.26 Inueniuntur tamen : *sans alinéa H* — 95.28 *qua propter, quam ob rem* : *quapropter, quamobrem H* — 96.14 Inuenitur tamen : *sans alinéa H* — 96.23 Et proprie causales : *sans alinéa H* — 97.8 Inueniuntur et causales : *sans alinéa H* — 99.21 *At* quoque : *sans alinéa H* — 101.5 Dicuntur tamen : *sans alinéa H* — 101.16 Frequentissime tamen : *sans alinéa H* — 101.23 *sapiensne* : *sapiens, ne H* — 101.25 *quine* : *qui ne H* — 102.8 *dextra* : *dextra ? H* — 103.5 Sciendum tamen : *sans alinéa H* — 103.12 praeposita : praepositiua *H* — 103.16 *Quoque* quando : *sans alinéa H* — 103.23 *Enim* quoque : *sans alinéa H* — 104.10 *quia nam* : *quianam H* — 105.2 *mihi* : *mi H* — 105.4 Et sciendum : *sans alinéa H* — 105.6 Hoc quoque : *sans alinéa H.*

Le texte latin est présenté avec une double numérotation : les paragraphes, auxquels les Médiévistes se réfèrent prioritairement, sont indiqués dans la marge de droite, et les pages et les lignes de l'édition Hertz des *GL*, référence usuelle des Antiquisants, dans la marge de gauche.

Dans le texte latin, des barres verticales doubles signalent les débuts de paragraphes, et des barres verticales simples les débuts de pages ou de lignes (de cinq en cinq) de l'édition Hertz. En l'absence de barre, les débuts de paragraphes, de pages ou de lignes correspondent au début de la ligne.

En bas du texte latin de chaque livre sont indiqués les passages analogues chez les autres grammairiens. Les notes de commentaire permettent de préciser le sens et la valeur de ces passages parallèles.

Les notes concernant la permanence des exemples d'auteurs chez les *GL* ont été réalisées dans le cadre d'une recherche plus générale sur les exemples littéraires chez les *GL* (*Hyper-GL*), dirigée par Alessandro Garcea et financée par l'Agence Nationale de la Recherche.

La saisie du texte latin a été faite à partir du texte électronique des *GL* préparé par Valeria Lomanto (Université de Turin) et mis en ligne sur le site *Corpus Grammaticorum Latinorum*.

ARS PRISCIANI

LIBER QVARTVS DECIMVS. DE PRAEPOSITIONE
LIVRE 14 : LA PRÉPOSITION

LIBER QVINTVS DECIMVS. DE ADVERBIO
LIVRE 15 : L'ADVERBE

LIBER SEXTVS DECIMVS. DE CONIVNCTIONE
LIVRE 16 : LA CONJONCTION

PLAN DU LIVRE 14

DE PRAEPOSITIONE

LIBER QVARTVS DECIMVS

DE PRAEPOSITIONE

Quoniam de omnibus, ut potui, declinabilibus supra disserui, id est de nomine 1
et uerbo et participio et pronomine, nunc ad indeclinabilia ueniam, quae iure extrema ponuntur : ea enim sine illis sententiam | complere non possunt, illa uero sine istis saepissime complent.

Itaque cum mihi bene uideantur praepositionem ceteris indeclinabilibus Graecorum doctissimi praeposuisse, et maxime Apollonius, cuius auctoritatem in omnibus sequendam putaui, ego quoque ab ea incipiam. Nomini enim, quae principalis est omnium orationis partium, et ceteris quae casus ad | nominis similitudinem sumunt, praeposita uim potest sibi dictionis defendere, aliis uero, id est carentibus casu, adiuncta unitur cum eis iusque dictionis proprium perdit.

LIVRE 14
LA PRÉPOSITION

Introduction aux invariables et préséance de la préposition

Puisque jusqu'ici j'ai traité autant qu'il m'était possible de tous les mots à flexion, c'est-à-dire du nom, du verbe, du participe et du pronom, je vais en venir maintenant aux invariables, que l'on classe à bon droit en fin de liste. Ils ne peuvent en effet former une phrase complète sans mots à flexion, tandis qu'il est très fréquent que ceux-ci forment une phrase complète sans invariables[1]. 1

Dans la mesure donc où il me semble que les plus savants des Grecs, et tout particulièrement Apollonius, dont j'ai pensé devoir suivre l'autorité en tous points, ont eu raison de donner la préséance à la préposition sur les autres invariables, je commencerai moi aussi par cette partie du discours. C'est en effet quand elle est pré-posée à la principale de toutes les parties du discours, le nom (et à toutes celles qui, sur le modèle du nom, ont également des cas), que la préposition peut revendiquer pleinement sa valeur de mot; en revanche, combinée aux autres parties du discours, c'est-à-dire à celles qui n'ont pas de cas, la préposition forme une unité avec eux et perd son plein statut de mot[2].

1. Complétude syntaxique, mais aussi sémantique, d'où l'emploi de *sententia* (*cf.* livre 2, *GL* 2, 53.28-29, où la définition de l'*oratio* intègre *sententia*). Voir le début du livre 17 (116.5-19), où Priscien se livre à l'exercice consistant à construire une phrase complète en retirant tous les éléments qui ne lui sont pas indispensables.

2. Sur l'ordre des parties du discours invariables, cf. *Introduction*, section 1. La préposition a un statut particulier dans ce dispositif: elle apparaît, selon la grammaire ancienne, ou bien « en juxtaposition » (sc. avec son plein statut de mot), ou bien « en composition » (sc. comme préfixe) – seule partie du discours à avoir cette caractéristique originale de n'avoir pas toujours le statut de mot, *cf.* 56.11-15. Sur la genèse des parties du discours selon Priscien, *cf.* au début du livre 17: 115.20-121.12.

Est igitur praepositio pars orationis indeclinabilis, quae praeponitur aliis partibus uel appositione uel compositione. | Est autem quando per appositionem prolatae praepositiones praepostere ponuntur, poetica plerumque auctoritate ; nam sine metris scribentes rarissime hoc inuenies facere nisi in *cum*, quae solet quibusdam pronominibus apud omnes similiter postponi. || Quando autem **2**
ordinem mutant, mutant etiam accentum, nisi differentia prohibeat, quod etiam coniunctiones apud Latinos praepositiuae uel communes, si postponantur, facere solent, ut *igitur*, *quoniam*, *saltem* ; praepositae autem grauantur omnibus syllabis, postpositae acuuntur in principio.

Sed hoc interest inter praepositiones et coniunctiones, quod coniunctiones praepositae numquam componi possunt cum declinabilibus nisi infinitis, ut *siqua*, *nequa*, praepositiones uero, quamuis in transitione ponantur personarum separatae, id est per appositionem prolatae, non coniungunt duas substantias cum uno accidente, quod est proprium coniunctionis, ut *ego et tu facimus*, *homo et taurus arant*, uel duo accidentia cum una substantia, ut *scribit* | *et legit homo* uel *iustus et fortis homo*.

Définition

Donc, la préposition est une partie du discours invariable qui est placée devant d'autres parties du discours, en juxtaposition ou en composition[3]. Mais quand les prépositions sont juxtaposées, il arrive que leur position soit inversée, le plus souvent par licence poétique, car on trouvera cela très rarement chez des auteurs qui écrivent hors du cadre métrique, sauf s'agissant de *cum*, qui se trouve normalement postposé à certains pronoms chez tous les auteurs indistinctement[4]. Quand elles changent de place, elles changent aussi d'accent, sauf s'il faut **2**
marquer une différence avec un terme ressemblant[5]. On trouve le même phénomène lorsque les conjonctions, qui en latin sont prépositives ou de place indifférente, se trouvent postposées, comme *igitur*, *quoniam*, *saltem* : pré-posées, elles reçoivent l'accent grave sur toutes leurs syllabes, postposées elles ont un accent aigu sur l'initiale[6].

Préposition et conjonction

Ce qui distingue cependant les prépositions des conjonctions, c'est que, placées devant des mots à flexion, les conjonctions ne peuvent jamais former un composé avec eux, à l'exception d'indéfinis comme *siqua*, *nequa*; quant aux prépositions, même si elles sont employées quand il y a transition d'une personne à une autre, en position détachée, c'est-à-dire quand elles sont juxtaposées, elles ne conjoignent néanmoins pas deux substances avec un accident unique, ce qui est le propre de la conjonction, comme *ego et tu facimus* [toi et moi agissons], *homo et taurus arant* [un homme et un taureau labourent], ou deux accidents avec une substance unique, comme *scribit et legit homo* [un homme écrit et lit], ou *iustus et fortis homo* [un homme juste et courageux][7].

3. Comparaison entre cette définition et celle du livre 2 de l'*Ars* (*GL* 2, 56.12-15) dans l'*Introduction*, section 3.

4. Il s'agit de la postposition de *cum* avec certains pronoms (*mecum*, *tecum*, *secum*, etc.), *cf.* 29.20-22 et (avec les deux types d'accentuation) 51.7-10.

5. Pour des exemples de ces différences, *cf.* 27.8-13 et 33.23-27. Le mot *differentia*, « différence, nuance », relève ici de la langue technique des grammairiens : il existait une méthode pédagogique d'acquisition du vocabulaire par confrontation de mots quasi synonymes (*causa* / *ratio*, « cause / raison », etc.), homophones ou quasi homophones (comme ici), dont on soulignait la différence sémantique dans une rédaction formulaire du type *inter X et Y hoc interest quod*... *Cf.* Brugnoli 1955.

6. Cette théorie de l'accent est évoquée à d'autres reprises dans ce livre (*cf.* 27.4-6; 52.20-21), avec la même articulation entre accent et place : antéposé, le terme n'est pas accentué (il reçoit « l'accent grave »), postposé, il est accentué (il reçoit « l'accent aigu »). Dans la mesure où les termes en question sont attendus en position initiale, cela revient à dire qu'ils ne sont accentués que s'ils n'apparaissent pas à leur place attendue. Sur l'accent, et les particularités accentuelles propres aux prépositions, cf. *Introduction*, section 3.

7. L'opposition de la substance et de l'accident constitue une référence manifeste, quoique implicite, à la structure sujet / prédicat. Sur la présence de ces notions de sujet et de prédicat, et leur emploi marginal, voir aussi dans le livre 16 : 102.18-19 et note 48.

Et ut hoc ipsum plenius absoluam, non copulat praepositio duas casuales dictiones uel duo aduerbia cum uno uerbo, ut *ego et tu facimus*, *doctus et sapiens fuit Cicero*, *bene et splendide loquitur*, uel duo uerba cum una casuali uel uno aduerbio : *uir docet et docetur*, *recte scribit et legit*. || Et | praepositiones quidem **3**
ante casuales tam in compositione quam in appositione ponuntur, coniunctio uero nisi in appositione praeponi aliis partibus non potest, nec supponi quidem, excepto *que*, ut *ubique*, *plerumque*, *undique*, *uterque*, in quo tamen possumus additionem magis uel deriuationem *que* syllabae, quomodo *ce* quoque solet fieri, factam accipere, quam | coniunctionem esse, cum nec significationem suam coniunctionis seruat nec legem inclinationis in omnibus : *undique*, *utique*. Deriuatiua autem per additionem finalis alicuius syllabae apud Graecos quoque solent inueniri, ut οὐρανός οὐρανόθεν, ἔξω ἔξωθεν, Ἀθῆναι Ἀθήνηθεν. Sic igitur *uter uterque*, *ubi ubique*, *unde undique*, *plerum plerumque*, *quis quisque*, *utrum utrumque*. Nihil mirum tamen, coniunctionis similem syllabam *que* addi, cum apud Graecos quoque δε in eundem modum in fine additur nec tamen coniunctio accipitur, ut ὅδε τοῦδε τῷδε.

Sed redeamus ad differentiam coniunctionum et praepositionum : coniunctio **4**
praeponitur etiam carentibus casu per appositionem solam, cum | contra praepositio per compositionem dumtaxat potest illis praeponi.

Pour traiter ce sujet plus complètement : la préposition ne coordonne pas deux mots à cas ou deux adverbes avec un seul verbe, à l'inverse de *ego et tu facimus* [toi et moi agissons], *doctus et sapiens fuit Cicero* [Cicéron fut savant et sage], *bene et splendide loquitur* [il parle bien et brillamment], pas plus qu'elle ne coordonne deux verbes avec un seul mot à cas ou avec un seul adverbe, à l'inverse de *uir docet et docetur* [un homme enseigne et est enseigné], *recte scribit et legit* [il écrit et lit correctement]. En outre, les prépositions ont leur place devant des 3 mots à cas, tant en composition qu'en juxtaposition; la conjonction en revanche ne peut être placée qu'en juxtaposition devant d'autres parties du discours, et il en va de même si elle est placée après, sauf pour *-que*, comme dans *ubique* [partout], *plerumque* [ordinairement], *undique* [de partout], *uterque* [l'un et l'autre]; dans ces cas-là cependant on peut admettre qu'il s'agit plutôt de l'addition d'une syllabe *-que* – une dérivation si l'on veut, comme il est également fréquent que cela arrive avec *-ce* –, plutôt que de la conjonction *-que*, puisque ce *-que* ne conserve dans tous ces mots, comme *undique* [de partout], *utique* [de toute façon], ni la signification qui caractérise la conjonction, ni la loi d'enclise[8]. Des dérivés formés par addition, à la finale, d'une syllabe donnée, on en trouve couramment aussi en grec, comme *ouranos ouranothen* [le ciel, du haut du ciel], *exô exôthen* [dehors, du dehors], *Athênai Athênêthen* [Athènes, d'Athènes]; même chose, donc, pour *uter uterque* [l'un des deux, l'un et l'autre], *ubi ubique* [où, partout], *unde undique* [d'où, de partout], *plerum plerumque* [d'ordinaire, ordinairement[9]], *quis quisque* [quelqu'un, chacun], *utrum utrumque* [lequel des deux, chacun des deux]. Rien d'étonnant par ailleurs à ce que la syllabe ajoutée, *-que*, soit identique à la conjonction, dès lors qu'en grec aussi *-de* est ajouté de la même façon en fin de mot, sans être pour autant interprété comme la conjonction *de* : ainsi dans *hode*, *toude*, *tôide* [celui-ci, nomin. / gén. / dat.)].

Pour en finir donc avec ce qui distingue les conjonctions et les prépositions : la 4 conjonction est placée devant tout mot, y compris ceux qui sont dépourvus de cas, et seulement en juxtaposition, alors qu'à l'inverse la préposition ne peut être placée devant ces mots-là qu'en composition.

8. L'identité formelle des deux *-que* conduit les grammairens latins à les considérer a priori comme un seul et même mot. Cependant, comme le remarque Priscien, le sens et le fonctionnement en sont très clairement dédoublés : à un *-que* conjonction de coordination (« et ») amovible et postposée au second élément coordonné, s'oppose un *-que* suffixal porteur d'un sens généralisant, inamovible sous peine d'altération du sens de l'unité lexicale à laquelle il s'ajoute, comme les paires réunies plus bas le prouvent. Enfin, si la conjonction, enclitique, fait que l'accent du mot auquel elle est conjointe se fixe sur la syllabe qui la précède, le suffixe n'impose pas un accent sur la pénultième.

9. Pour les membres de cette paire *plerum / plerumque*, dont Priscien affirme dans le livre 5 qu'ils sont synonymes (*GL* 2, 182.1-183.1, et notamment 182.14-18), seul l'aspect formel est pris en compte (présence ou absence de *-que*).

Sunt autem uel unius syllabae praepositiones uel duarum uel trium. Et aduerbia quidem deriuatiua possunt esse, praepositiones uero positiuae sunt
26 omnes, si sequimur Graecorum auctoritatem. Itaque *aduersum*, | *extra*, *infra*, *inter*, *intra*, cum sint deriuatiua, magis aduerbia esse uidentur praepositiua quam praepositiones. Possunt enim haec etiam sine casualibus uerbis adiungi, ut *ego in campo curro, tu extra*, *ego supra aspicio, tu infra*; sic etiam similia. Sciendum tamen quod omnia | aduerbia quae solent casibus adiungi, Romani artium scriptores inter praepositiones posuerunt, quia sunt praepositiua casualium et grauantur omnibus syllabis uel quia interpretatio eorum apud Graecos modo praepositionis modo aduerbii uim obtinet, ut :

ante ora patrum[a],

hic *ante* τὸ πρό significat, quod est praepositio Graeca ; at uero :

ante leues ergo pascentur in aethere cerui[b]

et :

ante pererratis amborum finibus exul[c],

hic *ante* τὸ πρότερον significat et est sine dubio aduerbium.

Similiter | *contra* quando κατά significat loco praepositionis est accipiendum, ut *contra contionem Metelli* ; cum uero τὸ ἐξεναντίας, quod proprium est eius, significat, aduerbium est sine dubio, ut *ego in hanc partem specto, tu contra* ; Iuuenalis in I :

stat contra starique iubet[d].

Aduersum quoque ideo praepositionem esse putauerunt, quia pro ἐπί praepositione Graeca solet aliquando poni, ut Terentius in *Andria* :

idque aduersum te gratum fuisse habeo gratiam[e] ;

a. *Cf.* [Probus] *Vlt. syll. GL* 4, 233.28 ; [Augustinus] *Reg.* 61.8 M. ; Cledonius *GL* 5, 76.21 ; *Frg. Bob. de nom. et pron.* p. 19.9 P.

b. *Cf.* [Probus] *Inst. art. GL* 4, 149.3.

c. Cf. *infra*, 40.21.

d. Cf. *infra*, 42.5.

e. *et id gratum fuisse aduorsum te* Terentius (ed. Kauer & Lindsay). *Cf.* Arusianus 15.6 et 243.4 (*i. g. f. a. t.*) D.C. ; [Sergius] *Explan. GL* 4, 561.12 ; Priscianus *GL* 3, 311.8.

Préposition et adverbe

Il y a des prépositions d'une seule, de deux ou de trois syllabes[10]; et si les adverbes peuvent être dérivés, les prépositions, elles, sont toutes primaires – si nous suivons la doctrine des Grecs. C'est pourquoi *aduersum* [en face (de)],
26 *extra* [en dehors (de)], *infra* [au-dessous (de)], *inter* [entre], *intra* [en dedans (de)], du fait qu'ils sont dérivés, paraissent être des adverbes prépositifs plutôt que des prépositions. Ils peuvent en effet être associés à des verbes même sans la présence de mots à cas, comme *ego in campo curro, tu extra* [moi je cours sur le terrain, toi en dehors], *ego supra aspicio, tu infra* [moi je regarde au-dessus, toi en dessous]; et de même pour les mots du même type. Il faut savoir néanmoins que tous les adverbes qui sont couramment associés à des cas, les auteurs de grammaires latines les ont classés parmi les prépositions, parce que ce sont des éléments pré-posés à des mots à cas et qu'ils ont l'accent grave sur toutes leurs syllabes, ou encore parce que leur traduction grecque a aussi la valeur d'une préposition, et pas seulement d'un adverbe, comme *ante ora patrum* [devant le visage de leur père, Virg. *Én.* 1, 95] : *ante* a ici le sens de *pro*, qui en grec est une préposition; cela étant, dans *ante leues ergo pascentur in aethere cerui* [avant, donc, des cerfs légers paîtront dans le ciel, Virg. *B.* 1, 59], et *ante pererratis amborum finibus exsul* [avant, en exil vagabond sur leurs terres à tous deux, Virg. *B.* 1, 61], *ante* a le sens de *proteron* [auparavant] et c'est incontestablement un adverbe.

De même, *contra* doit être tenu pour une préposition quand il signifie *kata* [contre], comme *Contra contionem Metelli* [*Contre le discours de Métellus*]; quand en revanche il signifie *exenantias* [à l'opposé], ce qui est son sens propre, c'est incontestablement un adverbe, comme *ego in hanc partem specto, tu contra* [je regarde dans cette direction, toi à l'opposé]; Juvénal en I : *stat contra starique iubet* [il s'arrête, bien en face, et m'ordonne de m'arrêter, *Sat.* 3, 290].

Aduersum a également été considéré comme une préposition parce qu'on le trouve à l'occasion employé avec la valeur de la préposition grecque *epi* [sur / touchant à], comme Térence dans l'*Andrienne : idque aduersum te gratum fuisse habeo gratiam* [je te rends grâce du fait que cela ait trouvé grâce auprès de toi,

10. *Cf.* 36.20-23. Le critère du nombre des syllabes pour classer les prépositions est issu des grammaires du grec, et la définition de la *Tekhnê* (« Les prépositions sont en tout dix-huit, dont six sont monosyllabiques et n'admettent pas l'anastrophe, et douze sont disyllabiques ») laisse entendre que la bipartition entre prépositions monosyllabiques et prépositions disyllabiques est lié au phénomène de l'anastrophe (aptitude de certaines prépositions à être post-posées, ce déplacement s'accompagnant d'une remontée de l'accent de la syllabe finale à la syllabe initiale : *katà Ithakên / Ithakên káta*), dans la mesure où les prépositions monosyllabiques sont exclues de ce phénomène de l'anastrophe.

quando autem τὸ ἐναντίως significat, magis aduerbium ostenditur, ut Terentius in *Phormione* :

ei loco exaduersum
tonstrina erat quaedam[a].

Secundum quoque, quando pro κατά et μετά accipitur, loco praepositionis
27 est : Sallustius in *Iugurthino*, *secundum ea, uti* | *debitis uterer* ; Lucanus in VIII :

secundum
Emathiam lis tanta datur[b].

Accentum habent praepositiones acutum in fine, tam apud Graecos | quam **6**
apud nos, qui tamen cum aliis legendo in grauem conuertitur, nisi praepostere proferantur, quod Aeolis quoque, quamuis fugiant in fine acutum, in hac parte solent seruare, quos in plerisque secuti in hoc quoque sequimur. Cum uero praepostere ponuntur, monosyllabae acuto, disyllabae paenultimo acuto proferuntur, nisi aliqua differentia, ut praedictum | est, impediat, ut Vergilius in I *Aeneidos* :

maria omnia circum[c] ;

a. *exaduorsum ilico* Terentius (ed. Kauer & Lindsay : *e. ei loco* Iov.Σ, *cf.* etiam Don.). *Cf.* Priscianus *GL* 3, 109.19 (v. 88 : *ex. e. l.*) ; *Part.* 127.13 P.

b. *Cf.* Priscianus *GL* 3, 358.6.

c. Cf. *infra*, 33.25 ; *Dub. nom.* 787.476 G. ; Alcuinus *Orth.* 8.66 B.

And. 42] ; quand en revanche *aduersum* signifie *enantiôs* [à l'opposé], on voit bien que c'est plutôt un adverbe, comme Térence dans le *Phormion* : *ei loco exaduersum / tonstrina erat quaedam* [de ce côté-là, en face, il y avait une boutique de coiffeur, *Phorm.* 88-89][11].

Secundum tient également lieu de préposition quand il est employé avec la valeur de *kata* [d'après] et *meta* [après] : Salluste dans la *Guerre de Jugurtha*,
27 *secundum ea, uti debitis uterer* [après cela, je m'en serais servi comme d'une dette, *J.* 14, 3][12]; Lucain en VIII : *secundum / Emathiam lis tanta datur* [c'est d'après l'Émathie qu'on tranche un si grand débat, *Phars.* 8, 332-333][13].

Accentuation des prépositions

Les prépositions ont un accent aigu sur la finale, tant chez les Grecs que chez 6
nous, mais cet accent devient grave à la lecture, en contexte, sauf si on énonce ces prépositions en les postposant. C'est la règle que respectent aussi les Éoliens pour cette partie du discours, alors même qu'ils évitent l'accent en finale – et nous qui les suivons en général, nous les suivons aussi sur ce point[14]. Quand les prépositions voient leur position inversée, elles sont énoncées avec un accent aigu si ce sont des monosyllabes, avec un accent aigu sur la pénultième si ce sont des dissyllabes, sauf s'il faut marquer une différence, comme on l'a dit, ainsi Virgile dans l'*Énéide* I, *maria omnia circum* [autour de toutes les mers, *Én.* 1, 32] :

11. Tel que Priscien le cite, le texte de Térence pose le problème de la valeur de *ei loco*, qu'on retrouve aussi dans le livre 17 : 109.19 ; *cf.* Craig 1930 : 71.

12. Le passage est bien connu mais la citation très elliptique : …*uellem potius ob mea quam ob maiorum meorum beneficia posse me a uobis auxilium petere, ac maxume deberi mihi beneficia a populo Romano, quibus non egerem ; secundum ea, si desideranda erant, uti debitis uterer* (« j'aurais voulu pouvoir vous demander du secours en raison des services que je vous aurais rendus plutôt qu'en raison de ceux que vous ont rendus mes ancêtres, et surtout j'aurais voulu que me soient dus par le peuple romain des services dont je n'aurais pas eu besoin, ou, à défaut, s'il fallait les réclamer, dont je me serais servi comme d'une dette »). L'interprétation usuelle chez les Modernes de *secundum ea* dans le texte complet attribue à *secundum* une valeur adverbiale (« en second choix, à défaut ») et fait de *ea* le sujet extraposé de la proposition *si desideranda erant* ; Priscien en revanche n'intègre pas cette proposition dans son contexte et il interprète *ea* comme étant régi par *secundum*, alors compris comme étant une préposition. La formule *loco praepositionis est* suggère qu'aux yeux de Priscien *secundum* relève a priori d'une autre partie du discours que la préposition – en l'occurrence le nom, *cf.* livre 2, *GL* 2, 62.3.

13. L'Émathie, province de Macédoine, désigne par métonymie la bataille de Pharsale.

14. Entre le début du Ier s. a. C. et le milieu du Ier s. p. C., des grammairiens grecs qui enseignaient à Rome (Hypsicrates d'Amysos, Philoxène d'Alexandrie, Tyrannion, Claudius Didyme, L. Ateius Praetextatus Philologus), suivis par des grammairiens romains (Santra, Clodius Tuscus, Cloatius Verus), émettent l'hypothèse selon laquelle le latin serait une sorte de dialecte grec, notamment une forme d'éolien. Pour Varron par exemple des phénomènes linguistiques comme la survie du digamma dans la semi-consonne /w/ (*cf.* frg. 270 F.), la remontée de l'accent (l'éolien πύτεος plutôt que l'attique ποτεός servant à expliquer le latin *púteus*, *cf. LL* 5, 24-25) ou le maintien de l'ancien /a/ (par exemple μᾶλον> *malum*, cf. *LL* 5, 102) confirmaient cette théorie.

finalem enim acuimus syllabam, ne, si paenultimam acuamus, nomen uel aduerbium putetur esse. Tantam autem praepositioni tenorum mutationem facit ordinis commutatio, quod quibusdam pronominibus etiam enclitici uice fungitur, quae sunt haec : *mecum*, *tecum*, *secum*, *nobiscum*, *uobiscum*, de quibus in pronomine latius tractatum est.

Nec mirum in hac parte orationis Romanos in fine reponere accentus, quamuis sint disyllabae, nec non Aeolis contra consuetudinem suam idem facere, cum annititur semper praepositio sequenti dictioni et quasi una pars cum ea effertur, quamuis per | appositionem proferatur, unde et acutum in grauem conuertit. Idque Donatus etiam in secunda *Arte* de praepositione se intellegere confirmat his uerbis : « separatae praepositiones acuuntur, coniunctae casibus aut loquellis uim suam saepe commutant et graues fiunt ». Censorinus uero plenissime de his docet in libro quem *De accentibus* | scribit.

Et compositae quidem tam in nominatiuo quam in obliquis casibus 7
ab eo nominatiuo composito flexis inueniuntur, ut *indoctus indocti indocto indoctum indocte*, appositae autem non nisi cum accusatiuo uel

nous mettons ici un accent aigu sur la syllabe finale de *circum* pour éviter de laisser penser, en le mettant sur la pénultième, qu'il s'agit du nom ou de l'adverbe *circum* [cirque / autour][15]. D'autre part l'inversion de la position provoque un changement des accents tout aussi important si l'on considère que la préposition fonctionne comme enclitique pour certains pronoms, à savoir *mecum*, *tecum*, *secum*, *nobiscum*, *uobiscum*, dont il a été assez largement traité à propos du pronom[16].

Il n'est pas surprenant que dans cette partie du discours les Romains déplacent les accents vers la finale, même pour des dissyllabes – les Éoliens aussi en font autant, contre leur propre usage –, la préposition s'appuyant toujours sur le mot suivant et formant avec lui une sorte d'élément unique, même si elle est énoncée en juxtaposition, ce qui entraîne également la transformation de son accent aigu en accent grave. Donat, dans sa seconde *Grammaire*, à propos de la préposition, dit nettement qu'il est de cet avis : « considérées isolément, les prépositions portent l'accent aigu, mais combinées à des mots à cas ou aux autres types de mots, il est fréquent qu'elles changent de valeur et que l'accent devienne grave »[17]. C'est Censorinus cependant qui donne l'enseignement le plus complet là-dessus dans son livre *Sur les accents*[18].

Propriétés combinatoires de la préposition

En composition, les prépositions se trouvent aussi bien dans le nominatif que 7
dans les cas obliques qui se déclinent à partir de ce nominatif de composé, comme *indoctus*, *indocti*, *indocto*, *indoctum*, *indocte* [inepte, nomin. / gén. / dat. / acc. / voc.][19] ; en juxtaposition en revanche, elles ne se trouvent qu'avec l'accusatif ou

15. *Cf.* Servius *ad loc.*, qui interprète cette accentuation comme un effet de la « dénaturation » (*corruptio*) que constituerait la postposition d'une préposition : *in fine accentum ponimus contra morem Latinum, sed corruptio hoc facit ; namque praepositio postposita corrupta est sine dubio*.

16. *Cf.* livre 5, *GL* 2, 181.20 *sq.* ; livre 12, *GL* 2, 593.25 *sq.*, 595.19 *sq.* ; et ici même 39.17-21 et note 62. Pour un tableau récapitulatif de l'accent des prépositions, voir *Introduction*, section 3.

17. *GL* 4, 391.10-11 = 651.5-6 H. La « seconde *Grammaire* » de Donat, c'est-à-dire son *Ars maior*. Les termes *separata* / *coniuncta* sont appliqués dans cette citation de Donat à l'emploi en mention (*separatae* : « considérées isolément ») par rapport à l'emploi en usage (*coniunctae* : « combinées ») ; Priscien quant à lui recourt fréquemment à ce couple de termes comme synonymes de *appositae* / *compositae*, c'est-à-dire en les appliquant à la dichotomie juxtaposition / composition (sc. préposition / préfixe, cf. *supra*, note 2), comme il le fait dès la définition proposée au livre 2 de l'*Ars* (*GL* 2, 56.12-15) ; cf. *infra* : 32.7 et 10.

18. La référence à Censorinus (IIIe s. p. C.) est d'autant plus remarquable que Priscien cite rarement des grammairiens antérieurs à Donat. Censorinus est l'auteur d'un *De accentibus* dont Priscien donne un long extrait en 45.25-47.4 (voir *infra*). La présence dans ce passage d'exemples classiques tirés de Térence, Salluste et Virgile semble différencier Censorinus des écrivains archaïsants. Son traité *De accentibus* est également cité par Cassiodore *Inst.* 2, 5, 9. *Cf.* Jeep 1909 : 15-16 ; Sallmann 2000 : 281.

19. Comme on le voit, il n'y a pas ici de distinction entre *in* à valeur locale et *in* privatif. Par ailleurs, l'ablatif est absent de la série parce que l'usage de Priscien est de ne citer de formes de ce cas que précédées de la préposition *a*, ce qui aurait abouti ici à superposer les problématiques de la « juxtaposition » et de la « composition ».

28 ablatiuo, ut *in hostem*, *pro patria* ; cum uerbo semper in compositione, ut | *induco*, *extorqueo*, *percurro*, cum participiis in compositione quidem secundum uerborum figuram ex quibus nascuntur, ut *inducens*, *extorquens*, *percurrens*, et praeterea per appositionem in accusatiuo et ablatiuo secundum nomina, ut *in amantem*, *pro docente*. Pronominibus uero per | appositionem solam praeponitur duobus supra dictis casibus obliquis, ut *in illum*, *de illo*, et sibi praeponitur in compositione, ut *imperterritus*, *inexpugnabilis*. || Nec non etiam coniunctioni **8**
inuenitur praeposita, sed non seruat uim suam, ut *absque*, unde, ut supra memorauimus, additio magis putatur *que*. Ergo a praepositione *abs* deriuatum est aduerbium *absque*, | quomodo ab *ex extra* ; similiter aduerbiis praeponitur per compositionem, ut *perinde*, *subinde*, *deinceps*, *abhinc*.

Igitur nomini quidem et per appositionem et per compositionem, pronomini uero per appositionem solam, licet quibusdam *mecum*, *tecum*, *secum*, *nobiscum*, *uobiscum* composita esse uideantur, participio per deriuationem uel consequentiam | compositorum uerborum uel per appositionem, ceteris autem partibus per solam compositionem praepositio iungitur.

Loco etiam coniunctionis accipi solet causalis, ut *per desidiam malitiae nascuntur*, id est *causa desidiae*. Similiter *propter*.

l'ablatif, comme *in hostem* [contre l'ennemi], *pro patria* [pour la patrie]. Avec un
28 verbe, toujours en composition, comme *induco* [introduire], *extorqueo* [extorquer], *percurro* [parcourir] ; avec des participes, en composition, conformément à la formation des verbes dont ils sont nés, comme *inducens*, *extorquens*, *percurrens*, et en outre en juxtaposition à l'accusatif et à l'ablatif, conformément à leur emploi nominal, comme *in amantem* [contre l'amant], *pro docente* [pour l'enseignant] ; pour les pronoms, la préposition leur est pré-posée seulement en juxtaposition, aux deux cas obliques indiqués ci-dessus, comme *in illum* [contre celui-ci], *de illo* [à propos de celui-ci] ; enfin la préposition se prépose à elle-même en composition, comme *imperterritus* [imperturbable], *inexpugnabilis* [inexpugnable]. Il n'est pas jusqu'à la conjonction à laquelle elle ne se trouve pré-posée, 8
mais alors elle ne conserve pas sa propre valeur, comme dans *absque*, et c'est pour cela, comme nous l'avons rappelé plus haut, qu'on pense plutôt que *-que* est ici une addition : à partir de la préposition *abs* un adverbe *absque* [indépendamment] a été dérivé, comme *extra* [en dehors] l'est de *ex*[20]. De même, en composition, la préposition est pré-posée à des adverbes, comme *perinde* [de la même manière], *subinde* [immédiatement après], *deinceps* [à la suite], *abhinc* [à partir de ce moment][21].

Par conséquent la préposition est associée :

– au nom en juxtaposition et en composition ;

– au pronom en juxtaposition seulement, même si certains considèrent que *mecum*, *tecum*, *secum*, *nobiscum*, *uobiscum* sont des composés ;

– au participe par dérivation – c'est-à-dire comme effet de la composition verbale –, ou en juxtaposition ;

– à toutes les autres parties du discours, seulement en composition.

Il arrive également que la préposition soit employée en guise de conjonction causale, comme *per desidiam malitiae nascuntur* [les vices naissent...], c'est-à-dire *causa desidiae* [du fait de la paresse][22]. Même chose pour *propter*.

20. La forme *absque* est interprétée comme étant non pas un composé constitué d'une préposition et d'une conjonction, mais une préposition dérivée en adverbe par l'adjonction d'une syllabe paragogique. *Cf.* 31.17-18, 48.25-27, 52.26-30.

21. A côté des formes *perinde*, *subinde*, *abhinc*, dont la composition ne procède d'aucune évolution phonétique, *deinceps* est plus complexe – non pas tant pour le premier élément, *dein*, cité par Priscien comme équivalent de *deinde* (dans le livre 15 : 67.12-13, et dans le livre 17 : 125.3), mais pour le second ; d'autres passages de l'*Ars* font état de composés à second élément *-ceps*, dont Priscien fait remonter les uns à *caput* (*anceps*, *biceps*, *triceps*, *centiceps*, *cf.* livre 5, *GL* 2, 325.5), les autres à *capio* (*auceps* et *menceps*, *cf.* livre 1, *GL* 2, 26.13-14, et sans doute *princeps*, *municeps*, *forceps* et *manceps*, *cf.* livre 7, *GL* 2, 352.19-21) ; *deinceps* n'apparaît pas parmi ces composés : ils sont étudiés dans le cadre de l'étude des « noms », alors que Priscien n'évoque que des emplois adverbiaux de *deinceps*.

22. Pour un Moderne, *causa* construit avec un substantif au génitif a toutes les caractéristiques syntaxiques d'une préposition. Priscien de son côté suit Apollonius, qui considère comme une conjonction le terme grec correspondant, *heneka* [+ gén., « à cause de »]. Les raisons du grammairien

Sunt autem apud nos multo plures quam apud Graecos. Apud illos | enim cum 9
sint decem et octo praepositiones, diuersas singulae habent significationes, quae complent multarum apud nos demonstrationem, ut περί pro *circum* et *circa* et *erga* et *de* et *super*, quando memoriae est, ponitur ; similiter παρά pro *apud* et *prope* et *praeter* et *propter*.

Nec solum id, sed etiam illud causa fit ut sint ampliores apud | nos, quod omnia aduerbia localia quae solent casualibus praeponi, inter praepositiones nostri posuerunt, ut supra diximus, tenoremque earum in eis quoque seruauerunt, ut *pone tribunal*, *aduersum hostes*, *citra forum*, *contra inimicos*, *infra tectum*, *supra montem*, *extra muros*, *intra urbem*, *ultra Alpes*. Huiuscemodi enim omnia
Graeci aduerbia dicunt esse, quia | et certam aliquam habent significationem
29 etiam per se posita, quod | praepositiones habere nolunt per se prolatae, aduerbia uero habent, et pleraque eorum componi non possunt, omnes autem praepositiones apud illos et componi et apponi solent. Praeterea haec, quae certissimam locorum habent significationem etiam per se posita, possunt apud

Nombre des prépositions en latin et en grec

Les prépositions sont beaucoup plus nombreuses en latin qu'en grec. 9
Quoiqu'il n'y ait en effet que dix-huit prépositions en grec[23], chacune d'entre elles a des significations multiples, qui correspondent à ce qu'indiquent en latin plusieurs prépositions, comme *peri*, qui est employé avec la valeur de *circum* [autour de], *circa* [aux environs de], *erga* [à l'égard de], *de* [au sujet de], et *super* [à propos de] quand il est question d'évoquer quelque chose ; de même *para* avec la valeur de *apud* [chez], *prope* [près de], *praeter* [le long de] et *propter* [auprès de].

Ce n'est pas la seule raison du plus grand nombre de prépositions en latin : il y a aussi, comme nous l'avons dit plus haut, le fait que chez nous on range parmi les prépositions tous les adverbes de lieu qu'on trouve souvent placés devant des mots à flexion – et on y a toujours respecté l'accentuation qui caractérise les prépositions[24], comme *pone tribunal* [derrière la tribune], *aduersum hostes* [contre les ennemis], *citra forum* [en deçà du forum], *contra inimicos* [à l'encontre des adversaires], *infra tectum* [sous le toit], *supra montem* [sur la colline], *extra muros* [hors les murs], *intra urbem* [à l'intérieur de la ville], *ultra Alpes* [au-delà des Alpes][25]. Les Grecs affirment en revanche que tous les termes de ce genre sont des adverbes, à la fois parce qu'ils ont une signification déterminée même quand ils sont employés de façon autonome – ce que n'admettent absolument pas les
29 prépositions énoncées de façon autonome, à l'inverse des adverbes –, et parce que la plupart de ces termes ne peuvent entrer en composition, alors que toutes les prépositions en grec se trouvent normalement aussi bien en composition qu'en juxtaposition[26]; en outre, ces termes, qui ont une signification locale tout à fait déterminée même quand ils sont employés de façon autonome, peuvent en

grec sont en partie morphologiques (contrairement aux termes qu'il reconnaît comme prépositions, *heneka* n'est pas susceptible d'être préfixe), mais les considérations sémantiques ont à coup sûr été déterminantes. Elles tiennent à l'importance et à la complexité du groupe des conjonctions causales, qui ont fini par occuper une place telle dans la description de la conjonction que toute relation causale est imputée à cette partie du discours par les grammairiens de l'Antiquité, *cf.* Lallot (1998 : 215 et 248-249) et ici même dans le livre 16 : 94.12 *sq.* et notes *ad loc.* La présence de cette remarque sur *causa* à cet endroit s'explique elle aussi par la présence en filigrane des analyses d'Apollonius, qui lui-même, à la suite de l'examen des problèmes posés par la juxtaposition et la composition des prépositions au livre 4 de sa *Syntaxe*, examine le statut des prépositions « ayant le signifié d'une construction conjonctive » (*Synt.* 4, 27 = *GG* 2/2, 457.10-11), en l'occurrence *dia* avec le sens de *heneka*, dont *per* et *causa* sont les équivalents.

23. Nombre traditionnel, *cf.* Lallot 1998 : 214. La liste comportait, dans notre ordre alphabétique : *eis*, *en*, *ex*, *pro*, *pros*, *sun* (monosyllabiques, qui n'admettent pas l'anastrophe) et, disyllabiques, *amphi*, *ana*, *anti*, *apo*, *dia*, *epi*, *kata*, *meta*, *para*, *peri*, *huper*, *hupo*.

24. Sur l'accentuation différente des adverbes et des prépositions, *cf.* plus loin, 30.28.

25. Liste d'exemples traditionnelle, *cf.* Donat, *Mai.* 649.8-12 H., avec parfois de légères variations : *aduersum inimicos* et *contra hostem* chez Donat, *aduersum hostes* et *contra inimicos* chez Priscien…

26. Le balancement *et* (28.30)… *et* (29.1)… impose une virgule à la ligne 1, après *habent*, et non le point que préfère Hertz.

Latinos quoque | sine casualibus proferri, quod rarissime patitur praepositio : Vergilius in II *Aeneidos*,

pone subit coniunx, ferimur per opaca locorum[a].

Inueniuntur igitur apud Latinos in praepositionibus tria contraria obseruationi **10**
Graecorum, quod certae sunt significationis quaedam praepositiones, ut | *apud*, *erga*, *circa*, *inter*, et quod quaedam numquam componuntur, ut eae ipsae, quaedam numquam separantur, ut *con*, *re*, *di*, *dis*.

Nulla praepositio habet aspirationem, sicut nec coniunctio, cum in aliis sex partibus orationis sunt quae habeant aspirationem, sunt quae non habeant, ut *hara*, *habeo*, *habens*, *hic*, *huc*, *heu*.

Rarissime apud prosam scribentes praepostere proferuntur praepositiones, monosyllabae uero etiam apud poetas difficile mutant ordinem, ut apud Terentium in *Andria* :

i prae, sequor[b],

nisi *cum*. Ea enim sola tam apud poetas quam apud reliquos | praepostere cum pronominibus ponitur, ut dictum est, his : *mecum*, *tecum*, *secum*, *nobiscum*, *uobiscum*, nec non etiam *quocum*, *quicum*, *quacum*, *quibuscum*. Mediae quoque ponuntur, ut *qua de re*, *quam ob rem*, *quas ob res*, *qua in parte*. Nec non habent quandam cognationem cum aduerbiis localibus | plerumque praepositiones, ut *in*, ad locum et in loco, *a* et *ab* et *e* et *ex*, de loco.

a. Cf. *infra*, 84.3 (*pone ... coniunx*) ; [Probus] *Vlt. syll. GL* 4, 254.18 (*pone... coniunx*), 242.20 (*ferimur... locorum*) ; Priscianus *GL* 3, 197.20 ; Iulianus Toletanus 173.83 M.Y.

b. *Cf.* Priscianus *GL* 3, 345.7 (*sequar*, *cf.* Terentius ed. Kauer & Lindsay : P, schol. G, Evη ; *-or* cett.).

latin aussi être énoncés sans mots à flexion, ce que la préposition admet très rarement : Virgile dans l'*Énéide* II, *pone subit coniunx, ferimur per opaca locorum* [ma femme vient derrière, nous allons à travers l'obscurité des lieux, *Én*. 2, 725].

Il se trouve donc en latin, s'agissant des prépositions, trois points qui sont contraires à la règle grecque : certaines prépositions relèvent d'une signification déterminée, comme *apud* [chez], *erga* [à l'égard de], *circa* [autour de], *inter* [au milieu de], et certaines n'entrent jamais en composition, comme précisément celles qu'on vient de citer[27], tandis que certaines ne se trouvent jamais en position détachée, comme *con-*, *re-*, *di-*, *dis-*.

Délimitation formelle des prépositions

Aucune préposition ne comporte d'aspiration, de même qu'aucune conjonction, cependant que parmi les six autres parties du discours certains termes ont une aspiration, et d'autres non, comme *hara*, *habeo*, *habens*, *hic*, *huc*, *heu*[28].

Il est très rare chez les prosateurs que la position des prépositions soit inversée – mais même chez les poètes, les prépositions monosyllabiques changent difficilement leur ordre, comme chez Térence dans l'*Andrienne* : *i prae, sequor* [passe devant, je te suis, *And.* 171[29]] ; la seule exception est *cum*, qui, aussi bien chez les poètes que chez tous les autres, est inversée, comme on l'a dit, avec les pronoms suivants : *mecum*, *tecum*, *secum*, *nobiscum*, *uobiscum* [avec moi / toi / lui / nous / vous], et de même aussi *quocum*, *quicum*, *quacum*, *quibuscum* [avec lequel / laquelle / lesquels]. On trouve également des prépositions placées en position médiane, comme dans *qua de re* [à ce sujet], *quam ob rem* [pour cette raison], *quas ob res* [pour ces raisons], *qua in parte* [dans ce domaine] (de plus, les prépositions ont la plupart du temps une certaine parenté avec les adverbes de lieu, comme *in*, lieu où l'on va et lieu où l'on est, *a*, *ab*, *e* et *ex*, lieu d'où l'on vient[30]).

27. Cette remarque ne s'applique pas au dernier élément de la liste précédente : *inter* est fréquent en composition (comme Priscien l'indique explicitement, 42.21 ; 56.7).

28. Les termes cités illustrent ces six parties du discours, dans l'ordre propre à Priscien : nom (*hara*, « porcherie », *cf.* livre 2, *GL* 2, 53.22-23), verbe (*habeo*, « avoir »), participe (*habens*, « ayant »), pronom (*hic*, « celui-ci »), adverbe (*huc*, « vers ici »), interjection (*heu*, « hélas »). Les deux premiers termes de la série sont choisis parce qu'ils forment des paires avec des termes sans aspirée (*hara*, « porcherie » / *ara*, « autel » ; *habeo*, « avoir » / *abeo*, « partir »). Cette remarque sur l'absence d'une aspiration initiale dans les prépositions latines s'explique par le fait que cette aspiration apparaît en revanche en grec, par exemple dans *huper* ou *hupo*.

29. Le présent *sequor*, non retenu par les éditeurs modernes, est également attesté par Donat dans le commentaire à *Ad.* 167. On a en revanche le futur *sequar* au livre 18 : *GL* 3, 345.7.

30. Pour le classement des adverbes de lieu (*ad locum*, *in loco*, *de loco*, *per locum*, *communes*), *cf.* livre 15 : 83.9 27.

Sciendum tamen quod nulla alia pars in *x* desinit apud Latinos nisi nomina et **11**
ex praepositio, quae Graeca est, et *uix* et *mox* et *pax* aduerbium comicum, quo utitur Terentius, quod similiter Graecum est.

Sunt quae in compositione elisionem patiuntur, ut *con* sequente uocali : *coeo*,
30 *coarguo*, *coarto*, *cohaereo*, *coaequo*. Contra *pro* sequente | uocali *d* assumit : *prodes*, *prodest*, *proderam*, *prodesse*. Quaedam etiam syncopam passa sunt, ut *supra* pro *supera* et *infra* pro *infera* et *extra* pro *extera*. Nam antiqui trisyllabe ea proferebant, ut Cicero in *Arato* :

toruus Draco serpit supter superaque retorquens
sese[a];

tenuit tamen ut disyllaba magis ea proferantur. Nec solum praepositiones, sed etiam aduerbia sunt ea pro uaria significatione accipienda.

Oportet autem scire quod Graeci proprium dicunt | esse praepositionis, ut nihil certum per se positae sine aliis partibus orationis significare possint, ut supra dictum est, quales sunt paene apud nos quoque omnes monosyllabae, ut *ad*, *ob*, *per*, *pro*, *prae*, *a*, *ab*, *abs*, *cum*, *de*, *e*, *ex*, nec non etiam disyllabarum quaedam, ut *ante*, *praeter*. Hae enim ad sensus sequentium significationes suas accommodant, ut *ad* modo | personae modo loco, est quando tempori adiungitur uel numero :

a. *supra … reuoluens* Cic. *Nat. deor.* 2,106 (*cf.* Aratus *Ph.* 45-47). Cf. *infra*, 55.26.

Cela étant, il faut savoir qu'il n'y a aucune partie du discours qui se termine **11**
en *-x* en latin hormis des noms et la préposition *ex*, qui est grecque, ainsi que *uix* et *mox*, et l'adverbe de la langue comique *pax*, dont se sert Térence, et qui est également grec[31].

Il y a des prépositions qui en composition subissent une réduction, comme *con-* suivi d'une voyelle : *co-eo*, *co-arguo*, *co-arto*, *co-haereo*, *co-aequo*. En revanche, *pro*, suivi d'une voyelle, prend un *-d* : *prod-es*, *prod-est*, *prod-eram*, *prod-esse*. Certaines ont même subi une syncope, comme *supra* au lieu de *supera*, *infra* au lieu de *infera* et *extra* au lieu de *extera* : les Anciens les prononçaient en effet en trois syllabes[32], comme Cicéron dans sa traduction d'Aratos : *toruus Draco serpit supter superaque retorquens / sese* [le dragon qui se tord rampe en se repliant par-dessus et par-dessous, *Arat.* frg. 8 S.] ; ce qui a prévalu néanmoins, c'est que ces termes sont plutôt prononcés comme dissyllabes. Ces termes peuvent être considérés non seulement comme des prépositions, mais aussi comme des adverbes, selon leur sens.

Variabilité ou unicité de signification des prépositions

Il faut savoir que, selon les Grecs, comme il a déjà été dit plus haut[33], c'est une caractéristique propre de la préposition de ne pouvoir avoir aucune signification déterminée quand elles sont employées de façon autonome, sans autres parties du discours. C'est aussi le cas en latin pour presque toutes celles qui sont monosyllabiques, comme *ad*, *ob*, *per*, *pro*, *prae*, *a*, *ab*, *abs*, *cum*, *de*, *e*, *ex*, et tout aussi bien également pour certaines des dissyllabiques, comme *ante*, *praeter* ; ces prépositions adaptent en effet leur signification en fonction du sens de ce qui les suit, comme *ad* qui s'associe tantôt à une personne tantôt à un lieu, et parfois à un temps ou à un nombre[34] :

31. Ce développement incident est à rapprocher de ce qui est dit de l'aspiration en 29.12-14 : il s'agit de procédés pédagogiques, utiles en l'occurrence pour le repérage et l'identification des prépositions. Sur les adverbes en *-x*, *cf.* livre 15 : 79.1-2 et note 50 sur *pax*. Cet adverbe, fréquent chez Plaute, n'apparaît que deux fois chez Térence, *Heaut.* 291 et 717.

32. L'adverbe *trisyllabe* (30.3) est un hapax, mais on lit *bisyllabe* [en deux syllabes] au livre 7, *GL* 2, 304.20.

33. *Cf.* 28.30-29.1.

34. Cette série peut paraître hétérogène, la personne et le nombre étant des accidents, le lieu et le temps des déterminations sémantiques d'une autre nature. Mais on trouve un peu plus loin (40.13) une association similaire à propos de *apud* : cette préposition « n'a qu'un sens, le lieu où l'on est », mais « se combine aussi avec des personnes » (*apud amicum*, *apud Athenienses*). Plus loin encore (52.13-14), opposant *coram* et *palam*, Priscien affirme que la première préposition « s'emploie plus pour des personnes », la seconde « pour n'importe quoi ». Sur les difficultés présentées par l'interprétation de la notion de *persona*, cf. *Introduction*, section 3, p. 23 note 1, et *infra*, note 11.

– personae, ut Vergilius in I :

ad te confugio et supplex tua numina posco[a] ;

– loco, ut idem in I :

prima quod ad Troiam pro caris gesserat Argis[b] ;

– tempori, ut Sallustius in I *Historiarum* : *ad bellum Persi Macedonicum*[c] ;

– numero : *ad quinquaginta milia*.

In compositione quoque modo intentiuum est, ut *approbat*, *affirmat* ; modo ad **12**
personam aliquam uel rem dirigitur, ut *alloquitur*, *arridet*. Similiter et aliae supra dictae diuersas habent significationes.

Quae uero certae alicuius sunt significationis, quamuis secundum Graecorum rationem pleraeque inter aduerbia poni debent, id est *supra*, *infra*, *extra*, *pone* et huiuscemodi alia, tamen, quia et casualibus plerumque praeponuntur et grauantur
31 more praepositionum et loco plerumque | Graecarum accipiuntur, ut dictum est, praepositionum, ut *supra caelum*, ὑπὲρ τὸν οὐρανόν, *infra terram*, ὑπὸ τὴν γῆν, ideo non penitus irrationabiliter ab artium scriptoribus Latinarum inter praepositiones quoque sunt receptae.

Inueniuntur tamen in aliis etiam partibus praepositiuae, non tamen semper nec omnes ad eandem speciem pertinentes, ut *ne* aduerbium dehortandi et *hic* pronomen praepositiuum, quod tamen licet etiam postponere, ut *hic homo* et *homo hic* nulla ordinis confusione tam a poetis quam a sine metro scribentibus bene dicitur. Iure igitur sola haec | pars, id est praepositio, a loco, quem proprium possidet, nomen accepit.

a. *Cf.* Velius Longus *Orth. GL* 7, 69.24 ; Diomedes *GL* 1, 445.15 (v. 664-666).

b. *Cf.* Arusianus 16.2 D.C. ; Servius *Min. GL* 4, 419.8 ; [Sergius] *Explan. GL* 4, 517.21 ; Pompeius *GL* 5, 273.19 ; Priscianus *GL* 3, 358.17.

c. Cf. *infra*, 37.14 ; Sacerdos *GL* 6, 479.9 ; [Probus] *Cath. GL* 4, 24.28 et 28.18 ; Charisius 86.14 B. ; Priscianus *GL* 3.188.16.

– à une personne comme Virgile en I : *ad te confugio et supplex tua numina posco* [je me réfugie auprès de toi et j'implore en suppliante ta divine assistance, *Én.* 1, 666] ;

– à un lieu, comme le même en I : *prima quod ad Troiam pro caris gesserat Argis* [<la guerre> que contre Troie elle avait menée au premier rang pour sa chère Argos, *Én.* 1, 24] ;

– à un temps, comme Salluste dans les *Histoires* I : *ad bellum Persi Macedonicum* [jusqu'à la guerre de Macédoine contre Persée, *Hist.* frg. 1, 8 M.] ;

– à un nombre : *ad quinquaginta milia* [environ cinquante mille].

De même en composition *ad* est tantôt intensif[35], comme *ad-probat* [il **12**
approuve], *ad-firmat* [il affirme], tantôt dirigé vers une personne ou une chose, comme *ad-loquitur* [il s'adresse à], *ad-ridet* [il sourit]. D'autres prépositions parmi celles qu'on vient de citer ont de même des significations multiples.

Pour ce qui est en revanche des prépositions qui relèvent d'une signification déterminée, elles doivent sans doute pour la plupart, en vertu de la règle édictée par les Grecs, être rangées parmi les adverbes : c'est le cas de *supra* [au-dessus], *infra* [en dessous], *extra* [en dehors], *pone* [derrière], et d'autres du même type ; néanmoins, du fait qu'elles sont le plus souvent placées avant des mots à flexion, qu'elles reçoivent l'accent grave à la manière des prépositions, et qu'elles
31 équivalent le plus souvent, comme on l'a dit, à des prépositions grecques, comme *supra caelum* / *huper ton ouranon* [au-dessus du ciel], *infra terram* / *hupo tên gên* [sous terre], ce n'est pas tout à fait sans raison que les auteurs de grammaires latines les ont admises également parmi les prépositions[36].

Cela étant, il se trouve aussi parmi d'autres parties du discours des termes prépositifs, mais pas systématiquement, et sans qu'ils relèvent tous de la même catégorie, comme l'adverbe de dissuasion *ne*, le pronom prépositif *hic*[37] – qu'il est toutefois également possible de postposer, comme *hic homo* et *homo hic*, qui sont corrects tous les deux et ne présentent aucune perturbation dans l'ordre des mots, aussi bien chez les poètes que chez ceux qui écrivent hors du cadre métrique. Il est donc légitime qu'il n'y ait que cette partie du discours, à savoir la préposition, à avoir été dénommée en fonction de sa place, qui est sa caractéristique propre.

35. *Intentiuus* entre dans d'autres oppositions, *cf.* 48.20 et note 86. Voir aussi dans le livre 15 : 87.27.

36. L'analyse de ces formes est différente dans le livre 15, *cf.* 83.25-84.15 et *Introduction*, section 3.

37. Le démonstratif *hic* est présenté comme « prépositif » parce qu'il servait à traduire l'article grec, et était employé avec la même fonction métalinguistique par les grammairiens latins, pour préciser le genre, le nombre et le cas des éléments nominaux (*hic poeta*, *huius poetae*, etc.) ; dans cet usage, *hic*, comme l'article grec, était pré-posé au substantif. On en trouve un exemple dans le livre 15 (68.12-17). Sur cet usage, qui a subsisté jusqu'au XVIIe siècle, *cf.* Colombat 1999 : 180-181.

Saepe et uerbis desunt praepositiones, ut Vergilius in I : **13**

una Eurusque Notusque ruunt[a],

pro *eruunt*, et praepositionibus uerba, ut idem in III :

o mihi sola mei super Astyanactis imago[b],

super pro *superes*. Compositae praepositiones cum aliis partibus in illarum potestatem concedunt, ut *incuruus, adoro, abhinc, proinde* ; nam in *absque* magis additio est *que* syllabae, ut diximus, quam coniunctio. Verba, quia nominatiuum semper significant uel uocatiuum, ideo in compositione semper | habent praepositiones, quomodo et nominatiui nominum et uocatiui.

Est quando praepositio loco coniunctionis, ut dictum est, accipitur tam apud Graecos quam apud nos, ut *propter te*, hoc est *tui causa* ; tunc enim loco causalis coniunctionis accipitur, quando διά Graecam significat : Vergilius in IIII *Aeneidos*,

te propter Libycae gentes Nomadumque tyranni
odere[c];

quando uero παρά significat, praepositionis uim sine dubio defendit : idem poeta in VIIII,

siue Padi ripis Athesim seu propter amoenum.

32 Similiter *ob* loco causalis poni solet coniunctionis : Vergilius in XI,

cuius ob auspicium infaustum moresque sinistros[d],

cum in compositione semper praepositionis habeat significationem, ut idem in VI :

magnas obeuntia terras
tot maria intraui duce te ;

nec non cum aliis partibus coniuncta simul cum illis loco coniunctionis causalis **14** accipitur, ut *quamobrem* pro *quapropter* : Cicero in I *Inuectiuarum, quamobrem, ut saepe iam dixi, discede*[e].

a. v. 85 : Priscianus *GL* 3, 64.4, 65.28, 87.13 ; v. 84-85 : Priscianus *GL* 2, 393.24-25 ; 3, 110.25-26 ; 193.4-5 ; 361.16-17.

b. Cf. *infra*, 33.4 ; [Probus] *Inst. art. GL* 4, 146.24 ; Diomedes *GL* 1, 414.4 ; Dositheus § 49.25 B. ; Audax *Exc. GL* 7, 356.20 ; Priscianus *GL* 3, 111.11, 313.1.

c. *Cf.* Arusianus 451.2 D.C. ; Priscianus *GL* 3, 345.4.

d. Cf. *infra*, 37.19.

e. *proficiscere* Cicero.

Spécificités de la composition et de la juxtaposition

Il est fréquent à la fois que des prépositions manquent à des verbes, comme 13
Virgile en I : *una Eurusque Notusque ruunt* [ensemble l'Eurus et le Notus <l'>arrachent, *Én.* 1, 85], avec la valeur de *e-ruunt*, et que des verbes manquent à des prépositions, comme le même auteur en III : *o mihi sola mei super Astyanactis imago* [ô toi, pour moi la seule image encore là de mon cher Astyanax, *Én.* 3, 489], *super* avec la valeur de *super-es*[38]. En composition avec d'autres parties du discours, les prépositions passent sous le pouvoir de ces dernières, comme *in-curuus*, *ad-oro*, *ab-hinc*, *pro-inde*. Dans *absque* [sans] en revanche, plutôt que la conjonction, il y a, comme on l'a dit, addition d'une syllabe *-que*[39]. Pour ce qui est des verbes, dans la mesure où ils incluent toujours la signification d'un nominatif ou d'un vocatif, ils ne comportent jamais de prépositions qu'en composition – ce qui est également le cas des nominatifs et des vocatifs des noms[40].

Il arrive, comme on l'a dit, que la préposition soit employée en guise de conjonction, tant en grec qu'en latin, comme *propter te*, c'est-à-dire *tui causa* [à cause de toi][41] ; *propter* est en effet employé en guise de conjonction causale quand il a le sens du grec *dia* : Virgile dans l'*Énéide* IV, *te propter Libycae gentes Nomadumque tyranni / odere* [à cause de toi, les nations libyennes et les princes des Nomades <me> haïssent, *Én.* 4, 320-321] ; quand en revanche *propter* a le sens de *para*, il préserve indubitablement sa valeur de préposition : le même poète en IX, *siue Padi ripis Athesim seu propter amoenum* [soit sur les rives du Pô soit auprès de l'agréable Adige, *Én.* 9, 680].

32 *Ob* de même est couramment employé en guise de conjonction causale : Virgile en XI, *cuius ob auspicium infaustum moresque sinistros* [à cause de ses auspices malheureux et de son méchant caractère, *Én.* 11, 347], alors qu'en composition *ob* a toujours son sens de préposition, comme le même Virgile en VI : *magnas obeuntia terras / tot maria intraui duce te* [je suis entré sous ta conduite
dans tant de mers qui entourent de vastes terres, *Én.* 6, 58-59] ; et de plus, 14
quand cette préposition est jointe à d'autres parties du discours, c'est en association avec celles-ci qu'elle est employée en guise de conjonction causale, comme *quamobrem* avec la valeur de *quapropter* : Cicéron dans les *Invectives* I, *quamobrem, ut saepe iam dixi, discede* [par conséquent, comme je l'ai déjà souvent dit, va-t-en, *Cat.* 1, 18 et 23[42]].

38. L'emploi du seul préverbe (*super*, « sur ») comme équivalant au verbe préverbé (*superes*, « tu survis ») est en latin une imitation littéraire d'un tour grec usuel (type *para* pour *paresti*), *cf.* 33.8-11.

39. La règle précédente entraînerait l'intégration de la préposition *absque* dans la catégorie des conjonctions si l'on y voyait la préfixation de la conjonction *-que* par la préposition *ab-* ; d'où la réinterprétation de *-que* comme syllabe paragogique. *Cf.* 28.7-9 ; 48.25-27 ; 52.26-30.

40. Cela revient à dire que dans la formation des composés la « préposition » ne se combine qu'au lexème verbal ou nominal, sans incidence sur la flexion même des composés.

41. A propos de *causa*, conjonction, voir 28.18 et note 22.

42. Cette formule procède en fait de la contamination de deux passages de *Cat.* 1 : *quamobrem discede* (18) et *quamobrem, ut saepe iam dixi, proficiscere* (23).

Cum apud Graecos separata praepositio tribus soleat casibus praeponi, id est genetiuo, datiuo, accusatiuo, apud nos duobus solis praeponitur, id est accusatiuo et ablatiuo, nisi ἑλληνισμῷ utatur auctoritas, ut Vergilius in III *Georgicon* :

et crurum tenus a mento palearia pendent[a],

genetiuo est usus secundum Graecos pro ablatiuo, quamuis apud Graecos τὸ ἄχρις, quod est *tenus*, non praepositio, sed aduerbium esse ostenditur ; itaque apud nos quoque raro praeponitur : idem in II *Georgicon*,

hac tenus aruorum cultus et sidera caeli[b] ;

idem in II *Aeneidos* :

capulo tenus abdidit ensem.

Nominatiuo uero per compositionem addita praepositio per omnes manet obliquos casus. Ideo autem nominatiui per appositionem non recipiunt praepositiones, quia per intransitiuam dicuntur elocutionem, id est non transeuntem ab alia ad aliam personam, ut *percurrit homo excelsus* : ecce, | quia nominatiui sunt, nullam habent transitionem. || Accusatiuus uero et ablatiuus, cum transitiui **15**
sunt, recipiunt separatas praepositiones : separatae enim eae semper transitionem significant. Itaque uerba quoque, quia semper adiuncta sunt quantum ad intellectum uel nominatiuo uel uocatiuo et carent casibus, iure non possunt per appositionem adiungi praepositioni. | Nihil enim carens casu per se transitiuum potest esse.

33 Praepositio, quando per defectionem uerborum profertur, generalem seruat accentuum regulam : ab acuto incipit, ut Vergilius in III *Aeneidos* :

o mihi sola mei super Astyanactis imago[c],

et Terentius in *Andria* :

adeo modesta, adeo uenusta, ut nihil supra[d] ;

a. Cf. *infra*, 53.11 ; Sacerdos *GL* 6, 429.4 ; [Probus] *Vlt. syll. GL* 4, 255.25 ; Donatus *Mai.* 651.9 H. ; Diomedes *GL* 1, 409.16-17 ; Arusianus 539.8 D.C. (*pendunt*) ; Audax *Exc. GL* 7, 354.17 ; Cledonius *GL* 5, 78.14-15 et 26 ; Pompeius *GL* 5, 272.31 et 278.8 ; Priscianus *GL* 3, 188.11, 292.21, 343.17, 355.2 ; Iulianus Toletanus 106.81-82 M.Y.

b. *Cf.* Sacerdos *GL* 6, 429.5 (*hac tenus a. c.*) ; [Probus] *Vlt. syll. GL* 4, 260.26 (*h. a. c.*) ; Arusianus 539.15 D.C. ; Iulianus Toletanus 187.15, 198.73 M.Y.

c. Cf. *supra*, 31.14.

d. *modesto … uenusto* Terentius (ed. Kauer & Lindsay) : Priscianus *GL* 3, 214.20, 221.21, 360.4.

Alors qu'en grec la préposition en position détachée est normalement préposée à trois cas, le génitif, le datif et l'accusatif, en latin elle n'est préposée qu'à deux, l'accusatif et l'ablatif, sauf si un auteur recourt à un *hellênismos*, comme Virgile dans les *Géorgiques* III, *et crurum tenus a mento palearia pendent* [et les fanons pendent du menton jusqu'aux pattes, *G.* 3, 53], où il a employé le génitif à la grecque, au lieu de l'ablatif, quoique en grec *akhris* [jusqu'ici], c'est-à-dire *tenus*, soit présenté comme étant non pas une préposition mais un adverbe – ce qui explique qu'en latin aussi *tenus* soit rarement pré-posé : le même dans les *Géorgiques* II, *hac tenus aruorum cultus et sidera caeli* [en voilà assez de la culture des champs et des constellations du ciel, *G.* 2, 1] ; le même dans l'*Énéide* II : *capulo tenus abdidit ensem* [jusqu'à la garde il enfonça son épée, *Én.* 2, 553].

En revanche, la préposition, une fois ajoutée en composition à un nominatif, subsiste à tous les cas obliques. D'autre part, si les nominatifs n'admettent pas de préposition en juxtaposition, c'est qu'ils relèvent d'une énonciation intransitive, c'est-à-dire qui ne passe pas d'une personne à une autre, comme *percurrit homo excelsus* [un homme élancé accourt[43]] : ici, du fait qu'il n'y a que des nominatifs, il n'y a aucune transition. L'accusatif en revanche et l'ablatif, du fait qu'ils sont transitifs, admettent des prépositions détachées : quand elles sont détachées en effet, les prépositions indiquent toujours qu'il y a une transition. C'est pourquoi les verbes non plus, dans la mesure où ils sont toujours combinés à un nominatif ou à un vocatif – au moins du point de vue de la compréhension –, et qu'ils n'ont pas eux-mêmes de cas, ne peuvent logiquement être combinés en juxtaposition à une préposition. Rien de ce qui est dépourvu de cas ne peut en effet par soi-même être transitif[44].

Particularités accentuelles

33 Quand la préposition est énoncée avec ellipse des verbes, elle suit la règle générale des accents : elle commence par un aigu, comme Virgile dans l'*Énéide* III : *o mihi sola mei súper Astyanactis imago* [ô toi, pour moi la seule image encore là de mon cher Astyanax, *Én.* 3, 489], et Térence dans l'*Andrienne* : *adeo modesta, adeo uenusta, ut nihil súpra* [si modeste, si jolie ! rien au-dessus !

43. La proposition citée en exemple comporte deux prépositions « en composition », *per-(currit)* et *ex-(celsus)*, mais aucune « en juxtaposition ».

44. Priscien développe dans ce passage une conception de type morphosyntaxique de la préposition dans ses rapports avec le cas, sans recourir explicitement à la notion de personne qui n'est évoquée que pour le nominatif : les nominatifs n'acceptent pas la préposition en juxtaposition, car ils relèvent d'une énonciation intransitive et n'impliquent pas de transition de personne à personne ; en revanche les cas obliques, accusatif et ablatif, « quand ils sont transitifs » (*cum transitiui sunt*), admettent des prépositions détachées, ces dernières dans cette position indiquant toujours qu'il y a une transition (*separatae enim eae semper transitionem significant*). Cette analyse implique une relation étroite entre les cas obliques et la transitivité, et donc entre les prépositions et cette dernière. Est-ce à dire qu'on est dans une conception généralisée (et donc proche des conceptions banales modernes) de la transitivité, fondée sur des critères purement morphosyntaxiques ? Ce n'est pas sûr, cf. *infra*, note 80. Sur ce lien entre préposition et transitivité, cf. *Introduction*, section 3.

et hoc ad similitudinem Graecorum : Homerus,

ἀλλ᾽ ἄνα,
ἔνι τοι φρένες,
πάρα δ᾽ ἀνήρ,
χαλεπὴ δὲ θεοῦ ἔπι μῆνις.

Nec non etiam si praepostere proferatur, ut Vergilius in XII :

decus imperiumque Latini
te penes[a] ;

hoc quoque a Graecis : Homerus,

μάχῃ ἔνι κυδιανείρῃ,
ᾧ ἔπι πόλλ᾽ ἐμόγησα,
νεῶν ἄπο καὶ κλισιάων.

Est tamen quando postposita quoque grauatur, si genetiuus sequatur redditus ad supra positum accusatiuum uel ablatiuum, ut si dicam : *uirtutem propter imperatoris* uel *iustitia in legum*. Sin autem in fine sit praepositio sensus, omni modo generalem seruat accentuum legem : ab acuto incipit, ut *homines mille uenerunt supra*, nisi differentia prohibeat, sicut dictum est, ut *circum* (Vergilius in I *Aeneidos* : **16**

maria omnia circum)[b],

in fine acuitur, ne aduerbium uel nomen esse putetur, sicut et apud Graecos διά. Et
34 si loco aduerbiorum uel interiectionum accipiuntur, similiter | mutant accentum sibi destinatum : Terentius in *Eunucho*,

per pulchra credo munera aut nostris similia[c],

et Lucanus in II :

pro tristia fata !
quis fuit ille dies, Marius quo moenia uictor ?

a. *Cf.* Diomedes *GL* 1, 445.18 (v. 57-59).

b. Cf. *supra*, 27.11.

c. *nostri* Terentius (ed. Kauer & Lindsay: *nostris* γ**D**^{2}**G**^{2}**Lp**^{2}). *Cf.* Priscianus *GL* 3, 115.14 (*credo dona*).

And. 120] – et ce à l'imitation des Grecs : Homère, *all'ána* [mais debout ! *Il.* 6, 331 *et alibi*], *éni toi phrenes* [tu <n'>as <pas toute> ta tête, *Od.* 21, 288], *pára d'anêr* [il y a là quelqu'un, *Od.* 16, 45], *khalepê de theou épi mênis* [lourd à porter est le courroux d'un dieu, *Il.* 5, 178][45].

Même chose si la place de la préposition est inversée, comme Virgile en XII : *decus imperiumque Latini / te pénes* [l'honneur et l'autorité de Latinus entre tes mains, *Én.* 12, 58-59] – ce qui nous vient aussi des Grecs : Homère, *makhêi éni kudianeirêi* [dans le combat où l'on acquiert de la gloire, *Il.* 6, 124 *et alibi*], *hôi épi poll'emogêsa* [<la part> pour laquelle j'ai supporté tant de peines, *Il.* 1, 162], *neôn ápo kai klisiaôn* [<sortant> des nefs et des baraques, *Il.* 2, 91].

Il arrive cependant que la préposition reçoive l'accent grave[46] également **16**
quand elle est postposée, si elle est suivie d'un génitif qui réfère à l'accusatif ou l'ablatif précédent, comme si je dis : *uirtutem propter imperatoris* [à cause du courage du général en chef] ou *iustitia in legum* [vu la justice des lois]. Si en revanche la préposition se trouve à la fin de l'unité de sens, elle suit à tout coup la règle générale des accents : elle commence par un aigu, comme *homines mille uenerunt supra* [plus de mille hommes sont venus] – sauf s'il faut marquer une différence, comme on l'a dit : *circum* (Virgile dans l'*Énéide* I, *maria omnia circum* [autour de toutes les mers, *Én.* 1, 32]) a un accent aigu sur la finale pour qu'on n'aille pas penser que c'est un nom ou un adverbe, tout comme aussi *diá* en grec[47]. Et si les prépositions sont employées en guise d'adverbes ou d'inter-
34 jections, elles changent de même l'accent qui leur est affecté : Térence dans l'*Eunuque*, *pér*[48] *pulchra credo munera aut nostris similia* [vraiment, beaux cadeaux, je pense, et semblables aux nôtres, *Eun.* 468], et Lucain en II, *pró*[49] *tristia fata! quis fuit ille dies Marius quo moenia uictor ?* [ô sombre fatalité ! quel fut ce jour où Marius vainqueur <s'empara> des remparts ? *Phars.* 2, 98-99].

45. Sur l'emploi des prépositions sans verbe dans ces exemples grecs, cf. *supra*, note 38.

46. Sc. à la place de l'accent aigu attendu.

47. Le déplacement d'accent sur la finale de *circum*, pour caractériser la préposition et la distinguer du substantif, est déjà attesté par Quintilien, *I. O.* I 5, 25-26, également à propos d'une clausule d'hexamètre, mais à titre de proposition de puristes et de grammairiens plus que comme réalité linguistique : *Ceterum scio iam quosdam eruditos, nonnullos etiam grammaticos sic docere ac loqui ut propter quaedam uocum discrimina uerbum interim acuto sono finiant, ut in illis* quae circum litora, circum / piscosos scopulos, *ne, si grauem posuerint secundam,* circus *dici uideatur, non* circumitus. Priscien confirme cette distinction accentuelle en l'appuyant sur l'opposition grecque de la préposition *diá* vs le substantif *Día*, accusatif de *Zeus*.

48. *Per* est interprété ici par Priscien comme un adverbe intensif, d'où la séparation de mots *per pulchra*, *cf.* 38.11-13, et dans le livre 17 : 115.14.

49. Sur l'accentuation de *pro*, « circonflexe » (sc. longue accentuée), *cf.* 49.24 : (*pro praepositio*)... *nec non etiam interiectionis loco ponitur et circumflectitur, ut Sallustius in Catilinario : pro deum atque hominum fidem*.

Hoc tamen quoque Graecis auctoribus facimus. Sicut enim praepositiones **17**
loco aduerbiorum, sic etiam aduerbia loco praepositionum solent poni. Homerus :

γέλασσε δὲ πᾶσα περὶ χθών,

περί pro πέριξ, praepositionem posuit pro aduerbio ; idem :

Ἴλιον εἴσω,

pro εἰς Ἴλιον, aduerbium pro praepositione. Nihil igitur mirum, apud nos quoque praepositiones pro aduerbiis uel aduerbia pro praepositionibus inueniri, cum etiam loco nominis ea soleant accipi, ut Vergilius :

mane nouum[a] ;
sponte sua[b] ;

Statius in XI :

at tu, pudet, hostia regni,
hostia, nate, iaces, ceu mutus et e grege sanguis,
Ei mihi ! primitiis ararum et rite nefasto
libatus,

rite pro *ritu* posuit.

Praepositiones quoque tam pro aduerbiis quam pro coniunctionibus **18**
inueniuntur, ut ostendimus. Non bene tamen Stoici praepositionem inter coniunctiones ponebant, praepositiuam coniunctionem | eam nominantes, cum coniunctio et nominibus et uerbis et omnibus tam declinabilibus quam indeclinabilibus per appositionem soleat adiungi ; nec solum praeponitur, sed etiam
35 subiungitur tam apud poetas quam apud | sine metris scribentes ; praepositio uero, ut saepe dictum est, et praeponi uult semper, cum recto ordine ponitur, et uerbis ceterisque partibus indeclinabilibus nisi in compositione non adiungitur.

De potestate praepositionvm

Separatae praepositiones uel accusatiuo uel ablatiuo adiunguntur, **19**
compositae uero tam nominatiuo quam ceteris omnibus obliquis, qui ex composito nascuntur nominatiuo. Et est quando eandem habent tam in compositione quam in appositione significationem, ut *inuado hostem*

a. Cf. *infra*, 85.1 ; Servius *Mai. GL* 4, 428.22 ; *Min. GL* 4, 416.19-20 ; [Probus] *Vlt. syll. GL* 4, 246.7 ; Pompeius *GL* 5, 136.3-4 et 255.35-36 ; Priscianus *GL* 2, 552.8 ; 3, 148.20, 369.21.

b. Cf. *infra*, 68.6, 84.27 ; Priscianus *GL* 2, 552.9 ; 3, 148.20, 369.23.

Retour à la catégorisation des invariables

Mais sur ce point aussi nous prenons modèle sur le grec. Il est fréquent en effet que des prépositions y soient employées en guise d'adverbes, et de même aussi des adverbes en guise de prépositions. Homère : *gelasse de pasa peri khthôn* [la terre entière, tout autour, rit, *Il.* 19, 362] – *peri* avec la valeur de *perix* : il a employé la préposition comme adverbe ; Homère encore : *Ilion eisô* dans le sens de *eis Ilion* [jusqu'à Ilion, *Il.* 1, 71 *et alibi*], l'adverbe comme préposition. Il n'y a donc rien d'étonnant à trouver en latin aussi des prépositions employées comme adverbes ou des adverbes comme prépositions, puisqu'on trouve même des adverbes employés comme noms, comme Virgile *mane nouum* [le petit matin, *G.* 3, 325 et *Én. passim*], *sponte sua* [de son propre mouvement, *Én.* 7, 204 *et alibi*] ; Stace en XI : *at tu, pudet, hostia regni, / hostia, nate, iaces, ceu mutus et e grege sanguis, / ei mihi ! primitiis ararum et rite nefasto / libatus* [mais toi, quelle honte, sacrifié au trône, oui sacrifié, mon fils, te voilà à terre comme une bête tirée du troupeau, muette, pour être saignée. Malheur à moi ! Tu as été offert en prémices aux autels, et par un rite criminel, *Théb.* 11, 283-286] – il a employé *rite* avec la valeur de *ritu*. **17**

Même chose pour les prépositions : on en trouve aussi bien employées comme adverbes que comme conjonctions, comme nous l'avons montré. Cela étant, les Stoïciens avaient tort de ranger la préposition parmi les conjonctions, en l'appelant conjonction prépositive[50], alors que la conjonction se combine normalement en juxtaposition avec des noms, des verbes et toutes les parties du discours, tant fléchies que non fléchies ; et non seulement la conjonction est placée devant ces parties du discours, mais également derrière, tant chez les poètes que chez ceux qui écrivent hors du cadre métrique. La préposition en revanche, comme cela a déjà été souvent dit, veut toujours être placée devant, quand elle est placée normalement, et en même temps elle ne se combine qu'en composition avec les verbes et les parties du discours non fléchies. **18**

POTENTIALITÉ DES PRÉPOSITIONS

En position détachée, les prépositions se combinent avec l'accusatif ou l'ablatif, mais en composition aussi bien avec le nominatif qu'avec tous les cas obliques qui sont issus de ce nominatif de composé. Il arrive qu'elles aient le même sens aussi bien en composition qu'en juxtaposition, comme *inuado hostem* **19**

50. *Cf.* Apollonius, *Synt.* 4, 5 et 27 = *GG* 2/2, 436.24-25 et 458.1-2, qui indique que les Stoïciens appelaient les prépositions des « conjonctions prépositives ». Sur leurs raisons, cf. *Introduction*, section 1, note 17. On peut remarquer qu'aux yeux des Stoïciens, c'est la conjonction qui sert de modèle, la préposition étant alors une « conjonction prépositive », alors que les réflexions linguistiques contemporaines, quand elles procèdent au même rapprochement, prennent plutôt la préposition pour modèle, *cf.* Jespersen (1924 : 89) : « The so-called conjunction is really, therefore, a sentence preposition : the difference between the two uses of the same word consists in the nature of the complement and in nothing else ; (...) so it is really superfluous to have a separate name for a "conjunction" ».

et *in hostem uado* : in utroque enim *contra* significat. Est quando diuersam, ut | *de te loquor*, id est *tui causa loquor*, *deprimo*, hoc est *infra premo*. Est quando abundant syllabice, id est auctionis syllabarum causa tantummodo nulla significationis additione, ut *emori* pro *mori*. Est quando localem uim possident quadripertitam, ut *uenio per forum*, *proficiscor ad Graeciam*, *in Italia sum*, *a Sicilia uenio*.

Cum apud Graecos praepositio | composita cum dictionibus aliis quibusdam **20**
paenultimam habentibus acutam antepaenultimam eam facit, si addit significationi aliquid, ut πλησίος παραπλήσιος, apud nos in uno aduerbio hoc solet facere, *inde*, *deinde*, *exinde*, *proinde*, *subinde*, ne, si grauetur praepositio, per appositionem esse putetur ante aduerbium, quod fieri non licet.

Est quando significantiae causa | assumitur praepositio, ut Vergilius in I *Georgicon* :

numquam inprudentibus imber
offuit.

Est quando priuationem, id est abnegationem, significat, ut *impius*, *expes*. Sunt quae similem habent potestatem, ut *ab a*, *ex e*, quae etiam | localem possident significationem. *Ex* uero et pro causali coniunctione potest accipi, ut *ex insidiis illius hoc patior*, id est *insidiarum illius causa* ; || priuationem quoque significat, **21**
ut supra dixi, ut *expes*, *exlex*, et ordinem, ut Vergilius in VII :

exin Gorgoneis Allecto infecta uenenis[a] ;

36 et loco aduerbii *extra* fungitur, ut *exul*: *extra solum* et *excludo*: *extra cludo*, quamuis *extra* quoque et omnia localia, ut saepe memorauimus, aduerbia quae casibus solent adiungi, nostri inter praepositiones ponunt.

a. *exim* Vergilius (**Mγ**, ed. Geymonat : *exin* γ^1**RV**). Cf. *infra*, 67.14.

et *in hostem uado* [je m'élance contre l'ennemi] : dans les deux cas la préposition a le sens de *contra*. Il arrive que le sens soit différent : *de te loquor*, c'est-à-dire *tui causa loquor* [je parle à ton propos], mais *deprimo*, c'est-à-dire *infra premo* [j'appuie vers le bas]. Il arrive que les prépositions constituent une simple redondance syllabique, c'est-à-dire permettent seulement d'augmenter le nombre des syllabes, mais sans ajouter de sens, comme *emori* [mourir] avec la valeur de *mori*. Il arrive qu'elles aient une valeur locale, de quatre types : *uenio per forum, proficiscor ad Graeciam, in Italia sum, a Sicilia uenio* [je passe par le forum, je pars pour la Grèce, je suis en Italie, je viens de Sicile].

En grec, quand la préposition forme un composé avec d'autres mots, qui **20**
portent l'accent aigu sur la pénultième, elle fait remonter cet accent sur l'antépénultième, si du moins elle ajoute quelque chose à leur sens, comme *plêsíos / paraplésios* [proche / approchant] ; en latin en revanche la préposition n'a cet effet que pour le seul adverbe *inde* : *déinde* [ensuite], *éxinde* [à partir de là], *próinde* [par conséquent], *súbinde* [immédiatement après] – et cela pour éviter qu'on ne s'imagine, si la préposition recevait l'accent grave, qu'elle est en juxtaposition devant un adverbe[51], ce qui n'est pas possible.

Il arrive que la préposition soit employée pour porter le sens[52], comme Virgile dans les *Géorgiques* I : *numquam inprudentibus imber / offuit* [jamais la pluie n'a causé de dommages sans qu'on fût prévenu, *G.* 1, 373-374]. Il arrive qu'elle signifie la privation, c'est-à-dire la négation, comme *impius* [impie], *expes* [sans espérance][53]. Il y en a qui ont à peu près la même potentialité, comme *ab* et *a*, *ex* et *e* – qui ont aussi un sens local. Toutefois, *ex* peut aussi être employé comme conjonction causale : *ex insidiis illius hoc patior* [à cause de sa trahison voilà ce
que je subis], c'est-à-dire *insidiarum illius causa* ; *ex* signifie également la **21**
privation – comme *expes* [sans espérance], *exlex* [sans loi], je l'ai déjà dit – et la succession – comme Virgile en VII, *exin Gorgoneis Allecto infecta uenenis*
36 [sur-le-champ, Allecto, tout infectée du venin des Gorgones..., *Én.* 7, 341] –, et
fonctionne en place de l'adverbe *extra*, comme *exul* : *extra solum* [exilé : le lieu de résidence à l'extérieur] et *excludo* : *extra cludo* [exclure : enfermer au dehors][54]. Cela étant, comme nous l'avons souvent rappelé, *extra* aussi, et tous les adverbes de lieu qui se combinent normalement avec des cas, les Latins les rangent parmi les prépositions.

51. *Cf.* livre 15 : 67.10-16.

52. La formule *significantiae causa* s'éclaire d'après l'exemple emprunté aux *Géorgiques* : dans le verbe *offuit*, composé de *esse*, le sens est porté par le préverbe *ob-*, auquel le verbe « être » sert de simple support, au moins d'un point de vue sémantique. La présence dans cet exemple d'un autre élément considéré comme une préposition par Priscien, le préfixe privatif *in-* de *imprudentibus*, est sans doute à l'origine de la remarque contenue dans la phrase suivante, qui s'oppose à la précédente, la privation / négation étant assimilée à une absence de sens.

53. Formé sur *spes* ; en 48.8-9, à propos de *expiro*, lui-même dérivé de *spiro*, Priscien préconise explicitement la graphie sans *-s-*. *Cf.* livre 1, *GL* 2, 33.22-34.7.

54. Les formules *extra solum* et *extra cludo* sont présentées ici comme comportant un adverbe, *cf.* 42.16-18 et note 71.

Temporalia et localia quoque aduerbiorum quaedam in praepositiones transferuntur et nomina, ut *pridie Kalendas* et *aduersus* uel *aduersum hostes*. Subtractae quoque nominibus quibusdam loco aduerbiorum ea faciunt accipi, ut *domo uenio* pro *a domo* et *domi sum* pro *in domo* et *domum eo* pro *ad domum*. Et inuicem pro se ponuntur | praepositiones, ut *in urbem uenio* pro *ad urbem* et *per urbem sum* pro *in urbe*. || Adeo autem plerumque localem habent significationem 22
praepositiones, quod aduerbia quoque ex his quaedam localia nascuntur: *ex*, *extra*, *extrinsecus*; *sub*, *subter*; *in*, *infra*, *intra*, *intus*. Sed etiam haec, ut supra dictum est, quia loco praepositionum saepe solent poni, | cum casibus adiunguntur, artium scriptores inter praepositiones numerant.

Cum igitur, ut supra memorauimus, per appositionem duobus casibus adiungantur praepositiones, accusatiuo et ablatiuo, de singularum significatione disseramus, et primo de his quas accusatiuus sequitur.

Vnisyllabae, ut plerisque Latinorum uidetur, sunt hae: *ad*, *ob*, *per*, *post*, *cis*, 23
trans; bisyllabae: *apud*, *ante*, *citra*, *circum*, *circa*, *contra*, *erga*, *extra*, *inter*, *intra*, *infra*, *iuxta*, *prope*, *pone*, *ultra*, *praeter*, *propter*, *supra*, *usque*, *penes*; trisyllabae: *circiter*, *aduersus*, *secundum*. Ex his pleraeque apud Graecos inter aduerbia ponuntur, ut saepe docuimus, quod | certam habent significationem etiam per se positae, quod in praepositionibus abnegant esse per se positis, et quod licet tam poetis quam oratoribus sine reprehensione et praeponere et postponere ea casibus, cum praepositiones de quibus nulla dubitatio est nisi poetica auctoritas postponere non solet, et quod eorum pleraque componi non possunt, cum

Parmi les adverbes, certains de ceux qui expriment le temps et le lieu se reclassent en prépositions ; c'est aussi le cas de noms comme *pridie* (*Kalendas*) [la veille (des Calendes)] et *aduersus* ou *aduersum* (*hostes*) [face (à l'ennemi)]. Lorsqu'on retire les prépositions qui accompagnent certains noms, cela a pour effet que ces noms sont employés comme adverbes, comme *domo uenio* au sens de *a domo* [je viens de chez moi], *domi sum* au sens de *in domo* [je suis chez moi], *domum eo* au sens de *ad domum* [je vais chez moi]. Des prépositions sont également employées l'une pour l'autre, comme *in urbem uenio* au sens de *ad urbem* [je viens en ville], et *per urbem sum* au sens de *in urbe* [je suis en ville]. Il 22
est particulièrement fréquent que les prépositions aient un sens local ; on le voit au fait que de ces prépositions sont issus aussi des adverbes de lieu : *extra* [au-dehors] et *extrinsecus* [du dehors] de *ex*, *subter* [au-dessous] de *sub*, *infra* [en dessous], *intra* [au-dedans], *intus* [dedans] de *in*. Mais même ces adverbes, comme on l'a déjà dit plus haut, du fait qu'ils sont souvent employés en guise de prépositions quand ils se combinent avec des cas[55], les auteurs de grammaires les comptent parmi les prépositions.

Puisque donc, comme nous l'avons rappelé plus haut, les prépositions se combinent en juxtaposition avec deux cas, l'accusatif et l'ablatif, traitons de la signification de chacune, et d'abord de celles qui sont suivies de l'accusatif.

Les prépositions suivies de l'accusatif

Les prépositions monosyllabiques sont, de l'avis de la plupart des Latins[56], 23
les suivantes : *ad*, *ob*, *per*, *post*, *cis*, *trans* ; les dissyllabiques : *apud*, *ante*, *citra*, *circum*, *circa*, *contra*, *erga*, *extra*, *inter*, *intra*, *infra*, *iuxta*, *prope*, *pone*, *ultra*, *praeter*, *propter*, *supra*, *usque*, *penes* ; les trisyllabiques : *circiter*, *aduersus*, *secundum*. La plupart d'entre elles sont classées chez les Grecs parmi les adverbes, comme nous l'avons souvent enseigné, parce qu'elles ont un sens précis, même quand elles sont employées toutes seules, alors que ce n'est pas possible selon eux pour des prépositions employées toutes seules, et parce qu'il est loisible tant aux poètes qu'aux orateurs de les pré-poser ou de les post-poser à des formes casuelles sans que ce soit une faute, alors qu'il n'est pas d'usage de postposer celles qui sont incontestablement des prépositions, sauf privilège des poètes, et aussi parce que la plupart de ces termes ne peuvent entrer dans un

55. *Cf.* 26.4-6.

56. Précision importante, car les Latins n'ont pas les certitudes de la grammaire grecque, qui fonde strictement la catégorie des prépositions sur le double critère de la composition et de la juxtaposition (*cf.* § 9). Il manque dans la liste le très archaïque *uls* (*cf.* Charisius 308.14 B.), pourtant antonyme de *cis*, cité ici bien que rare et cantonné à la langue juridique. En outre, aux disyllabes construits avec l'accusatif est parfois ajouté le vulgarisme *subtus* (*cf.* Charisius 298.26 et 300.22 B., Dosithée 46.5 B. ; d'où fr. *sous*, it. *sotto*), voire encore le rarissime et épigraphique *obter* (*CIL* VI 14672.12 ; Charisius 298.21 et 300.22 B.). Plus loin, parmi les prépositions ignorant la juxtaposition, il ne sera pas fait mention de *as*, illustré par *aspellere* (Charisius 300.4 B., Dosithée 46.22 B., [Sergius] *Explan. GL* 4, 561.33).

praepositiones omnes apud illos talem naturam habeant ut et componi et separari
37 possint. Nostri uero ideo inter praepositiones eas dictiones posuerunt, quia semper praepositiuae sunt, nisi licentia hoc poetica mutauerit, et grauantur praepositae, quod praecipue suum est praepositionis. Sunt autem pleraque huiuscemodi aduerbia localia, ut *cis*, *trans*, *apud*, *ante*, *contra*, | *circum* et reliqua similia. De singularum igitur ui et significatione, ut ualemus, disserere conemur.

Ad tam in compositione quam in appositione plerumque proximitatem 24
significat, ut *adeo*, *adcurro*, *aduenio*, *assideo*, *ad Troiam* pro *iuxta Troiam*, *ad urbem* pro *iuxta urbem*, *ad balneas Pallacinas*, hoc est | *iuxta balneas*. Est etiam causalis, ut *ad quid hoc fecisti ?* hoc est *cuius causa ?*, et similitudinis, ut *accommodatus*, *adaequatus*, *assimilis*, *ad unguem* ; significat etiam contrarietatem, ut *ad illum mihi pugna est*, hoc est *contra illum* ; pro temporali quoque accipitur, ut Sallustius in I *Historiarum* : *ad bellum Persi Macedonicum*[a], hoc est *usque ad bellum Persi* ; additionis quoque, ut *ad haec mala*.

Ob tam in appositione quam in compositione inuenitur, sed quando per 25
appositionem ponitur, uim obtinet διά Graecae praepositionis, quae pro causali coniunctione accipitur, ut Vergilius in XI :

> *cuius ob auspicium infaustum moresque sinistros*[b] ;

uel loco *pro* uel κατά Graecae, cum accommodatiua sunt, intellegitur : idem poeta in IIII *Georgicon*,

> *haud quaquam ob meritum*,

id est *pro merito*, κάτ ᾿ ἀξίαν. In compositione uero significationem *contra* uel *circum* complet : *contra*, ut *obuius*, *occurro*, *oppono*, *obicio* ; | *circum* uero, ut *obumbro*, *obambulo*.

a. Cf. *supra*, 30.20.
b. Cf. *supra*, 32.2.

composé, alors que toutes les prépositions, en grec, sont par nature aptes à
37 apparaître aussi bien en composition qu'en juxtaposition. Chez nous en revanche on classe ces mots parmi les prépositions, sur le motif qu'ils sont toujours prépositifs, sauf modification due à une licence poétique, et qu'étant pré-posés ils reçoivent un accent grave, ce qui est la principale caractéristique de la préposition. La plupart des termes de ce genre sont aussi des adverbes de lieu, comme *cis*, *trans*, *apud*, *ante*, *contra*, *circum*, et tous les autres du même genre. Entreprenons donc dans la mesure de nos forces d'exposer la valeur et le sens de chacune.

Les monosyllabiques

Ad, tant en composition qu'en juxtaposition, signifie généralement la **24**
proximité, comme *adeo* [approcher], *adcurro* [accourir], *aduenio* [arriver], *assideo* [se tenir près de], *ad Troiam* au sens de *iuxta Troiam* [près de Troie], *ad urbem* au sens de *iuxta urbem* [près de la ville], *ad balneas Pallacinas*, c'est-à-dire *iuxta balneas* [près des bains de Pallacine, Cic., *S. Rosc.*, 18]. *Ad* est également causal, comme *ad quid hoc fecisti ?* [pourquoi as-tu fait cela ?], c'est-à-dire *cuius causa ?* [à cause de quoi ?], et il y a un *ad* de similitude, comme *accommodatus* [conforme], *adaequatus* [égal], *assimilis* [semblable], *ad unguem* [parfaitement[57]] ; il signifie également l'hostilité, comme *ad illum mihi pugna est* [je combats contre cet homme], c'est-à-dire *contra illum* ; il est employé aussi comme temporel, comme Salluste dans les *Histoires* I : *ad bellum Persi Macedonicum* [jusqu'à la guerre de Macédoine contre Persée, *Hist.* frg. 1, 8 M.], c'est-à-dire *usque ad bellum Persi* ; et il y a encore un *ad* d'adjonction, comme *ad haec mala* [en plus de ces malheurs].

Ob se trouve tant en juxtaposition qu'en composition, mais quand il est **25**
employé en juxtaposition, il prend la valeur de la préposition grecque *dia*, qui est employée comme conjonction causale, comme Virgile en XI : *cuius ob auspicium infaustum moresque sinistros* [pour ses auspices malheureux et son méchant caractère, *Én.* 11, 347] ; ou encore, *ob* est interprété comme équivalant à *pro* ou à la préposition grecque *kata*, quand ces termes sont adéquatifs[58] : le même poète dans les *Géorgiques* IV, *haud quaquam ob meritum* [absolument pas pour l'avoir mérité, *G.* 4, 455], c'est-à-dire *pro merito*, *kat'axian*. En composition en revanche *ob* prend tout à fait le sens de *contra* ou de *circum* : de *contra* comme *obuius* [qui se présente en face], *occurro* [courir à la rencontre de], *oppono* [opposer à], *obicio* [jeter à la tête de] ; de *circum* en revanche comme *obumbro* [envelopper d'ombre], *obambulo* [déambuler].

57. La métaphore (*cf.* Horace, *Sat.* 1,5, 32 ; *A.P.* 294) est empruntée à l'art de la statuaire : les sculpteurs éprouvaient le poli du marbre en y passant l'ongle, pour s'assurer qu'il n'y restait aucune aspérité. La locution en est ainsi venue à exprimer la perfection, l'adéquation avec l'idéal recherché.

58. *Accommodatiua* est un hapax ; le terme exprime l'idée de conformité, d'adéquation à quelque chose.

Per et componitur et separatur et significat διά Graecam localem, ut Vergilius in I *Georgicon* :

38 *circum perque duas in morem fluminis Arctos*,

et *perrumpor* διαρρήγνυμαι.

Sciendum autem quod omnia localia possunt eadem etiam temporalia esse, ut 26
per medium forum et *per medium diem* dicimus. Nec non etiam aliis rebus ad eandem figurationem omnia | localia possunt adiungi, ut *per uirtutem fio laudabilis*, in quo quasi locus laudis ostenditur fuisse uirtus.

Est etiam iurandi, in quo uim obtinet πρός Graecae, quae apud illos quoque in iureiurando accipitur, ut *per Iouem* πρὸς τοῦ Διός ; Vergilius in X :

per te, per qui te talem genuere parentes[a].

Est etiam perfectiuum plerumque in compositione, ut *perficio*, *percurro*, *perseuero*, *percipio*, *peroro*. Aduerbii quoque uim obtinet, quando pro *ualde* accipitur, ut Terentius in *Andria* :

per ecastor scitus puer est natus Pamphilo.

Abnegationem quoque significat in compositione, ut *perfidus*, *periurus*.

Post et componitur et separatur et significat μετά Graecam praepositionem, 27
sed non quando loco σύν accipitur, sed quando ordinem magis significat siue loci siue temporis siue cuiuscumque alius rei, ut Vergilius in III *Georgicon* :

post montem oppositum[b] ;

similiter dicimus *post multum tempus* et *post pietatem utilitas ponenda est*. Loco etiam aduerbii ponitur, ut Terentius in *Adelphis* :

post faciet tamen[c],

pro *postea* ; Vergilius in VI :

ille admirans uenerabile donum
fatalis uirgae longo post tempore uisum[d] ;

nam quando praepositio est, ablatiuo iungi non potest. Deriuatur ex hoc *posterus* et *postica*.

a. Cf. *infra*, 85.24.
b. Cf. *infra*, 46.9.
c. *faceret* Terentius (ed. Kauer & Lindsay).
d. Cf. *infra*, 54.27 ; Arusianus 417.3 D.C. (*l. p. t. u.*) ; Priscianus *GL* 3, 349.10.

Per s'emploie en composition et en position détachée, et a le sens de la préposition grecque locale *dia*, comme Virgile dans les *Géorgiques* I:
38 *circum perque duas in morem fluminis Arctos* [à la façon d'un fleuve autour et au travers des deux Ourses, *G.* 1, 245], et *perrumpor* [je suis transpercé], *diarrêgnumai*[59].

Il faut savoir d'ailleurs que tout ce qui est local peut également être temporel : 26
nous disons par exemple *per medium forum* [en plein forum] et *per medium diem* [en plein jour]. Et en plus, il y a des éléments autres que temporels avec lesquels les termes de lieu peuvent se combiner en vertu du même emploi figuré, comme dans *per uirtutem fio laudabilis* [par mon mérite je deviens digne d'éloges], où le mérite est désigné comme étant en quelque sorte le lieu même des éloges.

Il y a aussi un *per* de serment, où il prend la valeur de la préposition grecque *pros*, qui chez eux aussi est employée dans la formulation du serment, comme *per Iouem* [par Jupiter], *pros tou Dios*; Virgile en X : *per te, per qui te talem genuere parentes* [par toi, par les parents qui ont engendré un homme tel que toi, *Én.* 10, 597][60]. *Per* est aussi intensif, le plus souvent en composition, comme *perficio* [parfaire], *percurro* [parcourir], *perseuero* [persévérer], *percipio* [percevoir], *peroro* [traiter en entier]. Il prend également le statut d'adverbe quand il est employé avec la valeur de *ualde*, comme Térence dans l'*Andrienne* : *per ecastor scitus puer est natus Pamphilo* [il est vraiment mignon, par Castor, l'enfant qui est né à Pamphile, *And.* 486]. Il signifie aussi la négation, en composition, comme *perfidus* [déloyal], *periurus* [parjure].

Post s'emploie en composition et en position détachée, et a le sens de 27
la préposition grecque *meta*, non pas quand celle-ci est employée pour *sun* [avec], mais quand elle signifie plutôt un ordre de succession dans l'espace ou dans le temps, ou dans n'importe quel autre domaine, comme Virgile dans les *Géorgiques* III : *post montem oppositum* [derrière l'obstacle d'une montagne, *G.* 3, 213] ; de la même façon, nous disons *post multum tempus* [après une longue période] et *post pietatem utilitas ponenda est* [profit passe après probité]. *Post* est également employé en guise d'adverbe, comme Térence dans les *Adelphes* : *post faciet tamen* [il le fera pourtant après, *Ad.* 110], avec la valeur de *postea*; Virgile en VI : *ille admirans uenerabile donum / fatalis uirgae longo post tempore uisum* [lui, admirant l'auguste don, la baguette merveilleuse, qu'il voit si longtemps après, *Én.* 6, 408-409] – car quand *post* est une préposition, il ne peut se combiner avec l'ablatif. En dérivent *posterus* [suivant] et *postica* [porte de derrière].

59. Comme correspondant du passif latin *perrumpor*, les mss utilisés par Hertz présentent pour certains *diarrêgnumi*, forme active inattendue ici (mais retenue par Hertz), pour d'autres *diarrêgnuamai*, forme médio-passive, mais fautive. Il est vraisemblable que *diarrêgnuamai* procède de la surnotation, par des scribes médiévaux qui n'ont qu'une idée vague de ce qu'est le verbe grec, de la désinence médio-passive *-mai*, étant donné que ce qui la distingue de la désinence active *-mi*, c'est précisément un *-a-*.

60. Même remarque et même exemple au livre 15 : 85.22-24, suivis du *per « confirmatiuum »* (*perfectiuum* n'apparaît pas en revanche dans le livre 15).

Cis et componitur et separatur et magis localem habet significationem, ut
Cisalpina Gallia et *cis Rhenum*. Possumus tamen per | translationem et in tempore
39 et in aliis rebus ea uti, ut *cis definitum tempus*, | sicut *ultra definitum*, uel *cis*
naturae leges, ut *ultra naturae*. Deriuatur ex hoc *citra*.

Trans quoque et componitur et separatur, ut *transfero*, *transueho*; *trans* **28**
Padum, *trans Tiberim*. Est tamen quando in compositione amittit | *n* et *s*, ut
traduco, *trado*, *traicio*, *trano*. Et composita quidem διά Graecae uel παρά uel
ὑπέρ loco fungitur, ut *transueho* διακομίζω, *trado* παραδίδωμι, *transgredior*
ὑπερβαίνω, ut Sallustius : *communem habitum transgressus*, pro *supergressus*.
Πέραν uero significat, quod est aduerbium apud Graecos, separata, ut *trans mare*
πέραν τῆς | θαλάσσης.

Sciendum quod omnes monosyllabae praepositiones tam accusatiuo quam **29**
ablatiuo casui seruientes et componi et separari possunt, excepta *cum*, pro qua *con* in compositione semper inuenitur praepositiua, eandem significationem habens quam *cum* praepositio, ut *concurro*, | *conficio*. Nec scriptura tamen multum discrepat : antiqui enim pro *cum com* scribebant. Et saepe tamen *m* in *n*, sicut et *n* in *m*, conuerti solet, ut *communis*, *imperator* ; *eundem*, *tantundem*. Praepostere tamen, ut quibusdam placet, cum ablatiuo pronominum componitur *cum* praepositio, ut *mecum*, *tecum*, *secum*, *nobiscum*, *uobiscum* ; aliis uero ideo | enclitici uice fungi postposita uidetur, ne, si acuatur, aduerbium esse putetur, de quo tamen

Cis s'emploie en composition et en position détachée, et a plutôt un sens local, comme *cisalpina Gallia* [Gaule cisalpine] et *cis Rhenum* [en deçà du Rhin]. Nous pouvons cependant par transfert l'employer dans le domaine temporel, ou dans
39 d'autres encore, comme dans *cis definitum tempus* [dans les délais], sur le modèle de *ultra definitum* [au-delà des délais], et *cis naturae leges* [dans les limites des lois de la nature], comme *ultra naturae* [au-delà des limites des lois de la nature]. En dérive *citra* [en deçà].

Trans aussi s'emploie en composition et en position détachée, comme **28**
transfero [transférer], *transueho* [transporter], *trans Padum* [au-delà du Pô], *trans Tiberim* [au-delà du Tibre]. Cela étant, il arrive que *trans* perde en composition son *n* et son *s* : *traduco* [faire passer], *trado* [transmettre], *traicio* [traverser], *trano* [traverser à la nage]. En composition, *trans* fonctionne comme les prépositions grecques *dia*, ou *para*, ou *huper*, comme *transueho* [transporter], *diakomizô*; *trado* [transmettre], *paradidômi*; *transgredior* [dépasser], *huperbainô* : Salluste, *communem habitum transgressus* [dépassant l'aspect physique habituel, *Hist.* frg. 2, 62 M.], avec la valeur de *supergressus*. En position détachée en revanche *trans* a le sens de *peran*, qui est un adverbe en grec, comme *trans mare* [de l'autre côté de la mer], *peran tês thalassês*.

Formes à problèmes

Il faut savoir que toutes les prépositions monosyllabiques, qu'elles soient **29**
assujetties à un accusatif ou à un ablatif, peuvent s'employer à la fois en composition et en position détachée, à l'exception de *cum* : à sa place, on trouve toujours *con-* à l'initiale de composé, avec le même sens que la préposition *cum*, comme dans *concurro* [affluer], *conficio* [achever]. La graphie n'est pas très différente : les Anciens écrivaient *com* à la place de *cum* et il est fréquent qu'un *m* se transforme en *n*, de même qu'un *n* en *m*, comme *communis*, *imperator* vs *eundem*, *tantundem*[61]. Cela étant, avec l'ablatif des pronoms, l'inversion de l'ordre de la préposition *cum* forme, du moins selon l'opinion de certains, un composé : *mecum*, *tecum*, *secum*, *nobiscum*, *uobiscum*; pour d'autres en revanche cette préposition postposée fonctionne manifestement comme enclitique, pour éviter qu'on ne pense qu'il s'agit d'un adverbe si elle recevait un accent aigu[62] –

61. *Communis*, *imperator* à partir de *con-* et de *in*, et *eundem*, *tantundem* à partir de *eum* et de *tantum*.

62. Cette 2e solution est l'opinion de Priscien, *cf.* livre 12, *GL* 2, 593.25-27, où, évoquant la possibilité d'interpréter les formes *mecum*, *tecum*, etc. comme étant des adverbes (*quaeritur... mecum, tecum, secum, nobiscum, uobiscum pronomina sint composita an aduerbia*), il rejette cette interprétation. Plus loin, en 51.7-10, Priscien oppose *mecum*, *tecum*, etc., aux formes *quocum*, *quacum*, etc., accentuées sur le *cum* final (*cum praepositio, quando pronominibus postponitur primae uel secundae personae uel etiam se, quae est tertiae, enclitici uice fungitur, ut supra dictum est : mecum, tecum, secum, nobiscum, uobiscum; aliis uero postposita acuitur, ut quocúm, quacúm, quicúm, quibuscúm*). L'analyse par l'enclise garantit l'accentuation sur la syllabe précédant *cum* (cf. *Part.* 72.22-24 P. : *cuius est accentus ? encleticum est, id est suum accentum inclinat in syllabam*

in pronomine latius disseruimus. || *Clam* enim magis aduerbium est, cum nec **30**
localem habeat aliquam significationem, quam plerumque praepositiones possident, et qualitatem demonstret, quae in aduerbiis inueniri solet; et diminuitur, quod nulla praepositio habet, ut | *clanculum*, et potest etiam absque casu proferri, ut *bona aperte facit, mala clam*; et quod apud Graecos absque ulla dubitatione aduerbium est. Nihil mirum tamen quod praeponatur casui, cum multa aduerbia,
40 et maxime localia, et apud Graecos et apud nos soleant casibus praeponi, | quorum
pleraque nostri, ut praediximus, praepositiones esse dixerunt. || Sed sciendum **31**
quod aduerbia quidem et sine casibus et cum casibus proferri possunt, ut *contra*, *circum*, *clam*, *pone*, cum eandem in utroque seruent significationem, praepositiones uero suam significationem seruantes | semper casibus adiunguntur, ut *per*, quando praeponitur casui, διά significat, quando autem aduerbium est, mutat significationem et pro *ualde* accipitur.

Bisyllabae sunt praepositiones quae accusatiuo iunguntur, secundum plerosque artium scriptores, haec : *apud*, *ante*, *citra*, *circum*, *circa*, | *erga*, *contra*, *extra*, *inter*, *intra*, *infra*, *iuxta*, *prope*, *propter*, *pone*, *ultra*, *praeter*, *supra*, *usque*, *penes*.

Apud unam habet significationem in loco, ut *apud Numantiam*, adiungitur **32**
tamen etiam personis, ut *apud amicum*, *apud Athenienses*, et significat παρά Graecam, quando locum apud illos demonstrat. Ea | autem praepositio in compositione non inuenitur.

Ante et componitur et separatur : *antepono*, *ante domum*, et significat πρό Graecam localem uel temporalem, ut *anteeo* προπορεύομαι, *ante annum* πρὸ ἐνιαυτοῦ. Inuenitur etiam sine casu, quo loco aduerbii accipitur : significat enim *antea*, quod est apud Graecos πρότερον, ut | Vergilius in *Bucolico* :

mais j'en ai déjà parlé assez longuement à propos du pronom[63]. Quant à *clam*, 30
c'est plutôt un adverbe, puisque à la fois il n'a pas de sens local, alors qu'en général les prépositions en ont un, et qu'il indique une façon d'être, ce qui en général caractérise les adverbes; en plus, il reçoit un diminutif, *clanculum*, ce qui n'est le cas d'aucune préposition, et il peut même ne pas être accompagné d'une forme casuelle, comme *bona aperte facit, mala clam* [il fait le bien au grand jour, le mal en cachette]; et puis parce qu'en grec c'est indubitablement un adverbe. Il n'y a cependant rien de surprenant à ce que *clam* soit pré-posé à une forme casuelle, dès lors que nombre d'adverbes, et surtout des adverbes de lieu, en grec comme chez nous, sont couramment pré-posés à des formes casuelles; la plupart de ces adverbes, comme nous l'avons déjà dit, sont présentés par les Latins comme étant des prépositions. Il faut savoir cependant que les adverbes peuvent 31
être énoncés à la fois sans formes casuelles et avec, comme *contra*, *circum*, *clam*, *pone*, tout en gardant le même sens dans les deux cas; les prépositions en revanche ne conservent leur sens qu'en se combinant avec des cas : *per* par exemple n'a le sens de *dia* que quand il est pré-posé à une forme casuelle; quand en revanche c'est un adverbe, il change de sens et est employé avec la valeur de *ualde*.

Les dissyllabiques

Les prépositions dissyllabiques qui se combinent avec l'accusatif sont les suivantes, selon la plupart des auteurs de grammaires : *apud*, *ante*, *citra*, *circum*, *circa*, *erga*, *contra*, *extra*, *inter*, *intra*, *infra*, *iuxta*, *prope*, *propter*, *pone*, *ultra*, *praeter*, *supra*, *usque*, *penes*.

Apud n'a qu'un sens, le lieu où l'on est, comme *apud Numantiam* [à 32
Numance]; il se combine néanmoins aussi avec des personnes, comme *apud amicum* [chez un ami], *apud Athenienses* [chez les Athéniens]; il a le sens de la préposition grecque *para*, quand elle indique le lieu[64]. Cette préposition ne se trouve pas en composition.

Ante s'emploie en composition et en position détachée: *antepono* [placer devant], *ante domum* [devant la maison], et il a le sens de la préposition grecque locale et temporelle *pro*, comme *anteeo* [marcher devant], *proporeuomai*, *ante annum* [un an avant], *pro eniautou*. *Ante* se trouve aussi sans forme casuelle; il est employé alors en guise d'adverbe: il signifie en effet *antea* [auparavant], c'est-à-dire en grec *proteron*, comme Virgile dans les *Bucoliques*,

extremam antepositae dictionis). Apparemment, cette accentuation sur l'élément pronominal (*mé-*, *té-*, etc.) justifie le maintien de ces formes dans la catégorie des pronoms, alors que l'accentuation sur *-cum* aurait entraîné leur reclassement dans la catégorie des adverbes, pour une raison qui n'est pas indiquée – de même que Priscien ne précise pas non plus dans quelle catégorie il rangeait les formes *quocúm*, *quacúm*, etc. On peut supposer que la référence à la catégorie des adverbes tient à son caractère de « fourre-tout » pour des formes difficiles à faire entrer dans une flexion.

63. *Cf.* 27.14-15 et note 16.

64. La présence de *apud illos* est destinée à montrer que le sujet de *demonstrat* est bien *para*, et non *apud*.

ante, pererratis amborum finibus, exul[a]
aut Ararim Parthus bibet aut Germania Tigrim[b].

Deriuatur ex hoc nomen *antiquus* et *antiqua* et *antiquum*, ex quo *antiquarius*.

Citra numquam componitur et paene eandem habet significationem quam *cis*. Nam apud nos locum significat. Sed inuenio quod propriis nominibus fluminum uel montium *cis* solet praeponi plerumque, reliquis uero magis *citra*, ut *cis Rhenum*, *cis Alpes*, *cis Padum*; *citra saniem*, *citra cruorem*, *citra forum*. Et a *cis* quidem deriuatur *citra*, a | *citra* uero *citer*, *citerior* et *citimus* teste Capro: Cato *De agna pascenda*, *citer ager alligatus ad sacra erit*[c]. Vtriusque tamen
41 | interpretatio apud Graecos aduerbium est, id est τὸ ὧδε uel ἐπὶ τάδε.

Circum quando περί significat, praepositio accipitur tam in compositione quam in separatione, ut *circumfero* περιφέρω, *circum* | *montem* περὶ τὸ ὄρος; quando uero πέριξ demonstrat, aduerbium est locale: Vergilius in IIII *Aeneidos*,

Anna, uides toto properari litore circum[d].

Ex hoc nascitur *circitor* ὁ περιφοράριος.

Circa quoque περί Graecam significat, quando pro *iuxta* accipitur, ut **34**
circa forum, *circa templum*, | *circa uiginti annos*, et numquam praepositiua componitur, postposita tamen inuenitur apud Vergilium post ablatiuum *quo*, loco coniunctionis prolata causalis, ut in I *Aeneidos*:

quocirca capere ante dolis et cingere flamma
reginam meditor.

Est tamen quando *circum* praepositioni eam subiungimus et *circumcirca* dicimus, quod et Donatus in secunda *Arte* docet his uerbis: « aut uerbum praecedit, ut *perfero*, aut aduerbium, ut *expresse*, aut participium,

a. Cf. *supra*, 26.13.

b. *Cf.* [Victorinus / Palaemon] *Ars GL* 6, 215.5; Audax *Exc. GL* 7, 340.21; Priscianus *GL* 2, 150.4; Iulianus Toletanus 224,64 M.Y.

c. *Cf.* Priscianus *GL* 2, 85.5.

d. Cf. *infra*, 55.4.

ante, pererratis amborum finibus, exul / aut Ararim Parthus bibet aut Germania Tigrim [auparavant, parcourant chacun en exilé le territoire de l'autre, le Parthe et le Germain boiront, l'un l'eau de la Saône, l'autre celle du Tigre, *B.* 1, 62-63]. En dérive le nom *antiquus, -a, -um* [antique], dont dérive *antiquarius* [antiquaire].

Citra ne s'emploie jamais en composition et a à peu près le même sens que 33
cis. Il a en effet, chez nous, un sens local. Je constate néanmoins que *cis* est en général pré-posé à des noms propres de fleuves ou de montagnes, tandis qu'on a plutôt *citra* avec les autres, comme *cis Rhenum* [en deçà du Rhin], *cis Alpes* [en deçà des Alpes], *cis Padum* [en deçà du Pô], mais *citra saniem* [sans supurer], *citra cruorem* [sans aller jusqu'au sang], *citra forum* [en deçà du forum]. C'est de *cis* que dérive *citra*, et de *citra* dérivent *citer / citerior / citimus* [qui est en deçà / plus en deçà, sc. plus rapproché / très rapproché], au témoignage de Caper [frg. 12a K.] : Caton, *Sur l'élevage de la jeune brebis*, *citer ager alligatus ad sacra erit* [le champ en deçà aura été réservé pour la cérémonie religieuse, *Or.* frg. 90
41 M.][65]. L'un et l'autre se traduisent en grec par un adverbe, à savoir *ôde* ou *epi tade*.

Circum, quand il a le sens de *peri*, est employé comme préposition, tant en composition qu'en position détachée, comme *circumfero* [faire circuler tout autour], *peripherô*, *circum montem* [autour de la montagne], *peri to oros*; quand en revanche il a le sens de *perix*, c'est un adverbe de lieu : Virgile, dans l'*Énéide* IV, *Anna, uides toto properari litore circum* [Anna, tu vois qu'on se hâte alentour sur tout le rivage, *Én.* 4, 416]. De là naît *circitor* [officier de ronde], *ho periphorarios*.

Circa aussi a le sens de la préposition grecque *peri*, quand on l'emploie avec 34
la valeur de *iuxta*, comme *circa forum* [aux environs du forum], *circa templum* [aux environs du temple], *circa uiginti annos* [environ vingt ans], et ne s'emploie jamais à l'initiale de composé, mais se trouve en postposition chez Virgile après l'ablatif *quo*, en guise de conjonction causale, comme dans l'*Énéide* I : *quocirca capere ante dolis et cingere flamma / reginam meditor* [c'est pourquoi je médite de prendre auparavant la reine dans mes ruses et de l'investir de flammes, *Én.* 1, 673]. Il arrive cependant que nous adjoignions *circa* à la préposition *circum*, en disant *circumcirca*, ce que Donat lui-même enseigne dans sa seconde *Grammaire*, en ces mots : « <la préposition> précède ou bien un verbe, comme *perfero*, ou bien un adverbe, comme *expresse*, ou bien un participe,

65. La mention, pour nous invérifiable, du célèbre grammairien du IIe s. Caper (*cf.* aussi plus bas, 44.9, et près d'une trentaine de fois dans la totalité de l'*Ars*) atteste le désir de Priscien d'enraciner son discours dans la tradition technique la plus ancienne. Il est difficile de savoir si l'association de ce grammairien, dont le nom signifie « bouc », et d'un traité d'agronomie consacré à « l'élevage de la jeune brebis », est une facétie volontaire. Cette citation du traité de Caton, avec la même attribution à Caper, se trouve déjà au livre 3 à propos de cette même forme archaïque *citer*, *GL* 2, 85.4-6, sur laquelle Priscien revient encore dans le livre 3 : 98.7-8, où cette fois il est fait mention d'Afranius

ut *praecedens*, aut coniunctionem, ut *absque*, aut se ipsam, ut *circumcirca* ». Et hoc tum | fit quando ἀμφὶ περί significare uolumus, ut Hesiodus :

ἀμφὶ περὶ κρήνην ἰοειδέα.

Circiter uero cum similiter περί Graecam significat, tum pro *iuxta* accipitur ; ad tempus tamen solum pertinet, ut *circiter Kalendas Ianuarias*.

Erga etiam περί Graecam significat, sed quando affectum | demonstrat, ut *bonus est erga propinquos* ; quae separata inuenitur solum.

42 *Contra* et separatur et componitur, quando κατά uel ἀντί significat. | Et tunc proprie est praepositio, ut *contra adulterum dico* κατὰ μοιχοῦ λέγω, *contradico* ἀντιλέγω, *controuersia* ἀντίρρησις ; quando uero sine casu ponitur, τὸ ἐξεναντίας indicat, quod est aduerbium : Iuuenalis in I,

stat contra starique iubet[a].

Ex eo deriuatur *contrarius*.

Extra quoque, quod significat τὸ ἐκτός apud Graecos, aduerbium est **35** deriuatum a praepositione *ex* tam apud illos quam apud nos. Nostri autem ideo non solum inter aduerbia, sed etiam inter praepositiones | acceperunt, quia et sine casualibus uerbo adiungitur et praepositum casualibus grauatur, ut Persius :

pinge duos angues : pueri, sacer est locus, extra
meite[b] ;

Terentius in *Phormione* :

extra unam aniculam.

Nihil tamen mirum, loco praepositionis *extra* accipi, cum *ex* quoque in quibusdam dictionibus loco *extra* fungitur, ut *exlex* : *qui extra leges est*, *exul* : *extra solum*, *exterminatus* : *extra terminos*, *expes* : *extra spem*,

a. Cf. *supra*, 26.19.
b. *Cf.* Priscianus *GL* 2, 495.3.

comme *praecedens*, ou bien une conjonction, comme *absque*, ou bien elle se précède elle-même, comme *circumcirca* »[66]. Cela se trouve quand on veut dire la même chose que *amphi peri*, comme Hésiode : *amphi peri krênên ioeidea* [tout autour de la source aux eaux sombres][67]. Quant à *circiter*, lorsqu'il a lui aussi le sens de la préposition grecque *peri*, il est employé avec la valeur de *iuxta*, mais ne concerne que le temps, comme *circiter Kalendas Ianuarias* [aux environs des calendes de janvier].

Erga également a le sens de la préposition grecque *peri*, mais quand celle-ci indique un sentiment, comme *bonus est erga propinquos* [il est bienveillant à l'égard de ses proches] ; *erga* se trouve seulement en position détachée.

Contra[68] s'emploie en position détachée et en composition, quand il a le sens
42 de *kata* ou *anti*, et c'est dans ce cas qu'il s'agit à proprement parler d'une préposition, comme *contra adulterum dico* [je plaide contre un homme adultère], *kata moikhou legô* ; *contradico* [contredire], *antilegô* ; *controuersia* [controverse], *antirrhêsis*. Quand en revanche *contra* est employé sans forme casuelle, il a le sens de *exenantias* [en face], qui est un adverbe : Juvénal en I, *stat contra starique iubet* [bien en face, il s'arrête, et m'ordonne de m'arrêter, *Sat.* 3, 290]. En dérive *contrarius* [contraire].

Extra aussi, qui a le sens du grec *ektos*, est un adverbe dérivé de la préposition **35**
ex, aussi bien chez eux que chez nous. Les Latins l'ont intégré non seulement parmi les adverbes, mais aussi parmi les prépositions, parce qu'il se combine à un verbe sans la présence de formes casuelles[69] et parce que, quand il est préposé à des formes casuelles, il porte l'accent grave[70] ; ainsi Perse : *pinge duos angues : pueri, sacer est locus, extra / meite* [fais peindre deux serpents : garçons, l'endroit est sacré, pissez au-dehors, *Sat.* 1, 113-114] ; Térence en revanche dans le *Phormion* : *extra unam aniculam* [hors une pauvre vieille, *Phorm.* 98]. Il n'y a rien de surprenant à ce que *extra* soit employé en guise de préposition, puisque *ex* aussi, dans certains mots, fonctionne en place de *extra*, comme *exlex* : *qui extra leges est* [sans loi : qui est hors des lois], *exul* : *extra solum* [exilé : hors du territoire[71]], *exterminatus* : *extra terminos* [expulsé : hors des limites], *expes*[72] : *extra spem*

66. 648.7-9 H. La citation est littérale, mais amputée de son début (*Nam aut nomini praeponitur, ut* inualidus ; *aut pronomini praeponitur, ut* prae me, *uel subponitur, ut* mecum tecum nobiscum uobiscum ; *aut uerbum praecedit, ut* perfero, etc.). Sur la « seconde *Grammaire* », *cf.* 27.20-21 et note 17.

67. Cette citation est en fait une contamination d'Hésiode, *Théog.* 3 et d'Homère *Il.* 2, 305.

68. La séquence *erga*, *contra*, *extra* de 41.24-42.8 est conforme à l'énumération de 40.10. Hertz de son côté fait du développement relatif à *contra* un élément du paragraphe relatif à *erga* (et traite donc le *contra* de 41.26 comme s'il était en emploi et non en mention).

69. Ce qui est la caractéristique des adverbes.

70. Ce qui est la caractéristique des prépositions. Les deux citations qui suivent illustrent pour la première, de Perse, l'emploi adverbial, et pour la seconde, de Térence, l'emploi prépositionnel.

71. Même exemple en 36.1 (ex... *loco aduerbii* extra *fungitur, ut* exul *:* extra solum), où il s'agit d'insister sur la valeur adverbiale de *extra* dans cette équivalence sémantique de *exul*. Ici, l'exemple est inséré dans une série d'emplois prépositionnels, qui s'opposent à l'emploi adverbial final.

72. Sur la graphie *expes*, cf. *supra*, note 53.

exeo : *extra eo*. Et sciendum quod *extra* per appositionem | aliis iungitur partibus orationis. Ex eo deriuatur *extraneus* et *externus*.

Inter quoque et composita et apposita inuenitur, ut *internuntius*, *intercapedo*, *interuallum*, *interpres*, cuius simplex, id est *pres*, in usu non inueni ; *inter amicos*, *inter muros*. Hoc quoque apud Graecos sine dubio aduerbium est ; significat enim τὸ μεταξύ. Nec solum casualibus | praeponitur apud nos et grauatur, quod suum est praepositionis, sed etiam uerbis potest adiungi et paenultima acui, ut si dicam :
tu dextrorsum, ille sinistrorsum, ego curro inter. || Quomodo autem a *sub* : *subter* **36**
43 deriuatur et a *cis* : *citra* et ab *ex* : *extra*, a *prae* quoque *praeter* et | a *pro* : *propter*, sic ab *in* : *inter* proficiscitur. Significat autem :

– modo τὸ διά, ut *interrumpit* διαρρήσει, *internuntius* διάκτορος, *intercapedo* διαχώρισμα, *interuallum* διάστημα ;

– modo τὸ ἐν, ut Vergilius in XI :

conuersique oculos inter se atque ora tenebant[a],

inter se ἐν ἑαυτοῖς ; *interea loci* ἐν τοσούτῳ [modo ἐν τοσούτῳ] ;

– modo τὸ μεταξύ, ut *interrex* et *inter uicinos*.

Hic ergo quoque admoneo quod saepe dixi, omnia ea quae supra dicta apud Graecos sine dubio aduerbia sunt, Latinos etiam inter praepositiones ponere ea, quia frequentissime casualibus praeponuntur et grauantur, quod suum est praepositionum, et, quod interpretatio ostendit, etiam praepositionum quarundam loco eas poni, ut *inter* modo τὸ διά, modo τὸ ἐν ostendimus demonstrare.

a. *Cf.* Priscianus *GL* 3, 178.5.

[désespéré : hors d'espérance], *exeo* : *extra eo* [partir : aller au-dehors]. Il faut savoir aussi que *extra* s'associe en juxtaposition à d'autres parties du discours. En dérivent *extraneus* et *externus* [étranger, extérieur].

Inter aussi se trouve à la fois composé et juxtaposé, comme *internuntius* [intermédiaire], *intercapedo* [interruption], *interuallum* [intervalle], *interpres* [interprète] (je n'ai pas trouvé d'attestation de la forme simple, c'est-à-dire *pres*), et *inter amicos* [au milieu d'amis], *inter muros* [entre les murs]. Là encore, en grec, c'est indubitablement un adverbe, puisque *inter* signifie *metaxu*[73]. En latin, *inter* est pré-posé à des formes casuelles et porte l'accent grave, ce qui est caractéristique de la préposition, mais en plus il peut se combiner à des verbes et recevoir l'accent aigu sur la pénultième, si je dis par exemple *tu dextrorsum, ille sinistrorsum, ego curro inter* [toi tu cours à droite, lui à gauche, moi au milieu].
Par ailleurs, de même que de *sub* est dérivé *subter*, de *cis citra*, de *ex extra*, ainsi **36**
43 que de *prae praeter* et de *pro propter*, de même c'est de *in* que vient *inter*. Il a le sens :

– tantôt de *dia* [à travers, entre], comme : *interrumpit* [il brise en passant à travers], *diarrêssei*[74] ; *internuntius* [intermédiaire], *diaktoros* ; *intercapedo* [interruption], *diakhôrisma*[75] ; *interuallum* [intervalle], *diastêma* ;

– tantôt de *en* [dans, sur], comme Virgile en XI, *conuersique oculos inter se atque ora tenebant* [et s'étant retournés, ils gardaient les yeux et le visage fixés les uns sur les autres, *Én.* 11, 121] : *inter se*, c'est *en heautois* ; *interea loci* [pendant ce temps-là], *en tosoutôi* ;

– tantôt de *metaxu* [entre, au milieu], comme *interrex* [interroi] et *inter uicinos* [au milieu des voisins].

J'attire donc ici encore l'attention sur ce que j'ai déjà souvent dit : tous les éléments cités ci-dessus, qui en grec sont incontestablement des adverbes, les Latins les rangent aussi parmi les prépositions parce qu'ils sont très souvent pré-posés à des formes casuelles tout en portant l'accent grave, ce qui est caractéristique des prépositions ; en outre, la traduction montre bien que ces formes sont employées aussi en place de certaines prépositions[76] : nous avons montré par exemple que *inter* signifiait tantôt *dia*, tantôt *en*.

73. La formulation est très elliptique ; *hoc* renvoie à *inter*, considéré alors uniquement d'un point de vue sémantique : la forme qui a en grec le sens du latin *inter* est un adverbe. Sur ces équivalences, et le jeu qu'il permet entre les plans morphologique et sémantique, cf. *Introduction*, section 4.

74. Les mss présentent la forme *diarrêssei* avec un seul *r*, retenue par Hertz, mais il n'est pas vraisemblable que Priscien se soit écarté de l'orthographe classique.

75. Des diverses leçons des mss Hertz retient la forme *diakhôrema*, mais celle-ci, attestée uniquement au sens de « excrément », est incompatible avec le sens du latin *intercapedo*. Il est plus vraisemblable qu'il s'agit d'une déformation de *diakhôrisma*, qui se trouve au sens de « faille » (*cf.* Lucien, *V. H.* 2, 43), compatible alors avec le sens de *intercapedo* [interruption].

76. Les premières éditions ont remplacé *eas* des mss par *ea*, pour homogénéiser le texte, dans la mesure où l'anaphorique renvoie ici aux mêmes termes que *omnia ea* de la ligne 7. La forme *eas* peut néanmoins se justifier par une attraction du féminin *praepositionum quarundam* qui la précède.

Interea uero, quia numquam praeponitur casuali, sine dubio aduerbium accipitur ; uerbo enim semper adiungitur. Ex *inter* praepositione nomen deriuatur †*interea*, τὸ ἐνίχνιον†.

Intra quoque uidetur ab *in* deriuatum, uelut ab *ex* : *extra* et a *sub* : *subter*, sic 37
ab *in* : *inter* et *intra*, et significat τὸ ἐντός, quod est aduerbium apud Graecos ; Lucanus in V :

intra castrorum timuit tentoria ductor.

Huic contrarium est τὸ ἐκτός, id est *extra*. Quomodo autem *inter* et | *intra* deriuatur ab *in*, sic etiam *intus* et *intro*, quae sine dubio aduerbia sunt etiam apud nos. Sed *intus* et *intro* casualibus numquam praeponuntur, *inter* uero et *intra* frequentissime, sicut *extra* casibus praeponitur, *foris* autem uel *foras* minime. Ab
44 *intra* | deriuatur et *intrinsecus*, sicut ab *extra* : *extrinsecus*, et *internus*, sicut ab *extra* : *externus* et *extraneus*. Verbum etiam ab *intra* : *intro*, *intras*.

Infra etiam ab *in* esse natum puto, et significat τὸ κάτω, quod | est apud Graecos aduerbium. Id quoque propter supra dictas causas inter praepositiones recipitur a Latinis ; frequentissime enim praeponitur casualibus et grauatur : Terentius in *Eunucho*,

ego te esse infra omnes infimos puto[a].

Ex hoc deriuatur *inferus*, ueluti *nuperus*, quod approbat Caper, uel | *infer*, ut 38
citer, *exter*, et *infernus* et *inferior*, *infimus*. Et sciendum quod omnia aduerbia locorum quae solent casibus praeponi, ideo nostri inter praepositiones quoque numerauerunt, quia saepissime inueniuntur huiuscemodi aduerbia loco praepositionum accepta uel loco eorum praepositiones positae : *intra uiscera* pro *in uiscera* et *absque* | *laesione* pro *extra laesionem* et *in adulterum dicit* pro *contra adulterum* et *sub terram* pro *infra terram*.

Iuxta etiam, quod significat τὸ ἐγγύς, quod apud Graecos sine dubio aduerbium est, quia loco *prope* siue *propter*, quod est παρά, fungitur (est autem praepositio τὸ παρά Graeca) et quia casum | sequitur, nostri inter praepositiones

a. *quem te ego* (*ego te* **p**[1]) … *infimos omnis* Terentius (Kauer & Lindsay).

Interea en revanche, du fait qu'il n'est jamais pré-posé à une forme casuelle, est incontestablement employé comme adverbe, parce qu'il est toujours associé à un verbe. De la préposition *inter* dérive le nom…[77].

Intra aussi est manifestement dérivé de *in* (de même qu'à partir de *ex* on a 37
extra et de *sub*, *subter*, à partir de *in* on a *inter* et *intra*) et a le sens de *entos*, qui est un adverbe en grec ; Lucain en V : *intra castrorum timuit tentoria ductor* [à l'intérieur des tentes de son camp, le chef fut pris de frayeur, *Phars*. 5, 241]. Son contraire est *ektos*, c'est-à-dire *extra*. Avec *inter* et *intra*, ce sont aussi *intus* et *intro* qui dérivent de *in*, et qui sont d'incontestables adverbes, y compris en latin ; *intus* et *intro* ne sont jamais pré-posés à des formes casuelles, tandis que *inter* et *intra* le sont très fréquemment ; de la même manière, *extra* est pré-posé à des cas
44 tandis que *foris* et *foras* ne le sont pas du tout. De *intra* dérivent aussi *intrinsecus* [au-dedans] – comme de *extra extrinsecus* [au-dehors] – et *internus* [intérieur] – comme de *extra externus* et *extraneus* [extérieur, étranger]. Il y a même un verbe à partir de *intra* : *intro*, *-as* [entrer].

Infra aussi est issu, à mon avis, de *in* ; il a le sens de *katô*, qui est un adverbe en grec, et lui aussi, pour les raisons indiquées plus haut, les Latins l'intègrent aux prépositions ; très souvent en effet *infra* est pré-posé à des formes casuelles tout en recevant l'accent grave : Térence dans l'*Eunuque*, *ego te esse infra omnes infimos puto* [quant à moi, je considère que tu es au-dessous du dernier des derniers, *Eun*. 489]. En dérivent *inferus* [inférieur] (analogue à *nuperus*, que confirme 38
Caper [frg. 11 K.][78]), ou *infer* (comme *citer*, *exter*), et *infernus* [d'en bas], ainsi que *inferior*, *infimus* [plus bas, le plus bas]. Il faut savoir en outre que tous les adverbes de lieu qui sont couramment pré-posés à des cas, les Latins les ont comptés aussi parmi les prépositions, parce qu'il est très fréquent que des adverbes de ce type se trouvent employés en guise de prépositions ou que des prépositions les remplacent : *intra uiscera* avec la valeur de *in uiscera* [dans les entrailles], *absque laesione* de *extra laesionem* [sans dommage], *in adulterum dicit* de *contra adulterum* [il plaide contre un adultère], *sub terram* de *infra terram* [sous terre].

Iuxta aussi, qui a le sens de *eggus*, qui est incontestablement un adverbe en grec, les Latins l'ont rangé parmi les prépositions dans la mesure où il fonctionne en place de *prope* ou de *propter*, c'est-à-dire de *para* (or en grec *para* est une préposition), et où il accompagne un cas ; quand en revanche *iuxta* est associé

77. Les mss comportent tous une phrase commençant par *ex* inter *praepositione nomen deriuatur*. La fin de la phrase, *interea to enikhnion* telle que la retient Hertz, pose problème : *interea* parce que ce n'est pas un nom, et le grec *to enikhnion*, qui représente probablement la traduction du *nomen* latin, parce que cette forme n'est pas attestée en grec ; il a été proposé de restituer la tournure *en ikhniôi* [« dans la foulée » ?], *cf*. Schönberger (2008 : 63 et n. 426). Hertz met toute la phrase entre crochets.

78. *Cf*. livre 3, *GL* 2, 96.2-3. Le rapprochement est formel : *inferus* ou *infer* comme *nuperus* ou *nuper*.

posuerunt ; quando uero uerbo per se coniungitur, aduerbium id esse existimant, ut Sallustius in *Catilinario* : *horum ego uitam mortemque iuxta aestimo. Pridie* quoque more praepositionis accusatiuo adiungitur : Cicero in I *Inuectiuarum*, *pridie Kalendas Ianuarias* ; *pridie Nonas*, *pridie Idus*, | Liuius *Ab urbe condita* XVII.

DE PRAEPOSITIONIBVS QVAE ABLATIVO CASVI CONIVNGVNTVR

45 Monosyllabae praepositiones quae casui ablatiuo seruiunt dumtaxat | sunt **39** hae : *a*, *ab*, *abs*, *e*, *ex*, *de*, *pro*, *prae*, *cum* ; addunt etiam *clam*, quod apud Graecos aduerbium est. Disyllabae autem *coram*, *palam*, *sine*, *absque*, *tenus* ; quorum omnium interpretationes apud Graecos aduerbia sunt. Sed dixi saepissime quod nostri huiuscemodi dictiones, quando | praeponuntur casibus accusatiuis uel ablatiuis, per transitionem personarum inter praepositiones accipiunt et grauant omnibus syllabis ; quando uero uerbis coniunguntur et intransitiuae sunt et generalem seruant accentuum rationem, inter aduerbia numerant, et tunc licet ea nominatiuo uel praeponi uel supponi, ut *legit Cicero et ultra nihil fecit*, uel *ultra Cato* | *fecit quam Cicero. Sine* tamen et *absque* et *tenus* non inueni nisi cum ablatiuo et semper transitiue, ut Vergilius in XII :

aut quicquam mihi dulce meorum :
te sine frater erit ?

Suum uero est aduerbiorum, ut dixi, intransitiue posse proferri et similiter omnibus casibus adiungi, ut *non bonus homo ille est*, *non boni hominis officium facit*, *non bono homini loquitur*, sic et per reliquos casus, in quibus *non* aduerbii causa nulla transitio fieri ostenditur. || At si dicam *coram Cicerone dixit Catilina* **40**

tout seul à un verbe, on considère que c'est un adverbe; ainsi Salluste dans la *Conjuration de Catilina*: *horum ego uitam mortemque iuxta aestimo* [leur vie et leur mort valent de mon point de vue tout autant, *C.* 2, 8]. *Pridie* aussi se combine à un accusatif, comme le fait une préposition : Cicéron dans les *Invectives* I, *pridie Kalendas Ianuarias*, [la veille des calendes de janvier, *Cat.* 1, 15]; *pridie Nonas, pridie Idus* [la veille des Nones, la veille des Ides], Tite-Live dans l'*Histoire romaine* XVII [frg. 6 J.].

PRÉPOSITIONS QUI SONT ASSOCIÉES À L'ABLATIF

Prépositions et adverbes : la transitivité

Les prépositions monosyllabiques qui sont assujetties à un ablatif sont 39
uniquement les suivantes : *a, ab, abs, e, ex, de, pro, prae, cum*; on y ajoute aussi *clam*, qui en grec est un adverbe[79]. Quant aux dissyllabiques, ce sont *coram, palam, sine, absque, tenus*; leurs équivalents grecs sont tous des adverbes, mais, comme je l'ai déjà dit très souvent, quand les mots de ce genre sont pré-posés à des accusatifs ou à des ablatifs, ils sont interprétés par les Latins, du fait de la transition d'une personne à une autre, comme des prépositions, et ils reçoivent l'accent grave sur toutes leurs syllabes; quand en revanche ces mots sont associés à des verbes sans qu'il y ait de transition entre des personnes, et qu'ils suivent la règle commune des accents, les Latins les comptent alors parmi les adverbes – et il est possible qu'ils soient pré-posés à un nominatif, ou placés après, comme dans *legit Cicero et ultra nihil fecit* [Cicéron a lu et n'a rien fait de plus] ou *ultra Cato fecit quam Cicero* [Caton a fait plus que Cicéron]. *Sine* cependant, ainsi que *absque* et *tenus*, je ne les ai jamais trouvés qu'avec l'ablatif et toujours avec une transition entre des personnes, comme Virgile en XII : *aut quicquam mihi dulce meorum / te sine frater erit?* [ou bien quelque chose de ce qui me concerne me sera-t-il doux sans toi, mon frère ? *Én.* 12, 882-883].

Ce qui est caractéristique des adverbes en revanche, comme je l'ai déjà dit, c'est de pouvoir être énoncés sans qu'il y ait transition entre des personnes, et de pouvoir être associés indifféremment à tous les cas, comme *non bonus homo ille est* [cet homme n'est pas bon], *non boni hominis officium facit* [il ne s'acquitte pas des devoirs d'un homme de bien], *non bono homini loquitur* [il ne parle pas à un homme de bien], et de même avec tous les autres cas : on voit bien qu'il n'y a
nulle transition entre des personnes du fait de l'adverbe *non*, tandis que si je 40
dis *coram Cicerone dixit Catilina* [Catilina a parlé en présence de Cicéron],

79. Priscien laisse implicites les équivalents qu'il évoque. Sur ce point, cf. *Introduction*, section 4.

uel *absque consule egit praetor*, transitionem sine dubio facio diuersarum personarum, id est ab alia ad aliam | transeo personam, quod suum est praepositionis.

Haec igitur quoque ratio compulit artium scriptores Latinos huiuscemodi dictiones, quamuis interpretationes earum aduerbia sint apud Graecos, tamen inter praepositiones ponere apud nos, quando casibus supra dictis praeponuntur. Quae uero ex his possunt sine casibus uerbis adiungi, | etiam inter aduerbia ponunt.

Quod Censorinus quoque *De accentibus* approbat, sic dicens : « *super* praepositio apud Vergilium in I :

multa super Priamo rogitans, super Hectore multa[a] ;

46 Sallustius uero in *Historiis* aduerbium hoc protulit : *ubi multa nefanda casu super ausi atque passi* ». Sed mihi uidetur Sallustius quoque loco praepositionis hoc praepostere protulisse, sed Vergilius in II *Aeneidos* :

satis una superque
uidimus excidia[b],

a. Cf. *infra*, 55.15 ; Donatus *Mai.* 651.4 H. ; *Min.* 601.13 H. ; Charisius 303.11 B. ; Diomedes *GL* 1, 413.14 ; Arusianus 509.4 D.C. ; Dositheus § 49.2 B. ; Audax *Exc. GL* 7, 355.24 ; Servius *Min. GL* 4, 420.16 ; Cledonius *GL* 5, 26.4 ; Pompeius *GL* 5, 277.25 ; Priscianus *GL* 3, 196.1, 371.11 ; Iulianus Toletanus 107.105 M.Y. ; Beda *Orth.* 47.999 J.

b. *Cf.* Priscianus *Fig. Num.* 9.14 P.

ou *absque consule egit praetor* [le préteur a pris des mesures en l'absence du consul], je fais incontestablement une transition entre des personnes, ou en d'autres termes je transite d'une personne à une autre – ce qui est caractéristique de la préposition[80].

C'est cette logique qui a ainsi contraint les auteurs de grammaires latines, quoique les équivalents grecs des mots de ce genre soient des adverbes, à les ranger malgré tout en latin parmi les prépositions, quand ils sont pré-posés aux cas qu'on a indiqués ci-dessus. En revanche, ceux de ces mots qui peuvent être associés sans cas à des verbes, ils les rangent aussi parmi les adverbes.

Le témoignage de Censorinus

C'est ce que Censorinus[81], *Sur les accents*, confirme lui aussi en écrivant : « *super*, préposition chez Virgile en I : *multa super Priamo rogitans, super Hectore multa* [posant beaucoup de questions sur Priam, beaucoup sur Hector, *Én.* 1, 750] ; Salluste en revanche a employé *super* comme adverbe
46 dans les *Histoires* : *ubi multa nefanda casu super ausi atque passi* [quand ils eurent, comme il arrive, tenté et subi de multiples horreurs au-delà de toute mesure, *Hist.* frg. 3, 86 M.] ». Il me semble de mon côté qu'ici Salluste a lui aussi employé *super* en guise de préposition, mais en inversant l'ordre attendu[82] ; en revanche, Virgile dans l'*Énéide* II : *satis una superque / uidimus excidia* [c'est assez, c'est trop que nous ayons vu ces ruines une seule fois, *Én.* 2, 642-643]

80. Pour caractériser le fonctionnement de la préposition (*supra* 32.21-30), Priscien avait surtout évoqué le critère du cas, la personne n'étant évoquée qu'à propos du nominatif, qui, à lui seul, n'implique aucun changement de personnes et relève donc de l'intransitivité. L'analyse est ici plus nettement sémantique, Priscien insistant explicitement sur le passage de personne à personne impliqué par la préposition et prenant comme exemples précisément des « personnes ». S'agit-il d'une conception déjà élargie de la notion de personne, subsumant sous le terme *persona* des êtres autres que des animés, voire simplement des entités syntaxiques impliquées dans un procès ? En fait, le terme est loin d'être totalement désémantisé : dans les livres 8 et 18, les exemples abondent qui montrent que, quand il traite de la transition par le verbe, Priscien fait bien la distinction entre des animés doués de raison et d'autres types d'êtres, suivant en cela Apollonius Dyscole (*cf.* Colombat 2009) ; en outre, il semble qu'ici, il isole des prépositions qui, au moins pour les trois premières, appellent assez naturellement des animés. Cela étant, l'extension de la *persona* dépasse à l'occasion la personne humaine : au début du livre 18 (*GL* 3 : 212.22-24), pour illustrer la transition verbale « vers des personnes », Priscien cite quatre exemples, dont l'un comporte *Hector*, mais les trois autres *uictoria*, *Troia*, *Graecia*. Le présent passage, où Priscien précise que c'est le propre de la préposition d'indiquer la transition « d'une personne à une autre », repose-t-il sur une conception restreinte ou élargie de la *persona* ? Le texte de Priscien ne donne pas la solution – difficulté que les médiévaux ont eu de la peine à surmonter, *cf.* Pierre Hélie, éd. L. Reilly, 1993 : 898.39-48.

81. Cf. *supra*, note 18.

82. Priscien fait ici de *super* une préposition postposée construite avec l'ablatif *casu* : « quand ils eurent tenté et subi de multiples horreurs au-delà de ce qui peut arriver (*casu super*) », alors que Censorinus dissociait *casu* et *super* (« quand ils eurent, comme il arrive (*casu*), tenté et subi de multiples horreurs au-delà de toute mesure (*super*) »). Le texte présenté par Maurenbrecher est *ubi multa nefanda esca super ausi atque passi*

aduerbium sine dubio in hoc loco accepit. Idem Censorinus haec etiam subiungit :

« – *post* praepositio, Vergilius in III *Georgicon* :

post montem oppositum[a] ;

idem in I *Aeneidos* aduerbium :

post mihi non simili poena commissa luetis[b] ;

– *ante* praepositio in I *Georgicon* :

ante Iouem nulli subigebant arua coloni[c] ;

at in III *Aeneidos* aduerbium :

ante et Trinacria lentandus remus in unda[d] ;

– *supra* praepositio, Vergilius in V : **41**

olli caeruleus supra caput astitit imber[e] ;

aduerbium : Sallustius in *Iugurthino*, *pauca supra repetam* ;

– *contra* praepositio apud Vergilium in VIII :

contra Neptunum et Venerem contraque Mineruam ;

idem aduerbium in II *Georgicon* :

contra non ulla est oleis cultura[f] ;

– *prope* praepositio, in VIII Vergilius :

est ingens gelidum lucus prope Caeritis amnem[g] ;

aduerbium in Terentii *Andria* :

prope adest, cum alieno more uiuendum est mihi ;

47 – *ultra* praepositio apud Sallustium in *Iugurthino* : *Maurique | uanum genus, ut alia Africae, contendebant, antipodas ultra Aethiopiam cultu Persarum iustos et egregios agere* ; aduerbium : *lego assidue nihil ultra faciens* ».

Haec Censorinus, ut supra dixi, *De accentibus* tractans.

Nec mirum accentum uel ordinationem | differentiam facere praepositionibus et aduerbiis, quamuis easdem habeant syllabas, cum hoc in aliis quoque partibus inueniatur, ut *pone* uerbum et aduerbium siue praepositio accentu discernitur, similiter *uerum* coniunctio et nomen, *sine* praepositio et uerbum, *ergo* causalis et rationalis coniunctio ; in multis quoque aliis hoc inuenies.

Nunc singularum uim praepositionum casus ablatiui inquiramus. **42**

a. Cf. *supra*, 38.19.

b. *Cf.* [Probus] *Inst. Art.* 149.11.

c. *Cf.* Terentianus Maurus 1185 C.

d. *Cf.* [Probus] *Inst. Art.* 149.32 ; Diomedes *GL* 1, 343.22 (*l. r. i. u.*) ; Audax *Exc.* 353.26.

e. *Cf.* Priscianus *GL* 3, 310.1.

f. *Cf.* [Probus] *Vlt. syll. GL* 4, 245.5-6 (*contra nulla est*).

g. *Cf.* Priscianus *GL* 2, 134.7 ; 3, 291.16.

a incontestablement employé *super*, là, comme adverbe. Le même Censorinus ajoute encore ceci :

« – *post* préposition, Virgile dans les *Géorgiques* III : *post montem oppositum* [derrière l'obstacle d'une montagne, *G.* 3, 213] ; comme adverbe, le même dans l'*Énéide* I : *post mihi non simili poena commissa luetis* [ensuite, vous me paierez vos méfaits d'une tout autre manière, *Én.* 1, 136] ;

– *ante* préposition dans les *Géorgiques* I : *ante Iouem nulli subigebant arua coloni* [avant Jupiter, aucun cultivateur ne travaillait les champs, *G.* 1, 125] ; mais comme adverbe dans l'*Énéide* III : *ante et Trinacria lentandus remus in unda* [auparavant, il faut à la fois ployer la rame dans l'onde de la Trinacrie, *Én.* 3, 384] ;

– *supra* préposition, Virgile en V : *olli caeruleus supra caput astitit imber* **41**
[noirâtre, un nuage de pluie s'arrêta au-dessus de sa tête, *Én.* 5, 10] ; adverbe : Salluste dans la *Guerre de Jugurtha*, *pauca supra repetam* [je vais aller chercher quelques éléments plus haut, *J.* 5, 3] ;

– *contra* préposition chez Virgile en VIII : *contra Neptunum et Venerem contraque Mineruam* [contre Neptune et Vénus et contre Minerve, *Én.* 8, 699] ; le même, comme adverbe, dans les *Géorgiques* II : *contra non ulla est oleis cultura* [au contraire, les oliviers n'exigent aucune culture, *G.* 2, 420] ;

– *prope* préposition, Virgile en VIII : *est ingens gelidum lucus prope Caeritis amnem* [il y a, près du fleuve aux eaux fraîches de Caeré, un bois immense, *Én.* 8, 597] ; adverbe dans l'*Andrienne* de Térence : *prope adest cum alieno more uiuendum est mihi* [il est bientôt là, le moment où il me faudra vivre au gré d'autrui, *And.* 152] ;

47 – *ultra* préposition chez Salluste dans la *Guerre de Jugurtha* : *Maurique uanum genus, ut alia Africae, contendebant antipodas ultra Aethiopiam cultu Persarum iustos et egregios agere* [et les Maures, nation hâbleuse comme tant d'autres en Afrique, prétendaient que des gens aux antipodes, au-delà de l'Éthiopie, se comportaient en hommes justes et raffinés, selon les mœurs des Perses, *Hist.* frg. falsa 3 (cf. *J.* 18-19) M.] ; mais adverbe : *lego assidue nihil ultra faciens* [je lis assidûment sans rien faire de plus]. »

Comme je l'ai dit, Censorinus a écrit cela dans son traité *Sur les accents*.

Il n'est pas surprenant que ce soit l'accent ou la construction[83] qui fassent la différence entre des prépositions et des adverbes, alors même que les syllabes des mots concernés sont identiques ; on trouve en effet la même chose dans d'autres parties du discours : par exemple, on distingue par l'accent *pone* verbe [pose !] et adverbe ou préposition [derrière], et de la même manière *uerum* conjonction [mais] et nom [vrai], *sine* préposition [sans] et verbe [laisse !], *ergo* conjonction causale [car] et conjonction argumentative [donc]. Tu trouveras cela dans bien d'autres cas encore.

Examinons maintenant la valeur de chacune des prépositions de l'ablatif. **42**

83. *Ordinatio* est l'un des termes employés dans le livre 17 comme équivalents du grec *suntaxis*, de pair avec *constructio*.

A et *ab* et *abs* et *e* et *ex* eandem fere significationis uim habent ; nam et locales et temporales et ordinales similiter inueniuntur. Sed quando consonans sequitur, *a* et *e* magis praeponuntur in appositione, ut *a domo*, *e iure*, *ab* uero et *ex* saepissime in compositione non | solum uocalibus, sed etiam consonantibus, ut *abigo*, *abduco*, *exoro*, *excurro*, in appositione uero uocali quidem sequente semper, ut *ab illo*, *ex illo*, consonante raro ; nam *a* quidem et *e* uocali sequente non praeponuntur ; *ab* autem et *ex* consonantibus sequentibus solent, ut dixi, praeponi, si nulla asperitas uocis prohibeat, ut Vergilius in II | *Aeneidos* :

ex quo me diuum pater atque hominum rex.

Abs tam in compositione quam in appositione consonantibus solet praeponi, sed *ab* omnibus in compositione praeponitur literis, absque *c* uel *q* uel *t*, ut *abduco*, *affatur* (nam *b* in *f* est conuersa), *aufero* (in | quo *b* in *u* conuertitur tam euphoniae quam differentiae causa, ne, si *affero* dicas, ab *ad* et *fero* componi uideatur), *abluo*, *abnego*, *arripio* (in quo *b* in *r* conuertitur), *asporto* (in quo *b* in *s* commu- **43**
tatur, sicut et *aspello*, differentiae causa, ne, si *apporto* et *appello* dicamus, ab *ad* composita existimentur). Ab *m* uel *u* loco consonantis incipientibus | solet in
48 compositione praeponi *a*, ut *amendo*, *amens*, *aueho* ; ante *q* in | appositione *abs* : *abs quolibet*, ante *c* uero uel *t* in compositione, ut *abscondo*, *abscedo*, *abscido*, *abstraho*, *abstrudo*, *abstineo*.

E et in appositione et in compositione inuenitur ante *b d g l m n r* et ante *u* et *i* loco consonantium positas, ut *ebibo*, *ebullio*, *edo*, *educo*, *egero*, *elimo*, *eludo*, *emineo*, *emico*, *enarro*, *eneruo*, *enodo*, *eripio*, *eruo*, *eueho*, *euoco*, *eicio*. Reliquis uero sequentibus *ex* praeponitur : *excubo*, *excludo*, *efficio*, *effundo*, *effero* (in quibus et similibus *x* in *f* commutatur euphoniae causa), *exhorreo*, *exhibeo*, *expello*, *exequor*, *expiro* (quae rationabilius absque *s* scribuntur, ut de literis docuimus), *exquiro*, *extendo*. || Vocalibus | quoque sequentibus tam in apposi- **44**
tione quam in compositione *ex*, ut praediximus, praeponitur, ut *exaro*, *exegi*, *exigo*, *exoletus*, *exulcero*, *exaequatus*, *exaudio*.

Les monosyllabiques

A, *ab*, *abs*, *e* et *ex* ont quasiment la même valeur de sens : on les trouve en effet identiquement pour exprimer le lieu, le temps, la succession. Cela étant, quand une consonne suit, ce sont plutôt *a* et *e* qui sont pré-posés en juxtaposition, comme *a domo*, *e iure*, tandis que *ab* et *ex* sont les plus fréquents en composition, non seulement devant des voyelles, mais également devant des consonnes, comme dans *abigo*, *abduco*, *exoro*, *excurro*, et c'est toujours eux qu'on trouve en juxtaposition si une voyelle suit, comme *ab illo*, *ex illo*, rarement en revanche si c'est une consonne. Ainsi, *a* et *e* ne sont pas pré-posés si ce sont des voyelles qui suivent ; quant à *ab* et *ex*, ils se trouvent, je l'ai dit, devant des consonnes, si aucune rencontre désagréable de sons ne l'empêche, comme Virgile dans l'*Énéide* II : *ex quo me diuum pater atque hominum rex* [depuis que le père des dieux et le roi des hommes m'<effleura>, *Én.* 2, 648]. *Abs* est habituellement pré-posé à des consonnes tant en composition qu'en juxtaposition ; *ab* en revanche est pré-posé à toutes les lettres en composition, sauf *c*, *q* ou *t*, comme dans *abduco*, *affatur* (car *b* s'est transformé en *f*), *aufero* (dans lequel *b* se transforme en *u* autant par euphonie que par différenciation, pour éviter, si on disait *affero*, que cela ne paraisse
composé de *ad* et de *fero*), *abluo*, *abnego*, *arripio* (dans lequel *b* se transforme 43
en *r*), *asporto* (dans lequel *b* se change en *s*, comme dans *aspello* aussi, par différenciation, pour éviter, si nous disions *apporto* ou *appello*, que ces verbes n'aient l'air d'être composés de *ad*). Devant des éléments commençant par *m* ou par *u* à valeur consonantique, en composition c'est *a* qui est habituellement pré-
48 posé, comme dans *amendo*, *amens*, *aueho*. On a *abs* devant *q* en juxtaposition : *abs quolibet* ; et en composition devant *c* ou *t*, comme dans *abscondo*, *abscedo*, *abscido*, *abstraho*, *abstrudo*, *abstineo*.

E se trouve en juxtaposition et en composition devant *b*, *d*, *g*, *l*, *m*, *n*, *r*, et devant *u* et *i* à valeur consonantique, comme *ebibo*, *ebullio*, *edo*, *educo*, *egero*, *elimo*, *eludo*, *emineo*, *emico*, *enarro*, *eneruo*, *enodo*, *eripio*, *eruo*, *eueho*, *euoco*, *eicio*. Devant toutes les autres consonnes, c'est *ex* qui est pré-posé : *excubo*, *excludo*, *efficio*, *effundo*, *effero* (dans ces verbes et ceux du même genre, *x* se change en *f* par euphonie), *exhorreo*, *exhibeo*, *expello*, *exequor*, *expiro* (il est plus logique d'écrire ces derniers sans *s*, comme nous l'avons enseigné à propos des
lettres[84]), *exquiro*, *extendo*. Devant les voyelles, *ex* est préposé tant en juxtaposi- 44
tion qu'en composition, comme nous l'avons dit plus haut, comme *exaro*, *exegi*, *exigo*, *exoletus*, *exulcero*, *exaequatus*, *exaudio*.

84. Au lieu de *exsequor*, *exspiro*. *Cf.* livre 1, *GL* 2, 33.22-34.7, et ici même 35.23-24.

Et omnia quidem supra dicta consimilem, ut dictum est, uim habent. Frequentius autem *a* et *ab* et *abs* uerbis passiuis uel ablationi iunguntur, ut *amor a uiro* uel *ab illo*, *accipio ab illo* uel *abs* |*quolibet* uel *aufero*; *e* uero uel *ex* frequenter temporalia inueniuntur, ut Vergilius in VIII :

ex illo celebratus honos, laetique minores
seruauere diem.

E autem in compositione uel priuatiuum est, ut *eneruus*, *enodis*, uel | intentiuum, ut *enectus*, *enarro*, *eludo*, uel pro *extra* accipitur, ut *educo*, *elimino*, *egero*. *Ex* quoque modo pro *extra* accipitur, ut *excludo*, *extermino*, *extorris*, *exlex*, *expes*, *excors*, modo priuatiuum, ut *explico*, *exero*, *expedio*, *extirpo*, modo intentiuum uel perfectiuum, ut *expleo*, *exoro*, *efficio*, *effundo*, *extendo*.

Deriuatur autem ab eo quod est *abs*: |*absque*; nam *que*, quando uim et significationem coniunctionis non habet, syllaba est, non pars orationis, quomodo in *ubique*, *undique*, *itaque*, *denique* et similibus. Ab *ex* quoque deriuatur *extra*.

49 *De* non solum τὸ ἀπό significat, sed etiam τὸ περί | memoratiuum, ut **45**
de partibus orationis; accipitur etiam pro κατά locali in compositione, ut *deduco*, *descendo*, *detraho*, *deicio*, *despicio*, *derideo*; est etiam intentiuum, ut *deprehendo*, *dedo*, *deprauo*, *deprimo*, *deminuo*, *dehisco*, *deterreo*,

Tous les éléments ci-dessus ont, comme il a été dit, une valeur tout à fait analogue, mais *a*, *ab* et *abs* sont plus fréquemment associés à des verbes passifs ou à une idée de séparation[85], comme *amor a uiro* ou *ab illo* [je suis aimé par un homme / par celui-ci], *accipio* ou *aufero ab illo* ou *abs quolibet* [je reçois de / j'enlève à celui-ci / n'importe qui]. *E* en revanche ou *ex*, on les trouve souvent dans un emploi temporel, comme Virgile en VIII : *ex illo celebratus honos, laetique minores / seruauere diem* [depuis cela, on célèbre une fête et les générations suivantes ont conservé ce jour avec allégresse, *Én.* 8, 268-269]. En composition, *e* est ou bien privatif, comme *eneruus* [sans nerfs], *enodis* [sans nœuds], ou bien intensif, comme *enectus* [assassiné], *enarro* [raconter en détail], *eludo* [couvrir de ridicule], ou bien il est employé avec la valeur de *extra*, comme *educo* [faire sortir], *elimino* [mettre dehors], *egero* [retirer]. *Ex* aussi tantôt est employé avec la valeur de *extra*, comme *excludo* [exclure], *extermino* [expulser], *extorris* [banni], *exlex* [hors-la-loi], *expes* [désespéré], *excors* [déraisonnable], tantôt est privatif, comme *explico* [débrouiller], *exero* [défaire], *expedio* [débarrasser], *extirpo* [déraciner], tantôt est intensif ou perfectif, comme *expleo* [remplir], *exoro* [supplier], *efficio* [achever], *effundo* [déverser], *extendo* [étendre][86].

Il y a un dérivé de *abs* : *absque* [sans] ; car quand *-que* n'a pas la fonction et le sens d'une conjonction, ce n'est qu'une syllabe, pas une partie du discours[87], de même que dans *ubique* [partout], *undique* [de tous côtés], *itaque* [c'est pourquoi], *denique* [enfin], et les formes du même genre. De *ex* aussi il y a un dérivé : *extra*.

De a non seulement le sens de *apo*, mais aussi de *peri* à fonction signalétique, **45**
49 comme *de partibus orationis* [à propos des parties du discours] ; il est également employé avec la valeur de *kata* au sens local en composition, comme *deduco* [faire descendre], *descendo* [descendre], *detraho* [faire tomber], *deicio* [jeter à bas], *despicio* [regarder de haut], *derideo* [se moquer de] ; il est encore intensif, comme *deprehendo* [surprendre], *dedo* [livrer], *deprauo* [rendre difforme], *deprimo* [enfoncer], *deminuo* [amoindrir], *dehisco* [se fendre], *deterreo* [détourner],

85. Nous privilégions la leçon *ablationi*, qui est celle de plusieurs mss et qui représente la *lectio difficilior*, contre *ablatiuo*, retenu par Hertz. *Ablatio*, dont c'est la seule occurrence chez Priscien, fait partie du vocabulaire phonétique latin, mais avec le sens de « suppression », chez Donat, Diomède, Julien de Tolède.

86. D'après les exemples cités, *intentiuus*, souvent associé à *priuatiuus* (*cf.* 49.2-4 ; 53.24-25), caractérise une valeur de renforcement, de sur-caractérisation. Par rapport à des emplois privatifs, des emplois non privatifs sont perçus comme constituant un renforcement, sur le modèle de la litote. Le *ThlL* (7/1.2122.74-82) donne la valeur de *auctiuus*, correspondant au grec *epitatikos*, qu'Apollonius emploie à propos de *mallon*.

87. Si *que* était une partie du discours, *absque* ne serait pas un dérivé mais un composé. *Cf.* 28.7-9 ; 31.17-18 ; 52.26-30.

deligo, *decurro*; est etiam priuatiuum, ut *desperatus*, *demens*, *desum*, *deierat*.

Pro est quando localis inuenitur tam in compositione quam in appositione, ut *pro templo*, *pro curia*, *pro oculis*: Sallustius in *Catilinario*, *quodni maturasset pro curia signum sociis dare*, *pro curia* dixit pro *ante curiam*; *procurro*, *prouenio*. Est etiam temporalis, ut *prouideo*, *prospicio*: Terentius in *Heautontimorumeno*,

tibi prospexi et stultitiae tuae[a];

proauus; sed hoc quidam ab aduerbio *procul* compositum affirmant, unde et corripitur et omnia similiter *pro* correptam habentia, ut *profatur*, *proteruus*; alii uero ad imitationem Graecorum, apud quos πρό praepositio corripitur, nostros quoque in quorundam compositione hoc fecisse | dicunt. Loco etiam *e* uel *super* accipitur, ut *prominet* pro *eminet* uel *supereminet*, et *ante*, quod supra quoque ostendimus, ut *procliuis*, *procumbens*, *prostratus*, *prosubigens*, et *ad*, ut *pro uiribus suis*, hoc est *ad uires suas*, ut Vergilius in V:

summis incuruant uiribus arcus
pro se quisque uiri[b],

hoc est *ad suas uires*; *in* quoque loco inuenitur, ut *pro testimonio dixit*, hoc est *in testimonio*. Plerumque tamen separata τὸ ὑπέρ significat, *Pro Milone*, *Pro Clodio*; || nec non etiam interiectionis loco ponitur et circumflectitur, ut Sallustius **46**
in *Catilinario*: *pro deum atque* | *hominum fidem*[c].

Prae et per appositionem et per compositionem inuenitur. Significat autem:

– modo *ad*, ut Terentius in *Eunucho*:

hic ego illum contempsi prae me[d],

50 pro *ad comparationem mei*; idem in eadem:

hic uero est, qui si occeperit,
ludum iocumque dices fuisse illum alterum,
praeut huius rabies quae dabit[e],

pro *ad quae dabit*;

a. *Cf.* Priscianus *GL* 3, 351.21 (*quicquid ego huius feci, t. p. e. s. t.*).

b. Cf. *infra*, 91.16; Priscianus *GL* 3, 321.22; Alcuinus *Orth.* 25.310 B.

c. *Cf.* Priscianus *GL* 3, 364.6.

d. Cf. *infra*, 85.19.

e. *Cf.* [Probus] *Inst. Art.* 149.17 (*prae ut huius rabies*); Arusianus 471.2 D.C. (*ludum … scabies quae dabit*).

deligo [attacher], *decurro* [parcourir d'un bout à l'autre] ; il est également privatif, comme *desperatus* [désespéré], *demens* [privé de raison], *desum* [manquer], *deierat*[88].

Pro se trouve parfois avec un sens local, tant en composition qu'en juxtaposition, comme *pro templo* [devant le temple], *pro curia* [devant la curie], *pro oculis* [devant les yeux] : Salluste dans la *Conjuration de Catilina*, *quodni maturasset pro curia signum sociis dare* [s'il ne s'était pas hâté de donner à ses complices le signal devant la Curie, *C.* 18, 8], où il a dit *pro curia* au sens de *ante curiam*; *procurro* [courir devant], *prouenio* [venir devant]. *Pro* est également temporel, comme *prouideo* [prévoir], *prospicio* [voir venir] : Térence dans l'*Heautontimoroumenos*, *tibi prospexi et stultitiae tuae* [je t'ai vu venir, toi et ta sottise, *Heaut.* 961], et *proauus* [ancêtre] – mais ce dernier terme, certains soutiennent que c'est un composé de l'adverbe *procul* [loin] (d'où son caractère bref), et que c'est aussi le cas de tous les termes qui comportent un *pro-* bref, comme *profatur* [déclarer], *proteruus* [effronté] ; d'autres en revanche disent que c'est à l'imitation des Grecs, chez qui la préposition *pro* est brève, que les Latins en ont fait autant dans certaines compositions. *Pro* est également employé à la place de *e* ou de *super*, comme *prominet* [faire saillie] au lieu de *eminet* ou *supereminet*; à la place de *ante*, comme nous l'avons déjà indiqué plus haut, comme *procliuis* [penché en avant], *procumbens* [se prosternant], *prostratus* [couché en avant], *prosubigens* [remuant devant soi] ; et à la place de *ad*, comme *pro uiribus suis* [selon ses forces], c'est-à-dire *ad uires suas*, comme Virgile en V : *summis incuruant uiribus arcus / pro se quisque uiri* [de toutes leurs forces, les guerriers courbent leur arc chacun selon ses forces, *Én.* 5, 500-501] – c'est-à-dire *ad suas uires*; il se trouve aussi à la place de *in*, comme *pro testimonio dixit* [il a parlé en témoignage], c'est-à-dire *in testimonio*. Le plus souvent cependant, en position détachée, *pro* a le sens de *huper* : *pro Milone* [pour Milon], *pro Clodio*
[pour Clodius] ; *pro* est même aussi employé en guise d'interjection, et alors il **46**
reçoit l'accent circonflexe : Salluste dans la *Conjuration de Catilina*, *pro deum atque hominum fidem!* [oh ! par le respect dû aux dieux et aux hommes ! *C.* 20, 10].

Prae se trouve à la fois en juxtaposition et en composition :

– tantôt il a le sens de *ad*, comme Térence dans l'*Eunuque* : *hic ego illum contempsi prae me* [là je lui ai fait honte par rapport à moi, *Eun.* 239], au sens de *ad comparationem mei*; le même dans la même pièce : *hic uero est, qui si occeperit, / ludum iocumque dices fuisse illum alterum, / praeut huius rabies quae dabit* [mais celui-ci est tel que s'il s'en mêle, tu pourras dire que l'autre n'était que jeu et plaisanterie, en comparaison de ce que va donner la rage de celui-ci, *Eun.* 299-301], au sens de *ad quae dabit*;

88. Le sens de « jurer » est le seul attesté pour *deierare*, mais des glossateurs rapprochent ce terme du grec *apomnumi*, qui, lui, signifie « nier sous serment » – sens plus conforme à la série dans laquelle ce verbe s'inscrit ici. Comme plus loin *profatur* (49.12-13), *eminet*, *prominet*, *supereminet* (49.15-16), la forme *deierat* apparaît à la 3ᵉ personne du singulier, et non à la 1ʳᵉ personne, comme il est d'usage pour les exemples de verbes.

– modo *ab* : Terentius in eadem,

ut fit, misera prae amore hunc exclusit foras[a] ;

idem in *Andria* :

prae studio, dum id efficias, quod cupis[b],

pro *a studio* ;

– loco *super* etiam fungitur, ut *praesideo*, *praefectus* ; | nec non etiam pro *ualde* inuenitur, ut *praecelsus* : *ualde celsus*, *praeualidus* : *ualde ualidus* ; *praeco* quoque a ualde canendo dicitur ; *praegestio* : *ualde gestio*, Horatius in II *Carminum*,

ludere cum uitulis salicto
praegestientis ;

– pro *ante* quoque accipitur, ut *praedico*, *praecurro*, *praefero*, *praecipio*, *praematurus* : Lucanus in VII,

ad praematuras segetum ieiuna rapinas ;

Iuuenalis in IIII :

non praematuri cineres.

Videtur deriuatiuum ex hoc esse *praeter*, quomodo a *sub* : *subter*, *in* : *inter*, *pro* : *propter*.

Cum et aduerbium potest esse, quando τὸ ὁπότε significat, et praepositio, **47**
quando σύν, et est copulatiua, ut *cum ducibus pugno*, *cum imperatore proficiscor*, *cum amico habito*, et per solam appositionem | inuenitur. Nec mirum, cum loco eius in compositione semper *con* praeponatur, ut *concurro*, *coniungo*, *contraho*, *conspiro* ; et sciendum quod et *con* et *in* tunc mutant *n* in *m*, quando *b* sequitur uel *m* uel *p* ; tunc uero conuertunt eam in sequentes consonantes, quando *l* uel *r* sequitur : *combibo*, *comburo*, *imbuo* ; *communis*, *immunis* ; *compello*, *impello* ;
51 *colligo*, *illido* ; *corripio*, *irruo*, *irritus*, quamuis raro *l* et *r* sequentibus soleant hoc scribentes seruare. Sed cum Graecorum auctoritatem in omnibus paene sequi solemus, in hoc quoque imitari debemus, ut συμβουλεύω, ἐμβαίνω ; συμμάχω, ἐμμένω ; συμπλέκω, ἐμπλέκω ; συλλέγω, ἐλλείπω ; | συρρέω, ἔρρωμαι. Vides

a. *exclusti hunc* Terentius (ed. Kauer & Lindsay : *exclusit hunc* [*hunc ex.*δ] ω praeter **p**[1]) *Cf.* Alcuinus *Orth.* 25.311 B.

b. *quod lubet* Terentius (ed. Kauer & Lindsay ex Donato) : *cupis*Σ ; uel "*uelis*" legitur et "*quod lubet*" secundum Donatum schol. D.

– tantôt le sens de *ab* : Térence dans la même pièce, *ut fit, misera prae amore hunc exclusit foras* [comme il arrive, la pauvre, c'est par amour qu'elle l'a mis à la porte, *Eun.* 98] ; le même dans l'*Andrienne* : *prae studio, dum id efficias quod cupis* [par passion, pourvu que tu réalises ce que tu désires, *And.* 825], au sens de *a studio* ;

– il fonctionne aussi à la place de *super*, comme *praesideo* [présider], *praefectus* [gouverneur] ; il se trouve aussi avec la valeur de *ualde* [très], comme *praecelsus* [très élevé], c'est-à-dire *ualde celsus*, *praeualidus* [très fort], c'est-à-dire *ualde ualidus* ; *praeco* [héraut] également vient de *ualde canere* [chanter fort] ; *praegestio* [désirer vivement], c'est-à-dire *ualde gestio* : Horace dans les *Odes* II, *ludere cum uitulis salicto / praegestientis* [ne pensant qu'à jouer avec les veaux dans la saulaie, *O.* 2, 5, 8-9] ;

– il s'emploie aussi avec la valeur de *ante*, comme *praedico* [dire devant tout le monde], *praecurro* [courir devant], *praefero* [porter devant], *praecipio* [prendre par avance], *praematurus* [prématuré] : Lucain en VII, *ad praematuras segetum ieiuna rapinas* [affamés, <réduits> au vol de céréales pas encore mûres, *Phars.* 7, 98] ; Juvénal en IV : *non praematuri cineres* [non pas des funérailles prématurées, *Sat.* 11, 44].

Il est clair que *praeter* est un dérivé de ce *prae*, comme *subter* l'est de *sub*, *inter* de *in*, *propter* de *pro*.

Cum peut à la fois être adverbe, quand il a le sens de *hopote*, et préposition, **47**
quand il a le sens de *sun* – et c'est alors une préposition coordinative[89], comme dans *cum ducibus pugno* [je combats avec des chefs de guerre], *cum imperatore proficiscor* [je pars avec le général], *cum amico habito* [j'habite avec un ami], et on ne le trouve qu'en juxtaposition – ce qui est bien normal : à sa place, en composition, c'est toujours *con-* qui est pré-posé, comme dans *concurro*, *coniungo*, *contraho*, *conspiro*. Il faut savoir[90] que *con-* et *in-* changent leur *n* en *m* quand il y a ensuite un *b*, un *m* ou un *p*, alors qu'ils assimilent cette lettre aux consonnes suivantes quand c'est un *l* ou un *r* qui suit : *combibo*, *comburo*, *imbuo ;*
51 *communis*, *immunis ; compello*, *impello* ; *colligo*, *illido ; corripio*, *irruo*, *irritus*. Il est rare néanmoins, lorsque c'est un *l* ou un *r* qui suit, qu'on observe ce phénomène dans la graphie, mais, comme en général nous nous rangeons en tout, ou presque, à l'autorité des Grecs, nous devons faire comme eux sur ce point aussi, comme dans *sumbouleuô*, *embainô* ; *summakhô*, *emmenô* ; *sumplekô*, *emplekô* ; *sullegô*, *elleipô* ; *surreô*, *errômai* : tu vois effectivement que

89. C'est la traduction de *copulatiua* dans le livre 16 (93.17) : « a et b » ou « a avec b », c'est toujours de la coordination, mais avec des procédés lexicaux et syntaxiques différents.

90. La présence des deux formes *cum* et *con-* conduit Priscien à évoquer à titre de digression un phénomène phonétique qui a fait l'objet de développements aux livres 1 et 2 de l'*Ars*, précisément à propos de *con-* et de *in-* (*GL* 2, 30.21-31.6 et 49.10-27) : l'altération (*mutare*, *conuertere*) des consonnes finales de syllabe sous l'effet des consonnes qui suivent. Le traitement devant une consonne liquide (*l*, *r*) faisait débat : contrairement à l'usage prescrit par le grec, la nasale finale de *con-* et de *in-* était souvent maintenue intacte en latin (livre 2, *GL* 2, 49.14, et ici même 51.1-2).

enim, in his omnibus praepositiones σύν et ἐν mutare ν in μ, β uel μ uel π sequentibus, λ uero uel ρ, in eas conuertere ν. *Cum* praepositio, quando pronominibus postponitur primae uel secundae personae uel etiam *se*, quae est tertiae, enclitici uice fungitur, ut supra dictum est : *mecum*, *tecum*, *secum*, *nobiscum*, *uobiscum* ; aliis | uero postposita acuitur, ut *quocum*, *quacum*, *quicum*, *quibuscum*.

Clam, ut diximus, apud Graecos aduerbium, apud nos autem ideo praepositio **48**
accipitur, quia et casualibus praeponitur et graui accentu pronuntiatur, ut Terentius in *Andria* :

nec clam te est, quam illi nunc utraeque res inutiles[a].

Potest tamen etiam apud nos aduerbium ostendi, cum uerbo inuenitur iungi non seruiens casui, ut Vergilius in I *Aeneidos* :

clam ferro incautum superat securus amorum.

Nec in compositione inuenitur et adiungitur non solum ablatiuo, sed etiam accusatiuo, teste Donato. Habet tamen etiam diminutionem, quae in | praepositione numquam inuenitur, in aduerbio uero est quando, ut *bene* : *belle*, *longe* : *longule* ; sic ergo *clam* : *clanculum*. Deriuatur ex hoc etiam *clandestinus*. Et attende quod ea quae sunt aduerbia apud Graecos certam aliquam possident significationem, cum praepositiones soleant eam uariare.

52 *Coram* quoque et *palam* apud Graecos aduerbia sunt quae propter supra dictas causas nostri etiam inter praepositiones assumpserunt. Sed mihi uidetur,

a. *utraeque inutiles* Terentius (ed. Lindsay & Kubler : *u. res i.* **DGEνη**).

dans tous ces termes les prépositions *sun* et *en* changent leur *nu* en *mu* quand il y a à la suite un *bêta*, un *mu* ou un *pi*, mais que quand c'est un *lambda* ou un *rhô*, ils y assimilent le *nu*[91]. Quand *cum*, préposition, est post-posé à des pronoms de 1re et de 2e personne, voire à *se*, qui est de la 3e personne, il fonctionne alors en guise d'enclitique, comme cela a déjà été dit plus haut[92] : *mecum, tecum, secum, nobiscum, uobiscum*; lorsqu'en revanche *cum* est post-posé à d'autres éléments, c'est lui qui reçoit l'accent aigu : *quocúm, quacúm, quicúm, quibuscúm.*

Clam, comme nous l'avons dit[93], est un adverbe en grec[94], tandis que chez **48**
nous il est employé comme préposition[95], à la fois parce qu'il est préposé à des formes casuelles et parce qu'il est prononcé avec un accent grave, comme Térence dans l'*Andrienne* : *nec clam te est quam illi nunc utraeque res inutiles* [et il ne t'échappe pas à quel point ces deux choses lui sont aujourd'hui inutiles, *And.* 287]. *Clam* peut cependant apparaître même en latin comme adverbe, lorsqu'il se trouve combiné à un verbe sans être assujetti à un cas, comme Virgile dans l'*Énéide* I : *clam ferro incautum superat securus amorum* [furtivement, d'un coup d'épée, alors que l'autre ne s'y attendait pas, il l'abat sans souci des amours <de sa sœur>, *Én.* 1, 350]. *Clam* ne se trouve pas en composition et il se combine non seulement avec l'ablatif, mais aussi avec l'accusatif, comme l'atteste Donat[96]. Cela étant, il a aussi un diminutif, ce qui ne se trouve jamais pour une préposition alors que cela arrive s'agissant de l'adverbe, comme *bene / belle* [bien, joliment], *longe / longule* [longuement, un peu longuement], et de même, donc, *clam / clanculum* [furtivement, en cachette]. En dérive également *clandestinus* [secret]. Prends garde aussi au fait que ce qui est adverbe en grec comporte un sens déterminé, tandis que les prépositions présentent normalement une pluralité de sens.

Les dissyllabiques

52 *Coram* aussi, et *palam*, sont des adverbes en grec, mais, pour les raisons indiquées plus haut, les Latins les ont intégrés également aux prépositions[97]. Mon avis à moi, dès lors qu'en général ces termes sont aussi rangés parmi les

91. Priscien cite des caractères grecs parce qu'il ne s'agit pas seulement de phonétique, mais aussi d'orthographe. Il a déjà indiqué dans le livre 2, *GL.* 2, 49.10-27, que ces assimilations doivent être notées dans la graphie.

92. Cf. *supra*, 27. 13-16 ; 39.17-19 et note 62. L'emploi comme enclitique entraîne l'accentuation sur la syllabe précédente : *mécum, técum, sécum, nobíscum, uobíscum.*

93. Cf. *supra*, 39.21-22 et 45.1.

94. Comme il a été dit plus haut (29.1-3), les équivalents grecs de *clam*, comme plus bas de *coram* et *palam* (52.1), *sine* et *absque* (52.16) et *tenus* (53.4), n'étaient pas intégrés par les grammairiens grecs aux prépositions parce qu'ils n'étaient pas susceptibles d'un emploi en composition.

95. Avec le sens de « à l'insu de ».

96. La référence à Donat peut s'expliquer par le fait que l'exemple *clam te* (51.14) pose le problème de la construction de *clam* avec l'acc. ou l'abl. : Donat pose en principe la double construction acc. / abl. (650.2 H.). *Cf.* Charisius 184.11 B.

97. Avec le sens de « en face de », « en présence de ». Au livre 18, *GL* 3, 311.7, Priscien propose *enantion* comme équivalent grec de *coram*.

cum inter aduerbia quoque haec eadem plerique ponant quippe quod sine casualibus uerbis possint adiungi, aduerbia ea dicere | quae praepositiua possunt esse etiam casualium, ut Vergilius in I *Aeneidos* :

coram, quem quaeritis, adsum[a] ;

idem in eodem :

postquam introgressi et coram data copia fandi ;

Sallustius in IIII *Historiarum* : *si nihil ante aduentum suum inter plebem et patres conuenisset, coram se daturum operam.* Et habent significationem contrariam *clam* semperque in appositione inueniuntur, sed *coram* magis ad personas, *palam* ad omnia accipitur : Terentius in *Eunucho*,

si falsum aut fictum, continuo palam est[b].

Sine etiam et *absque* apud Graecos aduerbia, ut supra dictum est, sunt, quae **49**
praedicta ratio fecit apud Latinos praepositiones putari. Habent autem consimilem significationem, quae est negatiua, nec in compositione inueniuntur. *Sine* autem etiam uerbum est imperatiuum, sed | accentu differt, quando praeponitur, quomodo *pone* : praeposita enim grauatur utraque syllaba, ut *sine timore*, postposita paenultimam acuit, ut Vergilius in X :

si sine pace tua atque inuito numine Teucri[c] ;

idem in III *Georgicon* :

te sine nil altum mens incohat[d].

Absque quibusdam composita a praepositione *abs* et *que* coniunctione uidetur, sed numquam *que* coniunctio in compositione suam uim amittit, ut *atque*, *neque*, *quoque* ; ergo quando amittit significationem, syllabice magis adiecta uidetur. Est igitur, ut mihi uidetur, deriuatio ab | *abs* : *absque*, quomodo ab *unde* : *undique*,
53 *ubi* : *ubique*, *ita* : *itaque*, *uter* : | *uterque*, *quis* : *quisque*, in quibus coniunctionis significatio nulla remanet. Ostendimus tamen in superioribus, quod etiam Graeci soleant addere δε sine aliqua coniunctionis significatione, ut ὅδε, τοῦδε, τῷδε.

a. *Cf.* [Probus] *Vlt. syll. GL* 4, 254.35 ; Priscianus *GL* 3, 197.22 (v. 595-596).
b. *sin* (*si* **p**) *falsum aut uanum aut finctumst* (ed. Lindsay & Kubler). *Cf.* Priscianus *GL* 3, 244.5.
c. *Troes* Vergilius (ed. Geymonat).
d. *Cf.* [Probus] *Vlt. Syll. GL* 4, 274.24 (*t. s. n. a. m. i. en age segnes*).

adverbes dans la mesure où ils peuvent se combiner à des verbes sans la présence de formes casuelles, c'est de dire que ce sont des adverbes qui peuvent être aussi prépositifs de formes casuelles[98], comme Virgile dans l'*Énéide* I : *coram quem quaeritis adsum* [face à vous, moi que vous cherchez, me voici, *Én.* 1, 595]; le même dans le même texte : *postquam introgressi et coram data copia fandi* [après qu'ils furent entrés et qu'on leur eut permis de parler devant tous, *Én.* 1, 520]; Salluste dans les *Histoires* IV : *si nihil ante aduentum suum inter plebem et patres conuenisset, coram se daturum operam* [si rien avant son arrivée n'avait été convenu entre la plèbe et les sénateurs, il s'en occuperait sur place, *Hist.* frg. 4, 45 M.]. *Coram* et *palam* signifient le contraire de *clam* et se trouvent toujours en juxtaposition, mais *coram* s'emploie plus pour des personnes, *palam* pour n'importe quoi; Térence dans l'*Eunuque* : *si falsum aut fictum, continuo palam est* [que ce soit faux ou imaginaire, et aussitôt c'est sur la place publique, *Eun.* 104].

Sine aussi et *absque* sont en grec, comme il a été dit plus haut, des adverbes **49**
que le motif ci-dessus énoncé a fait considérer en latin comme des prépositions[99]. Ils ont un sens équivalent, négatif, et ne se trouvent pas en composition. *Sine* est aussi un verbe à l'impératif, mais, comme pour *pone*, l'accent n'est pas le même quand *sine* est une préposition : les deux syllabes reçoivent alors l'accent grave, comme dans *sine timore* [sans crainte] – mais si cette préposition est post-posée, elle porte un accent aigu sur la pénultième; Virgile en X : *si sine pace tua atque inuito numine Teucri* [si sans ton assentiment et malgré ta volonté, les Troyens... *Én.* 10, 31]; le même dans les *Géorgiques* III : *te sine nil altum mens incohat* [sans toi, l'esprit n'entreprend rien de grand, *G.* 3, 42].

Absque est considéré par certains comme un composé de la préposition *abs* et de la conjonction *-que* [et], mais jamais la conjonction *-que* ne perd sa valeur en composition : *atque* [et même], *neque* [et ne... pas], *quoque* [et aussi]. Par conséquent, lorsque *-que* perd son sens, il paraît plutôt ajouté à titre de syllabe[100]. Il y a donc, à mon avis, une dérivation à partir de *abs* : *abs* / *absque*, de même que
53 *unde* / *undique*, *ubi* / *ubique*, *ita* / *itaque*, *uter* / *uterque*, *quis* / *quisque*, où il n'y a nulle trace du sens de la conjonction *-que*. Nous avons d'ailleurs montré plus haut[101] que les Grecs eux aussi ajoutent *de* sans que ce *de* ait le sens de la conjonction : ainsi dans *hode*, *toude*, *tôide*.

98. *Cf.* 26.2 pour la notion d'adverbe prépositif. Dans les exemples présentés ensuite, Priscien n'illustre que les emplois adverbiaux, quoique dans chacun des exemples choisis *coram* se trouve précéder une forme casuelle, ce qui est un moyen de donner raison aux Grecs sans ruiner l'interprétation latine (*cf.* 45.18, où il cite un emploi prépositionnel de *coram*).

99. Avec le sens de « sans », « indépendamment de ».

100. *Cf.* 28.7-9, 31.17-18, 48.25-27. Un exemple similaire de *syllabice* apparaît dans les *Partitiones*, 91.2-3 P. également à propos de *-que* (*syllabice quoque additur in fine et uim coniunctionis amittit encliticae, ut* undique, denique, itaque).

101. *Cf.* 25.21-22.

Tenus τὸ ἄχρις significat, quod sine dubio apud Graecos | aduerbium est et, quamuis paene semper postposita inuenitur, tamen, quia sine casuali non potest poni quomodo alia quae, quamuis sint aduerbia, tamen hoc ipso quod cum casualibus iunguntur, praepositiones esse existimauerunt, hoc quoque inter praepositiones connumerant quod non solum ablatiuo, sed etiam genetiuo casui Vergilius more Graeco adiungit, ut in | III *Georgicon* :

et crurum tenus a mento palearia pendent[a].

Restant quattuor praepositiones, quae pro uaria significatione modo **50**
accusatiuo modo ablatiuo praeponuntur : *in*, *sub*, *super*, *subter*.

In quando εἰς uel κατά significat, id est si *ad locum* uel *contra* | demonstrat, accusatiuo iungitur, ut *in urbem uado* uel *in adulterum dico* ; inuenitur tamen etiam pro *ad*, cum huic casui praeponitur [id est accusatiuo], ut Vergilius in I *Aeneidos* :

impulit in latus,

pro *ad latus*, et Lucanus in III :

in puppim rediere rates[b],

pro *ad puppim*. Quando uero pro ἐν Graeca praepositione accipitur apud nos, ablatiuo seruit, ut *in Italia*, *in urbe*, *in tempore*. In compositione quoque diuersas habet significationes quam in appositione : modo enim priuatiua est, ut *indoctus*, *iniustus*, *inutilis*, *iniquus*, *impius* ; *infirmo*, | *improbo*, modo intentiua, ut *imprimo*, *incuso*, *irrumpo*, *impugno*, *inicio*, *immitto*, *incumbo*, *incurro*, *irrideo*.

Sub quoque quando *ad locum* habet significationem uel pro *ante* uel pro *per* ponitur, accusatiuo iungitur, ut Vergilius in II *Aeneidos* :

postesque sub ipsos
nituntur gradibus[c] ;

idem in I *Georgicon* :

54 *at si non fuerit tellus fecunda sub ipsum*
Arcturum ;

idem in III *Georgicon* :

sub lucem exportant calathis[d],

pro *ante lucem* uel *per lucem* ; idem poeta in I *Aeneidos* :

urit atrox Iuno et sub noctem cura recursat[e],

pro *per noctem*. Quando autem *in loco* significat, ablatiuo praeponitur, ut Vergilius in VIII :

arma sub aduersa posuit radiantia quercu[f] ;

a. Cf. *supra*, 32.14.

b. *Cf.* Priscianus *GL* 2, 330.3 (*puppem*).

c. *Cf.* [Probus] *Inst. Art. GL* 4, 96.16 ; Donatus *Min.* 601.10 H. ; *Mai.* 650.8 H. ; Arusianus 511.6 D.C. ; Priscianus *GL* 3, 372.16 ; Iulianus Toletanus 107.95 M.Y.

d. Cf. *Dub. nom.* 790.535-736 G. (*e. c., adit oppida pastor*) ; Priscianus *GL* 3, 196.5.

e. *Cf.* Arusianus 511.10 D.C. (*e. s. n. c. r.*).

f. *Cf.* Donatus *Min.* 601.11 H. ; *Mai.* 650.10 H. ; Priscianus *GL* 2, 267.8 ; Iulianus Toletanus 107.98 M.Y.

Tenus [jusqu'à] a le sens de *akhris*, qui est incontestablement un adverbe en grec, et, quoiqu'il se trouve presque toujours post-posé, malgré cela, du fait qu'il ne peut être employé sans forme casuelle (comme d'autres termes qui, quoiqu'ils soient adverbes, ont néanmoins été considérés comme des prépositions du fait même qu'ils se combinent avec des formes casuelles), *tenus* est donc lui aussi compté parmi les prépositions pour la raison que Virgile le combine non seulement avec l'ablatif, mais même avec le génitif, à la grecque, comme dans les *Géorgiques* III : *et crurum tenus a mento palearia pendent* [et les fanons pendent du menton jusqu'aux pattes, *G.* 3, 53].

Prépositions suivies de l'accusatif ou de l'ablatif

Restent quatre prépositions qui, selon leur sens, sont pré-posées tantôt à un 50
accusatif, tantôt à un ablatif : *in*, *sub*, *super*, *subter*.

In, quand il a le sens de *eis* ou de *kata*, c'est-à-dire s'il indique le lieu où l'on va ou a le sens de « contre », se combine avec l'accusatif, comme *in urbem uado* [je vais en ville] ou *in adulterum dico* [je plaide contre un homme adultère] ; on le trouve aussi, quand il est pré-posé à ce même cas, avec la valeur de *ad*, comme Virgile dans l'*Énéide* I : *impulit in latus* [il frappa au flanc, *Én.* 1, 82], au sens de *ad latus*, et Lucain en III : *in puppim rediere rates* [les bâtiments revinrent en arrière, *Phars.* 3, 545], au sens de *ad puppim*. Quand en revanche il est employé en latin avec la valeur de la préposition grecque *en*, il est assujetti à l'ablatif, comme *in Italia* [en Italie], *in urbe* [en ville], *in tempore* [en temps opportun]. En composition, *in* a des sens différents de ceux qu'il a en juxtaposition : tantôt en effet il est privatif, comme dans *indoctus* [inculte], *iniustus* [injuste], *inutilis* [inutile], *iniquus* [inique], *impius* [impie], *infirmo* [infirmer], *improbo* [désapprouver], tantôt il est intensif, comme dans *imprimo* [appliquer sur], *incuso* [incriminer], *irrumpo* [envahir], *impugno* [assaillir], *inicio* [jeter dans], *immitto* [envoyer vers], *incumbo* [s'appuyer sur], *incurro* [se jeter dans], *irrideo* [se moquer de].

Sub aussi, quand il signifie le lieu où l'on va ou qu'il est employé avec la valeur de *ante* ou de *per*, se combine avec l'accusatif, comme Virgile dans l'*Énéide* II : *postesque sub ipsos / nituntur gradibus* [au pied des portes mêmes ils
54 s'accrochent aux barreaux, *Én.* 2, 442-443] ; le même dans les *Géorgiques* I : *at si non fuerit tellus fecunda sub ipsum / Arcturum* [mais si le sol n'est pas fertile, juste vers le lever d'Arcture, *G.* 1, 67-68] ; le même dans les *Géorgiques* III : *sub lucem exportant calathis* [au point du jour ils emportent dans des jarres… *G.* 3, 402], au sens de *ante lucem* ou *per lucem* ; le même poète dans l'*Énéide* I : *urit atrox Iuno et sub noctem cura recursat* [l'implacable Junon la tourmente et, à l'approche de la nuit, le souci la hante, *Én.* 1, 662], au sens de *per noctem*[102]. Quand en revanche *sub* signifie le lieu où l'on est, il est pré-posé à l'ablatif, comme Virgile en VIII : *arma sub aduersa posuit radiantia quercu* [elle déposa les armes étincelantes au

102. Donat pose l'équivalence *sub lucem / ante lucem* (657.12 H.) ; Priscien ajoute *per lucem*, et glose ensuite *sub noctem* par *per noctem* : attribuait-il dans ces tournures un sens particulier à *per* ?

idem in VI :

ibant obscuri sola sub nocte per umbram ;

idem in eodem :

quale per obscuram noctem sub luce maligna[a]
est iter in siluis.

Omnes enim praepositiones locales etiam in temporibus et rebus similem habent constructionem. Quomodo enim dico *ad templum*, sic dico *ad tempus*, *ad iustitiam*, *ad hominem* ; similiter *sub templum*, *sub diem*, *sub iustitiam*, *sub hominem* ; *sub templo*, *sub die*, *sub iustitia*, *sub homine* [*sub muliere*]. In compositione uero modo localem uim retinet, ut | *subeo*, *suppono*, *subicio*, *summitto*, *subduco*, *subtraho*, modo diminutiuam, ut *subrideo*, *subtristis*, *suffundo*. Mutat *b* in sequentem consonantem, quando a *c* uel *f* uel *g* uel *m* uel *p* incipiunt ea quibus adiungitur : *succumbo*, *succurro* ; *sufficio*, *suffero* ; *suggero* ; *summitto*, *summoneo* ; *supparo*, *suppono*. **51**

Super et *subter* contrarias habent significationes, et utraque tam accusatiuo quam ablatiuo coniungitur. Quibusdam tamen uidetur ablatiuo figurate adiungi, quomodo *post* et *ante* et *circum* : Vergilius in VI,

ille admirans uenerabile donum
fatalis uirgae, longo post tempore uisum[b] ;

55 idem in I *Georgicon* :

omnia quae multo ante memor prouisa reponas[c] ;

idem in IIII *Aeneidos* :

Anna, uides toto properari litore circum[d] ;

sic in VI :

sedibus optatis gemina super arbore sidunt[e],

id est *in gemina arbore sidunt super* ; et in *Bucolico* :

fronde super uiridi, sunt nobis mitia poma[f] ;

et in VIIII :

ferre iuuat subter densa testudine casus[g].

Quodsi accipiamus figurate in huiuscemodi locis prolatas, loco aduerbiorum **52** necesse est eas accipere, quomodo et *post* et *ante* et *circum*, quando cum ablatiuo inueniuntur. *Super* tamen quando loco *de* ponitur, sine dubio ablatiuo iungitur, ut :

multa super Priamo rogitans, super Hectore multa[h] ;

a. *per incertam lunam* Vergilius (ed. Geymonat) : *cf.* v. 268 *sola sub nocte*.

b. Cf. *supra*, 38.24.

c. *repones* Vergilius (ed. Geymonat).

d. Cf. *supra*, 41.7.

e. *gemina super arbore sidunt* : Sacerdos *GL* 6, 428.31 ; Donatus *Mai.* 650.12 H. ; Diomedes *GL* 1, 411.1, 413.34 ; [Augustinus] *Reg.* 137.12 M. ; Arusianus 509.15 D.C. ; Audax *Exc. GL* 7, 355.27 ; Cledonius *GL* 5, 24.33 ; [Sergius] *Explan. GL* 4, 518.20 ; Priscianus *GL* 3, 373.15.

f. *Cf.* Terentianus Maurus 2772 C. (v. 80-81) ; Charisius 369.25 B. (v. 80-81) ; Diomedes *GL* 1, 445.1 (v. 80-81) ; Priscianus *GL* 3, 373.17 ; Iulianus Toletanus 197.59 M.Y. (v. 80-81).

g. Donatus *Mai.* 650.13 ; [Augustinus] *Reg.* 137.18 M. (v. 513-514 : *ferre libet*) ; Arusianus 510.5 D.C. ; Pompeius *GL* 5, 277.7.

h. Cf. *supra*, 45.27.

pied d'un chêne qui lui faisait face, *Én.* 8, 616] ; le même en VI : *ibant obscuri sola sub nocte per umbram* [ils allaient obscurs sous la nuit solitaire parmi l'ombre, *Én.* 6, 268] ; le même dans le même texte : *quale per obscuram noctem sub luce maligna / est iter in siluis* [telle qu'est, par une nuit obscure, sous une clarté douteuse, une marche dans les bois, *Én.* 6, 270-271].

Toutes les prépositions locales se construisent en effet également de la même **51**
façon dans leurs emplois temporels et autres. De même en effet que je dis *ad templum* [vers le temple], je dis aussi *ad tempus* [pour un temps], *ad iustitiam* [selon la justice], *ad hominem* [contre un individu] ; et de même *sub templum, sub diem, sub iustitiam, sub hominem / sub templo, sub die, sub iustitia, sub homine* [au pied du temple, à l'approche du jour, sous l'autorité de la loi, sous l'autorité de quelqu'un, à l'accusatif / à l'ablatif]. En composition en revanche, tantôt *sub* conserve sa valeur locale, comme *subeo* [aller sous], *suppono* [placer sous], *subicio* [jeter sous], *summitto* [envoyer sous], *subduco* [soulever], *subtraho* [soustraire], tantôt il a une valeur diminutive, comme *subrideo* [sourire], *subtristis* [un peu triste], *suffundo* [verser un peu]. *Sub* assimile son *b* à la consonne suivante quand ce à quoi il se combine commence par *c, f, g, m* ou *p* : *succumbo, succurro*; *sufficio, suffero*; *suggero*; *summitto, summoneo*; *supparo, suppono*.

Super et *subter* ont des sens opposés, et l'un et l'autre s'associent aussi bien à l'accusatif qu'à l'ablatif. Certains estiment cependant que c'est par figure qu'ils se combinent à l'ablatif, tout comme *post, ante* et *circum* : Virgile en VI, *ille admirans uenerabile donum / fatalis uirgae, longo post tempore uisum* [lui, admirant l'auguste don, la baguette merveilleuse, qu'il voit si longtemps après, *Én.* 6, 408-409] ; le même dans les *Géorgiques* I : *omnia quae multo ante memor prouisa reponas* [tous objets qu'en homme de mémoire tu dois mettre en réserve bien à l'avance, *G.* 1, 167] ; le même dans l'*Énéide* IV : *Anna, uides toto properari litore circum* [Anna, tu vois qu'on se hâte alentour sur tout le rivage, *Én.* 4, 416] ; de même en VI : *sedibus optatis gemina super arbore sidunt* [au lieu recherché, l'arbre à la double nature, ils se posent dessus, *Én.* 6, 203], c'est-à-dire *in gemina arbore sidunt super*; et dans les *Bucoliques* : *fronde super uiridi, sunt nobis mitia poma* [sur des feuilles vertes, nous avons des fruits mûrs, *B.* 1, 80] ; et en IX : *ferre iuuat subter densa testudine casus* [sous leur épaisse carapace ils n'ont aucun mal
à supporter ce qui tombe d'en haut, *Én.* 9, 514]. Admettre que les prépositions **52**
énoncées dans des passages de ce genre sont employées par figure, c'est forcément admettre qu'elles sont employées en guise d'adverbes, comme c'est le cas aussi de *post*, de *ante*, de *circum* quand ils se trouvent avec un ablatif. Néanmoins, quand *super* est employé à la place de *de*, il est indubitablement combiné à un ablatif, comme dans *multa super Priamo rogitans, super Hectore multa* [posant beaucoup de questions sur Priam, beaucoup sur Hector, *Én.* 1, 750] ;

inuenitur tamen etiam uerbo adiuncta uel nominatiuo participii, in quo sine dubio aduerbium esse ostenditur, ut Vergilius in I *Aeneidos* :

his accensa super, iactatos aequore toto,

et in XI :

ecce, super maesti magna Diomedis ab urbe
legati responsa ferunt[a].

In compositione quoque inuenitur, ut *supersedeo*, *superuacuus*, *superuolo*, *supereminet*, *superficies*. Et *super* tamen et *supra* a *supera*, illud per apocopam, hoc per syncopam facta sunt. Sic enim antiqui frequenter | protulerunt, et maxime Cicero in poematibus, ut in *Arato* :

toruus Draco serpit supter superaque retorquens
sese[b] ;

idem in eodem :

56 *huic supera duplices umeros adfixa uidetur*
stella micans tali specie talique nitore[c].

A *super* deriuatiua fiunt *superbus*, *superus*, *supremus*.

Cum apud Graecos omnes praepositiones, quae sunt decem et octo, **53**
ut praediximus, et componi possunt et apponi, apud Latinos :

– sunt quaedam quae et componuntur et apponuntur, ut *ad*, *ob*, *per*, *a*, *ab*, *abs*, *de*, *e*, *ex*, *ante*, *circum*, *contra*, *inter*, *post*, *trans*, *praeter*, *pro*, *prae* ;

– sunt quae numquam componuntur, ut *apud*, *citra*, *circa*, *erga*, *extra*, *infra*, *iuxta*, *pone*, *prope*, *secundum*, *ultra*, *supra*, quorum pleraque aduerbiorum uim habent, ut ostendimus ;

– sunt quae numquam apponuntur, ut *di*, *dis*, *re*, *se*, *am*, *con*. Haec enim sex semper in compositione inueniuntur, quas, quamuis, cum per se poni non possunt, separatae in contextu orationis ideoque partes orationis dici uera ratione non possunt, tamen, quia uim et significantiam habent praepositionum et in ipsa | compositione semper praepositiuae sunt, ideo praepositionibus connumerauerunt.

Et *di* quidem et *dis* eandem significationem habent, quomodo *ab* et *abs*. Sunt autem separatiuae, ut *diuido*, *diduco*, *distraho*, *discurro*, quod apud Graecos διά praepositio facit. Et sciendum quod tunc *dis* praeponitur, quando sequitur *c* uel *f* uel *p* uel *s* uel *t* uel *i* loco | consonantis, ut *discumbo*, *discutio* ; *differo*, *diffido*, *diffundo*, in quibus *s* in *f* conuertitur euphoniae causa ; *displiceo*, *disputo*, *disperdo* ; *dissicio*,

a. *Cf.* Diomedes *GL* 1, 413.25-26 ; Dositheus § 49.14-15 B.
b. Cf. *supra*, 30.5.
c. *Cf.* Aratus *ph.* 137-138.

on le trouve cependant combiné aussi à un verbe ou à un participe au nominatif, et c'est alors l'indication indubitable que c'est un adverbe, comme Virgile dans l'*Énéide* I : *his accensa super, iactatos aequore toto* [enflammée de surcroît par tout cela, tandis qu'ils étaient ballottés sur toute l'étendue des eaux, *Én.* 1, 29], et en XI : *ecce super maesti magna Diomedis ab urbe / legati responsa ferunt* [voici de surcroît que, consternés au retour de la grande ville de Diomède, les ambassadeurs rapportent ses réponses, *Én.* 11, 226-227]. On trouve aussi *super* en composition, comme dans *supersedeo* [être assis sur], *superuacuus* [surabondant], *superuolo* [survoler], *supereminet* [surpasser], *superficies* [surface]. *Super* et *supra* proviennent de *supera*, le premier par apocope, le second par syncope ; c'est souvent en effet sous cette forme que les Anciens l'énonçaient, et surtout Cicéron dans ses poèmes, comme dans sa traduction d'Aratos : *toruus Draco serpit supter superaque retorquens / sese* [le dragon qui se tord rampe en se repliant par-dessus
56 et par-dessous, *Arat.* frg. VIII S.] ; le même dans le même texte : *huic supera duplices umeros adfixa uidetur / stella micans tali specie talique nitore* [fixée au-dessus de ses deux épaules se voit une étoile qui scintille avec autant de lustre et autant d'éclat, *Arat.* frg. XX S.]. Il y a des dérivés à partir de *super : superbus* [superbe], *superus* [supérieur], *supremus* [suprême].

Juxtaposition et composition : les prépositions non juxtaposables

Alors qu'en grec les prépositions, qui sont dix-huit comme nous l'avons dit, 53
peuvent toutes être employées à la fois en composition et en juxtaposition, en latin en revanche :

– certaines se trouvent à la fois en composition et en juxtaposition, comme *ad*, *ob*, *per*, *a*, *ab*, *abs*, *de*, *e*, *ex*, *ante*, *circum*, *contra*, *inter*, *post*, *trans*, *praeter*, *pro*, *prae* ;

– certaines ne se trouvent jamais en composition, comme *apud*, *citra*, *circa*, *erga*, *extra*, *infra*, *iuxta*, *pone*, *prope*, *secundum*, *ultra*, *supra* (la plupart d'entre elles ont valeur d'adverbes, comme nous l'avons montré) ;

– certaines ne se trouvent jamais en juxtaposition, comme *di-*, *dis-*, *re-*, *se-*, *am-*, *con-* : ces six-là en effet se trouvent toujours en composition. Sans doute n'est-il pas possible, du fait qu'elles ne peuvent être employées de façon autonome, qu'elles apparaissent en position détachée dans la chaîne discursive, et pour cette raison il n'est logiquement pas possible de dire que ce sont des parties du discours, mais malgré cela, dans la mesure où elles ont la valeur et le sens des prépositions, et que dans la composition même elles sont toujours prépositives, elles ont été, pour cette raison, comptées parmi les prépositions.

S'agissant de *di-* et *dis-*, ils ont le même sens, comme *ab* et *abs*. Ils sont dissociatifs, comme *diuido* [diviser], *diduco* [séparer], *distraho* [désunir], *discurro* [se disperser] – c'est en grec le fait de la préposition *dia*. Il faut savoir en outre que c'est *dis-* qui est pré-posé quand il y a à la suite *c*, *f*, *p*, *s*, *t*, ou un *i* à valeur consonantique, comme dans *discumbo*, *discutio* ; *differo*, *diffido*, *diffundo* (dans ces mots *s* se change en *f* par euphonie) ; *displiceo*, *disputo*, *disperdo* ; *dissicio*, *dissero*; *distraho*, *disturbo*, *distorqueo*; *disiectus*, *disiungo*. || Aliis uero quibuscumque consonantibus sequentibus *di* praeponitur : *dimitto*, *diruo*, *diduco*, *digero*, *diluo*. Et ubique producitur *di*, excepto *dirimo* et | *disertus* : Lucanus in IIII, **54**

dirimit tentoria gurges ;

idem in eodem :

57 *qui medius castris tutam dirimebat Ilerdam* ;

idem in V :

et non admissae dirimit suffragia plebis ;

Vergilius in V :

cede deo ; dixitque et proelia uoce diremit ;

Iuuenalis in III :

didicit nam diues auarus
tantum admirari, tantum laudare disertos.

Re uidetur a *retro* per apocopam factum, sicut et ipse sensus | manifestat : *respicio* : *retro aspicio*, *reuertor* : *retro uertor*, *recurro* : *retro curro*, uel ex hoc natum esse aduerbium, quomodo ab *ex* : *extra*.

Se quoque pro διά Graeca praepositione separatiua est, ut *secubo*, *separo*, *seduco* ; est etiam abnegatiua, ut *securus*. Praeterea *seorsum* fit aduerbium a *se*, ut a *de* : *deorsum*, a *super* : *sursum*. Quibusdam | *se* a *semis*, quod separationem facit, quibusdam a *secus* uidetur profectum, aliis autem magis ea uidentur a *se* praepositione esse deriuata.

Am etiam περί Graecam praepositionem significat : *amplector*, *amputo*, *ambio*, in quo etiam additio *b* consonantis fit propter *m*.

Con pariter loco *cum* praepositionis, cum de ea disserebamus, | accipi supra docuimus.

dissero; *distraho*, *disturbo*, *distorqueo*; *disiectus*, *disiungo*. En revanche, quand **54**
il y a ensuite n'importe quelle autre consonne, c'est *di-* qui est pré-posé : *dimitto*, *diruo*, *diduco*, *digero*, *diluo*. Dans tous les cas, *di-* est prononcé long, sauf dans *dirimo* et *disertus* : Lucain en IV, *dirimit tentoria gurges* [la masse liquide sépare
57 les tentes, *Phars.* 4, 18] ; le même dans le même texte : *qui medius castris tutam dirimebat Ilerdam* [<la colline> qui, au milieu, séparait de son camp la place sûre d'Ilerda, *Phars.* 4, 33] ; le même en V : *et non admissae dirimit suffragia plebis* [et il met fin aux suffrages de la plèbe qu'il a écartée, *Phars.* 5, 393] ; Virgile en V : *cede deo; dixitque et proelia uoce diremit* [cède à la divinité ; il dit, et de sa voix mit fin au combat, *Én.* 5, 467] ; Juvénal en III : *didicit nam diues auarus / tantum admirari, tantum laudare disertos* [car le riche avare a appris à ne faire qu'admirer, à ne faire que louer les éloquents, *Sat.* 7, 30-31].

Re- provient apparemment de *retro*, par apocope, comme le montre aussi son sens lui-même : *respicio* [regarder en arrière], c'est *retro aspicio*; *reuertor* [retourner sur ses pas], c'est *retro uertor*; *recurro* [revenir en courant], c'est *retro curro* – à moins que ce soit de *re* que l'adverbe *retro* soit issu, comme *extra* de *ex*.

Se- équivaut également à la préposition grecque dissociative *dia*, comme dans *secubo* [faire lit à part], *separo* [séparer], *seduco* [emmener à l'écart] ; *se-* est aussi négatif, comme dans *securus* [sans soucis]. En outre, l'adverbe *seorsum* [à part] provient de *se-*, comme *deorsum* [vers le bas] de *de*, *sursum* [vers le haut] de *super*. Certains [103] pensent que *se-* provient de *semis* [moitié] (parce que « moitié » implique une séparation), et certains de *secus* [autrement], mais d'autres considèrent que ces termes sont plutôt eux-mêmes dérivés de la préposition *se-*.

Am- encore a le sens de la préposition grecque *peri* : *amplector* [embrasser], *amputo* [tailler tout autour], *ambio* [tourner autour de] (où il y a aussi l'addition de la consonne *b*, qui se produit à cause du *m*).

Con- : nous avons expliqué plus haut [104], en traitant de la préposition *cum*, qu'on employait *con-* en lieu et place de *cum*.

103. Cette opinion n'est pas attestée par ailleurs.
104. *Cf.* 50.25 26.

PLAN DU LIVRE 15

DE ADVERBIO

60 LIBER QVINTVS DECIMVS

DE ADVERBIO

Aduerbium est pars orationis indeclinabilis, cuius significatio uerbis adicitur. 1
Hoc enim perficit aduerbium uerbis additum quod adiectiua nomina appellatiuis nominibus adiuncta, ut *prudens homo prudenter agit*, | *felix uir feliciter uiuit.*

Sunt igitur quaedam aduerbia quae omnibus conuenienter sociantur temporibus, ut *sapienter dico, sapienter dicebam, sapienter dixi, sapienter dixeram, sapienter dicam*; *recte facio, recte faciebam, recte feci, recte feceram, recte faciam*; sunt alia quae cum separatim tempora significant, | necessario separatim eis coniunguntur, ut *hodie facio, heri feci, cras faciam*; *nunc intellego, antea intellexi, postea intellegam*, quamuis usus in eis quoque uariat.

LIVRE 15
L'ADVERBE

Définition

L'adverbe est une partie du discours invariable dont la signification s'adjoint aux verbes[1]. De fait, l'adjonction de l'adverbe aux verbes produit le même effet que l'association de noms adjectifs aux noms appellatifs[2] : *prudens homo / prudenter agit* [une personne sage / elle agit sagement] ; *felix uir / feliciter uiuit* [un homme heureux / il vit heureusement][3]. 1

Association avec les temps et modes verbaux

Du coup, il y a des adverbes qui s'associent de façon cohérente avec n'importe quel temps : *sapienter dico, sapienter dicebam, sapienter dixi, sapienter dixeram, sapienter dicam* [je parle, je parlais, j'ai parlé, j'avais parlé, je parlerai savamment], *recte facio, recte faciebam, recte feci, recte feceram, recte faciam* [j'agis, j'agissais, j'ai agi, j'avais agi, j'agirai correctement]. D'autres adverbes en revanche, exprimant tel ou tel temps de façon différenciée, se construisent nécessairement de façon tout aussi différenciée avec les temps : *hodie facio, heri feci, cras faciam* [je le fais aujourd'hui, je l'ai fait hier, je le ferai demain], *nunc intellego, antea intellexi, postea intellegam* [je comprends maintenant, j'ai compris avant, je comprendrai après]. Là aussi cependant l'usage est variable[4].

1. Priscien simplifie la définition plus développée d'Apollonius (« L'adverbe est un mot non fléchi qui prédique, en totalité ou en partie, les variables du verbe, sans lesquelles il ne peut constituer complètement son sens », *Adv. GG* 2/1 [1], 119.5-6), mais par la suite il se conforme à son modèle dans l'explication des différentes parties qui la composent (voir *infra*). Sur la définition d'Apollonius, *cf.* Sluiter 1990 : 74-105.

2. Sur l'association des noms adjectifs et des noms « appellatifs » (sc. communs), *cf.* livre 2 : *GL* 2, 58.19-24.

3. Tout comme Apollonius (*Adv. GG* 2/1 [1], 120.19-121.3), Priscien explique le rapport entre verbe et adverbe, énoncé dans la définition initiale, en comparant ces deux classes morpho-lexicales avec le binôme nom + adjectif.

4. Cette réserve est une allusion à des usages condamnés par la norme grammaticale. Par exemple, à propos de l'emploi de *cras* [demain] avec un présent au lieu d'un futur : les commentateurs de Donat considèrent cet emploi comme fautif (*uitiosum*, Servius, *Min.*, *GL* 4, 414.11-18) et le qualifient de *solécisme* ([Sergius] *Explan. GL* 4, 508.23), attestant ainsi cet usage.

Sunt quae cum omnibus apte sociantur modis, ut *diligenter curas*, *diligenter cura*, *utinam diligenter curares*, *cum diligenter cures*, *diligenter curare uelis*; sunt quae non omnibus modis possunt | coniungi, ut *ne*, cum est dehortatiuum, **2**
indicatiuo non adiungitur, sed uel imperatiuo, ut Vergilius in VI :

tu ne cede malis, sed contra audentior ito,

uel optatiuo, ut Terentius in *Phormione* :

quod utinam ne Phormioni id suadere in mentem | incidisset,

aut subiunctiuo, ut idem in *Adelphis* :

ne dicam dolo[a],

61 aut infinito, ut Cicero in *Inuectiuis* : *ne dici quidem opus est, quanta deminutione ciuium*[b]. *Vtinam* optatiuo coniungitur : Lucanus in II,

o utinam caelique deis Erebique liceret[c] ;

ni subiunctiuo copulatur : Terentius in *Andria*,

ni metuam patrem ;

idem in *Phormione* :

ni mihi esset spes ostentata[d] ;

Vergilius in III :

ni teneant cursus[e] ;

idem in I *Aeneidos* :

ni faciat, maria ac terras caelumque profundum[f].

Sed et *ni* et *ne* quando pro *neque* accipitur inter coniunctiones plerique posuerunt causales, quamuis significatio abnegatiua aduerbiis ea | magis applicat ; quod autem etiam *ne* pro *neque* ponitur, usus approbat. Cicero *Inuectiuarum* III :

a. Cf. *infra*, 84.20.
b. Cf. *infra*, 61.16 ; 84.17 (*n. d. q. o. e.*) ; 96.9.
c. *Cf.* Priscianus *GL* 2, 298.8.
d. *ostenta* Terentius (ed. Kauer & Lindsay : *-ntata* **P² schol. D, Lp**).
e. Cf. *infra*, 61.19 ; Priscianus *GL* 3, 241.9.
f. *Cf.* [Probus] *Vlt. Syll.* 255.16.

Certains adverbes s'associent correctement avec n'importe quel mode: *diligenter curas, diligenter cura, utinam diligenter curares, cum diligenter cures, diligenter curare uelis* [tu veilles, veille, ah si tu veillais, quoique tu veilles, tu dois
veiller soigneusement]; d'autres ne peuvent se construire avec n'importe quel 2
mode, par exemple le *ne* de dissuasion ne s'associe pas à l'indicatif, mais soit à l'impératif, comme Virgile en VI: *tu ne cede malis, sed contra audentior ito* [toi, ne cède pas au malheur, au contraire, va de l'avant avec plus d'audace... *Én.* 6, 95]; soit à l'optatif[5], comme Térence dans le *Phormion*: *quod utinam ne Phormioni id suadere in mentem incidisset* [si seulement il n'était pas venu à l'esprit de Phormion de me suggérer pareille chose, *Phorm.* 157]; ou au subjonctif, comme le même dans les *Adelphes*: *ne dicam dolo* [pour ne pas parler
61 de façon détournée, *Ad.* 375]; ou à l'infinitif, comme Cicéron dans ses *Invectives*: *ne dici quidem opus est quanta deminutione ciuium* [il n'est pas non plus nécessaire de dire quels sacrifices de citoyens... *Cat.* 3, 24][6]. *Vtinam* se construit avec l'optatif: Lucain en II, *o utinam caelique deis Erebique liceret* [ah! si seulement les dieux du ciel et de l'Érèbe permettaient... *Phars.* 2, 306]; *ni* s'associe au subjonctif: Térence dans l'*Andrienne*, *ni metuam patrem* [si je n'avais pas peur de mon père... *And.* 918]; le même dans le *Phormion*: *ni mihi esset spes ostentata* [si on ne m'avait pas fait entrevoir l'espoir... *Phorm.* 826]; Virgile en III: *ni teneant cursus* [... qu'ils ne poursuivent pas leur course, *Én.* 3, 686][7]; le même dans l'*Énéide* I: *ni faciat, maria ac terras caelumque profundum* [s'il n'agissait pas, les mers, les terres, le ciel profond... *Én.* 1, 58].

Cela étant, *ni*, et *ne* quand il est employé avec la valeur de *neque* [et ne... pas], ont généralement été rangés parmi les conjonctions causales, quoique leur signification négative les rattache plutôt aux adverbes[8]. Quant au fait qu'on trouve aussi *ne* avec la valeur de *neque*, l'usage le confirme: Cicéron, *Invectives* III,

5. Sur la reconnaissance d'un mode optatif chez les grammairiens latins, correspondant à des emplois du subjonctif à valeur de souhait, *cf.*, dans l'*Ars* de Priscien, livre 8 : *GL* 2, 424.8-11.

6. Priscien établit une relation entre *ne* et l'infinitif là où les Modernes font dépendre cet infinitif de la locution verbale *opus est* [il est nécessaire de...], et reconnaissent dans *ne... quidem* [ne... pas... non plus] un morphème à signifiant discontinu.

7. À côté de l'emploi le plus fréquent de *ni* comme conjonction hypothétique négative, il existe un emploi résiduel comme négation simple, notamment pour l'expression de la défense, comme c'est le cas dans l'exemple cité ici.

8. Priscien souligne la double valeur de *ni* et de *ne* : négative, ce qui les range parmi les adverbes, mais également cohésive, ce qui les range parmi les conjonctions. La référence aux *causales*, large catégorie qui inclut chez Apollonius et Priscien aussi bien la cause finale que l'implication ou l'inférence (*cf.* livre 16: 95.13-97.3), concerne *ni* pour deux des trois exemples cités dans le paragraphe précédent, et *ne* pour le dernier emploi du *ne* « de dissuasion » (60.15). L'identification à *neque* est inattendue dans la mesure où dans le livre 16 Priscien classe ce terme dans les copulatives négatives, non dans les *causales*, *cf.* 96.6-13.

ne dici quidem opus est quanta deminutione ciuium[a]. *Ni* quoque pro *ne* accipitur, sicut supra dictus uersus ostendit :

ni teneant cursus[b],

pro *ne teneant*. Quod etiam Donatus in *commento Aeneidos* affirmat dicens : « *ni* pro *ne* : sic ueteres ».

Non uero imperatiuo proprie adiungi non potest nisi in compositione, ut *noli*, **3**
aptissime autem indicatiuo sociatur uel subiunctiuo uel optatiuo ; indicatiuo, ut :

62 *non tibi Tyndaridis facies inuisa Lacaenae*
culpatusue Paris, diuum inclementia, diuum
has euertit opes[c] ;

subiunctiuo, ut Vergilius in VI :

non, mihi si linguae centum sint oraque centum,
ferrea uox, omnes scelerum conprendere formas,
omnia poenarum percurrere nomina possim ;

optatiuo, ut Vergilius :

non illa quisquam me nocte per altum
ire, neque a terra moneat conuellere funem[d].

Num quoque indicatiuo soli adiungitur, ad quod pertinet interrogatio : Terentius in *Phormione*,

num quid meministi ?

idem :

num quid subolet patri ?[e]

Et uerbum quidem sine aduerbio perfectam potest habere significationem ; **4**
aduerbium uero sine uerbo uel participio, quod uim uerbi possidet, non habet plenam sententiam. Quamuis enim ab aliqua persona per se proferantur aduerbia, necesse est ea uel ad ante dicta ab alia persona uerba | referri, ut si quis me

a. Cf. *supra*, 61.1.
b. Cf. *supra*, 61.10.
c. *Cf.* Priscianus *GL* 3, 236.10.
d. *Cf.* [Probus] *Vlt. Syll.* 240.3 (v. 457).
e. *patri subolet* Terentius (ed. Kauer & Lindsay).

ne dici quidem opus est quanta deminutione ciuium [il n'est pas non plus nécessaire de dire quels sacrifices de citoyens... *Cat.* 3, 24][9]. On emploie aussi *ni* avec la valeur de *ne*, comme on le voit dans le vers déjà cité : *ni teneant cursus* [... qu'ils ne poursuivent pas leur course, Virg. *Én.* 3, 686], dans le sens de *ne teneant*. Donat lui aussi l'assure dans son *Commentaire de l'Énéide*[10] quand il dit : « *ni* avec la valeur de *ne* : chez les auteurs anciens ».

Non [ne... pas] en revanche ne peut en principe s'adjoindre à un impératif, 3
sauf en composition, comme dans *noli* [ne va pas...][11], mais il s'associe
parfaitement aussi bien à un indicatif qu'à un subjonctif ou à un optatif : à un
62 indicatif, comme *non tibi Tyndaridis facies inuisa Lacaenae / culpatusue Paris, diuum inclementia, diuum / has euertit opes* [ce n'est pas la beauté, par toi détestée, de la Laconienne fille de Tyndare, ce n'est pas Pâris, par toi accusé : c'est la rigueur des dieux, oui des dieux, qui détruit cette puissance, Virg. *Én.* 2, 601-603] ; à un subjonctif, comme Virgile en VI : *non, mihi si linguae centum sint oraque centum, / ferrea uox, omnes scelerum comprendere formas, / omnia poenarum percurrere nomina possim* [eussé-je cent langues, cent bouches, une voix de fer, je ne pourrais représenter toutes les formes des crimes, énumérer tous les noms des supplices, *Én.* 6, 625-627] ; à un optatif, comme Virgile : *non illa quisquam me nocte per altum / ire neque a terra moneat conuellere funem* [pourvu que personne, par une nuit pareille, ne me pousse à me risquer en haute mer ni à détacher l'amarre de la terre, *G.* 1, 456-457].

Il y a encore *num* [est-ce que], qui ne se construit qu'avec l'indicatif ; c'est sur ce *num* que repose l'interrogation : Térence dans le *Phormion* (sic), *num quid meministi ?* [est-ce que tu en as quelque souvenir ? *And.* 943] ; le même : *num quid subolet patri ?* [est-ce que mon père subodore quelque chose ? *Phorm.* 474].

Absence d'autonomie de l'adverbe

Sans adverbe, un verbe peut comporter une signification complète ; en 4
revanche, sans un verbe ou un participe (qui a la valeur d'un verbe), un adverbe ne comporte pas un sens qui soit complet. Sans doute une personne donnée peut-elle énoncer des adverbes tout seuls, mais alors forcément ou bien ils renvoient à des verbes précédemment énoncés par une autre personne, par exemple si l'on

9. La valeur négative de la locution *ne... quidem* [ne... pas... non plus] est interprétée par Priscien comme étant portée par le seul élément *ne*, alors assimilé à une coordination négative (de type *neque* [et ne... pas]), *cf.* 84.17-18.

10. Cette œuvre ne nous est pas parvenue. Une remarque analogue à celle-ci se trouve dans le commentaire de Donat à l'*Eunuque* de Térence (vers 328 et 508).

11. La tournure *non* + impératif est attestée chez les poètes, mais exceptionnellement, *cf.* par exemple Catulle, 66, 80. La forme *noli* (impératif du verbe signifiant « ne pas vouloir ») est analysée par Priscien comme un composé à premier élément *non*.

interrogauerit *bona est superbia ?* et respondero *non*, uel per ellipsin dici, ut si recitante aliquo dixero *bene*, *diserte*, *eloquenter* ; ubique enim subauditur *dicis*. Similiter si dicam *non malus homo, qui pro uiribus suis subuenit clientibus*, subaudio *est*. In multis quoque aliis per hanc figuram inueniuntur sine uerbis uel participiis aduerbia, ut | Vergilius in I :

genus unde Latinum [a],

subauditur *est*.

Et sciendum quod, ut supra dictum est, participiis quoque aptissime
63 adiunguntur aduerbia. Quid enim est aliud participium nisi | uerbum casuale ? ut *bene lego*, *bene legens* ; *sapienter loquor*, *sapienter loquens*, quod, si aliud uerbum uerbo subiungas, idem significat. Sed hoc interest quod participium non eget coniunctione, uerbum eget, ut *bene legens edisco*, *bene lego et edisco* ; *sapienter loquens doceo*, | *sapienter loquor et doceo*.

Accidit autem aduerbio species, significatio, figura. **5**

Species primitiua et deriuatiua. Primitiua quidem, quae a se nascitur, ut *non*, *ita*, *ceu*, *saepe* ; deriuatiua uero, quae ab aliis nascitur, ut *clanculum*,

a. Cf. *infra*, 83.20 ; Terentianus Maurus 2173 C. ; [Probus] *Vlt. syll. GL* 4, 253.23 ; Diomedes *GL* 1, 498.3 ; Mallius Theodorus *Metr.* 27.18 R. ; Audax *Exc. GL* 7, 360.16-17 ; *Frg. Bob. uers.* 93.93 N ; Priscianus *GL* 3, 193.14.

me demande *bona est superbia?* [l'orgueil est-il un bien?] et que je réponde *non* [non]; ou bien ils sont énoncés dans un tour elliptique, par exemple si dans une lecture publique je m'écrie: *bene, diserte, eloquenter* [bien, joliment, éloquemment], où l'on sous-entend à chaque fois *dicis* [tu parles]. De même, si je dis *non malus homo, qui pro uiribus suis subuenit clientibus* [pas mauvais, l'homme qui selon ses moyens assiste ses clients], je sous-entends *est.* On trouve beaucoup d'autres tournures où cette figure permet d'employer des adverbes sans verbes ou participes, comme Virgile en I: *genus unde Latinum* [de là le peuple latin, *Én.* 1, 6] : *est* est sous-entendu [12].

Adverbe et participe

Il faut savoir aussi, comme on l'a dit plus haut, que les adverbes s'associent
63 parfaitement aux participes aussi [13]. Qu'est-ce en effet qu'un participe sinon une forme verbale pourvue d'un cas? On dit *bene lego* [je lis bien] et *bene legens* [lisant bien], *sapienter loquor* [je parle sagement] et *sapienter loquens* [parlant sagement] – et si l'on ajoute encore un verbe, le sens reste le même; la différence, c'est que, avec un participe, on n'a pas besoin de conjonction, tandis qu'il en faut une avec le verbe: *bene legens edisco* [en lisant bien, j'apprends], mais *bene lego et edisco* [je lis bien et j'apprends], *sapienter loquens doceo* [en parlant sagement, j'enseigne], *sapienter loquor et doceo* [je parle sagement et j'enseigne].

Accidents de l'adverbe

Les accidents de l'adverbe sont l'espèce, la signification et la figure [14].

L'espèce : primaire ou dérivée

L'espèce est primaire ou dérivée. Est primaire celle qui ne procède que d'elle-même, comme *non* [ne...pas], *ita* [ainsi], *ceu* [comme], *saepe* [souvent]. Est dérivée en revanche celle qui procède d'autres formes, comme *clanculum*

12. Apollonius reconnaît trois espèces d'adverbes holophrastiques qui demandent qu'un verbe soit suppléé par le co-texte ou par des connaissances extra-linguistiques : les exclamations en marge d'une activité d'autrui; les expressions de plainte et d'extase; les réponses par « oui » ou « non » (*Adv. GG* 2/1 [1], 121.14-25; 122.13-15, ce dernier passage étant vraisemblablement mal placé : *cf.* Schneider *ad loc.*; Sluiter 1990 : 77-80). Priscien reprend ici le premier et le troisième types, en gardant le deuxième pour la partie sur les interjections : cf. *infra*, 91.5-8.

13. Cf. *supra*, 62.17.

14. Un quatrième accident n'est pas annoncé, mais traité *in fine* : la place (*ordo*), 89.14-90.4; ce même accident est également traité en fin de livre pour les conjonctions (104.14-105.14).

saepius saepissime, *docte* a *docto*, *cursim* a *cursu*, *ductim*, | ἀπνευστί, a *ductu*.

Deriuatiua igitur aduerbia

– uel ab aliis aduerbiis deriuantur, ut *prope propius* et *ultra ulterius*, *citra citerius* ;

– uel a nominibus, ut *Tullius Tulliane*, *Latinus Latine*, *felix feliciter* ;

– uel a uerbo siue participio uel participiali nomine, ut *sentio sensus sensim*, *sto status statim*, *singultio singultim* : Horatius in I *Sermonum*,

ut ueni coram, singultim pauca locutus[a] ;

tractus tractim : Vergilius in IIII *Georgicon*,

tractimque susurrant[b] ;

– uel a nomine et uerbo, ut a *pede* et *tempto* : *pedetemptim* ;

– uel a pronomine, ut *hic illic* ab *hic* et *ille* ;

a. Cf. *infra*, 75.10.

b. *Cf.* [Probus] *Vlt. Syll.* 249.5 ; Charisius 285.26 B.

[en cachette], *saepius* [plus souvent] et *saepissime* [très souvent], *docte* [savamment] de *doctus* [savant], *cursim* [à la course] de *cursus* [course], *ductim* (*apneusti*) [d'un trait], de *ductus* [trait][15].

L'espèce : classement par origines

Par conséquent, les adverbes dérivés dérivent :

– ou bien d'autres adverbes, comme *prope* [près] / *propius* [plus près], *ultra* [au-delà] / *ulterius* [plus au-delà], *citra* [en deçà] / *citerius* [plus en deçà] ;

– ou bien de noms, comme *Tullius* [Cicéron] / *Tulliane* [à la manière de Cicéron], *Latinus* [latin] / *Latine* [en latin], *felix* [heureux] / *feliciter* [heureusement] ;

– ou bien d'un verbe ou d'un participe, ou d'un nom-participe[16], comme *sentio* [je sens] / *sensus* [senti] / *sensim* [insensiblement] ; *sto* [je tiens bon] / *status* [stabilité] / *statim* [de pied ferme] ; *singultio* [j'ai le hoquet] / *singultim* [de façon entrecoupée] : Horace dans les *Satires* I, *ut ueni coram, singultim pauca locutus* [quand je me suis présenté, prononçant quelques mots de façon entrecoupée, *Sat.* 1, 6, 56] ; *tractus* [traîné / action de traîner] / *tractim* [en traînant] : Virgile dans les *Géorgiques* IV, *tractimque susurrant* [elles font entendre leur bourdonnement en le faisant durer, *G.* 4, 260] ;

– ou bien d'un nom et d'un verbe, comme de *pede*[17] [pied] et de *tempto* [je tâte], *pedetemptim* [en marchant avec précaution] ;

– ou bien d'un pronom, comme *hic* [ici] et *illic* [là] de *hic* [celui-ci] et *ille* [celui-là][18] ;

15. Il y a donc deux catégories principales d'adverbes dérivés : d'une part les degrés de comparaison, auxquels les diminutifs sont associés (*clanculum* /*saepius* / *saepissime*), et d'autre part tout le reste.

16. Les *participialia* (noms-participes) sont ici des noms de la 4ᵉ déclinaison dont le nominatif sg. est homonyme de la forme de nominatif masc. sg. des participes correspondants (type *usus*, *-us* [usage] vs *usus*, *-a*, *-um*, [ayant usé], participe de *utor*), *cf.* livre 4, *GL* 2, 138.15. Dans son *Ars*, Priscien emploie le terme *participialis* principalement pour deux types de formes, tirés selon lui du participe : a) ce que nous appelons adjectif verbal (*cf.* livre 4, *GL* 2, 137.25), gérondif ou supin (*cf.* livre 8, *GL* 2, 409.5 et 425.20 ; livre 11, *GL* 2, 549.2 ; livre 18, *GL* 3, 233.7 et 235.7) ; b) les noms communs venus de participes présents (*cf.* livre 4, *GL* 2, 140.22 ; livre 18, *GL* 3, 215.29 et 293.17) ou parfaits (*cf.* livre 4, *GL* 2, 138.15 et 139.19 ; c'est cette dernière catégorie qui est évoquée ici). Parmi les exemples cités, *sensus*, *status* et *tractus* peuvent être morphologiquement des noms de la 4ᵉ déclinaison ou des participes ; mais pour Priscien, seul sans doute *sensus* est ici un participe (celui de *sentio*, qui le précède), alors que *status* et *tractus* (qui pourraient être respectivement le participe de *sisto* et de *traho*, non cités car ils rompraient l'unité morphologique de la série) sont des « noms-participes » de la 4ᵉ déclinaison. *Cf.* d'autres exemples d'adverbes en *-im* et de *participialia* en 75.3 *sq.* et note 42.

17. On peut aussi comprendre « de *pes* », l'expression *a pede* pouvant renvoyer au nominatif *pes* ou à l'ablatif *pede* lui-même. Cette dernière solution est plus vraisemblable, Priscien voyant sans doute dans ce composé l'hypostase de *pede tempto* [je tâte avec le pied].

18. Les adverbes *hic* et *illic* sont présentés comme dérivés des pronoms *hic* et *ille* dans la mesure où ces derniers sont considérés comme morphologiquement plus « simples », y compris *hic*, qui a un *i* bref comme pronom et long comme adverbe.

– uel a praepositione, ut *ex extra*, | *in intra*, *con contra*, *sub subter*.

Est quando et nominum terminatio diuersorum casuum constructionem aduerbialem suscipiens loco aduerbiorum accipitur, ut Vergilius in VI :

nimium uobis Romana propago
uisa potens superi[a],

nimium dixit pro *nimis* ; similiter in I *Aeneidos* :

multum ille et terris iactatus et alto[b] ;

idem in VIII :

iam primum saxis suspensam hanc aspice rupem ;

64 idem in I *Georgicon* :

sublime uolans[c] ;

similiter idem in I *Aeneidos* :

una Eurusque Notusque ruunt[d].

Pronomina quoque pro aduerbiis ponuntur, ut Vergilius in VIII : 6

hoc tunc ignipotens caelo descendit ab alto[e],

hoc pro *huc* ; idem in I *Aeneidos* :

namque uidebat, uti bellantes Pergama circum,
hac fugerent Grai, premeret Troiana iuuentus,
hac Phryges.

Neque enim ea indubitanter aduerbia esse accipimus, sed nomina uel pronomina esse dicimus loco aduerbiorum posita per diuersos casus :

– per nominatiuum, ut in XI Vergilius :

fors et uota facit cumulatque altaria donis[f],

et III *Georgicon* :

sole recens orto[g] ;

– per genetiuum, ut *Romae* : Cicero *Pro Ligario*, *Romaene sit ? neue cum fratribus ?*[h] Sallustius in I *Historiarum* : *ac deinde militiae et domi gestas conposui* ; idem in I *Historiarum* : | *itaque Seruilius aegrotum Tarenti collegam prior transgressus* ;

a. v. 870 : *cf.* [Probus] *Vlt. Syll.* 248.24, 260.29.

b. *Cf.* Sacerdos *GL* 6, 456.17-18 ; [Probus] *Vlt. syll. GL* 4, 264.12 ; Donatus *Mai.* 662.13 H. ; Mar. Victorinus *Gramm.* 85.22 M. ; Charisius 356.17 et 368.3 B. ; Diomedes *GL* 1, 442.27 et 450.21 ; Aphthonius *Metr. omn. GL* 6, 66.15 ; [Victorinus / Palaemon] *ars GL* 6, 190.9 et 213.2 ; [Asper] *GL* 5, 550.18-19 ; Audax *Exc. GL* 7, 339.28 et 342.8-9 ; Consentius *Barb. et met.* 8.5-6 et 9-10 ; 29.11-12 ; 30.12-13 N. ; Pompeius *GL* 5, 298.27 ; Priscianus *GL* 2, 336.2-3 ; 3, 194.2 ; Iulianus Toletanus 121.185-187 et 194.73 M.Y.

c. Cf. *infra*, 65.12, 68.4, 77.9.

d. Cf. *supra*, 31.12.

e. *Cf.* Priscianus *GL* 2, 26.22.

f. Cf. *infra*, 78.19, 79.8, 87.1.

g. *Cf.* [Augustinus] *Reg.* 111.1 M. ; Priscianus *GL* 3, 148.19, 193.12.

h. *ut Romae ne sit, ut domo careat, ne cum optimis fratribus Cicero* (ed. Lob).

– ou bien d'une préposition, comme *ex* [hors de] / *extra* [au-dehors], *in* [dans] / *intra* [au-dedans], *con-* [avec][19] / *contra* [vis-à-vis de], *sub* [sous] / *subter* [au-dessous].

Il arrive aussi que la finale d'un nom, aux différents cas, assume la construction des adverbes, et que de ce fait ce nom soit employé en guise d'adverbe[20], ainsi Virgile en VI : *nimium uobis Romana propago / uisa potens superi* [la race des Romains vous paraissant trop puissante, ô dieux, *Én.* 6, 870-871], où il a employé *nimium* [excessif] avec la valeur de *nimis* [trop] ; de même dans l'*Énéide* I : *multum ille et terris iactatus et alto* [ballotté en tous sens sur terre et sur mer, *Én.* 1, 3] ; de même en VIII : *iam primum saxis suspensam hanc aspice*
64 *rupem* [regarde d'abord ce pic suspendu parmi les rochers, *Én.* 8, 190] ; de même dans les *Géorgiques* I (sic), *sublime uolans* [s'envolant vers les hauteurs, *Én.* 10, 664[21]], et de même encore dans l'*Énéide* I: *una Eurusque Notusque ruunt* [ensemble l'Eurus et le Notus <l'>arrachent, *Én.* 1, 85].

Des pronoms aussi sont employés comme adverbes, ainsi Virgile en VIII : *hoc* 6
tunc ignipotens caelo descendit ab alto [c'est ici que le maître du feu descend alors des hauteurs du ciel, *Én.* 8, 423] – *hoc* avec la valeur de *huc* [vers ici] ; le même dans l'*Énéide* I : *namque uidebat, uti bellantes Pergama circum, / hac fugerent Grai, premeret Troiana iuuentus, / hac Phryges* [car il voyait comment, combattant autour de Pergame, ici fuyaient les Grecs, que pressait la jeunesse troyenne, là les Phrygiens, *Én.* 1, 466-468].

En fait, ce n'est pas que nous considérions ces formes comme étant incontestablement des adverbes : ce que nous disons, c'est que ce sont des noms ou des pronoms, mais employés en guise d'adverbes, et ce aux différents cas :

– au nominatif, comme Virgile en XI : *fors et uota facit cumulatque altaria donis* [peut-être forme-t-il des vœux et charge-t-il les autels d'offrandes, *Én.* 11, 50], et *Géorgiques* III : *sole recens orto* [le soleil juste levé, *G.* 3, 156] ;

– au génitif, comme *Romae* [à Rome] : Cicéron, *Pour Ligarius*, *Romae ne sit? neue cum fratribus?* [qu'il ne soit pas à Rome? ni avec ses frères? *Lig.* 11] ; Salluste dans les *Histoires* I : *ac deinde militiae et domi gestas composui* [j'ai écrit l'histoire de ce qui s'est également passé ensuite aux armées et à Rome, *Hist.* frg. 1,1 M.] ; Salluste encore dans les *Histoires* I : *itaque Seruilius aegrotum Tarenti collegam prior transgressus* [c'est pourquoi Servilius, traversant le premier, <laissa> à Tarente son collègue malade, *Hist.* frg. 1,127 M.] ;

19. Sur *con-* comme préposition, *cf.* livre 14 : 39.11-16 et 50.25-26.

20. Les exemples cités sont des accusatifs (*multum*, *primum*, *sublime*) et un ablatif (*una*), à valeur adverbiale.

21. La référence inexacte aux *Géorgiques* s'explique par *G.* 1, 320-321, *sublimem... uolantes*.

– per datiuum, ut *uesperi, sorti, ruri* : Terentius in *Andria*,

quemne ego heri uidi ad uos adferri uesperi ?[a]

Vergilius *Georgicon* IIII :

sunt quibus ad portas cecidit custodia sorti[b] ;

65 Terentius in *Phormione* :

cui opera uita erat, ruri fere
se continebat ;

– per accusatiuum, ut *Romam, Athenas* : Terentius in *Andria*,

quid tu Athenas insolens ?

– per ablatiuum Vergilius in *Bucolico* :

forte sub arguta consederat ilice Daphnis[c] ;

idem in eodem :

alternis dicetis, amant alterna Camenae[d].

Cum autem loco aduerbiorum accipiuntur, manent indeclinabilia, licet iungantur nominum uel pronominum uel participiorum diuersis casibus, ut *sublime uolans*[e], *sublime uolantis*, *sublime uolanti*. Sic igitur omnia discernas nomina uim aduerbiorum recipientia uel non. **7**

Et primitiua quidem uniformia sunt nec regulam aliquam a | similitudine uel collatione aliorum possunt accipere, ut *cras*, *cur*, *heus*, *sic*, *nempe*.

Deriuatiua uero, quae sub aliqua certa proferuntur forma, inter sese adhibita collatione rationem plerumque regulae possunt accipere pro similitudine terminationum. *Plerumque* autem diximus propter excepta uel anomala, ut *bene*, *male*, *duriter*.

Ergo per singulas terminationes | necessarium est eorum formas inspicere.

A igitur terminantia : **8**

– uel primitiua sunt, ut *ita*, quod solum *a* correptam habuit, quamuis quidam *puta* quoque aduerbium esse accipiant ideoque Persium id corripuisse, ut :

a. Cf. *infra*, 72.7.

b. Cf. *infra*, 72.9.

c. Cf. *infra*, 79.10 ; [Probus] *Vlt. Syll. GL* 4, 247.33 (*f. s. a.*) ; Aphthonius *Metr. Omn. GL* 6, 114.32 (*f. s. a. c.*) ; Cledonius *GL* 5, 67.17.

d. *Cf.* Priscianus *GL* 3,229.6.

e. Cf. *supra*, 64.2.

– au datif, comme *uesperi* [le soir], *sorti* [par le sort], *ruri* [à la campagne] : Térence dans l'*Andrienne*, *quemne ego heri uidi ad uos adferri uesperi ?* [moi qui l'ai vu apporter chez vous hier au soir ! *And.* 768] ; Virgile, *Géorgiques* IV : *sunt quibus ad portas cecidit custodia sorti* [il en est à qui la garde des portes est échue par le sort, *G.* 4, 165] ; Térence dans le *Phormion* : *cui opera uita erat, ruri fere / se continebat* [il vivait de son travail, et restait généralement à la campagne, *Phorm.* 363-364] ;

– à l'accusatif, comme *Romam* [à Rome], *Athenas* [à Athènes] : Térence dans l'*Andrienne*, *quid tu Athenas insolens ?* [qu'est-ce qui t'amène à Athènes, exceptionnellement ? *And.* 907] ;

– à l'ablatif, Virgile dans les *Bucoliques* : *forte sub arguta consederat ilice Daphnis* [par hasard, Daphnis s'était assis sous une yeuse bruissante, *B.* 7, 1] ; le même, toujours dans les *Bucoliques* : *alternis dicetis, amant alterna Camenae* [alternativement vous aurez la parole : les Camènes aiment les chants alternés, *B.* 3, 59].

Quand ces formes sont employées en guise d'adverbes, elles restent **7**
invariables, même si elles sont associées à des noms, des pronoms ou des participes à des cas différents des leurs, comme *sublime uolans*, *sublime uolantis*, *sublime uolanti* [s'envolant (nominatif / génitif / datif) vers les hauteurs]. C'est justement comme cela qu'on peut reconnaître à chaque fois si les noms reçoivent ou non une valeur adverbiale.

Pour ce qui est des adverbes primaires, ils ont leur forme spécifique et on ne peut leur prêter, par la ressemblance ou la comparaison avec d'autres, aucune régularité de formation, comme *cras* [demain], *cur* [pourquoi], *heus* [hé !], *sic* [ainsi], *nempe* [évidemment].

Quant aux dérivés, qui sont énoncés selon un mode de formation déterminé, si on les compare les uns avec les autres, on peut rendre compte le plus souvent de leur régularité de formation en raison de la similitude de leur finale. Nous disons « le plus souvent » à cause des adverbes exceptionnels ou anomaux, comme *bene* [bien], *male* [mal], *duriter* [durement].

Par conséquent, il est nécessaire d'examiner la forme des adverbes finale par finale.

L'espèce : classement par finales. Les finales vocaliques

Les adverbes se terminant par *a* sont : **8**

– ou bien primaires, comme *ita* [ainsi], qui est le seul à avoir toujours eu un *a* bref, quoique certains considèrent que *puta* [par exemple] aussi est un adverbe[22] et que c'est pour cette raison qu'on le trouve bref chez Perse :

22. La formulation est elliptique. *Puta* est à l'origine l'impératif 2ᵉ pers. sg. de *putare* [évaluer, estimer, penser], et, d'après ce qu'indique ici Priscien, certains grammairiens se fondaient sur la quantité du *-a* final pour distinguer cet impératif (avec *-a* long) de la forme *puta* qui en est issue avec le sens de « figure-toi », « par exemple », et qu'ils intégraient parmi les adverbes.

hoc puta non iustum est, illud male, rectius illud ;

– uel composita, ut *praeterea*, *interea*, *postea*, *antea*, quae omnia producunt *a* terminalem ;

– uel ablatiui sunt nominum, qui pro aduerbiis accipiuntur, ut *una*, *qua*, *nequa*, *Roma*, ut Vergilius in I *Aeneidos* :

una Eurusque Notusque ruunt, creberque procellis[a] ;

idem in eodem :

66 *qua data porta ruunt et terras turbine perflant* ;

in eodem :

nequa scire dolos mediusue occurrere possit.

Et sciendum quod propria ciuitatium nomina, si primae uel secundae | sint declinationis, genetiuo quidem casu pro aduerbio in loco accipiuntur, ut *Romae sum* uel *Tarenti*, accusatiuo uero ad locum cuiuscumque sint declinationis, ut *Romam eo* uel *Tarentum* uel *Carthaginem* uel *Athenas*, ablatiuo de loco uel per locum, ut *Roma exeo*, *Tarento transeo* ; sin tertiae sint, ablatiuo tam in loco quam de loco uel per locum, ut | *Carthagine sum, Carthagine uenio, Carthagine transeo* ; idem et in semper pluralibus inuenitur, ut *Athenis sum*, *Athenis uenio*, *Athenis transeo*.

Inueniuntur tamen et cum praepositionibus nomina ciuitatium saepe prolata, **9**
et maxime apud historicos :

– Liuius in VIII *Ab urbe condita* : *uenerant et ab Lanuuio Antioque auxilia* ;

– Sallustius in | *Catilinario* : *nam tum Brutus ab Roma aberat*[b] ;

– idem in *Iugurthino* : *ad Cirtam oppidum iter constituunt* ;

– Liuius in VIIII : *et Fabius supplementum ab Roma adduxit* ;

– idem in VII : *quem autem ab Roma posse exciri ?*

a. Cf. *supra*, 31.12.

b. *Cf.* [Probus] *Inst. Art. GL* 4, 150.20 et 26 ; Audax *Exc. GL* 7, 355.8 et 18 ; [Sergius] *Explanat. GL* 4, 511.30.

hoc puta non iustum est, illud male, rectius illud [ceci par exemple n'est pas juste, cela est mal, voici qui est plus honnête, *Sat.* 4, 9] ;

– ou bien composés, comme *praeterea* [en outre], *interea* [entre-temps], *postea* [ensuite], *antea* [auparavant], qui présentent tous un *a* final long ;

– il peut encore s'agir d'ablatifs de noms, employés comme adverbes, par exemple *una* [ensemble], *qua* [par où], *nequa* [pour éviter que d'une façon ou d'une autre], *Roma* [de / par Rome], ainsi Virgile, *Énéide* I : *una Eurusque Notusque ruunt, creberque procellis* [ensemble l'Eurus et le Notus <l'>arrachent,
66 et, lourd de ses bourrasques…, *Én.* 1, 85] ; le même dans le même livre : *qua data porta ruunt et terras turbine perflant* [par le passage offert, ils se ruent et soufflent leurs tourbillons sur l'étendue des terres, *Én.* 1, 83] ; encore dans le même livre : *nequa scire dolos mediusue occurrere possit* [pour éviter que d'une façon ou d'une autre il puisse connaître nos ruses ou y faire obstacle par sa présence, *Én.* 1, 682].

Excursus sur les noms de villes

Et il faut savoir que les noms propres de villes, s'ils sont de la première ou de la deuxième déclinaison, sont employés au génitif comme adverbes de lieu où l'on est, ainsi *Romae sum*, ou *Tarenti* [je suis à Rome / à Tarente] ; à l'accusatif pour le lieu où l'on va, quelle que soit la déclinaison, comme *Romam eo*, ou *Tarentum*, ou *Carthaginem*, ou *Athenas* [je vais à Rome, à Tarente, à Carthage, à Athènes] ; à l'ablatif pour le lieu d'où l'on vient ou le lieu par où l'on passe, comme *Roma exeo, Tarento transeo* [je sors de Rome, je passe par Tarente] ; s'ils sont de la troisième déclinaison, ces noms sont employés à l'ablatif aussi bien pour le lieu où l'on est que pour le lieu d'où l'on vient ou par où l'on passe, comme *Carthagine sum, Carthagine uenio, Carthagine transeo* [je suis à Carthage, je viens de C., je passe par C.] ; la même chose se trouve aussi pour les noms qui sont toujours au pluriel, comme *Athenis sum, Athenis uenio, Athenis transeo* [je suis à Athènes, je viens d'A., je passe par A.].

Cela étant, on trouve également souvent des noms de ville énoncés avec des 9
prépositions, surtout chez les historiens :

– Tite-Live dans l'*Histoire romaine* VIII : *uenerant et ab Lanuuio Antioque auxilia* [des renforts étaient également arrivés de Lanuvium et d'Antium, 8, 12, 7] ;

– Salluste dans la *Conjuration de Catilina* : *nam tum Brutus ab Roma aberat* [car alors Brutus était absent de Rome, *C.* 40, 5] ;

– le même dans la *Guerre de Jugurtha* : *ad Cirtam oppidum iter constituunt* [ils décident de faire route vers la place forte de Cirta, *J.* 81, 2] ;

– Tite-Live en IX : *et Fabius supplementum ab Roma adduxit* [et Fabius amena de Rome un renfort de troupes, 9, 33, 2] ;

– le même en VII : *quem autem ab Roma posse exciri ?* [mais qui pouvait-on faire venir de Rome ? 7, 39, 10] ;

– in eodem : *qua uia ad Veserim ferebat* ;

– Sallustius in I *Historiarum* : *ad Olympum atque* | *Phaselida* ;

– in eodem : *ad Corycum* ;

– in eodem : *apud Corycum* et *apud Lete oppidum* et *repulsus a Lete oppido* et
67 *apud* | *Ilerdam eum multa opera circumdata* ;

– idem : *apud Praeneste locatus* ;

– idem : *apud Mutinam* ;

– *ex Rhodo* : Plautus in *Mercatore*,

nauem ex Rhodo, qua est heri aduectus filius.

Inueniuntur tamen quaedam etiam appellatiua supra dictam regulam seruantia, ut *militiae*, *militiam*, *militia* ; *domi*, *domum*, *domo* ; *humi*, *humum*, *humo*.

In *e* correptam :

– uel primitiua sunt, ut *pone*, *paene* (ex quo etiam aliud deriuauit Plautus in *Mustellaria* :

ita mea consilia peruortit paenissime[a]),

ne, *prope*, *nempe*, *quippe*, *saepe*, *inde* et ex eo composita *deinde*, *subinde*, *perinde*, *exinde*, *proinde*, quae omnia antepaenultimam habent acutam (uel quia per adiectionem habent *de*, ut quibusdam uidetur, unde frequenter inuenimus *exin* et *dein* : Vergilius in VII,

exin Gorgoneis Allecto infecta uenenis[b],

a. *Cf.* Priscianus *GL* 2, 99.18.

b. Cf. *supra*, 35.29.

– dans le même livre (sic) : *qua uia ad Veserim ferebat* [là où la route menait au Veseris, 8, 8, 19] ;

– Salluste, *Histoires* I : *ad Olympum atque Phaselida* [vers l'Olympe et Phasélis, *Hist.* frg. 1, 129 M.] ;

– dans le même livre : *ad Corycum* [vers Corycus, *Hist.* frg. 1, 131 M.] ;

– dans le même livre : *apud Corycum* [à Corycus, *Hist.* frg. 1, 132 M.], *apud Lete oppidum* [à la place forte de Létè, *Hist.* frg. 1, 133 M.], *repulsus a Lete oppido* [chassé de la place forte de Létè, *Hist.* frg. 1, 134 M.], *apud Ilerdam eum multa opera circumdata* [à Ilerda, les multiples ouvrages de siège qui l'environnaient..., *Hist.* frg. 1, 122 M.] ;

67 – Salluste encore : *apud Praeneste locatus* [établi à Préneste, *Hist.* frg. 1, 37 M.] ;

– le même : *apud Mutinam* [à Modène, *Hist.* frg. 1, 79 M.] ;

– *ex Rhodo* [de Rhodes] : Plaute dans le *Mercator*, *nauem ex Rhodo qua est heri aduectus filius* [le navire sur lequel mon fils est arrivé hier de Rhodes, *Merc.* 257].

Cela étant, il se trouve même certains noms appellatifs qui observent la règle ci-dessus, comme *militiae*, *militiam*, *militia* [à / partant pour / au sortir de l'armée], *domi*, *domum*, *domo* [à / vers / de la maison], *humi*, *humum*, *humo* [à terre / par t. / de t.].

Retour au classement vocalique

En *-e* bref, ce sont :

– ou bien des primaires, comme *pone* [derrière], *paene* [presque] (à partir duquel Plaute dans la *Mostellaria* a même dérivé un autre adverbe : *ita mea consilia peruortit paenissime* [il s'en faut de vraiment très peu qu'il ne bouleverse mes projets, *Most.* 656]), *-ne* [23], *prope* [près], *nempe* [évidemment], *quippe* [en vérité], *saepe* [souvent], *inde* [de là] et ses composés, *deinde* [ensuite], *subinde* [immédiatement après], *perinde* [de la même manière], *exinde* [à partir de là], *proinde* [par conséquent], qui tous ont un accent aigu sur l'antépénultième (certains pensent que c'est parce que *de* n'est qu'une adjonction, ce qui fait qu'on trouve souvent *exin* ou *dein* : Virgile en VII, *exin Gorgoneis Allecto infecta uenenis* [sur-le-champ, Allecto, tout infectée du venin des Gorgones..., *Én.* 7, 341],

23. Priscien interprète ce *-ne* comme une conjonction dubitative dans le livre 16 (101.9), mais en lui attribuant des valeurs non seulement d'interrogation ou de doute, mais aussi d'affirmation (*confirmatiua*, 101.21 et 102.5, *cf.* note 45) ; il est vraisemblable que c'est à partir de cette dernière valeur qu'il interprète ici ce *-ne* comme adverbe – mais sans qu'on sache quel sens exact il lui donne. Par ailleurs, la série citée ici s'achève par plusieurs composés en *-inde*, qui sont seuls concernés par la parenthèse qui termine le paragraphe – et par conséquent les prépositions concernées sont *de-*, *sub-*, *per-*, *ex-*, *pro-* ; sur l'indistinction des emplois prépositionnels et préfixés, *cf.* livre 14 : 24.12 et note 2.

uel magis quia praepositiones separatae grauantur, ut coniunctae esse ostendantur, acutum in his assumpserunt accentum, quomodo et coniunctio *si* et *ne* aduerbium, cum praeponuntur *quando*, ut *siquando*, *nequando*; nam *aliquando* differentiae causa ab *aliquanto*, quod consimilem sonum habere uidentur, acuit antepaenultimam) ;

– uel deriuatiua sunt, | ut *peragro peregre*, *punio impune*, *abundo abunde*, *rito* (unde *irrito*) *rite*.

Nomina quoque pro aduerbiis in *e* correptam desinentia inuenimus, ut Sallustius in *Iugurthino*: *cetera haud facile conperta narrauerim*[a]; Vergilius in III :

68 *forte fuit iuxta tumulus, quo cornea summo*
uirgulta;

idem in X :

sed sublime uolans nubi se inmiscuit atrae[b],

quamuis *facile* et *sublime* accusatiui sunt, *forte* autem ablatiuus ; sic etiam *sponte sua*[c] et *mane primo* nomina esse ostenduntur coniunctione aliorum casualium, ut *domi suae*.

Sunt etiam composita in *e* correptam desinentia aduerbia, ut supra dicta *exinde*, *perinde* et *punio impune* : Vergilius in II *Georgicon*,

et saepe alterius ramos inpune uidemus
uertere in alterius[d].

Vtpote quoque compositum est ab aduerbio et nomine ; *pote* enim ab eo quod est *potis* nascitur, *hic* et *haec potis* et *hoc pote*, unde Persius :

qui pote ? uis dicam ? nugaris, cum tibi, calue[e],

a. *de eis haud facile conpertum narrauerim. Cetera quam paucissimis absoluam* Sallustius (ed. Reynolds).

b. Cf. *supra*, 64.2.

c. Cf. *supra*, 34.16.

d. *Cf.* [Probus] *Vlt. Syll.* 249.18.

e. *Cf.* Diomedes *GL* 1, 386.6 (*q. p. u. d. n.*) ; Priscianus *GL* 2, 251.20-21 (v. 56-57).

ou plutôt parce que les prépositions n'ont un accent grave que lorsqu'elles sont en position détachée : quand elles sont attachées en revanche, pour qu'il soit manifeste qu'elles le sont, c'est sur elles que ces adverbes ont reçu l'accent aigu ; c'est la même chose pour la conjonction *si* [si] et l'adverbe *ne* quand ils sont préposés à *quando* [un jour], dans *siquando* [si un jour], *nequando* [pour éviter qu'un jour] ; quant à *aliquando* [quelque jour], c'est pour le différencier de *aliquánto* [quelque peu] – dans la mesure où on a l'impression qu'ils se prononcent de la même façon[24] – qu'il a un accent aigu sur l'antépénultième) ;

– ou bien des dérivés, comme *peragro* / *peregre* [parcourir / à l'étranger], *punio* / *impune* [punir / impunément], *abundo* / *abunde* [abonder / abondamment], *rito* [ratifier] (d'où *irrito* [annuler]) / *rite* [comme il faut][25].

Nous trouvons aussi, se terminant en *-e* bref, des noms employés comme adverbes, par exemple Salluste dans la *Guerre de Jugurtha* : *cetera haud facile conperta narrauerim* [pour le reste, je ne saurais aisément exposer des faits
68 certains, *J.* 17, 2[26]] ; Virgile en III : *forte fuit iuxta tumulus, quo cornea summo / uirgulta* [justement, il y avait à côté un tertre, avec, au sommet, des pousses de cornouiller, *Én.* 3, 22-23] ; le même en X : *sed sublime uolans nubi se inmiscuit atrae* [mais s'envolant vers les hauteurs il s'est mêlé à la nuée sombre, *Én.* 10, 664] – quoique *facile* et *sublime* soient des accusatifs, *forte* un ablatif. De même pour *sponte sua* [de son propre mouvement] et *mane primo* [de bon matin] : ce qui montre que ce sont des noms, c'est leur association avec d'autres formes casuelles, comme *domi suae* [dans sa maison].

Il y a aussi des adverbes en *-e* bref composés, comme *exinde*, *perinde*, déjà cités, et *punio* / *impune* : Virgile dans les *Géorgiques* II, *et saepe alterius ramos inpune uidemus / uertere in alterius* [et souvent nous voyons les rameaux d'un arbre se changer sans dommage en ceux d'un autre, *G.* 2, 32-33]. *Vtpote* aussi est composé, d'un adverbe et d'un nom ; *pote* en effet est issu de *potis* : *potis* au masculin et au féminin, *pote* au neutre, d'où Perse : *qui pote ? uis dicam ? nugaris, cum tibi, calue* [comment est-ce possible ? tu veux que je te dise ? tu badines,

24. En grec à l'époque de Priscien, les occlusives sourdes situées après une nasale se sont sonorisées : [nt]> [nd]. Il s'ensuit que, prononcées par des Grecs ou « à la grecque », les formes latines *aliquando* et *aliquanto* sont toutes les deux prononcées de la même manière avec une dentale sonore, et que la distinction entre les deux mots ne peut alors se faire que par l'accentuation.

25. Le verbe *irrito* [annuler] est attesté dans le Code théodosien, mais il semble que la forme *rito* soit fabriquée par Priscien par rétroformation pour rendre compte de *rite* ; plus loin, en 71.14, Priscien évoque la possibilité que *rite* soit formé aussi sur *ritus*. Comme parfois chez les grammairiens anciens dans les rapprochements étymologiques, la quantité vocalique est négligée (*i* long dans *rite*, bref dans *irrito*).

26. La citation de Priscien, *cetera haud facile conperta narrauerim*, modifie profondément le texte de Salluste, *de eis haud facile… quam paucissimis absoluam* (il s'agit du début de la présentation de l'Afrique) – comme si la fin de la phrase avait été en quelque sorte contaminée par le *cetera* qui figure en tête de la suivante.

id est *quomodo possibile ?* (ab eo autem quod est *hic* et *haec potis* et *hoc pote*, fit comparatiuum *hic* et *haec potior* et *hoc potius* et superlatiuum *potissimus*, ex quibus etiam aduerbia *potius* et *potissime*).

In *e* productam primitiua non inueni, sed deriuatiua a nominibus | secundae **11**
declinationis, quorum datiuus in *o* desinens in *e* longam conuertitur et facit aduerbium, ut *huic claro clare*, *optimo optime*, *pulchro pulchre*, *affabro affabre* (Cicero in *Verrinarum* II : *deum nullum, qui ei paulo affabre factus*[a]), *huic sano sane*, *fero fere*.

Excipitur *bene* et *male* a *bono* et *malo* in *e* breuem desinentia. Multa autem ex supra dictis nominibus ipsa terminatione datiui pro aduerbiis accipiuntur, ut *falso*, *consulto*, *postremo*, *sedulo*, *auspicato*, *augurato*, *manifesto*, *priuato*, *precario*, *merito* :

– Terentius in *Eunucho* :

seu ui seu clam seu precario[b] ;

– idem in *Andria* :

haud auspicato huc me adtuli[c] ;

69 – idem in *Phormione* :

merito te amo ;

– idem in eadem :

postremo si nullo alio pacto, fenore ;

– Liuius in XIII : *priuato nos tenuissemus* ;

– dicitur tamen et *priuatim* : Sallustius in *Catilinario*, *ea priuatim et publice rapere*.

Et saepe corripiunt *o* terminalem, quando in aduerbia transeunt, ut *cito*, *sero*, *modo* :

a. *deum denique nullum Siculis, qui ei paulo magis adfabre atque antiquo artificio factus* Cicero (ed. de la Ville de Mirmont et al.).

b. *uel* ... *uel* ... *uel* Terentius (ed. Kauer & Lindsay).

c. *appuli* Terentius (ed. Kauer & Lindsay).

chauve, quand pour toi..., *Sat.* 1, 56], c'est-à-dire *quomodo possibile ?* – De cette forme *potis*, masculin et féminin, *pote* au neutre, provient le comparatif *potior*, masculin et féminin, *potius* au neutre, et le superlatif *potissimus*, d'où proviennent aussi les adverbes *potius* et *potissime*.

En *-e* long, je n'ai pas trouvé de primaires, mais des dérivés de noms de la 11
deuxième déclinaison, dont le datif à finale *-o* se change en *-e* long et donne ainsi naissance à un adverbe, comme *claro / clare* [clair / clairement], *optimo / optime* [excellent / excellemment], *pulchro / pulchre* [beau / bellement], *affabro / affabre* [artiste / artistement] – Cicéron, dans les *Verrines* II : *deum nullum, qui ei paulo affabre factus* [aucun dieu qui lui <parût> réalisé un peu artistement, *Verr.* 1, 14] –, *sano / sane* [sain / réellement], *fero / fere* [sauvage / presque].

Exceptions aux formations en -e *long*

Font exception *bene* [bien] et *male* [mal], de *bono* [bon] et *malo* [mauvais], qui se terminent en *-e* bref. D'autre part, beaucoup des noms cités plus haut sont employés comme adverbes avec cette terminaison même de datif, ainsi *falso* [faussement], *consulto* [délibérément], *postremo* [enfin], *sedulo* [sans tromperie], *auspicato* [après avoir pris les auspices], *augurato* [après l'intervention des augures], *manifesto* [manifestement], *priuato* [dans le domaine privé], *precario* [en suppliant], *merito* [à juste titre] :

– Térence dans l'*Eunuque* : *seu ui seu clam seu precario* [soit par force, soit à la dérobée, soit en suppliant, *Eun.* 319] ;

– le même dans l'*Andrienne* : *haud auspicato huc me adtuli* [je me suis amené ici sans avoir pris les auspices, *And.* 807] ;

69 – le même dans le *Phormion* (sic) : *merito te amo* [c'est à juste titre que je t'aime, *Eun.* 186 (entre autres)] ;

– le même dans la même pièce : *postremo si nullo alio pacto, fenore* [et finalement, s'il n'y avait aucun autre moyen, à intérêt, *Phorm.* 301] ;

– Tite-Live en XIII : *priuato nos tenuissemus* [nous nous serions cantonnés dans le domaine privé, frg. 2 J.][27] ; – on dit aussi *priuatim* : Salluste, dans la *Conjuration de Catilina*, *ea priuatim et publice rapere* [accomplir ces vols dans le domaine privé et dans le domaine public, *C.* 11, 6].

Souvent ces formes abrègent leur *-o* final quand elles passent dans les adverbes, comme *cito* [vite], *sero* [tard], *modo* [seulement] :

27. L'adverbe *priuato* ne nous est pas autrement connu et ce fragment de Tite-Live n'est attesté qu'ici. La présentation de Priscien engage à y voir un synonyme de *priuatim*, employé au sens de « dans le domaine privé » par Salluste dans le passage cité immédiatement après (69.6), mais aussi au sens de « à la maison », par exemple par Tite-Live en 23, 7, 10. L'éditeur des fragments de Tite-Live dans la CUF propose pour ce fragment du livre 13 : « nous serions restés chez nous » (p. 208 et 237-238).

– Iuuenalis in libro I :

et cito rapturus de nobilitate comesa[a]
quod superest ;

– Vergilius in IIII *Aeneidos* :

tu modo posce deos ueniam sacrisque litatis[b] ;

– Statius in I *Thebaidos* :

sero memor thalami maestae solacia mortis[c],
Phoebe, paras ;

– idem in II :

queriturque fidem tam sero reposci.

Necessario dicitur et *necesse*, sed *necesse* eget uerbo substantiuo. **12**

Sunt tamen quaedam ex eadem declinatione, quorum neutra pro aduerbiis accipiuntur, ut *multum*, *nimium*, *uerum* et *uero*, *primum* et *primo* : Terentius in *Andria*,

primo haec pudice uitam, parce ac duriter
agebat[d].

Quod autem etiam *prime* dicitur, ostendit Terentius, qui compositum | ab eo in *Andria* protulit :

nam id arbitror
adprime in uita esse utile, ut ne quid nimis[e].

70 *Nimium* quoque pro *nimis* frequenter inuenimus et *parum* pro | *paruum* : Lucanus in V,

et quam nimiumque parumque
distulimus[f].

Excipiuntur a *duro dure* et *duriter*, a *largo large* et *largiter*, ab | *humano* **13** *humane* et *humaniter*, ab *inhumano inhumane* et *inhumaniter*, a *firmo firme* et *firmiter* :

– Terentius in *Andria* :

primo haec pudice uitam, parce ac duriter
agebat[g] ;

a. *Cf.* Cledonius *GL* 5, 64.14.
b. *Cf.* Cledonius *GL* 5, 64.6 (*t. m. p. d. u.*).
c. *morti* Statius (ed. Hill^2).
d. Cf. *infra*, 70.7.
e. *Cf.* Arusianus 43.4 D.C. (*a.*) ; Priscianus *GL* 2, 91.20 (*a. i. u. e. u.*).
f. Cf. *infra*, 76.12.
g. Cf. *supra*, 69.22.

– Juvénal au livre I, *et cito rapturus de nobilitate comesa / quod superest* [et qui va vite s'emparer de ce qui reste de notre noblesse déjà bien entamée, *Sat.* 1, 34-35] ;

– Virgile, dans l'*Énéide* IV : *tu modo posce deos ueniam sacrisque litatis* [toi, implore seulement la bienveillance des dieux, et, avec d'heureux présages... *Én.* 4, 50] ;

– Stace dans la *Thébaïde* I : *sero memor thalami maestae solacia mortis, / Phoebe, paras* [te souvenant bien tard de ton mariage, tu conçois, Phébus, comme consolation de la mort qui t'afflige... *Théb.* 1, 596-597] ;

– le même en II : *queriturque fidem tam sero reposci* [et il se plaint qu'on lui demande si tard de tenir ses engagements, *Théb.* 2, 388].

On dit *necessario* et *necesse* [nécessairement], mais *necesse* réclame le **12**
verbe « être ».

Cela étant, il y a aussi certains noms de la même déclinaison dont les neutres sont employés comme adverbes, ainsi *multum* [nombreux / beaucoup], *nimium* [excessif / trop], *uerum* [vrai / vraiment] – on a aussi *uero* –, *primum* [premier / d'abord] – et *primo* : Térence dans l'*Andrienne*, *primo haec pudice uitam, parce ac duriter / agebat* [d'abord elle menait sa vie chastement, parcimonieusement et laborieusement, *And.* 74-75] ; qu'on dise aussi *prime*, c'est ce que montre Térence en employant dans l'*Andrienne* un composé de *prime* : *nam id arbitror / adprime in uita esse utile, ut ne quid nimis* [car ce que j'estime avant tout profitable dans la vie, c'est : pas d'excès, *And.* 60-61]. Souvent aussi nous trouvons *nimium* avec la valeur de *nimis* [trop] et *parum* [trop peu] à la place de *paruum* : Lucain en V, *et quam nimiumque parumque / distulimus* [et que nous avons à la fois trop et trop peu différé, *Phars.* 5, 741-742][28].

Font exception[29], de *durus* [dur], *dure* et *duriter* [durement], de *largus* [large], **13**
large et *largiter* [largement], de *humanus* [humain], *humane* et *humaniter* [humainement], de *inhumanus* [inhumain], *inhumane* et *inhumaniter* [inhumainement], de *firmus* [ferme], *firme* et *firmiter* [fermement] :

– Térence dans l'*Andrienne*, *primo haec pudice uitam, parce ac duriter / agebat* [d'abord, elle menait sa vie chastement, parcimonieusement et laborieusement, *And.* 74-75] ;

28. Remarque identique en 76.11-14. Les deux équivalences, *nimium / nimis* et *parum / paruum*, ne sont pas du même ordre. Dans le premier cas il s'agit de deux formes adverbiales dont l'une, *nimium*, accusatif adverbialisé de l'adjectif *nimius*, est de même sens mais d'emploi moins fréquent que l'autre, l'adverbe usuel *nimis* ; en raison de la plus grande fréquence de *nimis*, quand *nimium* se trouve, c'est « avec la valeur » (*pro*) de *nimis*. Dans le second cas, l'adverbe usuel est *parum*, mais comme l'adjectif *paruus* existe, *parum* paraît être une forme altérée de l'accusatif adverbialisé de cet adjectif, l'inusité *paruum* : *parum* paraît être « à la place » (*pro*) de *paruum*. L'emploi du même *pro* dans les deux cas montre que l'équivalence indiquée par ce terme s'interprète en fonction du contexte.

29. Jusqu'en 71.6 (ainsi que pour 77.7-12), Priscien exploite le livre 11 du *De compendiosa doctrina* de Nonius Marcellus. Sur les modalités de cette exploitation, *cf.* Keller 2009 et *Introduction*, sections 2 et 6.

– Cicero in III *Verrinarum* : *respondit illa ut meretrix non | inhumaniter*[a] ;

– idem in XIII *Philippicarum*: *putare aliquid moderate aut humane facturum*[b] ;

– idem *De re publica* VI : *firmiter enim maiores nostri stabilita matrimonia esse uoluerunt* ;

– idem *Ad Pansam* I : *de Antiocho fecisti humaniter.*

Inueniuntur et alia, quibus tamen non est utendum : Pomponius in | *Auctorato*,

ludit nimium insaniter,

pro *insane* ; *seueriter* quoque pro *seuere* : Titinius in *Prilia*,

seueriter
hodie sermonem amica mecum contulit ;

71 idem *blanditer, benigniter* ; Plautus *amiciter, auariter,* | *munditer, saeuiter, maestiter* ; *aequiter, asperiter* ; Nouius *festiuiter* ; Lucilius *ampliter, ignauiter* ; Varro *probiter, mutuiter* ; Ennius *proteruiter* ; *ignauiter, inimiciter, iracunditer, superbiter, temeriter, praeclariter, toruiter, puriter,* | *reuerecunditer, miseriter, properiter.* Dicitur etiam *abunde* ab *abundo* et *abundanter* ab *abundans*[c].

Sciendum tamen quod quaedam aduerbia non plane seruant significationem quae in nominibus est a quibus deriuantur, ut *ferus fere*, *sanus sane*, *sensus sensim* ; ideo autem diximus *non plane*, quia potest esse aliqua ratio, ut *ferae* dicuntur quae omni | corpore feruntur, quippe cum quattuor pedibus utantur, *fere* ergo pro *iuxta*, quod celeribus omnia iuxta sunt ; *sanus* pro *ualidus* accipitur. Ergo et *sane* **14**

a. *Cf.* Pompeius *GL* 5, 245.4.

b. *esse facturos* Cicero (ed. Magnaldi).

c. 70.4-71.6 : *cf.* Nonius 509.11-517.4 M. = 819-831 L.

– Cicéron dans les *Verrines* III : *respondit illa ut meretrix non inhumaniter* [elle répondit, en courtisane qu'elle était, non sans amabilité, *Verr.* 2. 1, 138] ;

– le même dans les *Philippiques* XIII : *putare aliquid moderate aut humane facturum* [penser qu'il fera quelque chose avec mesure et humanité, *Phil.* 13, 36] ;

– le même dans la *République* VI : *firmiter enim maiores nostri stabilita matrimonia esse uoluerunt* [nos ancêtres ont voulu que les liens du mariage fussent solidement affermis, *Rép.* 6 frg. 2 Z.] ;

– le même *à Pansa* I : *de Antiocho fecisti humaniter* [s'agissant d'Antiochus, tu t'es comporté humainement, *Fam.* frg. 5, 1 S. B.].

On en trouve aussi d'autres, dont il ne faut cependant pas se servir : Pomponius dans l'*Engagé*, *ludit nimium insaniter* [il raille trop furieusement, *Com.* 17 R.], à la place de *insane* [furieusement]; *seueriter* aussi, à la place de *seuere* [durement] : Titinius dans *Prilia*, *seueriter / hodie sermonem amica mecum contulit* [mon amie m'a parlé durement aujourd'hui, *Com.* 67-68 R. = 76-77 D.] ; le même : *blanditer* [flatteusement], *benigniter* [obligeamment] ; Plaute *amiciter*
71 [amicalement], *auariter* [avec avidité], *munditer* [proprement], *saeuiter* [rigoureusement], *maestiter* [tristement] ; *aequiter* [également], *asperiter* [sévèrement] ; Novius *festiuiter* [agréablement] ; Lucilius *ampliter* [amplement], *ignauiter* [sans énergie] ; Varron *probiter* [sainement], *mutuiter* [réciproquement] ; Ennius *proteruiter* [effrontément] ; *ignauiter* [paresseusement], *inimiciter* [inamicalement], *iracunditer* [rageusement], *superbiter* [orgueilleusement], *temeriter* [à la légère], *praeclariter* [remarquablement], *toruiter* [farouchement], *puriter* [purement], *reuerecunditer* [respectueusement], *miseriter* [misérablement], *properiter* [à la hâte]. On dit aussi *abunde* [abondamment] à partir de *abundus* [abondant], et *abundanter* à partir de *abundans*.

Autonomie sémantique de certains adverbes par rapport à leur base

Cela étant, il faut savoir que certains adverbes ne conservent pratiquement **14**
rien de la signification qu'il y a dans les noms dont ils dérivent, comme *ferus / fere* [sauvage / presque], *sanus / sane* [sain / réellement], *sensus / sensim* [sens / insensiblement]. Si nous disons « pratiquement rien », c'est parce qu'il peut y avoir tout de même un certain lien logique; par exemple, on appelle sauvages [*ferae*] les bêtes qui se déplacent [*feruntur*] de tout leur corps, dans la mesure où elles se servent de leurs quatre pattes, d'où *fere* [presque] avec la valeur de *iuxta* [tout près], puisque quand on est rapide, on est près de tout[30] ; *sanus* [sain] est employé avec la valeur de *ualidus* [fort], et donc *sane* [réellement] avec la valeur de

30. La chaîne de l'interprétation qui relie *ferus* [sauvage] à *fere* [presque] est donc la suivante : *ferus* [sauvage] vient de *fero* [porter], parce que les bêtes sauvages (*ferae*) se déplacent (*feruntur*) à quatre pattes ; or la rapidité induite par ce type de locomotion met ces animaux à proximité de tout ; et la proximité, c'est ce que signifie *fere* [presque]. Cette interprétation apparaît déjà chez Servius, *ad Aen.* 1, 215. Partant du constat qu'un rapport étymologique s'accompagne d'une relation sémantique,

pro *ualde* (hoc quoque notandum, quod a *ualido ualde* pro *ualide* per syncopam profertur), *sensim* pro *paulatim*, quia ea maxime faciunt sensum, quae morantur ; a *rito* uero uerbo uel ritu *rite* | pro *recte*, quia nihil traditur ritibus nisi quod rectum esse credatur.

A quintae quoque declinationis nominibus composita *e* producunt, *pridie*, *hodie*, *postridie* ; *meridie* quoque pro aduerbio accipitur, cum sit nomen.

In *i* quoque desinentia inueniuntur aduerbia, sed pauca primitiua, ut *heri*, *ibi*, *ubi*. Dicitur tamen et *here* : Iuuenalis in I,

res hodie minor est, here quam fuit, atque eadem cras
deterit exiguis aliquid ;

Horatius in II *Sermonum* :

nam mihi conuiuam quaerenti dictus here illic[a]
72 *de medio potare die.*

Alia uero nomina sunt loco aduerbii posita, per genetiuum pleraque, ut *domi*, **15**
Tauromini, *Lampsaci*, *Tyri*, *Ephesi*, *belli* : Liuius in III *Ab urbe condita*, *duo nefanda facinora decemuiri belli* | *domique adiciunt*. Inueniuntur etiam per datiuum *uesperi* et *sorti* : Terentius in *Andria*,

quemne ego heri uidi ad uos afferri uesperi ?[b]

Vergilius *Georgicon* IIII :

sunt quibus ad portas cecidit custodia sorti[c].

Nec non etiam per ablatiuum, ut *qui* pro *quomodo* uel *unde*, ut Terentius in *Andria* :

nam qui tibi istaec incidit suspicio ?
— qui ? quia te noram[d] ;

idem in eadem :

a. *quaerenti conuiuam* Horatius (ed. Shackleton Bailey).
b. Cf. *supra*, 64.22.
c. Cf. *supra*, 64.24.
d. *istaec tibi* Terentius (ed. Kauer & Lindsay : *ti. is.* **G**). *Cf.* Priscianus *GL* 3, 137.16 (*noui*).

ualde [vraiment] (il faut également remarquer que *ualde*, à partir de *ualidus*, est employé avec syncope à la place de *ualide*); *sensim* [insensiblement] avec la valeur de *paulatim* [peu à peu], parce que ce qui fait le plus d'impression [*sensus*], c'est ce qui dure; à partir du verbe *rito*[31] ou de *ritus* [rite], on a *rite* [comme il faut] avec la valeur de *recte* [correctement], parce que tout ce que les rites nous transmettent est considéré comme correct.

Retour au classement vocalique

Les adverbes composés à partir de noms de la 5e déclinaison présentent eux aussi un *-e* long : *pridie* [la veille], *hodie* [aujourd'hui], *postridie* [le lendemain]; *meridie* [à midi] est également employé comme adverbe, quoique ce soit un nom[32].

On trouve aussi des adverbes qui se terminent en *-i*, mais peu de primaires, comme *heri* [hier], *ibi* [là], *ubi* [où] – on dit d'ailleurs aussi *here* : Juvénal en I, *res hodie minor est here quam fuit, atque eadem cras / deterit exiguis aliquid* [notre avoir aujourd'hui est moindre qu'il n'était hier, et demain, si petit qu'il soit, le voilà qui s'érode encore, *Sat.* 3, 23-24]; Horace dans les *Satires* II : *nam mihi*
72 *conuiuam quaerenti dictus here illic / de medio potare die* [car comme je <te> cherchais hier pour t'inviter, on m'a dit que tu buvais là-bas depuis le milieu du
jour, *Sat.* 2, 8, 2-3]. D'autres sont des noms employés en guise d'adverbes, la **15**
plupart au génitif, comme *domi* [à la maison / à Rome], *Taurominii* [à Taormine], *Lampsaci* [à Lampsaque], *Tyri* [à Tyr], *Ephesi* [à Éphèse], *belli* [à la guerre / à l'armée] : Tite-Live dans l'*Histoire romaine* III, *duo nefanda facinora decemuiri belli domique adiciunt* [les décemvirs ajoutent à cela deux crimes abominables, l'un à l'armée, l'autre à Rome, 3, 43, 1]. On trouve aussi au datif *uesperi* [le soir] et *sorti* [par tirage au sort] : Térence dans l'*Andrienne*, *quemne ego heri uidi ad uos afferri uesperi ?* [lui que j'ai moi-même vu transporter chez vous hier au soir? *And.* 768]; Virgile dans les *Géorgiques* IV : *sunt quibus ad portas cecidit custodia sorti* [il en est à qui est échue par le sort la garde des portes, *G.* 4, 165]. De même encore à l'ablatif, comme *qui* [par quoi] avec la valeur de *quomodo* [comment] ou de *unde* [d'où], ainsi Térence dans l'*Andrienne*: *nam qui tibi istaec incidit suspicio ? / – qui ? quia te noram* [car comment ce soupçon t'est-il venu ? – comment ? parce que je te connaissais ! *And.* 501-502]; le même dans la même pièce :

mais dépourvus de moyens d'investigation formelle autre que la simple parenté phonique, les Anciens ont construit ce genre de chaînes de parenté sémantique par approximations successives – ce qui a discrédité au XIXe siècle l'ensemble de leurs analyses, jugées peu pertinentes. L'usage qu'en fait ici Priscien en s'inspirant de Servius montre qu'il n'était pas insensible à ce genre d'arguments, sans peut-être y croire tout à fait : il y recourt de façon exceptionnelle dans l'*Ars*, et la présentation qu'il en fait ici est nuancée.

31. Voir *supra*, note 25.

32. Sur la forme *meridie* (litt. « au milieu du jour »), *cf.* livre 4, *GL* 2, 137.8 *meridies pro medidies a medio die*.

audiui et credo, multa concurrunt simul,
qui coniecturam hanc nunc facio;

est enim ablatiuus *a quo* uel *a qui*.

In *o* primitiua quidem, ut *quando* temporale et ex eo composita, *siquando*, *nequando*, *aliquando*, quae antepaenultimam habent acutam, | ne duae partes, ut supra dictum est, esse putentur diuisae uel differentiae causa. Deriuatiua uero : a *cis citro*, unde *ultro citroque* : Cicero *Pro Roscio*, *postea homines cursare ultro et citro non destiterunt*. Ab *in* quoque *intra* et *intro* et *intus* et *inter*. || Sunt etiam **16**
composita *praesto*, *profecto*. Alia uero nomina sunt uel pronomina | aduerbialiter prolata, ut *falso*, *merito*, *sedulo*, *cito*, *sero*, *uero*, *utro*, *utroque* : Liuius in VIII *Ab*
73 *urbe condita*, *utroque exercitus missi*, | similiter *quo*, *aliquo*, *eo*, *illo*. Sed quando pro aduerbiis accipiuntur, inueniuntur interdum corripientia *o*, sicut ostendimus.

In *u* pauca inueniuntur denominatiua, ut *diu* et ex eo compositum *interdiu* et a *nocte noctu*. Nam *astu* nomen est indeclinabile, | quomodo *cornu* : Terentius in *Eunucho*,

hem, quid ? amat ? an scit ille, quid meretrix siet ?[a]
an in astu uenit ?

quod nisi esset nomen, praepositio separata ei non praeponeretur.

a. *ill'iam quid* Terentius (ed. Kauer & Lindsay).

audiui et credo, multa concurrunt simul, / qui coniecturam hanc nunc facio [je l'ai entendu dire et j'y crois ; il y a tout un faisceau d'éléments d'où je tire aujourd'hui cette supposition, *And.* 511-512] ; c'est en effet un ablatif : on dit *a quo* ou *a qui*[33].

En *-o* il y a bien sûr des primaires, comme le *quando* temporel et ses composés
siquando [si un jour], *nequando* [pour éviter qu'un jour], *aliquando* [quelque
jour], qui ont un accent aigu sur l'antépénultième pour qu'on ne les considère pas
comme deux mots disjoints, on l'a dit plus haut, ou encore pour distinguer des
quasi-homophones[34]. Il y a cependant aussi des dérivés : de *cis* [en deçà], *citro* [en
deçà, avec mouvement], d'où *ultro citroque* [de-ci de-là, en tous sens] : Cicéron,
Pour Sextus Roscius, *postea homines cursare ultro et citro non destiterunt* [des
hommes ne cessèrent alors de courir en tous sens, *S. Rosc.* 60]. De *in* aussi *intra*
[au-dedans][35], *intro* [dedans, avec mouvement], *intus* [dedans, sans mouv.] et
inter [entre]. Il y a aussi les composés *praesto* [sous la main], *profecto* [sans **16**
contredit]. D'autres sont des noms ou des pronoms énoncés adverbialement,
comme *falso* [fausssement], *merito* [à juste titre], *sedulo* [sincèrement], *cito*
[rapidement], *sero* [tardivement], *uero* [vraiment], *utro* [dans l'une des deux
directions], *utroque* [dans les deux directions] : Tite-Live dans l'*Histoire romaine*
VIII, *utroque exercitus missi* [des armées envoyées dans les deux directions, 8,
73 29, 7]. De même *quo* [où, avec mouvement], *aliquo* [quelque part, avec mouv.],
eo [là, avec mouv.], *illo* [là-bas, avec mouv.]. Mais quand ils sont employés
comme adverbes, on les trouve parfois avec un *-o* bref, comme nous l'avons
montré.

En *-u* on trouve des dénominatifs, peu nombreux, comme *diu* [de jour / longtemps] et son composé *interdiu* [de jour / entre-temps][36], et à partir de *nox* [nuit], *noctu* [de nuit]. Quant à *astu* [ville], c'est un nom invariable, comme *cornu* [corne] : Térence dans l'*Eunuque*, *hem, quid? amat? an scit ille quid meretrix siet? / an in astu uenit* [hein ? quoi ? il est amoureux ? est-ce qu'il sait déjà ce que c'est qu'une courtisane ? est-ce qu'il est venu en ville ? *Eun.* 986-987] ; si *astu* n'était pas un nom, il ne serait pas précédé d'une préposition détachée.

33. La séquence *a qui*, avec l'ablatif archaïque *qui*, était la présentation usuelle (*a quo uel a qui*) de l'ablatif de ces formes dans les flexions scolaires, *cf.* Donat, *Min.*, 589.24 H.

34. Le premier des deux arguments proposés (« pour qu'on ne les considère pas comme deux mots disjoints ») concerne *siquando* et *nequando*, et le second (« pour distinguer des quasi-homophones ») concerne *aliquando*, à distinguer de *aliquanto*, *cf.* 67.15-19 et note 24.

35. Désordre dans la présentation : puisqu'il s'agit d'adverbes en *-o*, on attendrait d'abord, si ce n'est uniquement, *intro*.

36. Priscien rapproche implicitement *diu* de *dies* [jour] (tout comme il le fait explicitement pour *noctu* de *nox*), contre le sens le plus fréquent de *diu* [longtemps] ; il n'est pas le seul, *cf.* Nonius 140 L., *diu pro die unde et interdiu*, suivi d'une citation des *Foulons* de Titinius (*Com.* 27 R. = 18 D.) *nec noctu nec diu licet fullonibus quiescant*.

In *ae* diphthongum nomina sunt genetiui casus loco aduerbii posita, | ut *Romae*, *Cosae*, *Capuae* : || Sallustius in *Iugurthino*, *haec ubi Romae conperta* **17**
sunt ; idem in I *Historiarum* : *res populi Romani M. Lepido Q. Catulo consulibus ac deinde domi et militiae gestas.*

In *hoe*, *au*, *heu*, *ei*, *oh*, *ah* terminantia interiectiones sunt, quas | Graeci aduerbiis connumerant. Horatius in *Carminibus* :

heu hoe Bacche precor[a] ;

idem in II *Carminum* :

heu hoe recenti mens trepidat metu ;

Terentius in *Eunucho* :

au, obsecro
nec conferundus hic quidem ad illum est[b] ;

idem in eodem :

oi ei ;

74 in eodem :

oh,
illud uide, os ut sibi distorsit carnifex ;

idem in *Andria* :

dicturane es quod rogo ? — au[c] ;

Vergilius in II *Aeneidos* :

ei mihi, qualis erat, quantum mutatus ab illo
Hectore[d] ;

idem in eodem :

heu fuge, nate dea, teque his, ait, eripe flammis[e].

In *c* primitiua inueniuntur *sic*, *donec* (quod etiam *donicum* antiqui dicebant : Plautus in *Captiuis*,

ausculta, tum scies :
ego me amitti, donicum ille huc redierit)

et deriuatiua pronominum *illic*, *istic*, *huc*, *illuc*, *istuc*, *hinc*, *illinc*, *istinc*, *hac*, *istac*, *illac*. || Et omnia uel natura uel positione producunt extremam syllabam **18**

a. *euhoe parce Liber* Horatius (ed. Shackleton Bailey).

b. *ne* (*nec* **ALE**η^{1}) *comparandus* Terentius (ed. Kauer & Lindsay).

c. *dictura es* Terentius (ed. Kauer & Lindsay : *-uran*/*-urane* **CP**^{1}**D**^{1}, **GLEv**).

d. Cf. *infra*, 90.17 ; [Probus] *Inst. Art. GL* 4, 146.13 (*hei*) ; Audax *Exc. GL* 7, 356.11 ; Priscianus *GL* 2, 304.3.

e. *Cf.* Priscianus *GL* 3, 280.20 (*t. h. a. e. f.*).

Les finales en diphtongue ; extension vers les interjections

En *-ae*, diphtongue, il y a des noms au génitif employés en guise d'adverbes, comme *Romae* [à Rome], *Cosae* [à Cosa], *Capuae* [à Capoue] : Salluste dans la **17** *Guerre de Jugurtha* (sic), *haec ubi Romae conperta sunt* [quand cela fut connu à Rome, *C.* 36, 2] ; le même dans les *Histoires* I : *res populi Romani M. Lepido Q. Catulo consulibus ac deinde domi et militiae gestas* [<j'ai écrit> l'histoire du peuple romain, à Rome et à l'armée, depuis le consulat de Lepidus et de Catulus et ensuite, *Hist.* frg. 1, 1 M.].

Ceux qui sont en *hoe*, *au*, *heu*, *ei*, *oh*, *ah* sont des interjections, que les Grecs comptent parmi les adverbes. Horace dans ses *Odes* : *heu hoe Bacche precor* [évohé, Bacchus, voici ma prière, *O.* 2, 19, 7] ; le même dans les *Odes* II : *heu hoe recenti mens trepidat metu* [évohé ! mon cœur tremble d'une crainte soudaine, *O.* 2, 19, 5][37] ; Térence dans l'*Eunuque* : *au, obsecro, / nec conferendus hic quidem ad illum est* [oh la la ! s'il te plaît, il n'y a même pas à comparer celui-ci avec celui-là, *Eun.* 680-681] ; le même dans le même texte : *oi ei* [aïe ! aïe !
74 *Eun.* 716] ; dans le même texte : *oh, / illud uide, os ut sibi distorsit carnifex* [oh ! regarde comme il a contrefait son visage, le bourreau ! *Eun.* 669-670] ; le même dans l'*Andrienne* : *dicturane es quod rogo ? au* [vas-tu me dire ce que je te demande ? – aïe ! *And.* 751] ; Virgile dans l'*Énéide* II : *ei mihi, qualis erat, quantum mutatus ab illo / Hectore* [hélas ! pauvre de moi, dans quel état était-il ! combien changé de cet Hector…, *Én.* 2, 274-275] ; le même dans le même texte : *heu fuge, nate dea, teque his, ait, eripe flammis* [hélas ! fuis, dit-il, fils d'une déesse, sauve-toi de ces flammes, *Én.* 2, 289].

Les finales consonantiques

En *-c*, on trouve des primaires : *sic* [ainsi], *donec* [jusqu'à ce que] – les Anciens disaient aussi *donicum* : Plaute dans les *Captifs*, *ausculta, tum scies : / ego me amitti, donicum ille huc redierit* [écoute, tu vas le savoir : moi, qu'on me remette en liberté jusqu'à ce qu'il soit revenu ici, *Capt.* 338-339] – et les dérivés de pronoms *illic*, *istic* [là-bas, sans mouvement], *huc* [ici, avec mouv.], *illuc*, *istuc* [là-bas, avec mouv.], *hinc* [d'ici], *illinc*, *istinc* [de là-bas], *hac* [par ici], *istac*, *illac* [par là-bas]. Tous présentent une syllabe finale longue, par nature ou par position, **18**

37. C'est de la deuxième strophe de l'*Ode* 2, 19 d'Horace que sont extraites les deux citations, *heu hoe Bacche precor* et *heu hoe recenti mens trepidat metu* (même si Priscien n'indique le livre que pour la seconde) ; le texte des vers 5 à 8 est le suivant : *euhoe ! recenti mens trepidat metu / plenoque Bacchi pectore turbidum / laetatur. Euhoe ! parce Liber, / parce, graui metuende thyrso* (éd. Shackleton Bailey) ; le vers 5 est cité exactement (73.18), le vers 7 très approximativement (73.16) : à *parce Liber* a été substitué *Bacche, precor*, peut-être sous l'influence du *Bacchi* du vers 6.

excepto *donec* et in fine circumflectuntur, si uocalem longam habuerint natura. Composita quoque inueniuntur, ut *adhuc*, *abhinc*, *dehinc*.

In *l* pauca inueniuntur : *semel*, *pol*, *edepol* ; *uel* etiam coniunctio pro *ualde* frequenter inuenitur : Cicero *Pro Murena*, *uel maximum bellum populum Romanum cum rege Antiocho gessisse*[a].

In *am* primitiua *clam*, *coram* ; deriuatiua uel composita *nequiquam*, *nequaquam*, *neutiquam*. Praeterea *quam*, quando est similitudinis uel comparationis siue electionis, aduerbium accipitur : Vergilius in XI,

quam facile accipiter saxo sacer ales ab alto[b] ;

Sallustius : *mare Ponticum dulcius quam cetera*, quamuis interpretatio eius, id est ἤπερ, apud Graecos coniunctio sit electiua. *Bifariam* etiam et *trifariam* et *omnifariam* composita sunt a ferendo et | praepositis dictionibus.

75 In *em* primitiua *item*, *tandem* ; composita, ut *itidem*, *ibidem*, *indidem*, *identidem* : Cicero *Pro Roscio*, *indidemne Ameria ?*

In *im* denominatiua inueniuntur et uerbalia siue participialia, ut a *parte* **19**
partim, a *uiro uiritim*, a *uice uicissim*, ab *ostio ostiatim*, a | *statu statim*,

a. *cum Antiocho* Cicero (ed. Adamietz).
b. Cf. *infra*, 77.3 ; Terentianus Maurus 1267 C.

sauf *donec*[38], et ils sont accentués circonflexe sur cette syllabe finale, à condition qu'ils aient une voyelle longue par nature. On trouve aussi des composés, comme *adhuc* [jusqu'alors], *abhinc* [à partir de ce moment], *dehinc* [dorénavant].

En *-l*, on en trouve peu : *semel* [une fois], *pol*, *edepol* [par Pollux] ; *uel* aussi, la conjonction, se rencontre souvent avec la valeur de *ualde* [vraiment] : Cicéron, *Pour Murena*, *uel maximum bellum populum Romanum cum rege Antiocho gessisse* [<je constate> que la guerre au vrai la plus importante menée par le peuple romain fut celle qui fut menée contre le roi Antiochus, *Mur*. 31].

En *-am*, des primaires : *clam* [en cachette], *coram* [ouvertement] ; les dérivés ou composés *nequiquam* [vainement], *nequaquam* [nullement], *neutiquam* [en aucune façon]. En outre, quand *quam* relève soit de l'assimilation, soit de la comparaison ou du choix[39], il est employé comme adverbe : Virgile en XI, *quam facile accipiter saxo sacer ales ab alto* [tout aussi facilement l'épervier, oiseau sacré, d'un rocher élevé… *Én*. 11, 721] ; Salluste : *mare Ponticum dulcius quam cetera* [la mer Noire, plus douce que toutes les autres, *Hist*. frg. 3, 65 M.] – quoique en grec la traduction de ce *quam*, *êper*, soit une conjonction élective[40]. *Bifariam* [de deux côtés] également, *trifariam* [de trois côtés] et *omnifariam* [de tous côtés] sont des composés de *fero* et des mots qui lui sont ici pré-posés[41].

En *-em*, des primaires : *item* [de même], *tandem* [enfin] ; des composés, comme *itidem* [de la même manière], *ibidem* [au même endroit], *indidem* [du même endroit], *identidem* [de manière répétée] : Cicéron *Pour Sextus Roscius*, *indidemne Ameria ?* [du même endroit, d'Amérie ? *S. Rosc*. 74].

En *-im*, on trouve des dérivés tirés de noms et de verbes ou de participes[42], **19**
comme de *pars* [partie], *partim* [en partie] ; de *uir* [individu], *uiritim* [individuellement] ; de *uicis* [alternative], *uicissim* [alternativement] ; d'*ostium* [porte], *ostiatim* [de porte en porte] ; de *status* [stabilité], *statim* [de pied ferme] ;

38. Raccourci de formulation : Priscien veut simplement souligner que les finales *-ic*, *-ac*, *-uc* ont une voyelle longue, alors que *donec*, avec son *e* bref, a une syllabe finale dont la quantité est conditionnée par le contexte ; quant à la finale en *-inc*, elle constitue une syllabe longue par position.

39. Priscien distingue *similitudo*, qui désigne la comparaison équative (grec *homoiôsis* ou *parabolê*), et *comparatio*, qui désigne la comparaison entre termes inégaux (*sugkrisis*) et qui a partie liée avec l'*electio*, dans la mesure où la *comparatio* fait apparaître le « plus » (ou le « moins ») et l'*electio* le « plutôt », *cf.* Lallot 1998[2] : 229-230 et Keller 2008 : 381.

40. C'est-à-dire marquant le choix, *cf.* livre 16 : 98.25, où cette catégorie de conjonctions est prise dans un ensemble terminologique homogène ; et *cf.* Apollonius, *Conj. GG* 2/1[1], 221.16-18 et 251.3.

41. Cette étymologie n'est plus aujourd'hui retenue.

42. Dans la série d'exemples (*cf.* d'autres adverbes en *-im* en 63.13) : a) *strictim* et *priuatim* sont des *uerbalia* ou *participialia* (ils sont tirés de formes verbales, ou plus exactement des participes *strictus* et *priuatus*, *cf.* 63.13 et note 16) ; b) *statim*, *raptim*, *saltuatim*, *cursim*, *sensim*, *affatim*, *tractim*, *ductim* sont des *denominatiua* si l'on considère qu'ils sont tirés de noms-participes, appelés plus haut *nomina participialia*, ou bien des *uerbalia* ou *participialia*, si l'on considère qu'ils sont tirés de formes de supin ; c) *partim*, *uiritim*, *uicissim*, *ostiatim*, *furtim*, *singillatim*, *paulatim* sont des *denominatiua*, ainsi que *singultim* (alors qu'en 63.14, c'est un dérivé du verbe *singultio*) : ils sont tirés de noms communs.

a *raptu raptim*, a *saltu saltuatim*, a *cursu cursim*, a *stricto strictim*, a *furto furtim*, a *sensu sensim*, a *singulis singillatim*, a *fatu affatim* (uel magis a Graeco ἀφάτως, id est *abunde*, unde et corripitur *fa*), a *priuato priuatim*, a *paulo paulatim*, a *singultu singultim* : Horatius in I *Sermonum*,

ut ueni coram singultim pauca locutus[a] ;

[*praesertim*, *confestim*] a *tractu tractim*, a *carptu carptim*, a *ductu ductim*: Plautus in *Curculione*,

sine ductim, sed haec abiit, hac persequar.

In *um* primitiua pauca sunt, *iterum*, *sursum*, *rursum* et *rursus*, | *prorsum* et *prorsus*; deriuatiua uel composita *dextrorsum*, *sinistrorsum*: Horatius *Sermonum* II,

ille sinistrorsum, hic dextrorsum abit ; unus utrique
error ;

sed antiqui etiam *dextrouorsum* dixerunt : Plautus in *Rudente*,

sed dextrouorsum auersa est in malam crucem ;

deorsum, *horsum* ; *orientem uersum*, *occidentem uersum*,
deorsum uersum :

76 Terentius in *Adelphis* ; || similiter *utroqueuorsum* : | Plautus in *Captiuis* : **20**

utroqueuorsum rectum est ingenium meum.

Haec enim quoque composita esse uidentur, cum sub uno accentu proferantur ; melius tamen dicemus quod inclinant sibi supra posita nomina. | Similiter *actutum* deriuatiuum est ab *actu*, id est celeritate : Vergilius in VIIII,

tum cetera reddet
actutum pius Aeneas atque integer aeui

a. Cf. *supra*, 63.15.

de *raptus* [enlèvement], *raptim* [précipitamment] ; de *saltus* [saut], *saltuatim* [par sauts] ; de *cursus* [course], *cursim* [à la course] ; de *strictus* [resserré], *strictim* [en effleurant] ; de *furtum* [vol], *furtim* [à la dérobée] ; de *sensus* [sens], *sensim* [insensiblement] ; de *singuli* [chacun en particulier], *singillatim* [individuellement] ; de *fatus* [parole], *affatim* [abondamment] (qui vient plutôt du grec *aphatôs* [indiciblement], au sens d'« énormément », ce qui explique aussi que *-fa-* soit bref[43]) ; de *priuatus* [privé], *priuatim* [à titre privé] ; de *paulus* [peu considérable], *paulatim* [peu à peu] ; de *singultus* [hoquet], *singultim* [de façon entrecoupée] : Horace dans les *Satires* I, *ut ueni coram, singultim pauca locutus* [quand je me suis présenté, prononçant quelques mots de façon entrecoupée, *Sat.* 1, 6, 56] ; de *tractus* [action de traîner], *tractim* [en traînant] ; de *carptus* [détachement][44], *carptim* [par morceaux] ; de *ductus* [trait], *ductim* [d'un trait] : Plaute dans le *Charançon, sine ductim, sed haec abiit, hac persequar* [s'il te plaît, d'un trait ; mais elle est partie, je vais la suivre par ici, *Curc.* 109].

En *-um*, il y a des primaires – peu : *iterum* [derechef], *sursum* [de bas en haut], *rursum* et *rursus* [en arrière, à nouveau], *prorsum* et *prorsus* [en avant, tout droit] ; des dérivés, ou composés : *dextrorsum* [vers la droite], *sinistrorsum* [vers la gauche] : Horace dans les *Satires* II, *ille sinistrorsum, hic dextrorsum abit; unus utrique / error* [celui-là part à gauche, celui-ci à droite : pour tous deux l'erreur est la même, *Sat.* 2, 3, 50-51] – les Anciens cependant ont également dit *dextrouorsum* : Plaute dans le *Rudens, sed dextrouorsum auersa est in malam crucem* [mais elle s'est écartée vers la droite, pour sa perte, *Rud.* 176] ; *deorsum* [vers le bas], *horsum* [de ce côté-ci] ; *orientem uersum* [du côté du levant], *occidentem uersum* [du côté du couchant], *deorsum uersum* [vers le bas] : Térence, dans les *Adelphes* [575] ; de la même façon *utroqueuorsum* [dans les deux directions] : Plaute dans
76 les *Captifs, utroqueuorsum rectum est ingenium meum* [j'ai l'esprit tourné dans les deux directions, *Capt.* 368]. On a l'impression qu'ici aussi on a des composés, puisqu'ils sont énoncés sous un seul accent ; il vaudra mieux dire cependant que les adverbes font basculer vers eux l'accent des noms qui leur sont antéposés[45]. De la même façon, *actutum* [rapidement] est dérivé de *actus*, au sens de « rapidité » : Virgile en IX, *tum cetera reddet / actutum pius Aeneas atque integer aeui /*

43. La seconde explication est préférable, aux yeux de Priscien, pour des raisons sémantique (gr. *aphatôs* signifie « indiciblement », d'où « extraordinairement, énormément ») et formelle (*-pha-* y est bref comme *-fa-* dans *affatim*). Aucune des deux origines indiquées par Priscien n'est plus retenue (Keller 2008 : 385-386) ; sur les étymologies bilingues proposées par les auteurs latins, pour la plupart jugées fantaisistes par les Modernes, *cf.* Nicolas 2006 : 142-144.

44. La forme *carptu* est sans doute tirée d'une forme nominale *carptus, -us* [action de détacher] qui n'est pas attestée ailleurs, mais s'inscrit dans une série de formes nominales : *tractus*, *ductus* ; dans ce cas, cette forme fait partie des *denominatiua*. Une autre possibilité serait de considérer *carptu* comme une forme du supin de *carpo* ; il s'agirait alors d'un des *uerbalia* ou *participialia*.

45. Ou bien il s'agit à chaque fois d'un adverbe composé, ou bien il s'agit de la séquence nom + *uersum*, *cf.* 84.13-15. *Deorsum* étant présenté au début de ce développement comme un adverbe (75.21), la formule « les adverbes font basculer vers eux les noms qui leur sont antéposés » ne peut

Ascanius[a].

Nomina quoque loco aduerbiorum in eadem terminatione inueniuntur, ut *multum, primum, nimium, parum* pro *paruum* : Lucanus in V,

et quam nimiumque parumque
distulimus[b],

pro *et multum et paruum* ; Cicero in IIII *De re publica* : *non enim* | *facile ualenti populo resistitur, si aut nihil iuris impertias aut parum*, pro *paruum*.

In *n* pauca inueniuntur, ut *en, forsan, forsitan*.

In *r* primitiua *cur* et *per*, quando pro *ualde* accipitur, deriuatiua a nominibus **21**
uel participiis tertiae declinationis inueniuntur in *ter* | exeuntia. Sed si in *ens* desinat nominatiuus, *is* genetiui in *er* conuertunt, ut *sapiens sapientis sapienter* ; *prudens prudentis prudenter* ; *indulgens indulgentis indulgenter* ; *diligens diligentis diligenter*. Alia uero assumunt datiuo *ter* paenultima correpta, ut *fortis forti fortiter, utilis utili utiliter, felix felici feliciter, audax audaci audaciter* ; sed per syncopam in usu est | frequentiore *audacter* : Terentius in *Phormione*,

minus multo audacter, quam nunc laedit, laederet ;

Sallustius tamen *Historiarum* II *audaciter* protulit secundum analogiam et
77 Cicero *Pro Sexto Roscio* : *multa scelerate, multa* | *audaciter, multa inprobe fecisti*[c]. Excipitur *facilis*, quod pro *faciliter facile* aduerbii loco habuit in usu : Vergilius in XI,

quam facile accipiter saxo sacer ales ab alto[d] ;

a. *Cf.* Charisius 253.6 B. (*reddent*) ; Arusianus 274.2 D.C. (*a. i. a. A.*).
b. Cf. *supra*, 70.2.
c. *audacter* codd. Ciceronis : *audaciter* ed. Kaster sec. Prisc.
d. Cf. *supra*, 74.26.

Ascanius [et puis le reste, c'est le pieux Énée qui va l'accorder rapidement, et Ascagne, qui a sa vie devant lui, *Én.* 9, 254-256].

On trouve aussi, dans cette même finale *-um*, des noms en guise d'adverbes, comme *multum* [beaucoup], *primum* [d'abord], *nimium* [trop], *parum* [trop peu] à la place de *paruum* : Lucain en V, *et quam nimiumque parumque / distulimus* [et que nous avons à la fois trop et trop peu différé, *Phars.* 5, 741-742], avec la valeur de *et multum et paruum*[46] ; Cicéron dans la *République* IV : *non enim facile ualenti populo resistitur, si aut nihil iuris impertias aut parum* [il est en effet difficile de résister à un peuple fort, quand on ne lui accorde aucun droit, ou trop peu, *Rép.* 4, frg. 8 Z.], à la place de *paruum.*

En *-n*, on en trouve peu, comme *en* [voici], *forsan* [peut-être], *forsitan* [peut-être].

En *-r*, on trouve des primaires : *cur* [pourquoi], et *per* quand il est employé **21**
avec la valeur de *ualde* [vraiment] ; des dérivés de noms, ou de participes, de la troisième déclinaison, se terminant en *-ter*; cela étant, si le nominatif a une finale en *-ens*, il y a changement du *-is* de génitif en *-er*, comme *sapiens, sapientis / sapienter* [savant / savamment], *prudens, prudentis / prudenter* [sage / sagement], *indulgens, indulgentis / indulgenter* [tolérant / de manière t.], *diligens, diligentis / diligenter* [attentif / attentivement] ; d'autres cependant adjoignent *-ter* à leur datif, avec la pénultième brève, comme *fortis, forti / fortiter* [courageux / courageusement], *utilis, utili / utiliter* [utile / utilement], *felix, felici / feliciter* [heureux / heureusement], *audax, audaci / audaciter* [audacieux / audacieusement] – mais *audacter*, avec syncope, est d'un usage plus fréquent : Térence, dans le *Phormion, minus multo audacter quam nunc laedit, laederet* [il attaquerait beaucoup moins audacieusement qu'il n'attaque aujourd'hui, *Phorm.* 11] ; Salluste néanmoins, dans les *Histoires* II [*Hist.* frg. 2, 113 M.], a employé *audaciter* en se fondant sur l'analogie, ainsi que Cicéron, *Pour Sextus Roscius* : *multa scelerate, multa audaciter, multa improbe fecisti* [tu t'es emporté de multiples fois avec scélératesse,
77 avec audace, avec malhonnêteté, *S. Rosc.* 104]. Fait exception *facilis* [facile], pour lequel l'usage a retenu, comme adverbe, *facile* au lieu de *faciliter* [facilement] : Virgile en XI, *quam facile accipiter saxo sacer ales ab alto* [tout aussi facilement l'épervier, oiseau sacré, d'un rocher élevé... *Én.* 11, 721] ;

s'appliquer à la tournure *deorsum uersum*, mais seulement à *orientem uersum* et *occidentem uersum* ; ce désordre de composition (*deorsum uersum* n'a pas sa place ici) est sans doute dû à un effet de série, *orientem uersum* et *occidentem uersum* entraînant *deorsum uersum* – à moins qu'il ne s'agisse d'une interpolation (le texte de Térence auquel il est fait référence n'est pas cité). Priscien cite d'abord des dérivés (*dextrorsum, sinistrorsum*, avec la variante *dextrouorsum, dersum* et *horsum* ; puis il cite les formules *orientem uersum* et *occidentem uersum* (entraînant sans doute *deorsum uersum*) et *utroqueuorsum* : ces formules, comportant deux éléments et un seul accent, sont a priori des composés, mais Priscien préfère supposer un phénomène accentuel particulier (*cf.* dans le livre 14 le problème de *mecum, tecum*, etc., 39.19), à savoir le fonctionnement de *uersum* comme enclitique, entraînant l'accentation de la finale du mot précédent.

46. *Cf.* 69.28-70.3 et note 28.

difficilis autem *difficulter* facit pro *difficiliter*, et ab *omni omnino*.

Praeterea et a *tribus* et *quattuor* nascuntur aduerbia *ter* et *quater*; *obiter* enim compositum est ab *ob* et *iter*; || similiter *paulisper*, *tantisper*, *parumper* compo- **22**
sita sunt. Vetustissimi tamen quaedam contra supra dictam regulam protulerunt. Sed si quidem sint nomina neutra pro aduerbiis, ut *sublime uolans*[a], assumentur: aliter uero reiciantur, ut | Pomponius *De philosophia*:

cum istaec memore meminit[b]

pro *memoriter*. *Aliter* quoque ab eo quod est *hic alis huius alis huic ali* pro *alius alius alii*, secundum supra dictam analogiam profertur[c].

In *as* denominatiua inuenio *as* extrema circumflexa *alias*.

In *es* productam *sodes*, *Hercules*. Pleraque tamen a numeris nascuntur, id est a quinque usque ad mille, ut *quinquies*, *sexies*, *decies*, *uicies*, *centies*, *quingenties*, *milies*.

In *is* correptam *nimis*, quod etiam *nimium* dicimus, *satis*, quod etiam loco **23**
nominis positiui accipitur itaque etiam comparationem | recipit *satius*: Terentius in *Eunucho*,

accede ad ignem hunc, iam calesces plus satis[d];

Lucanus in I:

tu satis ad uires Romana in carmina dandas[e];

Iuuenalis in III:

hoc satius, quam si dicas sub iudice uidi,
quod non uidisti,

satius pro *melius*.

78 In *us* correptam *penitus*, *rursus* et *rursum*, *prorsus* et *prorsum*, *secus*, *caelitus* a *caelo*, *stirpitus* a *stirpe*, *funditus* a *fundo*; Vergilius in III *Aeneidos*:

rursus et alterius;

in eodem:

rursum ex diuerso caeli caecisque latebris;

a. Cf. *supra*, 64.2.
b. *Cf.* Nonius p. 514.23 M. = 827 L. (*meministi*).
c. 77.7-12 : cf. *supra*, 70.4-71.6.
d. *Cf.* Diomedes *GL* 1, 449.14 ; Arusianus 433.6 D.C.
e. Cf. *infra*, 85.3 ; Priscianus *GL* 3, 193.20, 370.1.

difficilis [difficile] en revanche fait *difficulter* [difficilement] au lieu de *difficiliter*; autre exception : de *omnis* [tout], *omnino* [tout à fait].

En outre, de *tres* [trois] et de *quattuor* [quatre] sont issus les adverbes *ter* [trois fois] et *quater* [quatre fois]; *obiter* [en chemin] de son côté est un composé de *ob* [face à] et de *iter* [chemin][47]; de la même façon, *paulisper* [un petit 22
moment], *tantisper* [pendant tout ce temps], *parumper* [momentanément] sont des composés. Les auteurs les plus anciens ont néanmoins employé certains adverbes contre la règle ci-dessus; si ce sont des noms neutres employés comme adverbes, par exemple *sublime uolans* [s'envolant vers les hauteurs], on les gardera; sinon, il faut les rejeter : Pomponius, *La philosophie*, *cum istaec memore meminit* [puisqu'il s'en souvient par cœur, cf. *Com.* 109 R.], au lieu de *memoriter*[48]; *aliter* [autrement] est également employé d'après l'analogie ci-dessus indiquée, à partir de *alis* / *alis* / *ali* (masc., nomin. / gén. / dat.)[49], au lieu de *alius* / *alius* / *alii* [autre].

En *-as*, je trouve des dénominatifs avec la finale *-as* circonflexe : *alias*.

En *-es* long : *sodes* [s'il te plaît], *Hercules* [par Hercule]; cela étant, la plupart sont issus de nombres, du moins de cinq à mille, comme *quinquies* [cinq fois], *sexies* [six fois], *decies* [dix fois], *uicies* [vingt fois], *centies* [cent fois], *quingenties* [cinq cents fois], *milies* [mille fois].

En *-is* bref : *nimis* [trop] – nous disons aussi *nimium* –, *satis* [assez], qui est 23
également employé comme nom au positif et sous cette forme reçoit aussi un comparatif, *satius* : Térence dans l'*Eunuque*, *accede ad ignem hunc, iam calesces plus satis* [approche de ce brasier, tu vas avoir chaud plus qu'il est suffisant, *Eun.* 85]; Lucain en I : *tu satis ad uires Romana in carmina dandas* [tu es assez bon, toi, pour inspirer un poème romain, *Phars.* 1, 66]; Juvénal en III : *hoc satius quam si dicas sub iudice* uidi / *quod non uidisti* [c'est mieux que d'aller dire devant le juge « j'ai vu » ce que tu n'as pas vu, *Sat.* 7, 13-14], *satius* avec la valeur de *melius* [mieux].

78 En *-us* bref : *penitus* [à fond], *rursus* et *rursum* [en arrière, à nouveau], *prorsus* et *prorsum* [en avant, tout droit], *secus* [autrement], *caelitus* [du ciel] de *caelum* [ciel], *stirpitus* [depuis la racine] de *stirps* [racine], *funditus* [depuis le fond] de *fundus* [fond]; Virgile dans l'*Énéide* III : *rursus et alterius* [et à nouveau d'un second… *Én.* 3, 31]; dans le même livre : *rursum ex diuerso caeli caecisque latebris* [à nouveau d'un autre point du ciel et de repaires obscurs… *Én.* 3, 232];

47. Pour Priscien (*cf.* aussi Auguste chez Charisius, 271.10 B.), *obiter* est compris comme un composé hypostatique, par agglutination, de *ob iter*, tout comme *obuiam* est issu du syntagme prépositionnel *ob uiam*. Les Modernes ont abandonné cette interprétation par le substantif *iter*, et interprètent *obiter* comme un dérivé de la préposition *ob*, sur le modèle de *circa* / *circ-iter*.

48. Au livre 7, Priscien signale à deux reprises (*GL* 2, 341.3 et 354.7-9) que les Anciens employaient *memore* comme forme de nominatif neutre, en se référant, dans le second passage, à Caper, *antiquitatis doctissimus inquisitor*. Ici, Priscien, faisant abstraction de cet usage ancien, ne retient pas *memore* parmi les neutres.

49. Formes archaïques attestées jusqu'à la fin de la République.

radicitus a *radicibus* : Vergilius in V *Aeneidos*,

radicitus eruta pinus ;

mordicus, *diuinitus*, *humanitus* ; dicitur tamen et *diuine* et *humane* et | *humaniter*, sed diuersas habent significationes ; nam *diuinitus* a diuis et *humanitus* ab hominibus monstrat ; *diuine* autem et *humane* uel *humaniter* similiter diuis et hominibus significant.

Eminus quoque et *comminus* localia sunt, *aduersus* quoque quod etiam et nominatiuus est, quomodo *nullus* pro *minime* : Terentius in *Andria*,

liberatus sum, Daue, hodie tua opera — ac nullus quidem[a].

Similiter *fors*, cum sit nominatiuus, accipitur pro aduerbio : Vergilius in XI,

fors et uota facit cumulatque altaria donis[b] ;

et omnia comparatiua, quae nominum comparatiuorum generis neutri similia sunt, ut *clarius*, *prudentius*, *ocius*, *satius*.

In *ens totiens* a *tot* et *quotiens* a *quot* et a *multo multotiens* et *aliquotiens* ab **24**
aliquot : Sallustius in I *Historiarum*, *neque detrusus aliquotiens terretur.*

In *t sat* pro *satis* et *dumtaxat*, quod ab aduerbio componitur et uerbo, et *forsit* pro *forsitan* : Horatius *Sermonum* I :

dissimile hoc illi est, quia non, ut forsit honorem
iure mihi inuideat quiuis[c].

79 In *x uix*, *mox*, *pax*, quod est Graecum, quando significat *tantummodo*.

In *n* et *c nunc*, *hinc*.

In *ps deinceps*.

Inueniuntur diuersae aduerbia formae ex eisdem deriuatiua nominibus, ut a *forte fors*, *forte*, *forsan*, *forsitan*, *forsit*, *fortasse*, *fortassis* ; Vergilius in XI :

fors et uota facit cumulatque altaria donis[d] ;

a. *hodie Daue* Terentius (ed. Kauer & Lindsay).
b. Cf. *supra*, 64.14.
c. Cf. *infra*, 87.7.
d. Cf. *supra*, 64.14.

radicitus [depuis la racine], de *radices* [racines] : Virgile dans l'*Énéide* V, *radicitus eruta pinus* [un pin arraché depuis la racine, *Én.* 5, 449] ; *mordicus* [sans lâcher le morceau], *diuinitus*, *humanitus* ; on dit cependant aussi *diuine*, *humane* et *humaniter*, mais les sens ne sont pas les mêmes : *diuinitus* indique que cela vient des dieux, et *humanitus* que cela vient des hommes, tandis que *diuine* et *humane*, ou *humaniter*, indiquent que c'est à la manière des dieux ou des hommes.

Eminus [de loin] également, et *comminus* [de près], sont des adverbes de lieu ; *uduersus* [vis-à-vis] aussi, qui est également un nom au nominatif, de même que *nullus*, avec la valeur de *minime* [pas du tout] : Térence dans l'*Andrienne*, *liberatus sum, Daue, hodie tua opera — ac nullus quidem* [je suis sauvé aujourd'hui, Dave, par ton œuvre — mais pas du tout !, *And.* 370]. De la même façon, *fors* [hasard], quoique ce soit un nominatif, est employé comme adverbe : Virgile en XI, *fors et uota facit cumulatque altaria donis* [peut-être forme-t-il des vœux et charge-t-il les autels d'offrandes, *Én.* 11, 50] ; de même tous les adverbes au comparatif, qui ont la même forme que le neutre des noms au comparatif, comme *clarius* [plus brillant / plus brillamment], *prudentius* [plus savant / plus savamment], *ocius* [plus rapide / plus rapidement], *satius* [plus satisfaisant / de manière plus s.].

En *-ens*, *totiens* [autant de fois] de *tot* [autant], *quotiens* [combien de fois] de **24**
quot [combien], de *multo* [beaucoup] *multotiens* [beaucoup de fois], *aliquotiens* [quelquefois] de *aliquot* [quelques] : Salluste dans les *Histoires* I, *neque detrusus aliquotiens terretur* [sans s'effrayer, quoiqu'il ait été repoussé à plusieurs reprises, *Hist.* frg. 1, 118 M.].

En *-t*, *sat* [assez], avec la valeur de *satis*, et *dumtaxat* [seulement], qui est composé d'un adverbe et d'un verbe, et *forsit* [peut-être] avec la valeur de *forsitan* : Horace dans les *Satires* I, *dissimile hoc illi est, quia non, ut forsit honorem / iure mihi inuideat quiuis* [ce n'est pas la même chose, parce que, si l'on a peut-être le droit de m'envier ma charge, il n'en va pas de même… *Sat.* 1, 6, 49-50].

79 En *-x*, *uix* [à peine], *mox* [bientôt], *pax*, qui est du grec quand il a la signification de *tantummodo* [assez][50].

En *-n* et *c*, *nunc* [maintenant], *hinc* [d'ici].

En *-ps*, *deinceps* [à la suite].

Adverbes de formation variée

Il se trouve des adverbes de formation variée, alors qu'ils dérivent de mêmes noms, comme à partir de *fors* [hasard] : *fors*, *forte*, *forsan*, *forsitan*, *forsit*, *fortasse*, *fortassis* ; Virgile en XI : *fors et uota facit cumulatque altaria donis* [peut-être forme-t-il des vœux et charge-t-il les autels d'offrandes, *Én.* 11, 50] ;

50. Priscien attire l'attention sur la distinction entre le nom *pax*, « paix », latin, et l'adverbe, avec le sens de « assez ! », qui est alors du grec, *cf.* livre 14 : 29.28.

idem in *Bucolico* :

forte sub arguta consederat ilice Daphnis[a] ;

idem in I *Aeneidos* :

forsan et haec olim meminisse iuuabit[b] ;

in *Bucolico* :

forsitan illum,
aut herba captum uiridi ;

idem in X :

caeloque animum fortasse ferebat.

Et *fors* quidem et *forsan* et *forsitan* dubitandi sunt, *forte* uero euentus pro *fortuitu*, quod a *fortuitus* deriuatiuo nomine fit, *fortasse* autem | et *fortassis* pro *temere*.

Quomodo a *diuino* quoque *diuinitus* θεόθεν, *diuine* θείως ; similiter a *fato fatuito* μοίρηθεν [*fato*] et *fataliter* μοιριδίως, ab *omni omnino* παντελῶς et *omnifariam* in omnem partem uel ex omni parte.

Deriuatiuorum aduerbiorum species est etiam in comparatiuis et **25**
superlatiuis, praeterea diminutiuis, quod apud Graecos non est. Et plerumque denominatiua sunt haec, ut *clarus clarior clarissimus* : *clare clarius clarissime* ;
80 *felix felicior felicissimus* : *feliciter felicius felicissime* ; *bonus bellus* : | *bene belle* ; *primus primulus* : *primum primulum* ; *longus longulus* : *longe longule.*

Inueniuntur tamen pauca quae, quamuis a nominibus non deriuentur, tamen habent comparatiua uel diminutiua, ut *saepe saepius saepissime.* | Antiqui tamen et *saepior* et *saepissimus* protulisse inueniuntur, sicut *ultra ulterius ultime* : *ulterior ultimus.* || Non enim aduerbia a nominibus, sed ab aduerbiis huiuscemodi **26**
nomina nascuntur :

a. Cf. *supra*, 65.7.

b. Cf. *infra*, 82,7, 87.3 ; Charisius 239.15 B. ; frg. *Bob. de uerbo* 44.8 P.

le même dans les *Bucoliques*: *forte sub arguta consederat ilice Daphnis* [par hasard, Daphnis s'était assis sous une yeuse bruissante, *B.* 7, 1]; le même, dans l'*Énéide* I: *forsan et haec olim meminisse iuuabit* [peut-être aurons-nous plaisir à nous souvenir de cela aussi quelque jour, *Én.* 1, 203]; dans les *Bucoliques*: *forsitan illum / aut herba captum uiridi* [peut-être celui-ci, ou séduit par l'herbe verte... *B.* 6, 58-59]; le même en X: *caeloque animum fortasse ferebat* [et peut-être élevait-il ses pensées jusqu'au ciel, *Én.* 10, 548]. *Fors*, *forsan* et *forsitan* [peut-être] sont des adverbes de doute; *forte* [par hasard] en revanche se dit d'un événement avec la valeur de *fortuitu* [fortuitement], lequel tire son origine du nom dérivé *fortuitus* [fortuit]; quant à *fortasse* et *fortassis*, c'est avec la valeur de *temere* [au hasard].

De même aussi à partir de *diuinus* [divin] : *diuinitus* (*theothen*) [par un effet de la volonté divine], et *diuine* (*theiôs*) [à la façon des dieux]; de la même façon, à partir de *fatum* [destin], *fatuito* (*moirêthen*) [par un effet du destin][51] et *fataliter* (*moiridiôs*) [à la façon du destin]. De *omnis* [tout], *omnino* (*pantelôs*) [entièrement], et *omnifariam* [dans toutes les parties], c'est-à-dire « en tout point » ou « de tout point ».

L'espèce : classement par degrés

L'espèce des adverbes dérivés existe aussi sous forme de comparatifs et de 25
superlatifs, et en outre de diminutifs, ce qui n'existe pas en grec. Le plus souvent, ce sont des dénominatifs, comme *clarus clarior clarissimus* [brillant, plus b., très b.], *clare clarius clarissime* [brillamment, plus b., très b.]; *felix felicior felicissimus* [heureux, plus h., très h.], *feliciter felicius felicissime* [heureusement, plus h., très h.]; *bonus bellus* [bon, joli], *bene belle* [bien, joliment]; *primus primulus* [premier, tout p.] : *primum primulum* [premièrement, tout p.]; *longus longulus* [long, un peu l.] : *longe longule* (longuement, un peu l.)[52].

Il se trouve cependant un petit nombre d'adverbes qui, sans être dérivés de noms, ont des degrés de comparaison ou des diminutifs, comme *saepe saepius saepissime* [souvent, plus s., très s.]. Bien sûr, on constate que les Anciens ont employé *saepior* [plus fréquent] et *saepissimus* [très fréquent], comme on a *ultra ulterius ultime* [au-delà, ultérieurement, en dernier lieu], *ulterior ultimus*
[ultérieur, ultime]. À la vérité, dans les cas de ce genre, ce ne sont pas les adverbes 26
qui procèdent des noms, mais les noms des adverbes[53] :

51. *Fatuito* n'est attesté qu'ici. Ce mot offre un équivalent au grec *moirêthen*, qui lui-même n'apparaît pas dans la littérature conservée.

52. Le diminutif est assimilé à un degré de comparaison parce qu'il exprime, comme le comparatif et le superlatif, une modification d'intensité.

53. L'absence d'adjectifs positifs correspondant à des comparatifs et superlatifs attestés, comme *ulterior* / *ultimus*, conduit Priscien à mettre à la place de ces positifs les adverbes correspondants, comme *ultra*.

supra superius supreme : *superior supremus* ;
citra citerius citime : *citerior citimus* ;
extra exterius extreme : *exterior extremus* ;
infra inferius infime : *inferior infimus* ;
diu | *diutius diutissime* : *diutior diutissimus* ;
nuper nuperius nuperrime : antiqui *nuperus nuperior nuperrimus* ;
ocior quoque *ocissimus* et *ocius ocissime* ; a Graeco est ὠκύς, ideo habuit comparationem ;
satis quoque, quia pro *sufficiens* accipitur, quomodo supra diximus, ideo habuit comparationem.

Attendendum igitur quod non inueniuntur comparatiua | aduerbia, nisi sint adiuncta comparatiuis nominibus, diminutiua tamen rarissime, ut *clam clanculum* : Terentius in *Eunucho*,

> *cum in cellulam ad te patris penum omnem congerebam*
> *clanculum*[a].

Deriuantur autem a nominibus, ut *sapiens sapienter*, a pronominibus, ab | *ille illic* ; a uerbis, *detero deterius* ; a participiis, *indulgens indulgenter* ; a praepositionibus, *ex extra* ; *sub subter* ; *in inter*.

Figurae aduerbiorum sunt tres, simplex, composita, decomposita. Simplex, ut **27**
diu, *huc* ; composita, ut *interdiu*, *adhuc* ; decomposita, quae a compositis deriuatur,

a. *Cf.* Priscianus *GL* 2, 163.15.

de *supra superius supreme* [en haut, plus h., tout en h.] : *superior supremus* [supérieur, suprême] ;
de *citra citerius citime* [en deçà, plus en d., très en d.] : *citerior citimus* [qui est plus en deçà, qui est très en d.] ;
de *extra exterius extreme* [à l'extérieur, plus à l'e., très à l'e.] : *exterior extremus* [qui est plus à l'extérieur, qui est très à l'e.] ;
de *infra inferius infime* [en dessous, plus en d., très en d.] : *inferior, infimus* [qui est plus en dessous, qui est très en d.] ;
de *diu diutius diutissime* [longtemps, plus l., très l.] : *diutior diutissimus* [qui dure plus longtemps, qui dure très l.] ;
de *nuper nuperius nuperrime* [récemment, plus r., très r.] : chez les Anciens *nuperus nuperior nuperrimus* [récent, plus r., très r.] ;
on a également *ocior ocissimus* [plus rapide, très r.] et *ocius ocissime* [rapidement, très r.] ; cela vient du grec *ôkus* [rapide], d'où les degrés de comparaison[54] ;
on a aussi *satis* [assez] : c'est parce qu'il est employé avec la valeur de *sufficiens* [suffisant], comme nous l'avons dit plus haut, qu'il y a eu des degrés de comparaison.

Il faut donc prendre garde au fait qu'on ne trouve pas d'adverbes aux degrés de comparaison qui ne soient associés à des noms aux degrés de comparaison, alors que cela arrive – très rarement – pour le diminutif, comme *clam, clanculum* [en secret, dans le plus grand s.] : Térence dans l'*Eunuque*, *cum in cellulam ad te patris penum omnem congerebam / clanculum* [lorsque j'entassais en cachette pour toi dans ta cellule tout le garde-manger de mon père, *Eun.* 310].

En somme, les adverbes dérivent de noms, comme *sapiens* [sage] / *sapienter* [sagement] ; de pronoms : *ille* [celui-là] / *illic* [là-bas] ; de verbes : *detero* [user] / *deterius* [plus mal] ; de participes : *indulgens* [tolérant] / *indulgenter* [de manière t.] ; de prépositions : *ex* [hors de] / *extra* [en dehors], *sub* [sous] / *subter* [en dessous], *in* [dans] / *inter* [à l'intérieur].

La figure

Les figures de l'adverbe sont au nombre de trois : simple, composée, dérivée de composé. Simple comme *diu* [longtemps], *huc* [(vers) ici] ; composée comme *interdiu* [de jour / entre-temps], *adhuc* [jusqu'alors] ; dérivée de composé, quand la dérivation part de formes qui sont elles-mêmes composées, **27**

54. Pour faire entrer *ocior* et *ocissimus*, *ocius* et *ocissime* dans le cas général, c'est-à-dire dans des séries à trois termes (positif / comparatif / superlatif), Priscien, à défaut d'une base latine de la dérivation, recourt à un terme grec sémantiquement et morphologiquement compatible.

ut a *potente potenter*, a *misericorde* | *misericorditer*, ab *indocto indocte*, ab *imprudente imprudenter*.

Haec tamen, quae et simplicia habent aduerbia, etiam composita possunt esse, ut *docte indocte*; *prudenter imprudenter*; nam *efficaciter* sine dubio decompositum est, cum a simplici aduerbio non componitur, sed a nomine composito deriuatur.

Significatio aduerbiorum diuersas species habet. **28**

81 Sunt enim | temporalia, quae praeteritum tempus significant solum, ut *pridem*, *nuper*, *antea*, *nudiustertius*; sunt alia, quae praesens, ut *nunc*, *praesto*, uel et praesens et non multo ante praeteritum perfectum, ut *modo*: Terentius in *Adelphis*,

modo dolores, mea tu, occipiunt primulum;

idem in *Heautontimorumeno*:

age modo; hodie sero ac nequiquam uoles;

idem in *Andria*:

praeteriens modo

comme *potenter* [puissamment] de *potens* [puissant][55], *misericorditer* [avec compassion] de *misericors* [compatissant], *indocte* [non savamment] de *indoctus* [non savant], *imprudenter* [imprudemment] de *imprudens* [imprudent].

Ces dernières formes, dans la mesure où il y a aussi des adverbes simples qui leur correspondent, peuvent être également des adverbes composés, comme *docte* [savamment] / *indocte* [non savamment], *prudenter* [prudemment] / *imprudenter* [imprudemment] ; *efficaciter* [efficacement] en revanche est incontestablement un dérivé de composé, puisqu'il n'est pas composé à partir d'un adverbe simple, mais dérive d'un nom composé[56].

La signification.

La signification des adverbes se répartit en espèces variées. **28**

Temps

81 Il y a en effet des adverbes de temps; certains signifient seulement le passé, comme *pridem* [autrefois], *nuper* [naguère], *antea* [auparavant], *nudiustertius* [avant-hier]; d'autres ne signifient que le présent, comme *nunc* [maintenant], *praesto* [tout de suite], ou à la fois le présent et le passé révolu depuis peu, comme *modo* [à l'instant] : Térence dans les *Adelphes*, *modo dolores, mea tu, occipiunt primulum* [les douleurs, ma bonne, viennent à l'instant de commencer, *Ad.* 289]; le même dans l'*Heautontimoroumenos*: *age modo; hodie sero ac nequiquam uoles* [maintenant décide-toi : dans la journée, ce sera trop tard pour vouloir, et cela ne servira à rien, *Heaut.* 344]; le même dans l'*Andrienne* : *praeteriens modo /*

55. La forme *potens*, *-entis* est perçue comme composée de *pot-* [qui peut, puissant] et du participe *ens*, *entis* [étant]. En s'inspirant, d'après ce qu'il indique, d'une remarque de César, sans doute extraite des travaux de celui-ci sur l'analogie linguistique (César, *Anal.* frg. 28 F. = 29 K.), Priscien s'appuie sur le rapport *es / potes* [tu es / tu peux] pour supposer ce rapport *ens / potens*, et fonder ainsi en raison la forme inusitée *ens* de participe présent du verbe « être » ; *cf.* livre 11 : *GL* 2, 568.9, *participium* ens, *unde componitur* potens; livre 18 : *GL* 3, 212.8, *participium uerbi substantiui* ens, *quod in usu nunc nobis non est*; et 239.7-8, *Caesar non incongrue protulit* ens *a uerbo* sum es, *quomodo a uerbo* possum potes potens. Rien n'indique que César proposait d'adopter la forme *ens* dans l'usage : il s'est plus probablement limité à suggérer cette forme théorique à partir de l'analogie avec *potens*.

56. Priscien considère qu'on peut hésiter, pour une forme comme *indocte*, entre un composé (bâti sur *docte*) et un dérivé de composé (bâti sur *indoctus*) ; le problème ne se pose pas pour *efficaciter*, en relation avec le seul *efficax*. La première occurrence dans l'*Ars Prisciani* de *decompositum* (au pluriel : *decomposita*, livre 5, *GL* 2, 177.11), rapproché du grec *parasyntheton*, apparaît dans le passage sur la composition nominale (les *figurae* des noms), et est illustrée par *magnanimitas*, opposé au simple *magnus* et au composé *magnanimus* : Priscien précise que le composé associe deux mots susceptibles d'un emploi autonome (*ex diuersis... dictionibus separatim intellegendis*, 177.16), alors que le *decompositum* dérive d'un composé; mais la figure de certains mots, comme *impietas*, *infelicitas* ou *perfectio*, est incertaine (*dubia*) : ce sont des composés s'ils dérivent de *pietas*, *felicitas* et *factio*, mais des *decomposita* s'ils dérivent de *impius*, *infelix* et *perfectus*. L'adverbe *indocte* dont il est question ici illustre cette même ambiguïté.

mihi apud forum dixit, uxor tibi ducenda est, Pamphile, inquit[a];
idem in *Eunucho*:

uenit Chaerea
—fraterne? —ita —quando? —hodie —quam dudum? —modo;

accipitur et pro infinito, quomodo et *nunc*: idem in eadem,

modo ait modo negat[b];

inuenitur etiam pro dumtaxat: Vergilius in IIII *Aeneidos*,

si modo, quod memoras, factum fortuna sequatur.

Alia futurum, ut *cras, postridie, perendie*.

Alia communia diuersorum temporum, ut *olim, dudum, quondam*: Vergilius in IIII *Georgicon*,

deprensis olim statio tutissima nautis,

infinite dixit *olim*, praeterito Horatius in I *Sermonum*:

olim truncus eram ficulnus, inutile lignum;

praesentis Vergilius in II *Georgicon*:

ac iam olim seras posuit cum uinea frondes,
frigidus et siluis aquilo decussit honorem,
iam tum acer curas uenientem extendit in annum
rusticus;

82 idem in V:

quod tumidis submersum tunditur olim
fluctibus[c];

futuri idem in I *Aeneidos*:

forsan et haec olim meminisse iuuabit[d].

Dudum praeteriti Terentius in *Andria*:

ego dudum nonnihil ueritus sum, Daue;

praesentis temporis Vergilius in II *Aeneidos*:

iam dudum sumite poenas[e].

Quondam praeteriti Cicero in I *Inuectiuarum*: *fuit, fuit ista quondam in hac re publica uirtus*[f]; futuri Vergilius in *Bucolico*:

quondam tua dicere facta
tempus erit[g];

a. *forum uxor tibi ducendast, Pamphile, hodie inquit* Terentius (ed. Kauer & Lindsay).
b. *Cf.* Priscianus *GL* 3, 284.2.
c. *Cf.* Agroecius *Orth.* 37.4 P. (*t. q. f. o. t.*).
d. Cf. *supra*, 79.12.
e. *Cf.* Priscianus *GL* 3, 307.17; *Part.* 76.1 P.
f. *Cf.* Priscianus *GL* 3, 109.8.
g. Cf. *ecl.* 4,54 *quantum sat erit tua dicere facta*; 8,7-8 *en erit umquam / … tua dicere facta* (ed. Geymonat).

mihi apud forum dixit, uxor tibi ducenda est, Pamphile, inquit [me rattrapant tout à l'heure sur la place, il m'a dit : « tu dois prendre femme, Pamphile », qu'il a dit, *And.* 253-254] ; le même dans l'*Eunuque* : *uenit Chaerea / — fraterne ? — ita — quando ? — hodie — quam dudum ? — modo* [Chéréa est venu — mon frère ? — oui — quand ? — aujourd'hui — il y a combien de temps ? — à l'instant, *Eun.* 696-697] ; *modo* est également employé comme indéfini, de même que *nunc* [maintenant] : le même Térence dans la même pièce, *modo ait, modo negat* [il dit tantôt oui, tantôt non, *Eun.* 714] ; il se trouve même avec la valeur de *dumtaxat* [pourvu que] : Virgile dans l'*Énéide* IV, *si modo quod memoras factum fortuna sequatur* [si seulement la Fortune suivait l'événement que tu évoques, *Én.* 4, 109]. D'autres adverbes de temps signifient le futur, comme *cras* [demain], *postridie* [le lendemain], *perendie* [après-demain].

D'autres sont communs à différents temps, comme *olim, dudum, quondam*[57] : Virgile, *Géorgiques* IV, *deprensis olim statio tutissima nautis* [mouillage en tout temps très sûr pour les marins surpris, *G.* 4, 421], où il dit *olim* sans application définie, tandis qu'Horace l'emploie au passé, *Satires* I : *olim truncus eram ficulnus, inutile lignum* [j'étais autrefois un tronc de figuier, bois sans valeur, *Sat.* 1, 8, 1] ; Virgile au présent dans les *Géorgiques* II : *ac iam olim seras*
82 *posuit cum uinea frondes, / frigidus et siluis aquilo decussit honorem / iam tum acer curas uenientem extendit in annum / rusticus* [aussi, juste à l'instant où le vignoble a dépouillé ses feuilles attardées et où le glacial Aquilon a jeté bas la parure des bois, déjà le paysan actif étend à l'année qui vient sa sollicitude, *G.* 2, 403-406] ; le même en V : *quod tumidis submersum tunditur olim / fluctibus* [<un rocher> qui est battu et recouvert par les flots gonflés au moment même… *Én.* 5, 125-126] ; le même au futur dans l'*Énéide* I : *forsan et haec olim meminisse iuuabit* [peut-être aurons-nous plaisir à nous souvenir de cela aussi quelque jour, *Én.* 1, 203]. *Dudum* au passé : Térence dans l'*Andrienne*, *ego dudum nonnihil ueritus sum, Daue* [depuis quelque temps, Dave, je ne suis pas sans crainte, *And.* 582] ; au présent : Virgile dans l'*Énéide* II, *iam dudum sumite poenas* [dès maintenant frappez-moi, *Én.* 2, 103]. *Quondam* au passé : Cicéron dans les *Invectives* I, *fuit, fuit ista quondam in hac re publica uirtus* [tel était, oui, tel était le patriotisme jadis dans notre république, *Cat.* 1, 3] ; au futur : Virgile dans les *Bucoliques*, *quondam tua dicere facta / tempus erit* [il sera temps un jour de

57. Comme le montrent les exemples qui suivent, ces termes sont susceptibles de références temporelles multiples. Le sens courant attribué à *olim* (« jadis ») ne correspond qu'à une seule de ces références temporelles.

idem in II *Aeneidos* :

quondam etiam uictis redit in praecordia uirtus[a].

Instantis temporis protulit similiter *aliquando* Cicero in I | *Inuectiuarum* : *ibis* **29**
tandem aliquando ; idem in II : *tandem aliquando, Quirites, L. Catilinam*[b].

Quando quoque simplex et ex eo composita omnia, *aliquando*, *siquando*, *nequando*, quae et infinita sunt et antepaenultimo acuto proferuntur, quomodo etiam ab *inde* composita, *exinde*, *perinde*, *subinde*, *deinde*, *proinde*.

Quando autem et interrogatiuum et | relatiuum est et infinitum. Interrogatiuum, ut *quando uenisti ?* relatiuum, ut *quando eram iuuenis, peccaui* ;
83 infinitum, *quando ueniam, faciam.* | Accentu tamen discernitur, quomodo et nomina interrogatiua et relatiua. Inuenitur tamen etiam pro *aliquando* et pro causali coniunctione : Vergilius in X,

aspera quis natura loci dimittere quando
suasit equos[c],

a. *Cf.* Agroecius *Orth.* 116.23 P.

b. *Cf.* Iulianus Toletanus 200.135 M.Y. (*tandem tandem a. Q. L. C. furentem audacia, scelus anhelantem, pestem patriae nefarie molientem, uobis atque huic ferro flammaque minantem*).

c. *aquis* Vergilius (ed. Geymonat : *quis* **MRωγ**[1]). *Cf.* Priscianus *GL* 3, 136.23.

dire tes hauts faits[58]]; le même dans l'*Énéide* II : *quondam etiam uictis redit in praecordia uirtus* [un jour même au cœur des vaincus le courage finit par revenir, *Én.* 2, 367].

De même, Cicéron a employé *aliquando* pour le présent dans son 29
instabilité[59], dans les *Invectives* I : *ibis tandem aliquando* [vas-tu maintenant enfin aller... *Cat.* 1, 25]; le même en II : *tandem aliquando, Quirites, L. Catilinam... <ex urbe eiecimus>* [maintenant enfin, citoyens, L. Catilina... <nous venons de le chasser de Rome>, *Cat.* 2, 1][60].

Il y a aussi *quando* [un jour], la forme simple, et toutes celles qui sont composées à partir d'elle : *aliquando* [quelque jour], *siquando* [si un jour], *nequando* [pour éviter qu'un jour], et qui sont indéfinies et prononcées avec un accent aigu sur l'antépénultième, tout comme également les composés de *inde* [de là] : *exinde* [à partir de là], *perinde* [de la même manière], *subinde* [immédiatement après], *deinde* [ensuite], *proinde* [par conséquent].

Quando est interrogatif, anaphorique et indéfini. Interrogatif, comme *quándo uenisti?* [quand es-tu venu?]; anaphorique, comme *quando eram iuuenis, peccaui* [quand j'étais jeune, j'ai péché] ; indéfini, *quando ueniam, faciam* [quand
83 je viendrai, j'agirai][61]. Cependant, ce qui fait la différence, c'est l'accent, de même que pour tous les noms interrogatifs et anaphoriques. On trouve cependant aussi *quando* avec la valeur de *aliquando*, et comme conjonction causale : Virgile en X, *aspera quis natura loci dimittere quando / suasit equos* [l'inégalité du sol

58. Priscien donne *quondam tua dicere facta / tempus erit* pour une citation des *Bucoliques* de Virgile. Or *tua dicere facta* constitue bien une fin de vers en deux endroits des *Bucoliques : spiritus et quantum sat erit tua dicere facta* (*B.* 4, 54) et *en erit umquam / ille dies, mihi cum liceat tua dicere facta* (*B.* 8, 7-8), mais aucun des deux passages, tels qu'ils sont transmis par la tradition directe, ne comporte ni *tempus erit* ni *quondam* (on notera cependant qu'à la fin de *B.* 8, 7 figure un adverbe de temps, *umquam*).

59. *Instans* est rarement employé par Priscien. Appliqué au temps présent, ce terme, à la différence de *praesens*, le caractérise, selon Priscien (livre 8, *GL* 2, 406.6-8 et 414.11-13), comme *indiuiduum... quod uix stare potest* [quelque chose de non isolable, qui ne peut guère se stabiliser]. Le terme *indiuiduum* qualifie par ailleurs la *littera* en tant qu'unité de base du discours, atome in-sécable, *cf.* livre 1, *GL* 2, 6.11. S'agissant du présent, indiquer qu'il est *indiuiduum* revient peut-être à souligner qu'il ne peut, comme la *littera*, être découpé en éléments, mais plus vraisemblablement qu'il ne peut être découpé comme élément isolé et autonome, indépendant du passé et du futur qui l'entourent. Ce dernier aspect est en tous cas renforcé par le choix même du terme *instans*, qui est à l'origine un calque du grec *enestôs*, participe parfait de *enistasthai* [être imminent, commencer], mais dont Priscien réinterprète le *in-* initial comme un privatif (qu'il atténue avec *uix*) : le présent ne peut guère se « fixer » ; il s'agit bien d'*instabilité*, mais en tant que stade chimique, si l'on peut dire. Des deux citations censées l'illustrer ici, la première exprime une sorte de futur proche, la seconde de passé proche.

60. Citation allusive parce que particulièrement connue.

61. Dans son emploi comme adverbe de temps, la distinction entre l'anaphorique et l'indéfini est fonction du temps de l'énoncé : *quando* est anaphorique dans un contexte de réalité passée (*quando eram iuuenis, peccaui*), et indéfini dans un contexte d'avenir incertain (*quando ueniam, faciam*). Ces deux énoncés paraissent ainsi avoir été compris à peu près de la façon suivante : « j'étais jeune à ce moment-là : j'ai péché » (*quando eram iuuenis, peccaui*) vs « je viendrai à un certain moment : j'agirai » (*quando ueniam, faciam*).

quando dixit pro *aliquando* ; idem in I *Aeneidos* :

hic tibi, fabor enim quando haec te cura remordet[a],

quando pro *quoniam* accipitur.

Alia localia. Haec quoque uel discretas uel communes habent locorum significationes. **30**

Discretas ad locum, ut *huc*, *illuc*, *quo* ; in loco, ut *hic*, *illic*, *ubi*, quod interrogatiuum paenultimam acuit, ut si dicam *ubi est Pamphilus ?* relatiuum grauatur, ut Vergilius in I *Aeneidos* :

saeuus ubi Aeacidae telo iacet Hector, ubi ingens
Sarpedon, ubi tot Simois correpta sub undis ;

quomodo et *unde*, ut Horatius in II *Sermonum* :

unde et quo Catius ?

interrogatiuum acutam paenultimam habet, relatiuum grauatur : Vergilius in I,

genus unde Latinum[b] ;

de loco, ut *hinc*, *illinc*, *inde* ; per locum, ut *hac*, *illac*, *qua*. Hoc quoque, quomodo omnia infinita, id est *quo*, *ubi*, *unde*, *qua* quando relatiuum est, grauatur, aliter suum accentum seruat.

a. Cf. *infra*, 97.2 ; [Sergius] *Explan. GL* 4, 559.16.
b. Cf. *supra*, 62.26.

les a alors incités à quitter leurs chevaux, *Én.* 10, 366-367] – *quando* avec la valeur de *aliquando*; le même dans l'*Énéide* I : *hic tibi, fabor enim quando haec te cura remordet* [lui – écoute, car je vais parler, du moment que ce souci te tourmente, *Én.* 1, 261], où *quando* est employé avec la valeur de *quoniam* [puisque][62].

Lieu

Il y a d'autre part des adverbes de lieu. Eux aussi ont des significations tantôt 30
spécifiques, tantôt polyvalentes, pour le lieu.

Significations spécifiques[63] : lieu où l'on va, comme *huc*, *illuc*, *quo* [vers ici, vers là, vers où]; lieu où l'on est, comme *hic*, *illic*, *ubi* [ici, là, où] – cet *ubi*, lorsqu'il est interrogatif, reçoit l'accent aigu sur la pénultième[64], par exemple si je dis *úbi est Pamphilus ?* [où est Pamphile ?], tandis qu'il reçoit l'accent grave s'il est anaphorique, par exemple Virgile dans l'*Énéide* I : *saeuus ùbi Aeacidae telo iacet Hector, ùbi ingens / Sarpedon, ùbi tot Simois correpta sub undis* [là où gît le terrible Hector, frappé du fer de l'Éacide, là où gît l'immense Sarpédon, là où, entraînés si nombreux sous les ondes du Simois... *Én.* 1, 99-100]. Il en va de même pour *unde* [d'où], ainsi Horace dans les *Satires* II : *únde et quo Catius ?* [d'où <vient>, où <va> Catius ? *Sat.* 2, 4, 1]; interrogatif, il a la pénultième aiguë, tandis qu'anaphorique il reçoit l'accent grave : Virgile en I, *genus ùnde Latinum* [de là le peuple latin, *Én.* 1, 6]. Lieu d'où l'on vient, comme *hinc*, *illinc*, *inde* [d'ici, de là, d'où]; lieu par où l'on passe, comme *hac*, *illac*, *qua* [par ici, par là, par où]. Ce dernier terme aussi reçoit l'accent grave quand il est anaphorique, comme tous les indéfinis (c'est-à-dire *quo*, *ubi*, *unde*, *qua*), autrement il garde son accent aigu.

62. Indiquer que *quando* « se trouve cependant aussi avec la valeur de *aliquando* » (*inuenitur tamen etiam pro* aliquando) revient à insister sur l'emploi indéfini de *quando*, par opposition à ses emplois interrogatif et anaphorique, dont Priscien vient de souligner dans la phrase précédente qu'ils sont distingués par l'accentuation; *cf.* livre 17 : 136.21-26, où il est souligné que *quando* peut être indéfini, anaphorique et interrogatif, tandis que *aliquando* ne peut-être qu'indéfini. Sur la caractérisation par l'accentuation et la distinction entre emploi adverbial et emploi conjonctif, cf. *Introduction*, section 3.

63. Les significations spécifiques (*discretae*) correspondent aux quatre catégories de lieu reconnues par les grammairiens latins et traditionnellement identifiées par les questions *ubi ? quo ? unde ? qua ?*; les significations polyvalentes (*communes*) s'appliquent aux formes adverbiales qui restent identiques quelle que soit la question de lieu (par exemple *peregre*, qui ne change pas de forme, qu'il s'agisse de lieu où l'on est, où l'on va, d'où l'on vient ou par où l'on passe). À la suite de ses prédécesseurs (*cf.* Donat, *Mai.* 642.4-9 H., Charisius 241.11 *sq.* B. et 243.12 *sq.* B., avec deux rédactions différentes, Dosithée 40.22 *sq.* B., etc.), Priscien évoque les quatre catégories de lieu de façon synthétique sous la forme d'une préposition suivie du mot *locus* au cas voulu : *ad* + *locus* à l'acc. pour le lieu où l'on va; *in* + *locus* à l'abl. pour le lieu où l'on est; *de* + *locus* à l'abl. pour le lieu d'où l'on vient; *per* + *locus* à l'acc. pour le lieu par où l'on passe.

64. *Cf.* livre 14, où la question de l'accentuation est récurrente (notamment § 2, 4, 6, 9, 12, 15-16, 20, 23, 29, 35-37, 39-41, 45, 47-49).

Communes, ut *peregre sum*, *peregre abeo*, *peregre aduenio*, *peregre* | *transeo*.
Similiter *pone*, *supra*, *infra*, *extra*, *ultra*, *citra*, quae etiam casibus frequenter
solent iungi grauarique atque ideo a quibusdam praepositiones esse putantur. Sed
illa proprie est praepositio, quae separata numquam potest sine casualibus
84 proferri, ut *e*, *ex*, *a*, *abs*, *de*, *pro*, | *sub*, *in* et similia. || Aduerbia uero quae coniungi **31**
solent casualibus, etiam per ellipsin casualium licet proferre, ut

pone subit coniunx[a]

et *ultra citraque nihil est*.

Et quod aduerbia etiam per se habent aliquam | certam significationem, praepositiones uero non, ut si dicam *de* uel *in*, nescio per se quid significant, nisi coniungantur cum aliqua dictione. Si enim dicam *de partibus orationis*, aliam habet significationem, et si dicam *de loco in locum* aliam. In superiore enim τὸ περί, in sequenti τὸ ἀπό significat; similiter *deduco* κατάγω, *descendo* κατέρχομαι. *Extra* uero et | *pone* et *supra* indubitabilem habent loci significationem, ex quo ostenduntur magis aduerbia esse. Sunt quaedam unam loci significationem habentia, quae est ad locum, ut *horsum*, *istorsum*, *deorsum*, *sursum*, *sinistrorsum*, *dextrorsum*. Similiter aduerbia ostenduntur composita, *Italiamuersus*, *Siciliamuersus*, quae ipse accentus ostendit esse composita, nisi si dicamus quod *uersus* inclinat sibi supraposita nomina.

Dehortatiuum est *ne*. Hoc etiam accipitur pro *neque* et pro *ut non* et pro *ualde* :
pro *neque*, ut Cicero in III *Inuectiuarum*, *ne dici quidem opus est*[b], pro *neque opus* **32**
est dici ; pro *ut non* Terentius in *Adelphis* :

ne dicam dolo[c],

a. Cf. *supra*, 29.7.
b. Cf. *supra*, 61.1.
c. Cf. *supra*, 60.22.

Significations polyvalentes : *peregre sum*, *peregre abeo*, *peregre aduenio*, *peregre transeo* [je suis à / je pars de / j'arrive à / je passe par l'étranger]. De même *pone* [derrière], *supra* [dessus], *infra* [dessous], *extra* [dehors], *ultra* [au-delà], *citra* [en-deçà], qui se joignent également couramment à des cas et reçoivent l'accent grave, ce qui fait que certains pensent que ce sont des prépositions[65]. Mais une préposition, c'est proprement ce qui ne peut jamais être énoncé de façon
84 autonome, sans formes casuelles, comme *e*, *ex*, *a*, *abs*, *de*, *pro*, *sub*, *in*, etc. En
revanche, des adverbes qui sont habituellement joints à des formes casuelles, on 31
peut aussi les énoncer avec ellipse de ces formes casuelles, comme *pone subit coniunx* [ma femme vient derrière, Virg. *Én.* 2, 725], et *ultra citraque nihil est* [il n'y a rien au-delà ni en-deçà].

Il y a aussi le fait que les adverbes ont par eux-mêmes une signification déterminée, ce qui n'est pas le cas des prépositions ; par exemple si je dis *de*, ou *in*, je ne sais pas ce que ces prépositions signifient par elles-mêmes, si elles ne sont pas combinées à un autre mot. Si en effet je dis *de partibus orationis* [des parties du discours], *de* a une certaine signification, et une autre si je dis *de loco in locum* [d'un lieu à un autre] : dans la première formule *de* signifie *peri* [à propos de, sur], dans la suivante *apo* [à partir de] ; de même *de-duco*, c'est *kat-agô* [faire descendre de], et *de-scendo*, c'est *kat-erkhomai* [descendre]. En revanche, *extra* [au-dehors], *pone* [par-derrière], et *supra* [au-dessus] ont incontestablement une signification de lieu, ce qui montre bien qu'il s'agit plutôt d'adverbes. Il y en a certains qui ont une signification locale unique, de lieu où l'on va, comme *horsum* [de mon côté], *istorsum* [de ton côté], *deorsum* [en bas], *sursum* [en haut], *sinistrorsum* [à gauche], *dextrorsum* [à droite]. De la même façon il y a des composés qui se révèlent être des adverbes[66] : *Italiámuersus* [du côté de l'Italie], *Siciliámuersus* [du côté de la Sicile], c'est leur accent qui révèle que ce sont des composés — sauf à dire que *uersus* fait basculer vers lui l'accent des noms qui lui sont antéposés.

Dissuasion, négation, affirmation ; phénomènes de substitution

Adverbe de dissuasion : *ne*. Il est aussi employé avec la valeur de *neque* [et
ne...pas], de *ut non* [pour que ne...pas], et de *ualde* [assurément] : avec la valeur 32
de *neque*, comme Cicéron dans les *Invectives* III, *ne dici quidem opus est* [il n'est pas non plus nécessaire de dire... *Cat.* 3, 24], dans le sens de *neque opus est dici*[67] ; avec la valeur de *ut non*, Térence dans les *Adelphes* : *ne dicam dolo* [pour ne

65. Sur l'analyse de ces formes dans le livre 14, *cf.* 30.25-31.4 et *Introduction*, section 3.
66. Priscien reprend ici de façon moins affirmative ce qu'il disait en 76.3.
67. *Cf.* 61.15-17 et note 9.

pro *ut non dicam dolo* ; pro *ualde*, ut idem in *Andria* :

ne illa illum haut nouit, cuius causa haec incipit.

Abnegatiuum est, ut *non*, *haut*, *numquam*, *minime*.

Sciendum tamen quod etiam aliae partes accipiuntur pro aduerbiorum diuersis | significationibus, et est quando duae pro una, ut *nullo modo*, *nulla tenus*, quomodo et aduerbia loco nominum posita inuenimus, ut Vergilius in VII :

sponte sua[a] ;

similiter et :

85 *mane nouum*[b] ;

et Lucanus in I :

tu satis ad uires Romana in carmina dandas[c] ;

et Sallustius in *Catilinario* : *satis eloquentiae, sapientiae | parum.*

Confirmatiua, ut *profecto*, *scilicet*, *quippe*, *uidelicet*, *nempe*, ut Persius :

nempe haec assidue.

Duae quoque partes pro his ponuntur, ut *quid ni*, *cur non*, *sic est*, *quid istic*, | quo **33**
frequenter Terentius utitur in confirmatione, ut in *Adelphis* :

quid istic ? accedo, ut rectius dicis[d].

a. Cf. *supra*, 34.16.
b. Cf. *supra*, 34.15.
c. Cf. *supra*, 77.23.
d. *cedo* (*accedo* ω) *ut meliu' dicas* Terentius (ed. Kauer & Lindsay).

pas parler de façon détournée, *Ad.* 375], dans le sens de *ut non dicam dolo*; avec la valeur de *ualde*, comme le même Térence dans l'*Andrienne* : *ne illa illum haut nouit, cuius causa haec incipit* [assurément, elle, elle ne le connaît pas, celui pour qui elle se lance dans cette affaire, *And.* 772].

Ne est aussi un adverbe de négation, comme *non* [ne…pas], *haut* [ne…point], *numquam* [ne…jamais], *minime* [pas du tout].

Il faut savoir cependant qu'on trouve aussi, équivalant aux différentes significations adverbiales, d'autres mots que des adverbes ; il arrive même qu'on trouve deux mots équivalant à la signification d'un seul adverbe, comme *nullo modo* [en aucune manière], *nulla tenus* [en aucune façon[68]], de même qu'on trouve aussi des adverbes employés en guise de noms, comme Virgile en VII : *sponte sua* [de son propre mouvement, *Én.* 7, 204] ; et de la même façon *mane nouum* [le petit matin], et Lucain en I : *tu satis ad uires Romana in carmina dandas* [tu es assez bon, toi, pour inspirer un poème romain, *Phars.* 1, 66], et Salluste dans la *Conjuration de Catilina* : *satis eloquentiae, sapientiae parum* [assez bon pour l'éloquence, peu de sagesse, *C.* 5, 4][69].

Adverbes d'affirmation, comme *profecto* [assurément], *scilicet* [certes], *quippe* [en vérité], *uidelicet* [certainement], *nempe* [bien sûr], par exemple Perse : *nempe haec assidue* [bien sûr, c'est toujours la même chose ! *Sat.* 3, 1]. Ces **33**
adverbes ont aussi pour équivalents des couples de mots, comme *quid ni* [pourquoi pas ?], *cur non* [pourquoi non ?], *sic est* [c'est comme ça], *quid istic* [que dire à cela ?], dont Térence se sert souvent dans l'affirmation, comme dans les *Adelphes* : *quid istic ? accedo, ut rectius dicis* [que dire à cela ? d'accord, tu as raison, *Ad.* 350].

68. *Nullo*, *modo* et *nulla* sont dans la terminologie latine des *nomina* ; le statut de *tenus*, qui ici semble ne pouvoir être que préposition, est discuté, *cf.* livre 14 : 53.4-11, où Priscien considère que *tenus*, à la différence de *akhris*, toujours adverbe en grec, « est lui aussi compté parmi les prépositions pour la raison que Virgile le combine non seulement avec l'ablatif, mais même avec le génitif, à la grecque ».

69. Le critère qui permet d'établir qu'il s'agit d'emplois nominaux d'adverbes est ainsi, pour *sponte* et *mane*, l'adjonction des adjectifs *sua* et *nouum*, pour *satis (ad uires dandas)* la construction prépositionnelle, et pour *satis (eloquentiae)* et *parum (sapientiae)* l'adjonction d'un complément au génitif.

Similiter *militiae* in loco solum inuenitur, quomodo *uesperi* in tempore. Et sciendum quod pleraque aduerbia localia pro temporalibus accipiuntur, ut Vergilius in II *Aeneidos* :

inde toro pater Aeneas sic orsus ab alto[a],

pro *deinde*, et in I :

haec ubi dicta, cauum conuersa cuspide montem,

pro *postquam*, et Terentius in *Eunucho* :

hic ego illum contempsi prae me[b],

pro *tunc*. Temporalia autem pro localibus non accipiuntur, ut *nunc*, *modo*, *nuper*, *postquam*.

Iuratiua *edepol*, *ecastor*, *mediusfidius*. *Per* quoque praepositio potest etiam **34**
pro aduerbio accipi iurandi, ut Vergilius in X :

per te, per qui te talem genuere parentes[c] ;

idem tamen etiam confirmatiuum est aduerbium, ut Terentius in *Andria* :

tu quoque per parce nimium, non laudo[d].

Sic quoque, quomodo *per*, coniunctum casualibus et graui accentu prolatum iuratiuum est ; Vergilius in *Bucolico* :

sic tua Cyrneas fugiant examina taxos[e].

86 Optatiua *utinam*, *o*, *si*, *ut* : Vergilius in I *Aeneidos*,

atque utinam rex ipse Noto conpulsus eodem
adforet Aeneas[f] ;

idem in VIII :

adsis o tantum et propius tua numina firmes[g] ;

idem in VI :

si nunc se nobis ille aureus arbore ramus
ostendat nemore in tanto[h].

a. *Cf.* Terentianus Maurus 1683 et 2008 C. ; Sacerdos *GL* 6, 448.23, 505.10, 517.8 ; Charisius 353.26 B. ; Diomedes *GL* 1, 377.7, 498.8 et 12 ; Aphthonius *Metr. omn. GL* 6, 128.25-27 ; Audax *Exc. GL* 7, 333.10 ; Priscianus *GL* 3, 139.18 ; *Dub. nom.* 830-831 G. ; Iulianus Toletanus 223.35-36 M.Y.

b. Cf. *supra*, 49.28.

c. Cf. *supra*, 38.9.

d. *Cf.* Priscianus *GL* 3, 156.6 (*per* * *n. n. l.*).

e. Cf. *infra*, 90.1 ; Priscianus *Part.* 76.23 et 85.3 P.

f. *Cf.* Priscianus *GL* 2, 407.19.

g. Cf. *infra*, 89.2 ; Priscianus *GL* 3, 240.10.

h. *Cf.* Priscianus *GL* 3, 240.12, 243.9 et 289.19 (*s. n. s. n. i. a. a. r. o.*).

De la même façon[70] *militiae* [à l'armée] se trouve seulement pour le lieu où l'on est, tout comme *uesperi* [à l'étoile du berger] pour le temps où l'on est[71] ; et il faut savoir que la plupart des adverbes de lieu sont employés comme adverbes de temps, par exemple Virgile dans l'*Énéide* II : *inde toro pater Aeneas sic orsus ab alto* [alors du haut de son lit le grand Énée commença ainsi, *Én.* 2, 2] – *inde* avec la valeur de *deinde*; et en I : *haec ubi dicta, cauum conuersa cuspide montem* [quand cela fut dit, retournant sa lance, <il frappe> de la pointe la montagne creuse, *Én.* 1, 81] – *ubi* avec la valeur de *postquam*; et Térence dans l'*Eunuque* : *hic ego illum contempsi prae me* [alors je lui ai fait honte devant moi, *Eun.* 239] – *hic* avec la valeur de *tunc*; les adverbes de temps en revanche, comme *nunc* [maintenant], *modo* [tantôt], *nuper* [récemment], *postquam* [après], ne sont pas employés comme adverbes de lieu.

Serment, souhait, exhortation, modération

Adverbes de serment : *edepol* [par Pollux !], *ecastor* [par Castor !], **34**
mediusfidius [par ma foi !]. *Per* aussi, la préposition, peut être employé comme adverbe de serment, ainsi Virgile en X : *per te, per qui te talem genuere parentes* [par toi ! par les parents qui ont engendré un homme tel que toi ! *Én.* 10, 597]; le même *per* est cependant aussi un adverbe d'affirmation, par exemple Térence dans l'*Andrienne* : *tu quoque per parce nimium, non laudo* [toi aussi, vraiment, qui es par trop chiche, je ne te félicite pas, *And.* 455][72]. *Sic* aussi, comme *per*, quand il est joint à des formes casuelles et énoncé avec l'accent grave, est un adverbe de serment : Virgile dans les *Bucoliques*, *sìc tua Cyrneas fugiant examina taxos* [qu'à ce prix tes essaims puissent éviter les ifs de Cyrnos, *B.* 9, 30].

86 Adverbes de souhait : *utinam, o, si, ut* [ô / ah ! si...] : Virgile dans l'*Énéide* I, *atque utinam rex ipse Noto compulsus eodem / adforet Aeneas* [ah ! si votre roi, poussé lui aussi par le même Notus, Énée, était là, *Én.* 1, 575-576]; le même en VIII : *adsis o tantum et propius tua numina firmes* [ô sois à nos côtés seulement et confirme-nous de plus près tes intentions ! *Én.* 8, 78]; le même en VI : *si nunc se nobis ille aureus arbore ramus / ostendat nemore in tanto* [ah ! si maintenant ce rameau d'or sur son arbre se montrait à nous dans ces grands bois, *Én.* 6, 187-188].

70. La présence de ce paragraphe a surpris Hertz, qui, en le mettant entre parenthèses, manifeste qu'il le juge au moins marginal par rapport au développement en cours. Il semble que, dans la séquence qui va de 84.15 à 85.21, la présence d'un discours secondaire, concernant les recaractérisations fonctionnelles de certains mots comme adverbes (spécialement les adverbes négatifs), conditionne des associations d'idées plus ou moins compatibles avec le déroulement du plan, qui voudrait qu'au traitement complet des *localia*, incluant leur ambivalence locale / temporelle, succède le bloc dissuasion-négation-affirmation. Cette succession est ainsi perturbée en 84.24-85.5 par le propos second sur les flottements dans la catégorisation, qui se poursuit sur le mode mineur à propos des adverbes d'affirmation (85.6-11) et se prolonge dans le paragraphe mis entre parenthèses par Hertz (85.12-21), où Priscien évoque les échanges lieu / temps.

71. *Militia*, proprement « service militaire », et *uesper*, nom de l'étoile du berger, n'ont par eux-mêmes pas de sens local ou temporel, mais l'acquièrent en étant employés adverbialement.

72. *Per* est analysé par les Modernes comme un préfixe intensif avec tmèse : *per... nimium*.

Vt autem et *si* sunt etiam coniunctiones causales. Sed *ut* uero etiam **35**
similitudinis aduerbium ; potest etiam pro temporali accipi :

ut uidi, ut perii[a].

Et ex hoc componitur *utinam*. Inuenitur etiam pro *utinam*, ut Horatius in II *Sermonum* :

o pater et rex
Iuppiter, ut pereat positum rubigine ferrum,

pro *utinam* ; *uti* enim et *ut* idem est.

Hortatiua *heia*, *age*. Et notandum quod uidetur hoc aduerbium etiam plurale habere *agite*, ut Vergilius in VIII :

quare agite, o iuuenes, tantarum in munere laudum.

Remissiua sunt superioribus contraria, ut *pedetemptim*, *paulatim*, *sensim*.

Qualitatis, ut *bene*, *male*.

Quantitatis, ut *nimium*, *parum*.

Haec autem plerumque a nominibus adiectiuis fiunt, ut *disertus* | *diserte*, *celsus celse*, *maximus maxime*, *paulus paulatim*, nec non etiam a participiis siue uerbis, ut *cursim*, *strictim*, *minutatim*.

Dubitatiua *forsan*, *fortassis* et *fortasse*, *fors*, *forte* ; Vergilius in XI :

87 *fors et uota facit cumulatque altaria donis*[b] ;

idem in I *Aeneidos* :

forsan et haec olim meminisse iuuabit[c] ;

a. *Cf.* [Augustinus] *Reg.* 119.21 M. (*u. u. u. p., ut me malus*) ; Pompeius *GL* 5, 251.22.
b. Cf. *supra*, 64.14.
c. Cf. *supra*, 79.12.

Cela étant, *ut* et *si* sont aussi des conjonctions causales[73]. De son côté, *ut* est **35**
aussi un adverbe de comparaison ; il peut également être employé comme adverbe de temps : *ut uidi, ut perii* [lors je te vis, lors je fus perdu ! Virg. *B.* 8, 41][74] ; *ut* entre également dans la composition de *utinam* ; et on le trouve aussi avec la valeur de *utinam*, par exemple Horace dans les *Satires* II : *o pater et rex / Iuppiter, ut pereat positum rubigine ferrum* [ô Jupiter, notre père et notre roi, puisse cette arme disparaître, abandonnée, rongée de rouille ! *Sat.* 2, 1, 42-43] – *ut* avec la valeur de *utinam* (*uti* et *ut*, c'est la même chose[75]).

Adverbes d'exhortation : *heia* [hardi !], *age* [vas-y !][76]. Et il faut remarquer que cet adverbe semble bien avoir aussi un pluriel : *agite* [allez !], par exemple Virgile en VIII, *quare agite, o iuuenes, tantarum in munere laudum* [eh bien allez ! jeunes gens, il s'agit de célébrer de tels bienfaits, *Én.* 8, 273].

Les adverbes de modération[77] sont à l'opposé des précédents, comme *pedetemptim* [pas à pas], *paulatim* [peu à peu], *sensim* [insensiblement].

Qualité, quantité, doute

Adverbes de qualité, comme *bene* [bien], *male* [mal].

Adverbes de quantité, comme *nimium* [trop], *parum* [trop peu].

La plupart de ces adverbes dérivent de noms adjectifs, comme *disertus* / *diserte* [éloquent / éloquemment], *celsus* / *celse* [éminent / éminemment], *maximus* / *maxime* [considérable / considérablement], *paulus* / *paulatim* [petit / petit à petit], et parfois même aussi de participes ou de verbes, comme *cursim* [à la va-vite], *strictim* [en effleurant], *minutatim* [en morcelant][78].

Adverbes de doute : *forsan*, *fortassis* et *fortasse*, *fors*, *forte* [peut-être] ; Virgile
87 en XI, *fors et uota facit cumulatque altaria donis* [peut-être forme-t-il des vœux et charge-t-il les autels d'offrandes, *Én.* 11, 50] ; le même dans l'*Énéide* I : *forsan et haec olim meminisse iuuabit* [peut-être aurons-nous plaisir à nous souvenir de

73. *Cf.* notes 8 *ad* 61.15 et 80 *ad* 87.25.

74. Le plus vraisemblable est que la formule *pro temporali accipi* s'applique aux deux *ut* de la citation de Virgile, *ut uidi, ut perii*, ainsi comprise comme comportant deux adverbes. Cette interprétation du texte de Virgile, qui est imité de Théocrite, 3, 42, *hôs iden, hôs emanê*, où il est question de Méléagre et d'Atalante, paraît étayée par un autre écho de la formule de Théocrite, chez Ovide, *Mét.* 8, 324, *hanc pariter uidit, pariter Calydonius heros / optauit…*, qui comporte également un adverbe répété deux fois. D'autres grammairiens latins restent perplexes devant la formule de Virgile, *cf.* Servius, *Buc. ad loc.*, et Pompée *GL* 5, 251.20-23, qui considère que les deux *ut* sont des conjonctions. *Cf.* Baratin 2005 : 159-161 ; Bonnet 2005a : 292-293, et ici même dans l'*Introduction*, section 3.

75. *uti* à cause de *uti-nam*, malgré la différence de quantité du *i*.

76. Le rapprochement de *heia* et de *age* est peut-être une réminiscence de Virgile, *Én.* 4, 569, *heia, age, rumpe moras…*, cité dans le livre 17 : 197.24-27 à propos de *heia*, et dans le livre 18 : 286.17-18.

77. *Remissiua*, dont c'est le seul emploi chez Priscien, n'est pas attesté chez les autres grammairiens. Ce terme dénote la lenteur dans l'action.

78. Les verbes auxquels songe Priscien sont respectivement *currere* [courir], *stringere* [effleurer], *minuere* [morceler].

Terentius in *Andria* :

forma ... — bona fortasse ;

Horatius *Sermonum* I :

dissimile hoc illi est, quia non, ut fors sit honorem
iure mihi inuideat quiuis, ita te quoque amicum[a].

Congregatiua loci sunt et temporis communia, ut *simul*, *una*, in | eodem loco et **36**
in eodem tempore, ut Vergilius :

simul hoc, simul ingens,

et in I :

una Eurusque Notusque ruunt[b].

Discretiua *seorsum*, *secus*, *separatim*, *secreto*, *utrimque*, *diuise*, | *singillatim*, *bifariam*, *omnifariam*.

Similitudinis, ut *ceu*, *quasi*, *uelut*, *ueluti*, *sic*, *sicuti*, *ut*, *uti*. Haec etiam coniunctionum uim habent causalium, quando ἵνα uel ὅτι significant Graecas coniunctiones : Vergilius in XI,

capias ut digna Camillae
praemia ;

Cicero in III *Inuectiuarum* : *illud uero nonne ita praesens est ut nutu Iouis optimi maximi factum esse uideatur ut, cum hodierno die mane per forum meo iussu et coniurati et eorum indices in aedem Concordiae ducerentur, eo ipso* | *tempore signum statueretur ?*

Ordinatiua : *deinde*, *continuo*, *protinus*, *postea*, *praeterea*.

Intentiua, ut *ualde*, *nimium*, *prorsus*, *penitus*, *omnino*.

a. Cf. *supra*, 78.27.
b. Cf *supra*, 31.12.

cela aussi quelque jour, *Én.* 1, 203]; Térence dans l'*Andrienne* : *forma... — bona fortasse?* [quant au physique... — remarquable peut-être? *And.* 119]; Horace dans les *Satires* I : *dissimile hoc illi est, quia non, ut fors sit honorem / iure mihi inuideat quiuis, ita te quoque amicum* [ce n'est pas la même chose, parce que, si l'on a peut-être le droit de m'envier ma charge, il n'en va pas de même de ton amitié, *Sat.* 1, 6, 49-50].

Association, dissociation, assimilation, succession

Adverbes d'association, qui valent à la fois pour le lieu et le temps, comme 36
simul [à la fois], *una* [ensemble], c'est-à-dire dans le même lieu et dans le même temps, par exemple Virgile : *simul hoc, simul ingens* [à la fois cela, à la fois immense, *Én.* 12, 268], et en I : *una Eurusque Notusque ruunt* [ensemble l'Eurus et le Notus l'arrachent, *Én.* 1, 85].

Adverbes de dissociation, *seorsum* [à part], *secus* [autrement], *separatim* [séparément], *secreto* [à l'écart], *utrimque* [de part et d'autre], *diuise* [en divisant], *singillatim* [individuellement], *bifariam* [en deux parties], *omnifariam* [en chaque partie].

Adverbes d'assimilation, comme *ceu, quasi, uelut, ueluti, sic, sicuti, ut, uti* [comme / de cette façon]; ces deux dernières formes ont aussi la valeur de conjonctions causales, quand elles ont la signification des conjonctions grecques *hina* ou *hoti*[79] : Virgile en XI, *capias ut digna Camillae / praemia* [pour que tu reçoives le juste prix de Camille, *Én.* 11, 856-857]; Cicéron dans les *Invectives* III : *illud uero nonne ita praesens est ut nutu Iouis optimi maximi factum esse uideatur ut, cum hodierno die mane per forum meo iussu et coniurati et eorum indices in aedem Concordiae ducerentur, eo ipso tempore signum statueretur?* [n'est-il pas cependant absolument évident qu'un signe de Jupiter très bon très grand a manifestement fait qu'on a mis la statue en place ce matin à l'instant précis où sur mon ordre on faisait passer les conjurés et leurs dénonciateurs par le forum pour les mener au temple de la Concorde? *Cat.* 3, 21[80]].

Adverbes de succession : *deinde* [ensuite], *continuo* [aussitôt après], *protinus* [immédiatement après], *postea* [ensuite], *praeterea* [après cela].

Intensité, comparatifs, superlatifs, numéraux, diminutifs

Adverbes d'intensité, comme *ualde* [très], *nimium* [extrêmement], *prorsus* [absolument], *penitus* [tout à fait], *omnino* [entièrement].

79. Sur l'introduction de *ut* final dans les *causales*, *cf.* note 8 *ad* 61.15.

80. Le premier exemple cité comporte un *ut* final, qui correspond au grec *hina* et entre donc dans la catégorie large des *causales* au titre de la cause finale (*cf.* note 8 *ad* 61.15); dans le second exemple, le premier *ut* introduit une complétive apposée (*illud... ut...*), le second une complétive objet (*facere ut...*), l'une et l'autre correspondant au grec *hoti* et entrant dans les *causales* au titre des *adiunctiuae*, *cf.* livre 16 : 95.15-25.

88 Comparatiua, ut *magis*, *minus*. Hoc cum aduersa qualitate coniunctum contrariae qualitatis comparatiuum significat, ut *minus prudens* pro *stultior* et *minus stultus* pro *prudentior*.

Superlatiua *maxime*, *minime*, *ocissime*.

Et sciendum quod omnia quae ab aliis deriuantur, illorum significationem 37
uel qualitatem generalem seu specialem seruant, ut a propriis : *Demosthenes Demosthenice dixit*, *Tullius Tulliane*, *Sallustius Sallustiane*. Similiter ab appellatiuis generalibus, a *corpore corporaliter*, a *quali qualiter*, ab *alio aliter*, a *genere generaliter*, a *specie specialiter*, a | *Latino Latine*, a *Graeco Graece*, a *uiro uiriliter*, a *muliere muliebriter*. Et nota quod pleraque ex nominibus fiunt deriuatiuis. A Graecis quoque nominibus deriuantur aduerbia, ut ὠκύς *ocius ocissime* ; habent tamen nomina *ocior ocissimus*. Praeterea quomodo apud Graecos anomale ἀπὸ τοῦ εἶς ἅπαξ aduerbium dicitur, sic et apud nos inaequaliter ab *uno* | *semel*

88 Adverbes comparatifs : *magis* [plus], *minus* [moins]. Ce dernier adverbe, joint à une qualité opposée, signifie le comparatif de la qualité contraire, comme *minus prudens* [moins intelligent] avec la valeur de *stultior* [plus bête], et *minus stultus* [moins bête] avec la valeur de *prudentior* [plus intelligent].

Adverbes superlatifs : *maxime* [le plus], *minime* [le moins], *ocissime* [le plus rapidement][81].

Il faut savoir en outre que tous les adverbes qui dérivent d'autres termes 37
conservent la signification de ces autres termes, ou leurs propriétés, générales ou spécifiques[82], ainsi pour les dérivés de noms propres: *Demosthenes Demosthenice dixit*, *Tullius Tulliane*, *Sallustius Sallustiane* [Démosthène a parlé à la Démosthène, Cicéron à la Cicéron, Salluste à la Salluste]; de même pour les dérivés de noms appellatifs génériques : de *corpus* [corps], *corporaliter* [corporellement], de *qualis* [quel], *qualiter* [de quelle manière], de *alius* [autre], *aliter* [autrement], de *genus* [genre], *generaliter* [génériquement], de *species* [espèce], *specialiter* [spécifiquement], de *Latinus* [latin], *Latine* [en latin], de *Graecus* [grec], *Graece* [en grec], de *uir* [homme], *uiriliter* [virilement], de *mulier* [femme], *muliebriter* [en femme]. Et remarque que la plupart proviennent de noms dérivés [83]. Il y a aussi des adverbes dérivés de noms grecs, comme *ôkus* [rapide] : *ocius* [plus rapidement], *ocissime* [très rapidement], quoiqu'ils aient aussi les noms correspondants *ocior*, *ocissimus* [84]. En outre, de même que chez les Grecs on forme irrégulièrement l'adverbe *hapax* [en une fois] à partir de *heis* [un][85], de même chez nous on dit par anomalie *semel* [en une fois] à partir de *unus* [un].

81. La réunion a priori surprenante des trois superlatifs *maxime*, *minime* et *ocissime* semble destinée à compléter le couple de formation irrégulière *maxime* et *minime*, dont les termes correspondent à deux positifs sémantiquement antinomiques, mais latins, *magnus* et *paruus*, par le superlatif *ocissime*, régulier mais correspondant, selon Priscien, à un positif grec, *ôkus*, *cf.* 80.11-12 et, à quelques lignes du présent passage, 88.11-12.

82. L'embarras de Priscien, marqué par la précision « ou leurs propriétés » (*uel qualitatem*), tient à ce que la signification est liée à la catégorie : changer de catégorie, c'est a priori changer de signification. La précision introduite permet de sortir de ce dilemme apparent ; il faut en effet entendre *qualitas* comme ce qui sert à caractériser, à individualiser la substance, et qui reste donc identique dans le changement de catégorie : il s'agit des propriétés des référents (*à la façon* de Démosthène, de Cicéron ou de Salluste), et pas seulement des noms qui servent à les nommer chacun.

83. Le rappel que *Tulliane* (déjà cité en 63.12) par exemple vient de *Tullianus*, adjectif dérivé de *Tullius*, souligne ce qui a été dit précédemment sur la *qualitas*, la propriété spécifique, *cf.* note précédente.

84. La rectification introduite par Priscien, « quoique... », s'explique par le fait que, selon lui, les dérivés *ocius* et *ocissime* peuvent s'expliquer à partir du nom grec *ôkus* ou des dérivés latins *ocior* et *ocissimus*, ces deux derniers termes pouvant eux-mêmes être issus de *ôkus*, *cf.* 80.11-12, et note 54.

85. Outre les illustrations de traitement intégrationniste des autonymes latins, avec *ab uno* et *a duobus*, ce passage présente, avec le grec *apo tou eis*, un exemple de créolisation : faute de pouvoir employer *ab* et le terme grec à l'ablatif, il y a hellénisation de l'ensemble du syntagme prépositionnel et *ab* + ablatif cède la place à *apo* + génitif grec – dont souvent seul l'article porte la marque, l'autonyme lui-même étant au nominatif « dénominatif ». *Cf.* Keller 2008 : 384, note 29, s'appuyant sur les analyses de Nicolas 2006 : 139-140 et note 12.

profertur. A *duobus* quoque pro Graeco δίς nos *bis* dicimus. Ceteri enim numeri a uocibus suis faciunt aduerbia, *tres ter*, *quattuor quater*. A *quinque* uero usque ad *mille* in *es* productam desinunt aduerbia, ut *quinquies*, *sexies*, *septies* ; sic reliqui, ut supra dictum est. A *quot* uero et *tot* in *ens* terminantur, *quotiens* et *totiens*. Sunt igitur | haec numeralia.

Inueniuntur praeterea apud nos aduerbia diminutiua, quae apud Graecos non 38
sunt, ut *clam clanculum*, *bene belle*, *bellissime*.

Quomodo autem sunt nomina homonyma et polyonyma, sic inueniuntur aduerbia uel in una significatione multas habentia uoces uel in una | uoce multas habentia significationes, ut *ubi* ποῦ καὶ ὅπου. Similiter *quo*, *qua*, *quando* et infinita sunt et interrogatiua et relatiua. *Quando* autem etiam et pro coniunctione causali inuenitur. *Tandem* quoque non solum pro aduerbio temporali, sed etiam
89 pro coniunctione repletiua inuenitur, ut | Cicero in I *Inuectiuarum* : *quousque*
tandem abutere, Catilina, patientia nostra ? [a]

O quoque diuersas significationes habet. Est enim aduerbium uocandi, ut Vergilius in I *Aeneidos* :

o regina, nouam cui condere Iuppiter urbem [b] ;

est admirandi, ut Iuuenalis in IIII :

o qualis facies et quali digna tabella [c] ;

est indignandi, ut Cicero in I *Inuectiuarum* : *o tempora, o mores* ; est optandi, ut Vergilius in VIII :

adsis o tantum et propius tua numina firmes [d] ;

est etiam nomen ipsius literae. || In aliis quoque multis aduerbiis inuenis diuersas 39
significationes in una eademque uoce, quomodo etiam ex contrario in diuersis uocibus unam significationem, ut *quando*, *olim*, *dudum*, *aliquando*, *cito*, *propere*, *celeriter*, *actutum*.

a. *Cf.* Diomedes *GL* 1, 453.11-12 ; Arusianus 12.2 D.C. ; Rufinus *Metr. Orat.* 32.9-10 D'A. ; Pompeius *GL* 5, 133.15 ; Priscianus *GL* 3, 139.10, 320.15-16.

b. *Cf.* Sacerdos *GL* 6, 503.21, 512.3, 515.19, 517.1 ; Priscianus *GL* 3, 197.9.

c. *Cf.* Priscianus *GL* 3, 153.20.

d. Cf. *infra*, 89.9 ; Priscianus *GL* 3, 240.10.

À partir de *duo* [deux], nous-mêmes, avec la valeur du grec *dis*, nous disons *bis* [deux fois]. Tous les autres nombres produisent des adverbes à partir de leur propre forme : *tres*, *ter* [trois / trois fois], *quattuor*, *quater* [quatre / quatre fois] ; de cinq à mille, les adverbes se terminent en *-es* long, comme *quinquies*, *sexies*, *septies* [cinq fois, six fois, sept fois], et de même pour tous les autres, comme on l'a dit ; en revanche les dérivés de *quot* et de *tot* se terminent en *-ens* : *quotiens* [combien de fois] et *totiens* [tant de fois][86]. Voilà donc les adverbes numéraux.

On trouve en outre chez nous des adverbes diminutifs, qu'il n'y a pas en grec, **38**
comme de *clam*, *clanculum* [en secret / en cachette] ; de *bene*, *belle bellissime* [bien / joliment, très joliment].

Significations multiples

Par ailleurs, de même qu'il y a des noms homonymes et des noms synonymes[87], on trouve aussi des adverbes qui ont ou bien plusieurs formes correspondant à une seule signification, ou bien plusieurs significations correspondant à une seule forme, comme *ubi* : *pou* [où ?] et[88] *hopou* [là où]. De la même façon, *quo*, *qua*, *quando* sont à la fois indéfinis, interrogatifs et anaphoriques ; *quando* de son côté se trouve également comme conjonction causale ; *tandem* également se trouve non seulement comme adverbe de temps, mais aussi
89 comme conjonction explétive[89], ainsi Cicéron dans les *Invectives* I : *quousque tandem abutere, Catilina, patientia nostra ?* [jusqu'où enfin, Catilina, abuseras-tu de notre patience ? *Cat.* 1, 1].

O aussi a des significations variées : c'est un adverbe d'interpellation, comme Virgile dans *l'Énéide* I : *o regina, nouam cui condere Iuppiter urbem* [ô reine, à qui Jupiter <a donné> de fonder une ville nouvelle, *Én.* 1, 522] ; d'étonnement, comme Juvénal en IV : *o qualis facies et quali digna tabella* [ô quelle étrange figure, quel sujet pour un peintre ! *Sat.* 10, 157] ; d'indignation, comme Cicéron dans les *Invectives* I : *o tempora, o mores* [ô temps ! ô mœurs ! *Cat.* 1, 2] ; de souhait, comme Virgile en VIII : *adsis o tantum et propius tua numina firmes* [ô sois à nos côtés seulement et confirme-nous de plus près tes intentions ! *Én.* 8, 78] ;
o est aussi le nom de la lettre *o* elle-même. Dans beaucoup d'autres adverbes **39**
aussi on trouve des significations diverses correspondant à une seule et même forme, tout comme on trouve également, à l'inverse, une seule signification correspondant à des formes diverses, comme *quando*, *olim*, *dudum*, *aliquando* [un jour], *cito*, *propere*, *celeriter*, *actutum* [vite].

86. Les doublets *quoties* et *toties*, également attestés, sont ici ignorés, sans que le motif en soit clair.

87. *Polyonyma* est fréquemment mentionné par les grammairiens latins tardifs (Diomède, Consentius, [Sergius] *Explan.*, etc.) comme équivalent de *synonyma*. Priscien lui-même n'emploie par ailleurs que ce dernier terme (livre 2 : *GL* 2, 59.17 et 60. 29).

88. *Pou kai opou* : le mot grec *kai* (latin *et*) illustre l'hellénisation du texte au contact des termes grecs.

89. Sur les conjonctions explétives, *cf.* livre 16 : 102.12 et note 47.

De ordine quoque aduerbiorum quaeritur, utrum praeponi an supponi | uerbis aptius possint. Et manifestum est quod aptius quidem praeponuntur, quomodo adiectiua nomina, ut *bonus homo bene agit, fortis imperator fortiter pugnat*. Licet tamen tam haec quam illa praepostere proferre, exceptis monosyllabis quidem omnibus, ut *non*, *ne*, *dum*, *cum* temporali, *per*, quod aduerbium est quando affirmationem significat, sicut etiam *uel* | cum pro *ualde* ponitur. Demonstratiua quoque et interrogatiua praeponuntur uerbis, ut *en*, *ecce*, *cur*, *quare*, *quamobrem*. Similiter hortatiua et similitudinis et uocandi et optandi, ut *heia*, *age*, *quasi*, *ceu*, *ueluti*, *heus*, *o*, *utinam* : Terentius in *Adelphis*,

utinam
quod cum salute illius fiat, uelim ita se defetigarit[a] ;

Vergilius in *Bucolico* :

90 *sic tua Cyrneas fugiant examina taxos*[b] ;

Vergilius in VIIII :

non ita me referat tibi magnus ouantem
Iuppiter.

Interiectionem Graeci inter aduerbia ponunt, quoniam haec quoque uel **40**
adiungitur uerbis uel uerba ei subaudiuntur, ut si dicam *papae, quid uideo ?* uel per se *papae*, etiamsi non addatur *miror*, habet in se ipsius uerbi significationem. Quae res maxime fecit, Romanarum artium | scriptores separatim hanc partem ab aduerbiis accipere, quia uidetur affectum habere in se uerbi et plenam motus animi significationem, etiamsi non addatur uerbum, demonstrare. Interiectio tamen non solum quem dicunt Graeci σχετλιασμόν significat, sed etiam uoces

a. *utinam quidem ! | q. c. s. ei(u)s fiat, ita se defetigarit uelim* Terentius (ed. Kauer & Lindsay)..
b. Cf. *infra*, 90.1 ; Priscianus *Part.* 76.23 et 85.3 P.

Place des adverbes

La question se pose de savoir si la place la plus cohérente est avant ou après le verbe. Il est clair qu'il est plus cohérent de les placer en tête, de même que les noms adjectifs, comme *bonus homo* / *bene agit* [un homme de bien / il agit bien], *fortis imperator* / *fortiter pugnat* [un général courageux / il combat courageusement]. Il est possible néanmoins d'adopter l'ordre inverse tant pour les uns que pour les autres, sauf bien sûr pour tous les monosyllabes, comme *non*, *ne*, *dum*, *cum* (temporel), *per* (qui est adverbe quand il a une signification affirmative, comme aussi *uel* quand il est employé avec la valeur de *ualde* [vraiment]). Les adverbes présentatifs, ainsi que les interrogatifs, se placent également avant le verbe, comme *en*, *ecce* [voici], *cur*, *quare*, *quamobrem* [pourquoi] ; de même, les adverbes d'exhortation, de comparaison, d'interpellation et de souhait, comme *heia*, *age* [holà], *quasi*, *ceu*, *ueluti* [comme], *heus* [hé !], *o*, *utinam* [ô] : Térence dans les *Adelphes*, *utinam* / *quod cum salute illius fiat, uelim ita se defetigarit* [ô pourvu que cela se produise sans nuire à sa santé, mais je voudrais qu'il se
90 fatigue au point que… *Ad.* 518-519] ; Virgile dans les *Bucoliques* : *sic tua Cyrneas fugiant examina taxos* [qu'à ce prix tes essaims puissent éviter les ifs de Cyrnos, *B.* 9, 30][90] ; Virgile en IX : *non ita me referat tibi magnus ouantem* / *Iuppiter* [je ne voudrais pas qu'à ce prix le grand Jupiter me ramène victorieux vers toi, *Én.* 9, 208-209].

L'interjection[91]

Les Grecs classent l'interjection parmi les adverbes, dans la mesure où elle **40**
s'associe elle aussi au verbe, ou implique un verbe sous-entendu, comme si je dis *papae, quid uideo* [oh ! oh ! qu'est-ce que je vois !] : *papae* [oh ! oh !] à soi seul, même sans l'adjonction de *miror* [je m'étonne], comporte en soi la signification de ce verbe. Mais c'est précisément la raison pour laquelle les auteurs de grammaires latines interprètent l'interjection comme une partie du discours indépendante de l'adverbe : elle semble bien comporter en elle la disposition qui est celle du verbe et exprimer pleinement un mouvement de l'âme, même sans l'adjonction d'un verbe. Cela étant, l'interjection n'exprime pas seulement ce que les Grecs appellent *skhetliasmos* [la plainte][92] : elle englobe aussi les cris qu'on

90. *Sic* a été qualifié plus haut d'adverbe de serment, *cf.* 85.28-30.

91. Sur la présence de l'interjection à la fin du livre sur l'adverbe, cf. *Introduction*, section 3.

92. Quand Priscien aborde les interjections, il a à l'esprit (et avec lui les destinataires de son traité) les *skhetliastika* (ou *skhetliasmou dêlôtika*) *epirrêmata* [adverbes manifestant la plainte] des grammairiens grecs, même s'il n'introduit pas de terme grec en 90.6-12. Il éprouve cependant le besoin de préciser (12-13) que la catégorie englobe en fait bien d'autres interjections que celles qui traduisent la « plainte » – ce qu'il laissait déjà entendre en citant comme exemple initial *papae* (8), qui exprime l'étonnement ou l'admiration (*cf.* 90.8 et 91.1). Sur les *skhetliastika*, *cf.* Sluiter 1990 : 222-244.

quae cuiuscumque passionis animi pulsu per exclamationem intericiuntur. Habent igitur diuersas | significationes :

– gaudii, ut *euax* ;

– doloris, ut *ei* : Vergilius in II *Aeneidos*,

ei mihi qualis erat, quantum mutatus ab illo
Hectore[a],

et :

o dolor atque decus magnum rediture parenti[b],

Vergilius in X ; et in *Bucolico* doloris :

a silice in nuda conixa reliquit[c] ;

idem in eodem :

a tibi ne teneras glacies secet aspera plantas[d] ;

– timoris, ut : 41

attat ! — mi homo, num formidulosus es ?[e]

91 Terentius in *Eunucho* ;

– admirationis, ut idem in eodem :

papae haec superat ipsam Thaidem.

Inter has ponunt etiam sonituum illiteratorum imitationes, ut risus *ha ha hae* et *phy* et *euhoe* et *au*.

Possunt tamen esse quaedam dubiae inter aduerbia et interiectiones, ut *o*, quando indignationem significat uel dolorem uel admirationem, interiectionem hoc accipiunt, quando uero uocandi est uel optandi, aduerbium. Potest tamen etiam nomen esse ipsius literae, ut supra diximus.

A quoque et praepositio est et interiectio et nomen : praepositio, ut | *a summo ad imum* ; interiectio, ut praemonstrauimus in *Bucolico* esse positum ; nomen, ipsius literae.

Pro quoque tam praepositio est quam interiectio : praepositio, ut Vergilius in XII : 42

pro Latio obtestor, pro maiestate tuorum,

a. Cf. *supra*, 74.7.
b. *Cf.* Sacerdos *GL* 6, 447.10 (*o d. a. d.*).
c. *Cf.* Diomedes *GL* 1, 427.19 ; [Augustinus] *Reg.* 141.19 M.
d. *Cf.* [Sergius] *Explan. GL* 4, 520.1.
e. *num formidulosus obsecro es, mi homo ?* Terentius (ed. Kauer & Lindsay).

lance[93] en s'exclamant sous le coup de toutes sortes d'émotions. Les interjections ont donc des significations variées :

– joie, comme *euax* [bravo] ;

– douleur, comme *ei* [hélas] : Virgile dans l'*Énéide* II, *ei mihi qualis erat, quantum mutatus ab illo / Hectore* [hélas ! pauvre de moi, dans quel état était-il ! combien changé de cet Hector… *Én.* 2, 274-275] et *o dolor atque decus magnum rediture parenti* [ô toi qui vas revenir à ton père, douleur à la fois et gloire souveraine… *Én.* 10, 507], de Virgile, *Én.* X; douleur encore dans les *Bucoliques* : *a silice in nuda conixa reliquit* [hélas ! sur le roc nu elle a mis bas et les a laissés ! *B.* 1, 15] ; également dans les *Bucoliques* : *a tibi ne teneras glacies secet aspera plantas* [hélas, puisse l'âpre glace ne pas couper tes pieds délicats ! *B.* 10, 49] ;

– peur, comme *attat! — mi homo, num formidolosus es?* [aïe aïe ! — mon **41**
91 bonhomme, es-tu craintif ? *Eun.* 756], de Térence dans l'*Eunuque* ;

– admiration, comme le même Térence dans la même pièce : *papae… haec superat ipsam Thaidem* [oh ! oh ! celle-là dépasse Thaïs en personne, *Eun.* 229 et 231].

On place même parmi les interjections les imitations de sons inarticulés, comme les rires, *ha ha hae*, et de même *phy* [pouah !], *heu hoe* [évohé !], *au* [hou là !].

Cela étant, il peut y avoir un flottement pour certaines formes entre adverbes et interjections, comme pour *o* : quand cela signifie l'indignation, la douleur ou l'admiration, on l'interprète comme une interjection [oh !], mais comme un adverbe [ô] quand cela relève de l'interpellation et du souhait[94] ; cela peut cependant être aussi tout simplement le nom de la lettre *o*, comme nous l'avons dit plus haut.

A aussi est à la fois une préposition, une interjection et un nom : une préposition, comme *a summo ad imum* [du haut jusqu'en bas] ; une interjection, comme nous en avons montré un exemple ci-dessus dans les *Bucoliques*[95] ; un nom, celui de la lettre elle-même.

Pro de même est aussi bien une préposition qu'une interjection : une **42**
préposition, par exemple Virgile en XII, *pro Latio obtestor, pro maiestate tuorum* [je l'implore pour notre Latium, pour la majesté des tiens, *Én.* 12, 820],

93. Le verbe latin employé ici, *intericere*, composé de *iacere*, littéralement « lancer, jeter au milieu de », est une allusion étymologique au nom même de la catégorie, *interiectio*, lequel dénote ainsi une interruption, une irruption dans le discours.

94. Cette répartition entre interjection et adverbe s'explique par référence à la définition de l'adverbe, qui « s'adjoint au verbe », ou, comme le dit plus précisément Apollonius, « prédique en totalité ou en partie les variables du verbe » (*cf.* note 1). *O* est ainsi intégré à la catégorie de l'adverbe quand il s'interprète en liaison avec l'un des traits variables du verbe : en l'occurrence quand il exprime le souhait (et donc se combine avec la variable modale du verbe, et plus particulièrement avec le mode « optatif »), ou quand il exprime l'interpellation (et donc se combine avec la variable personnelle, notamment avec la deuxième personne).

95. En 90.22.

et in V :

pro se quisque uiri, et depromunt tela pharetris[a] ;

interiectio, ut Lucanus in III :

pro, si remeasset in urbem,
Gallorum tantum populis Arctoque subacta.

Optime tamen de accentibus earum docuit Donatus quod non sunt certi, quippe cum et abscondita uoce, id est non plane expressa, proferantur et pro affectus commoti qualitate, confunduntur in eis accentus.

Aliae tamen quoque partes orationis singulae uel plures solent interiectiue proferri, ut Vergilius in I *Aeneidos* :

nauibus, infandum, amissis unius ob iram[b],

infandum pro interiectione protulit. Proprie tamen uoces interiectionum primitiuae sunt, ut *papae*, *euax*, *ei*, *heu*, *euhoe*, *ohe* et similia.

a. Cf. *supra*, 49.19.
b. *Cf.* frg. *Bob. Final. Syll. GL* 6, 626.2.

et en V, *pro se quisque uiri, et depromunt tela pharetris* [les guerriers <courbent leurs arcs> chacun selon ses forces, et tirent les traits de leurs carquois, *Én.* 5, 501]; une interjection, comme Lucain en III : *pro, si remeasset in urbem, / Gallorum tantum populis Arctoque subacta* [ah ! s'il était revenu dans la ville en n'ayant soumis d'autres peuples que les Gaulois et le Nord ! *Phars.* 3, 73-74].

Cela étant, pour les accents des interjections, le meilleur enseignement est celui de Donat : ces accents ne sont pas fixes ; dès lors en effet que les interjections sont proférées d'une voix sans contours clairs[96], c'est-à-dire sans articulation nette, et de plus avec des variations selon le type de sentiment éprouvé, il y a, dans leur cas, brouillage des accents.

Cela étant, d'autres parties du discours aussi, isolées ou en groupe, sont couramment proférées comme interjections, par exemple Virgile dans l'*Énéide* I, *nauibus, infandum, amissis unius ob iram* [nos vaisseaux perdus désormais, misère ! à cause de la colère d'un seul être, *Én.* 1, 251] : *infandum* est proféré comme interjection. Cependant, à proprement parler, les formes des interjections sont les formes primaires, comme *papae*, *euax*, *ei*, *heu*, *heu hoe*, *ohe*, etc.

96. Donat (*Mai.* 652.12-13 H.) : *accentus in interiectionibus certi esse non possunt, ut fere in aliis uocibus quas inconditas inuenimus* [les accents ne peuvent être fixes dans les interjections, comme en général dans les autres mots que nous rencontrons dont l'articulation est impossible à cerner]. Si Priscien reprend bien la qualification des accents par Donat, *abscondita* fait en revanche imparfaitement écho à *incondita*, pourtant caractéristique de l'interjection dans l'*Ars minor* (602.2 H.) : *interiectio quid est ? pars orationis significans mentis affectum uoce incondita.* Imprécision du souvenir ? Le changement de qualificatif paraît en fait délibéré puisqu'on le trouve déjà au livre 2 (*GL* 2, 20.4 : *suum est interiectionis uoce abscondita proferri*). Dans les chapitres *de uoce* de la tradition artigraphique, les grammairiens qualifient de *uox confusa* les sons qui ne peuvent pas être écrits, en opposant cette catégorie à la *uox articulata* qui, elle, rassemble toutes les *partes orationis* (Donat, *Mai.* 603, 3 H. ; [Victorinus / Palémon] *ars*, *GL* 6, 189.10 ; Dosithée 2, 3-6 B., etc.). Dans les chapitres *de interiectione*, le choix, au lieu de *confusa*, de *uox incondita*, qui ne figure pas dans les chapitres *de uoce*, s'expliquerait par la volonté de ne pas entraîner une contradiction entre les taxinomies *de uoce*, d'une part, et la catégorie des interjections d'autre part, dans la mesure où ces dernières, tout en étant phonologiquement irrégulières et dépourvues d'accents stables, sont bien incluses dans les parties du discours (Sluiter 1990 : 193-201). Priscien est le seul à employer *uox abscondita*, qui ne correspond exactement ni à *incondita* ni à *confusa*, et qui est glosé par *non plane expressa* [pas vraiment articulée, sans articulation nette], et s'oppose à la *uox plena* ou *integra*, c'est-à-dire à la voix « pleinement articulée » (*cf.* livre 1, *GL* 2, 19.26-20.8). L'articulation des interjections paraît (à un locuteur / auditeur latin) manquer de netteté, parce que leur structure syllabique s'écarte du schéma régulier – qui s'impose (à un Latin) comme le critère de ce qui est nettement prononcé : dans le livre 1, à propos de *uah* et *ah*, la formule *pars absconditae extremitatis* (*GL* 2, 20.4) désigne la partie de la finale qui se trouve en quelque sorte « estompée » du fait de la chute de la voyelle après l'aspiration ; il s'agit toujours de la même idée de flou

PLAN DU LIVRE 16

DE CONIVNCTIONE

93 **LIBER SEXTVS DECIMVS**

De coniunctione

Coniunctio est pars orationis indeclinabilis, coniunctiua aliarum partium **1** orationis, quibus consignificat, uim uel ordinationem demonstrans : uim, quando simul esse res aliquas significat, ut *et pius et fortis fuit* | *Aeneas*, ordinem, quando consequentiam aliquarum demonstrat rerum, ut *si ambulat, mouetur.* Sequitur enim ambulationem motus, non tamen etiam motum omnimodo sequitur ambulatio. Potest enim aliquis et sedens et accumbens moueri, ambulare autem sine motu non potest.

93 # LIVRE 16

La conjonction

Définition et accidents

La conjonction[1] est une partie du discours invariable qui sert à joindre 1
d'autres parties du discours – avec lesquelles elle est co-signifiante –, en indiquant valeur ou ordre : valeur, quand la conjonction signifie que des éléments existent conjointement, comme *et pius et fortis fuit Aeneas* [Énée était pieux et courageux]; ordre, quand elle indique une succession logique entre des éléments, comme *si ambulat, mouetur* [s'il marche, il se déplace][2] : du fait qu'on marche, il s'ensuit en effet qu'on se déplace, tandis que du fait qu'on se déplace il ne s'ensuit pas nécessairement qu'on marche (on peut se déplacer tout en restant assis ou couché, tandis qu'il est impossible de marcher sans qu'il y ait déplacement).

1. Sur le modèle grec de cette définition, cf. *Introduction*, section 2.

2. Deux conjonctions sont citées pour servir d'illustrations à la définition de la conjonction, *et* et *si* : la première représente le mécanisme de la « conjonction » sous sa forme la plus élémentaire, c'est-à-dire l'addition de termes (*et pius et fortis*), la seconde l'articulation logique qui est à la base de toute la réflexion sur les relations entre propositions, c'est-à-dire l'implication (*si ambulat, mouetur*). Ces deux opérations correspondent à deux termes de la définition : *uis* et *ordinatio*. Pour éclairer ces deux termes, Priscien les glose à un premier niveau par le couple *simul* / *consequentia*, et il développe d'abord ce dernier terme par une réflexion sur la non permutabilité des propositions conjointes par *si* (« si A, B » ≠ « si B, A ») : avec certaines conjonctions, les éléments conjoints ont un ordre de succession déterminé, qui ne peut être inversé (problème à nouveau évoqué dans le livre 17 : 112.8-13 et note 25). Par opposition à cette *consequentia*, qui concerne l'*ordinatio* caractérisée par l'emploi de *si*, quel est le sens de *simul*, et par là de la *uis* caractérisée par l'emploi de *et* ? On peut supposer qu'il s'agit simplement du contraire de la *consequentia*, c'est-à-dire de l'indifférence à la succession logique, et par là de la permutabilité des éléments, puisque « A et B » = « B et A »; cela étant, *uis* a certainement aussi un sens positif, et, d'après les formules employées dans la suite immédiate de ce passage, à propos des coordinatives (93.20 *cum confirmatione*), puis à nouveau en 94.23 (*essentia rerum*), la proposition censée donner le sens de la *uis*, *quando simul esse res aliquas significat*, paraît bien faire allusion à la question de la modalisation assertive propre à l'emploi de certaines conjonctions — question déjà présente dans la réflexion stoïcienne.

Accidunt igitur coniunctioni figura et species, quam alii potestatem nominant, quae est in significatione coniunctionum, praeterea ordo.

Figura simplex quidem, ut *at*, *et*, *sed* ; composita uero *atque*, *etenim*, *sedenim*. Haec enim ex accentu composita esse noscuntur.

Species sunt : copulatiua, continuatiua, subcontinuatiua, adiunctiua, causalis, effectiua, approbatiua, disiunctiua, subdisiunctiua, disertiua, | ablatiua, praesumptiua, aduersatiua, abnegatiua, collectiua uel rationalis, dubitatiua, completiua.

Les accidents de la conjonction sont la figure et l'espèce, encore appelée potentialité[3], et qui réside dans la signification des conjonctions, et puis aussi la place.

La figure

La figure peut être simple, comme *at* [or], *et* [et], *sed* [mais], ou encore composée : *atque* [et en outre], *etenim* [et en effet], *sedenim* [mais en effet]. C'est leur accent qui permet de les identifier comme composées[4].

L'espèce

Voici les espèces[5] : coordinative, implicative, para-implicative, adjonctive, causale, effective, confirmative, disjonctive, para-disjonctive, explicitative, privative, anticipative[6], adversative, annulative, syllogistique ou argumentative, dubitative, explétive.

3. *Potestas*, que Priscien emploie lui-même à la fin du livre 16 : 105.8, est également le terme auquel il a recours dans les *Partitiones* (97.9 P. notamment), où il ne fait que suivre Donat. Le terme *alii* (*species, quam alii potestatem nominant*) fait référence à cette autre tradition terminologique, illustrée par Donat et à l'occasion suivie par Priscien lui-même. La reconnaissance d'une double tradition pour la dénomination des catégories sémantiques de la conjonction est sans doute une allusion, unique et discrète, au fait qu'il y a une double tradition dans le classement sémantique lui-même : celui que propose Priscien à la suite d'Apollonius est profondément différent du classement en cinq catégories, usuel dans la tradition artigraphique latine.

4. Selon que *et enim* ou *sed enim* se présentent en deux mots, ou, comme des composés, en un seul (*etenim* / *sedenim*), l'accent ne porte pas sur les mêmes syllabes : Priscien insiste à plusieurs reprises dans l'*Ars* sur le fait que les composés se comportent comme des mots simples vis-à-vis de l'accent (ce qui suppose l'unité et la remontée de l'accent, *cf.* livre 5, *GL* 2, 177.15-17; livre 6, *GL* 2, 205.17-19).

5. Pour la présentation de cette liste, voir *Introduction*, sections 2 et 3.

6. L'*ablatiua* [privative] et la *praesumptiua* [anticipative] ne sont ni développées ni même citées dans la suite du texte, ce qui empêche de déterminer les conjonctions que ces catégories étaient censées concerner. Si l'on refuse l'hypothèse d'Uhlig (1883 : 88) d'interpolations très tôt entrées dans la tradition, faut-il reconnaître dans les *ablatiuae* les *perigraphikoi* d'Apollonius (*Conj. GG* 2/1 [1], 253.18), hypothèse d'Egger (1854 : 209), ou bien ses *anairetikoi*, ce qui en ferait finalement un doublon des *abnegatiuae*, hypothèse de Job (1893 : 142)? Quant aux *praesumptiuae*, elles sont assimilées par Egger (*ibid.*) aux *proslêptikoi* d'Apollonius (*Conj. GG* 2/1 [1], 250.15-18) que Priscien auraient connues sous le nom altéré de *prolêptikoi* (*cf.* en outre Dalimier 2001 : 401), d'où sa « traduction » par *praesumtiuae* (*prae-* = *pro-*) au lieu de **adsumptiuae* (*ad-* = *pros-*).

Copulatiua est quae copulat tam uerba quam sensum, ut *et*, *que*, *ac*, *atque*, **2**
quidem, *quoque* quando pro *que* ponitur, *at*, *ast*, *sed*, *autem*, *uero* quando pro *autem* accipitur. Haec enim copulant cum | confirmatione intellectum.

Inueniuntur tamen multae tam ex supra dictis quam ex aliis coniunctionibus diuersas significationes una eademque uoce habentes, sicut usibus ostendemus ; ut *que* inuenitur etiam completiua, ut Vergilius :

94 *Alcandrumque Haliumque Noëmonaque Prytanimque*[a] ;

ac non solum pro *et*, sed etiam pro *quam* accipitur, ut Vergilius in III *Aeneidos* :

haud secus ac iussi faciunt, tectosque per herbam[b] ;

Terentius in *Phormione* :

numquam aeque, inquit, ac modo
paupertas onus uisa est mihi et miserum et graue[c] ;

Sallustius in *Iugurthino* : *praeterea transuersis itineribus cotidie castra mouere, iuxta ac si hostis adesset, uallo atque | fossa munire* ; similiter *atque* : Terentius in *Phormione*,

ne simili utamur fortuna atque usi sumus.

Continuatiuae sunt, quae continuationem et consequentiam rerum significant,

a. *Cf.* Diomedes *GL* 1, 448.1.
b. *Cf.* [Probus] *Cath. GL* 4, 21.4 ; Priscianus *GL* 3, 115.17 ; 333.9 ; *Part.* 108.1 P.
c. *mihi onu' uisumst* Terentius (ed. Kauer & Lindsay).

Les coordinatives; polyvalence de certaines conjonctions

Est coordinative celle qui coordonne autant les mots que le sens, comme *et*, 2
-que, *ac*, *atque*, *quidem*, *quoque* quand il est employé avec la valeur de *-que* [et], *at*, *ast*, *sed*, *autem*, *uero* quand il équivaut à *autem* [d'autre part][7]. Ces conjonctions coordonnent en effet ce que l'on comprend tout en en affirmant la réalité[8].

Cela étant, il se trouve beaucoup de conjonctions, tant parmi celles qu'on vient de citer que parmi les autres, qui, avec une seule et même forme, ont des significations diverses, comme nous le montrerons en nous référant à des emplois attestés. Par exemple, *-que* se trouve aussi explétif, comme Virgile : *Alcandrumque*
94 *Haliumque Noëmonaque Prytanimque* [Alcander, Halius, Noémon, Prytanis, *Én.* 9, 767]; *ac* est employé avec la valeur non seulement de *et*, mais aussi de *quam*, comme Virgile dans l'*Énéide* III : *haud secus ac iussi faciunt, tectosque per herbam* [ils ne font pas autrement qu'on leur en avait donné l'ordre, et <leurs épées> cachées dans l'herbe... *Én.* 3, 236]; Térence dans le *Phormion : numquam aeque, inquit, ac modo / paupertas onus uisa est mihi et miserum et graue* [jamais autant que tout à l'heure, dit-il, la pauvreté ne m'a paru un misérable et pesant fardeau, *Phorm.* 93-94]; Salluste dans la *Guerre de Jugurtha : praeterea transuersis itineribus cotidie castra mouere, iuxta ac si hostis adesset, uallo atque fossa munire* [en outre, en passant par des chemins de traverse, il déplaçait son camp chaque jour et, comme si l'ennemi était proche, il le protégeait d'une palissade et d'un fossé, *J.* 45, 2]; de même *atque* : Térence dans le *Phormion, ne simili utamur fortuna atque usi sumus* [pour que nous n'éprouvions pas le même sort que celui que nous avons éprouvé, *Phorm.* 31].

Le groupe des causales, des implicatives aux adjonctives[9]

Les implicatives[10] sont celles qui signifient une relation d'implication et de succession logique entre des éléments, comme *si* quand il a le sens du grec

7. *Sed* est ainsi une coordinative, tandis que *tamen*, absent de cette série, se trouve avec les adversatives (qui regroupent *quamquam*, *quamuis*..., mais pas *sed* : 99.12-13). Les deux séries de conjonctions, *et*, *-que*, *ac*, *atque*, *quidem*, *quoque*, d'une part, *at*, *ast*, *sed*, *autem*, *uero*, d'autre part, correspondent en grec aux séries de *sundesmoi sumplektikoi* dont *kai* et *de* sont les représentants prototypiques (*cf.* Denys le Thrace *GG* 1/1, 88.3-89.2). Apollonius emploie *sumplektikos* (*Conj. GG* 2/1 [1], 180.27; 204.4; 220.11; *Synt.* 1, 12 = *GG* 2/2, 14.6), mais aussi *athroistikos* (*Conj. GG* 2/1 [1], 230.20; *Synt.* 1, 146; 2,60 = *GG* 2/2, 118.18; 170.19), du moins pour le sous-groupe des conjonctions à valeur additive : *cf.* Lallot 1997, 2 : 104 note 113. Chez les autres grammairiens latins la liste des conjonctions coordinatives est généralement limitée à peu d'éléments : *et*, *-que*, *at*, *atque*, *ac*, *ast*. *Cf.* Baratin 1989 : 81-82 et, pour l'arrière-plan logique, Garcea 2000 : 145-147.

8. Le terme *confirmatio* correspond à ce que signifie la formule de la ligne 4 (*simul esse res aliquas significat*), et lui fait ainsi écho.

9. Ici commence (et se poursuit jusqu'en 97.3) l'examen des conjonctions relevant génériquement de la « cause ». Sur cet ensemble, cf. *Introduction*, section 3.

10. Les *continuatiuae* correspondent aux *sundesmoi sunaptikoi* des grammairiens grecs, selon lesquels ces conjonctions manifestent l'implication logique appelée *akolouthia* (*cf.* ici *continuatio et*

ut *si*, cum εἰ Graecum significat ; quando enim ἐάν, causalis est. Similiter *siue*,
sin, *seu* tam continuatiuae sunt quam causales. || Proprie autem continuatiuae sunt 3
quae significant ordinem praecedentis rei ad sequentem, ut *si stertit, dormit* et *si aegrotat, pallet* et *si febri uexatur, calet* ; non enim conuerso ordine in his consequentiam sententiae seruat oratio : non enim qui dormit omnimodo stertit, quomodo qui stertit omnimodo dormit, nec qui pallet omnimodo aegrotat, quomodo qui aegrotat | omnimodo pallet, nec qui calet omnimodo et febri uexatur.

Et hae quidem id est continuatiuae qualis est ordinatio et natura rerum cum dubitatione aliqua essentiae rerum significant ; subcontinuatiuae uero causam continuationis ostendunt consequentem cum essentia rerum, ut *quoniam*, *quia*, ut *quoniam ambulat, mouetur* ; *quia sol super terram est, dies est* : utrumque | enim significat fieri ordine consequenti.

95 Quidam tamen et has et | continuatiuas inter species causalium posuerunt, quomodo et adiunctiuas et effectiuas, nec irrationabiliter ; et continuationis enim et subcontinuationis et adiunctionis et effectionis per has causa ostenditur reddi : continuationis, ut *si ambulat, mouetur* ; subcontinuationis : *quia ambulat,*

ei [si] ; car quand il a le sens de *ean*, il est causal. De la même façon *siue* [ou si], *sin* [mais si], *seu* [ou si] sont aussi bien des implicatives que des causales. Celles qui 3
sont proprement implicatives sont celles qui signifient qu'il y a un ordre entre l'élément antécédent et l'élément subséquent, comme dans *si stertit, dormit* [s'il ronfle, il dort], *si aegrotat, pallet* [s'il est malade, il est pâle], *si febri uexatur, calet* [s'il a un accès de fièvre, il a chaud] ; si en effet on inverse cet ordre[11], l'énoncé ne maintient pas la succession logique qui est celle de la pensée : celui qui dort ne ronfle pas nécessairement, tandis que celui qui ronfle dort nécessairement, celui qui est pâle n'est pas nécessairement malade, tandis que celui qui est malade est nécessairement pâle, et celui qui a chaud n'a pas nécessairement un accès de fièvre.

En outre, le sens de ces conjonctions, c'est-à-dire des implicatives, c'est de montrer quel est l'ordre naturel des éléments, mais avec un certain doute sur leur réalité même[12] ; en revanche, les para-implicatives indiquent la cause d'une relation d'implication dans sa succession logique, tout en indiquant la réalité même de ces éléments, comme *quoniam, quia* : *quoniam ambulat, mouetur* [puisqu'il marche, il se déplace], *quia sol super terram est, dies est* [puisque le soleil est au-dessus de la terre, il fait jour] ; la conjonction signifie en effet la réalité des deux faits, dans cet ordre de succession logique[13].

Cela étant, certains ont intégré ces conjonctions, ainsi que les implicatives, parmi les espèces des causales, tout comme les adjonctives et les effectives, et non sans raison. Ce qui est indiqué en effet par ces conjonctions, c'est toujours qu'on manifeste ce qui est la cause dans une relation, que celle-ci soit implicative, paraimplicative, adjonctive ou effective : implicative, comme *si ambulat, mouetur* [s'il marche, il se déplace], para-implicative, comme *quia ambulat,*

consequentia, ordinatio et natura rerum), sans pour autant affirmer l'existence (*huparxis* : *cf.* ici *essentia*) des éléments associés. *Cf.* par exemple Denys le Thrace *GG* 1/1, 91.2-92.1 ; Apollonius *Conj. GG* 2/1[1], 218.11-13 ; 220.14-17 ; 221.2-7. Pour l'arrière-plan logique : Garcea 2000 : 141-145. Pour la valeur de *ean* voir aussi le commentaire de Priscien au livre 18, *GL* 3, 242.16 *ean ... quae causalis est uel perfectiua*, où les deux adjectifs traduisent respectivement *aitiologikos* et *apotelestikos*, et *cf.* Schenkeveld 1982 : 257-258.

11. L'inversion envisagée concerne les éléments conjoints, la conjonction elle-même restant à la même place (*si A, B* vs *si B, A*) : elle n'est que « ce qui conjoint » les propositions. Problématique identique dans le livre 17 : 112.8-13 et note 25.

12. Plutôt que *essentiam* (leçon seulement attestée par la seconde main du ms. *H*, *Halberstadiensis M59*, IXe/Xe s., et retenue par Hertz), nous préférons lire avec la plupart des mss *essentiae* (alors complément de *dubitatio*). En faveur de ce choix, *cf.* le commentaire de Pierre Hélie, 815.14-15 R. *significant, dico, cum aliqua dubitatione essentie rerum, quasi diceret : essentiam rerum non affirmant sed sub dubitatione et condicionaliter, uno posito, alterum sequi ostendunt*.

13. Les *sub-continuatiuae* correspondent aux *sundesmoi para-sunaptikoi* des grammairiens grecs (*cf.* par exemple Denys le Thrace *GG* 1/1, 92.2-3 ; Apollonius *Conj. GG* 2/1[1], 234.13-16) : le préfixe montre, aussi bien en grec qu'en latin, que l'inférence est conçue comme une variante de l'implication ; elle a ceci de particulier que la proposition antécédente est caractérisée par une modalité assertive, *cf.* Baratin 1989 : 105 et note 2.

mouetur; | adiunctionis : *ut moueatur, ambulat*; effectionis : *mouetur, ambulat enim* || (est autem quando *ut* etiam pro ὅτι Graeca ponitur : Terentius in 4
Phormione,

> *si est, patrue, culpam ut Antipho in se admiserit*[a],
> *non causam dico*).

Sunt etiam causales quasi proprio nomine : *quoniam prodest tibi, lege*, et

> *quia nam tanti cinxerunt aethera nimbi*[b],

Vergilius in V, et *quamobrem discede*.

Causales igitur, quas alii in una specie posuerunt, Apollonius, pater Herodiani, in quinque species diuidit, quas supra ostendimus, id est continuatiuas, subcontinuatiuas, causales, adiunctiuas, effectiuas.

Adiunctiuae sunt quae uerbis subiunctiuis adiunguntur, ut *si*, *cum*, *ut*, *dum*, *quatenus*, quando ἵνα Graecam coniunctionem significant, similiter *cum*, quando ἐπάν Graeca intellegitur, ut *si uenias, faciam* et *ut prosit tibi, facio* et

> *multa quoque et bello passus, dum conderet urbem*
> *inferretque deos Latio*[c];

a. *Cf.* Arusianus 64.2 D.C. (*c. A. i. s. a.*).

b. Cf. *infra*, 104.10 ; [Probus] *Vlt. syll. GL* 4, 247.27-31 ; Charisius 249.7 B. ; [Sergius] *Explan. GL* 4, 559.6 (*quianam cinxerunt*) ; Priscianus *GL* 3, 138.8, 285.12.

c. Cf. *infra,* 103.20 ; Terentianus Maurus 2007 et 2029 C. ; Charisius 293.28 B. ; Diomedes *GL* 1, 393.12 ; 453.16-17 ; 496.34 ; Aphthonius *Metr. omn. GL* 6, 121.19 ; [Victorinus / Palaemon] *ars GL* 6, 213.1 ; Dositheus § 56.5 B. ; Audax *Exc. GL* 7, 339.27 ; Consentius *Barb. et met.* 8.2-3 N. ; Priscianus *GL* 3, 196.10, 289.22 ; *Part.* 97.6 et 111.18 P. ; Iulianus Toletanus 193.69-70 M.Y ; v. 6 : [Probus] *Vlt. Syll.* 253.20 ; Frg. *Bob. de uers.* 623.20.

mouetur [puisqu'il marche, il se déplace], adjonctive, comme *ut moueatur, ambulat* [pour se déplacer, il marche], effective, comme *mouetur, ambulat enim*
[il se déplace, car il marche] (il arrive cependant que *ut* soit employé aussi avec la 4
valeur de la conjonction grecque *hoti*[14] : Térence dans le *Phormion*, *si est, patrue, culpam ut Antipho in se admiserit, / non causam dico* [s'il est exact, mon oncle, qu'Antiphon ait commis une faute, je ne plaide pas sa cause, *Phorm.* 270 et 272]). Il y a aussi des causales en quelque sorte proprement dites : *quoniam prodest tibi, lege* [puisque cela t'est utile, lis], et *quia nam*[15] *tanti cinxerunt aethera nimbi?* [pourquoi donc des nuages si lourds ont-ils enveloppé l'éther? Virg., *Én.* 5, 13], et *quamobrem discede* [par conséquent va-t-en[16]].

Donc, les causales, que certains ont rangées en une seule espèce, Apollonius, le père d'Hérodien, les a réparties en cinq espèces[17], que nous avons indiquées ci-dessus : implicatives, para-implicatives, causales, adjonctives, effectives.

Les adjonctives[18] sont celles qui s'adjoignent à un verbe au subjonctif, comme *si* [si], *cum* [dès lors que], *ut* [pour que], *dum* [jusqu'à ce que[19]], *quatenus*, quand ils ont le sens de la conjonction grecque *hina* [pour que], et de même *cum* quand on comprend la conjonction grecque *epan*, comme dans *si uenias, faciam* [si tu venais, j'agirais], *ut prosit tibi, facio* [pour t'être utile, j'agis], et *multa quoque et bello passus, dum conderet urbem / inferretque deos Latio* [souffrant aussi beaucoup par la guerre pendant tout le temps nécessaire pour fonder sa ville et installer ses dieux dans le Latium, Virg. *Én.* 1, 5-6];

14. Après avoir cité un exemple de *ut* exprimant la cause (finale : *ut moueatur, ambulat*), Priscien ajoute que cette conjonction peut aussi correspondre au grec *hoti*, c'est-à-dire, d'après son exemple, être simplement complétive. *Cf.* dans le livre 15 : 87.16-18, et Ildefonse 2004.

15. *quia nam* en deux mots et non un seul (contrairement à Hertz), cf. *infra*, 104.10 (ainsi que livre 17 : 138.8 et livre 18, *GL* 3, 285.12), où cette même citation de Virgile sert à présenter *nam* comme une conjonction explétive, ce qui montre que Priscien voyait deux mots dans ce *quia nam*.

16. Fragment d'une citation de Cicéron, *Cat.* 1, 23, citée en entier et avec sa référence au livre 14 : 32.9.

17. Sur ce classement, cf. *Introduction*, section 3.

18. Cette présentation des « adjonctives » est construite sur les deux conjonctions grecques *hina* et *epan* : sans doute étaient-elles les principaux éléments de la catégorie grecque correspondante. Les conjonctions latines mises en avant sont les équivalents de ces deux conjonctions grecques – d'où la répétition de *cum*, présentée comme étant l'un des équivalents latins de *hina*, et le seul de *epan*. Quant à la correction de *significant* en *significat*, adoptée par Hertz, elle a pu paraître d'autant plus évidente et claire que *quatenus* est devenue à partir de l'Antiquité tardive la conjonction finale par excellence – mais cette correction masque la véritable structure de la phrase en limitant la portée de l'équivalence avec *hina*. Que des conjonctions aussi variées que *si, cum, ut, dum, quatenus* soient citées comme des équivalents de *hina* n'a rien de particulièrement surprenant : l'extension des emplois de cette conjonction grecque au-delà de l'expression du but est déjà attestée par Apollonius (*Synt.* 3, 126 = *GG* 2/2, 376,10-377,7), et évoquée par ailleurs par Priscien dans le livre 18, *GL* 3, 266.1 et 289.10.

19. Dans les *Partitiones* 111.15-23 P., Priscien distingue deux types de *dum* : adverbe temporel (*aduerbium temporale*), employé avec l'indicatif, exprimant la durée et la concomitance (« pendant que »), et, comme ici, conjonction causale (*coniunctio causalis*) construite avec le subjonctif (*adiunctiua*), où la notion de durée s'efface devant une valeur résultative (« jusqu'à ce que ») qui se confond avec une valeur finale de but à atteindre (« en attendant qu'il pût fonder sa ville », « pour pouvoir fonder sa ville »). *Cf.* encore livre 18, *GL* 3, 289.16-22.

similiter *quatenus id libenter faciat*, et Vergilius in *Bucolico* :

cum faciam uitulam pro frugibus, ipse uenito[a].

Inueniuntur tamen ex his quaedam et causales, ut *exerceo te, ut sis sanus* ; *eris doctus, si legas*. Et hoc interest inter adiunctiuas et proprie | causales quod hae cum affirmatione, illae cum dubitatione proferuntur.

Inueniuntur tamen nomina uel pronomina uel etiam praepositiones uel aduerbia, quae loco causalium accipiuntur coniunctionum : pronomina, ut *ideo*,
96 *eo* ; nomina, *qua causa*, *qua gratia*, *qua propter*, *quam ob rem* et | *quas ob res* ; *ne* quoque, quando ἵνα μή significat, coniunctio est causalis, ut Vergilius in II *Aeneidos* :

ne recipi portis aut duci in moenia possit
neu populum antiqua sub religione tueri

(et nota *aut* quoque et *neu* hic pro copulatiuis esse coniunctionibus) ; inuenitur etiam *ne* pro *neque*, quae copulatiua est coniunctio ; sub una enim abnegatione copulat res, quomodo et *nec* : Lucanus in I,

nec se Roma ferens ;

a. *uitula* Vergilius (ed. Geymonat ex Macrob. *Sat.* 3,2,15 : *-am* codd. Virg., Nonius 313.31 M. = 490 L.). Cf. *Frg. Bob. uerb.* 36, 20 P. (*-a*) ; Priscianus *GL* 2, 424.15 ; 3, 207.5 et 241.7 (*-am*).

de même *quatenus id libenter faciat* [pour qu'il veuille bien le faire], et Virgile dans les *Bucoliques* : *cum faciam uitulam pro frugibus, ipse uenito* [dès lors que je sacrifie une génisse pour mes récoltes, viens toi-même, *B.* 3, 77[20]]. Toutefois, parmi ces adjonctives, il s'en trouve certaines qui sont aussi causales, comme *exerceo te, ut sis sanus* [si je te fais faire de l'exercice, c'est pour que tu sois bien portant], *eris doctus, si legas* [tu seras savant, si tu lis[21]]. La différence entre les adjonctives et les causales proprement dites, c'est qu'en énonçant ces dernières on garantit la réalité des faits, tandis qu'avec les premières on exprime un doute[22].

Recatégorisations

Cela étant, il se trouve des noms, des pronoms, et même des prépositions ou des adverbes qui s'emploient en guise de conjonctions causales : des pronoms, comme *ideo*, *eo* [pour cette raison] ; des noms, *qua causa*, *qua gratia*, *qua propter*,
96 *quam ob rem* et *quas ob res*[23] [pour cette raison / pour ces raisons] ; *ne* aussi, quand il a le sens de *hina mê* [pour que… ne… pas], est une conjonction causale, comme Virgile dans l'*Énéide* II : *ne recipi portis aut duci in moenia possit / neu populum antiqua sub religione tueri* [pour qu'elle ne puisse être introduite par vos portes ou amenée dans vos murs, ni protéger votre peuple sous la garde de son antique piété, *Én.* 2, 187-188] (et remarque également que *aut* et *neu* sont employés ici comme conjonctions coordinatives[24]) ; *ne* se trouve aussi avec la valeur de *neque*, qui est une conjonction coordinative – elle coordonne en effet des éléments sous une même négation, comme aussi *nec* : Lucain en I, *nec se Roma ferens* [et Rome ne pouvant se soutenir, *Phars.* 1, 72] ;

20. Priscien voit dans *cum faciam* la combinaison d'une conjonction adjonctive et d'une forme de subjonctif ; les Modernes y voient une conjonction temporelle, catégorie qui n'apparaît jamais dans la grammaire antique, et un indicatif futur. *Cf.* Pierre Hélie 818.100-101 R. : « Et vide quod in illo exemplo Virgilii, *Cum faciam vitulam*, non est *cum* adverbium temporale, sed est coniunctio posita pro *si* ».

21. Le subjonctif après *si* s'était généralisé à l'époque de Priscien au détriment de l'indicatif dans ce type de tournures.

22. La catégorie des adjonctives est sémantiquement floue – d'où la caractérisation par la seule construction avec le subjonctif. En précisant que certaines de ces adjonctives « sont aussi causales », Priscien rétablit le lien sémantique avec l'ensemble des causales, mais il est alors amené à distinguer ces « adjonctives-causales » des « causales proprement dites » : les adjonctives-causales (*ut*, *si* dans les exemples cités) expriment une modalisation « dubitative », les causales proprement dites (*quoniam*) une modalisation assertive.

23. Les termes que la grammaire classique considère comme des pronoms et des adjectifs relatifs, interrogatifs, indéfinis sont constamment présentés par Priscien comme des noms, les « noms génériques », *cf.* livre 17, *Introduction*, section 5, *Les principes de l'analyse : énoncé et noms génériques*.

24. Alors que *neu* exprime aussi la cause (finale), Priscien attire l'attention seulement sur sa valeur coordinative.

Cicero in III *Inuectiuarum*: *ne dici quidem opus est, quanta |deminutione ciuium*[a]; Terentius in *Eunucho*:

non eam ? ne nunc quidem,
cum accersor ultro ?[b]

pro *neque nunc*. Hoc autem, id est *ne*, quando μή uel πάνυ significat, aduerbium est.

Inuenitur tamen etiam uerbum pro aduersatiua coniunctione | cum aduerbio, **6**
ut *quamuis* pro *quamquam* et pro *etsi*, quomodo et *licet* et *licebit*: Vergilius in XI,

dicam equidem, licet arma mihi mortemque minetur,

pro *quamquam minetur*; Lucanus in VII:

omnia maiorum uertamus busta licebit[c],
et stantes tumulos et qui radice uetusta
effundere suas uictis conpagibus urnas,
plus cinerum Haemoniae sulcis telluris aratur.

Et proprie causales sunt quae [causam antecedentem] causatiua, id est res ex causa antecedente euenientes, significant, ut *doctus sum, nam legi*;

Aeole, namque tibi diuum pater atque hominum rex
et mulcere dedit fluctus et tollere uento[d],

97 Vergilius in I *Aeneidos*, et:

hic tibi, fabor enim, quando haec te cura remordet[e],

idem in eodem.

a. Cf. *supra*, 61.1.

b. *Cf.* Sacerdos *GL* 6, 434.12 et Cledonius *GL* 5, 57.28 (*n. e. n. n. q.*); Charisius 372.6-8 B. et Priscianus *GL* 3, 248.7-9 (v. 46-48); *Lib. Min.* 25.5 (v. 46-47).

c. *Cf.* Priscianus *GL* 3, 287.21.

d. Cf. *infra*, 104.12; [Probus] *Vlt. Syll.* 229.26 et 232.24; Diomedes *GL* 1, 496.21; [Sergius] *Explan. GL* 4, 535.8; v. 65: Consentius *Barb.* 24.6 N.

e. Cf. *supra*, 83.7.

Cicéron dans ses *Invectives* III : *ne dici quidem opus est quanta deminutione ciuium* [il n'est pas non plus nécessaire de dire avec quels sacrifices de citoyens, *Cat.* 3, 24][25] ; Térence dans l'*Eunuque* : *non eam ? ne nunc quidem / cum accersor ultro ?* [que je n'y aille pas ? maintenant non plus, alors qu'elle me fait appeler elle-même ? *Eun.* 46-47], avec la valeur de *neque nunc*. Mais ce terme, c'est-à-dire *ne*, quand il a le sens de *mê* [ne… pas][26] ou de *panu* [assurément], c'est un adverbe[27].

On trouve même un verbe employé comme conjonction adversative, avec un 6
adverbe comme dans *quamuis* avec la valeur de *quamquam* et de *etsi* [bien que, quoique], de même qu'il y a aussi *licet* et *licebit* [avoir beau][28] : Virgile en XI, *dicam equidem, licet arma mihi mortemque minetur* [il a beau me menacer de ses armes et de la mort, je le dirai quand même, *Én.* 11, 348], dans le sens de *quamquam minetur*; Lucain en VII : *omnia maiorum uertamus busta licebit / et stantes tumulos et qui radice uetusta / effudere suas uictis conpagibus urnas / plus cinerum Haemoniae sulcis telluris aratur* [nous aurons beau retourner tous les tombeaux de nos ancêtres, les tertres élevés et ceux qui ont laissé échapper leurs urnes de leur base ancestrale et de leurs fondations usées par le temps : on laboure davantage de cendres dans les sillons de la terre hémonienne, *Phars.* 7, 855-858].

Retour aux causales ; les confirmatives

Les conjonctions proprement causales de leur côté sont celles qui permettent d'exprimer des éléments qui sont en relation causale, c'est-à-dire des éléments qui se produisent du fait d'une cause antécédente, comme *doctus sum, nam legi* [je suis savant, car j'ai lu] : *Aeole, namque tibi diuum pater atque hominum rex / et mulcere dedit fluctus et tollere uento* [Éole, et en effet c'est à toi que le père des dieux et roi des hommes a donné le pouvoir d'apaiser les flots et de les soulever au
97 souffle des vents, *Én.* 1, 65-66], Virgile dans l'*Énéide* I, et *hic tibi, fabor enim quando haec te cura remordet* [lui – écoute, car je vais parler, du moment que ce souci te tourmente, *Én.* 1, 261], du même Virgile dans le même livre.

25. Priscien accorde ici une valeur de coordination à *ne*, alors que les Modernes voient dans *ne… quidem* un morphème à signifiant discontinu, porteur du sens de « ne… pas… non plus ».

26. Priscien a déjà signalé (livre 15 : 84.16-23) les deux valeurs adverbiales de *ne* ; les paraphrases latines *minime* et *ualde* qu'il proposait alors sont ici remplacées par deux traductions grecques, l'adverbe négatif *mê* et l'adverbe de renforcement *panu*.

27. Donc, on trouve comme conjonctions (ou constituants de conjonctions) : des pronoms (*eo*) ; des noms (*qua, causa, gratia, rem / res*) ; des prépositions (*ob, propter*) ; des adverbes (*ne*, présenté comme étant fondamentalement un adverbe, mais pouvant se trouver en fonction de conjonction) ; et même des verbes comme on le voit au paragraphe suivant (*uis, licet / licebit*).

28. Avec *quamuis* et *licet*, « quoique, bien que », Priscien évoque le cas de conjonctions (ici concessives, *aduersatiuae*) issues de la lexicalisation de formes verbales, soit seules (*licet*), soit couplées dans une locution avec un adverbe (*uerbum … cum aduerbio*), comme *quam-uis*. L'origine verbale de ces formes se laisse percevoir dans les variations paradigmatiques que peuvent encore connaître ces « conjonctions » : *licet / licebit, quamuis / uoles / uelis …*

Approbatiuae sunt quae approbant rem ; Vergilius in XII :

equidem merui nec deprecor, inquit[a] ;

Terentius in *Phormione* :

ita, cognatam quidem, at nos unde ?[b]

Inueniuntur et causales pro approbatiuis, ut Vergilius in II *Aeneidos* :

di, si qua est caelo pietas, quae talia curat[c] ;

idem in I :

si quid
usquam iustitiae est ;

idem in V :

si concessa peto, si dant ea moenia parcae.

Et sciendum quod, quando approbatiuae sunt, indicatiuo modo coniunguntur.

Disiunctiuae sunt quae, quamuis dictiones coniungunt, sensum tamen **7**
disiunctum et alteram quidem rem esse, alteram uero non esse significant, ut *ue*, *uel*, *aut* : Vergilius in VII,

siue errore uiae seu tempestatibus acti,

et *uel dies est uel nox* ; Iuuenalis in I :

aut dic, aut accipe calcem ;

Vergilius in II *Aeneidos* :

aut aliquis latet error, equo ne credite, Teucri[d] ;

in eodem :

aut haec in nostros fabricata est machina muros[e].

a. Cf. *infra*, 102.23 ; Sacerdos *GL* 6, 445.4 ; Agroecius *Orth.* 12.3 P. ; Beda *Orth.* 42.875 J. ; Alcuinus *Orth.* 24.286 B.

b. *ita, proxumo quidem* Terentius (ed. Kauer & Lindsay).

c. *curet* Vergilius (ed. Geymonat). *Cf.* Priscianus *GL* 3, 243.15 (*d. s. q. e. c. p.*).

d. *Cf.* [Probus] *Inst. Art.* 145.19 et 24 ; Diomedes *GL* 1, 434.30 (*a. a. l. e. e.*).

e. v. 45-48 : *cf.* Diomedes *GL* 1, 438.31-33.

Les confirmatives sont celles qui apportent une confirmation[29] : Virgile en XII, *equidem merui nec deprecor, inquit* [assurément je l'ai mérité et je ne demande pas de grâce, dit-il, *Én.* 12, 931]; Térence dans le *Phormion* : *ita, cognatam quidem, at nos unde ?* [oui, une parente, assurément, mais nous, en vertu de quoi ? *Phorm.* 418].

On trouve aussi des causales employées comme confirmatives, comme Virgile dans l'*Énéide* II : *di, si qua est caelo pietas, quae talia curat* [les dieux, puisque assurément il est au ciel une piété attentive à ces choses, *Én.* 2, 536]; le même en I : *si quid / usquam iustitiae est* [puisque assurément il y a une justice quelque part, *Én.* 1, 603-604]; le même en V : *si concessa peto, si dant ea moenia Parcae* [puisque assurément je demande des choses qu'on nous a accordées, puisque les Parques nous donnent ces remparts, *Én.* 5, 798]. Il faut savoir en outre que, quand elles sont confirmatives, elles se construisent avec l'indicatif.

Les disjonctives et paradisjonctives

Les disjonctives[30] sont celles qui, quoiqu'elles conjoignent les mots, 7
signifient néanmoins qu'il y a une disjonction dans le sens et que l'un des éléments existe, mais pas l'autre, comme *-ue, uel, aut* [ou bien] : Virgile en VII, *siue errore uiae seu tempestatibus acti* [si, poussés par une erreur de route ou par des tempêtes, *Én.* 7, 199]; de même : *uel dies est uel nox* [il fait ou bien jour ou bien nuit]; Juvénal en I : *aut dic aut accipe calcem* [ou tu parles ou je te mets mon pied quelque part, *Sat.*, 3, 295]; Virgile dans l'*Énéide* II : *aut aliquis latet error, equo ne credite, Teucri* [ou bien quelque autre piège s'y dissimule : ne vous fiez pas à ce cheval, Troyens, *Én.* 2, 48]; dans le même livre : *aut haec in nostros fabricata est machina muros* [ou bien c'est un engin inventé pour abattre nos murs,

29. Les *approbatiuae* (« confirmatives ») correspondent aux *(dia-)bebaiôtikoi* des grammairiens grecs. Apollonius attribue ainsi à *hoti*, outre une valeur causale, une fonction confirmative (*diabebaiôtikos*) dans les propositions du type *hoti men to meli gluku esti, prophanes*, « que le miel soit sucré, c'est évident » (cf. *Synt.* 3, 89 = *GG* 2/2, 347.2-4 et Lallot 1997, 2 : 208-209 *ad loc.*; *Conj. GG* 2/1 [1], 235.5-30 et Dalimier 2001 : 319-326 *ad loc.*). Dans la présentation de Priscien, le lien avec les causales est manifeste : leur valeur de « confirmation » (*approbant rem*, 97.4) est proche de ce qui caractérise les causales « proprement dites », c'est-à-dire la modalisation assertive (*cum affirmatione proferuntur*, 95.25 et note 22), et dès le paragraphe suivant (97.8) la valeur des confirmatives est attribuée à « certaines causales » : ces dernières, illustrées par *si*, ne diffèrent guère des para-implicatives, mais elles sont envisagées sous le seul angle de la modalisation assertive qui s'y attache. Cette modalisation est le point commun qui place les « confirmatives » dans l'orbite des causales.

30. Les *disiunctiuae* correspondent aux *sundesmoi diazeuktikoi* des grammairiens grecs (*cf.* par exemple Denys le Thrace *GG* 1/1, 90.1-91.1 ; Apollonius *Conj. GG* 2/1 [1], 215.14-219.11). Dans la tradition latine ce groupe comprend généralement deux séries, introduites par *aut* et par *nec*, toutes les deux interprétées comme exprimant une soustraction (ou bien A ou bien B / ni A ni B), à l'opposé de l'addition indiquée par les coordinatives. *Cf.* Baratin 1989 : 81-82 et, pour l'arrière-plan logique, Garcea 2000 : 147-150.

98 Et est quando indicatiue dicuntur, est quando dubitatiue : indicatiue, ut | *aut lux est aut tenebrae* ; dubitatiue, ut *aut prodest aut non prodest diuitias quaerere.*

Subdisiunctiuae sunt quae uoce disiunctiuarum utrumque tamen esse significant, uel simul, ut copulatiuae, uel discrete :

– simul, ut Terentius | in *Eunucho* :

uel rex semper maximas
mihi gratias agebat[a],

pro *etiam rex* ; idem in *Phormione* :

uel oculum excludito, est ubi uos ulciscar locus[b],

et *Alexander siue Paris* pro *Alexander, qui et Paris dicitur* ; similiter *Mars siue Mauors, Gradiuus uel Maspiter, praesul est bellorum* ;

– discrete utrumque tamen esse significat, ut *toto die uel legit iste uel cogitat* ; **8**
significat enim et legere et cogitare, sed non simul utrumque facere, sed aliis horis legere, aliis cogitare ; similiter *remex uel expellit remum uel* | *attrahit*, cum simul paene utrumque fieri intellego, sed distincte ; alius enim motus pellentis, alius trahentis. Similiter si dicam *uel tunicam mihi accommoda uel etiam paenulam*, subdisiunctiuum est ; uideor enim in alterius petitione libenter utrumque accipere.

a. *maxumas / mihi agebat quidquid* Terentius (ed. Kauer & Lindsay : *ma. gratias mi. ag.* **A**). *Cf.* Priscianus *GL* 3, 115.1-3 (*u. r. s. m. / m. g. a. quicquid feceram ; aliis non / item*).

b. *exclude … ulciscar probe* (*locus* Σ) Terentius (ed. Kauer & Lindsay).

Én. 2, 46][31]. Quand on emploie ces conjonctions, tantôt on affirme, tantôt on
98 exprime un doute : on affirme dans *aut lux est aut tenebrae* [ou bien il y a de la lumière ou bien des ténèbres], on exprime un doute dans *aut prodest aut non prodest diuitias quaerere* [chercher à s'enrichir peut servir à quelque chose, ou à rien][32].

Les para-disjonctives[33] sont celles qui, tout en ayant la même forme que les disjonctives, signifient que chacun des deux éléments existe, soit en même temps, comme avec les coordinatives, soit séparément :

– en même temps, comme Térence dans l'*Eunuque* : *uel rex semper maximas / mihi gratias agebat* [jusqu'au roi m'adressait constamment les plus grands compliments, *Eun.* 397-398], dans le sens de *etiam rex*; le même dans le *Phormion* : *uel oculum excludito, est ubi uos ulciscar locus* [ou encore arrache-moi un œil : j'ai l'occasion de me venger de vous ! *Phorm.* 989[34]], et *Alexander siue Paris* [Alexandre, ou encore Pâris], dans le sens de *Alexander, qui et Paris dicitur* [Alexandre, qu'on appelle aussi Pâris]; de même *Mars siue Mauors, Gradiuus uel Maspiter, praesul est bellorum* [Mars ou Mavors, Gradivus ou Maspiter, il est l'ordonnateur des guerres];

– cette conjonction signifie en revanche que chacun des deux éléments existe 8
séparément dans *toto die uel legit iste uel cogitat* [notre homme passe sa journée à lire ou à réfléchir] : la conjonction signifie ici qu'il lit et qu'il réfléchit, mais qu'il ne fait pas les deux en même temps, lisant à certaines heures, réfléchissant à d'autres; de même dans *remex uel expellit remum uel attrahit* [le rameur pousse la rame ou la tire] : je comprends que les deux gestes se produisent pratiquement en même temps, mais séparément l'un de l'autre puisque le mouvement n'est pas le même selon qu'on pousse ou qu'on tire. De même, si je dis *uel tunicam mihi accommoda uel etiam paenulam* [passe-moi ma tunique, ou encore aussi mon manteau], c'est une para-disjonction dans la mesure où l'on voit bien à la manière de demander le second, que je suis disposé à recevoir l'une et l'autre.

31. Les exemples cités sont tous caractérisés par l'emploi répété du terme disjonctif (*siue…, siue…* ; *uel…, uel…* ; *aut…, aut…*), sauf ces deux derniers vers de Virgile, qui chacun n'en comportent qu'un. C'est qu'en fait ces derniers vers, empruntés au même passage célèbre du livre 2 de l'*Énéide* (paroles de Laocoon, vers 42-49), entrent ensemble dans un système disjonctif complexe, seulement évoqué ici par Priscien, qui cite d'abord le vers 48, puis le vers 46.

32. Cette formule évoque des catégories traditionnelles de l'enseignement rhétorique, particulièrement dans le cadre de la doctrine des états de cause, où étaient présentés des schémas d'argumentation préétablis : la question des *bona externa*, et précisément des richesses, genre *de expetendo fugiendoque*, est constante dans les sources grecques et latines. *Cf.* Riposati 1947 : 208-211 ; Calboli Montefusco 1986 : 93-99.

33. Les *subdisiunctiuae* correspondent aux *sundesmoi paradiazeuktikoi* des grammairiens grecs (*cf.* par exemple Apollonius *Conj. GG* 2/1 [1], 219.12-221.15 ; ce groupe est en revanche absent de la grammaire de Denys le Thrace). La catégorie grecque émane elle-même de l'analyse stoïcienne des énoncés para-disjonctifs (*axiômata paradiezeugmena*). *Cf.* Garcea 2000 : 150-151.

34. Sur *locus*, adjonction de Priscien dans la citation de Térence, *cf.* Craig (1930 : 69) « clearly *locus* has been suggested as the complement of *ubi* ».

Sed potest hic etiam disiunctiua esse, aliud est enim alterutrum petere, aliud utrumque. Ergo si dicam *uel* | *tunicam uel paenulam*, alterutram ostendo ; cum uero addam *uel etiam tunicam*, ostendo uel unam rem uelle uel duas, quod est disiunctiuum. Inuenitur tamen *uel* coniunctio etiam deminutionem significans, ut Lucanus in VII :

o felix, si te uel sic tua Roma uideret.

Disertiuae uel electiuae sunt quando diuersis propositis aliquid ex eis nos **9**
eligere ostendimus, ut *diues esse uolo quam pauper* : Terentius in *Andria*,

99 *quae inhoneste hic uoluit diuitias parere*
quam honeste in patria pauper uiuere[a].

Est autem *quam* et accusatiuus *quae* infiniti nominis et aduerbium similitudinis, ut Terentius in *Phormione* :

quam inique conparatum est

pro *ut* ; et duplicatum pro coniunctione aduersatiua quoque accipitur, ut Vergilius in V :

quamquam o ! sed superent quibus hoc, Neptune, dedisti[b] ;

idem in II *Aeneidos* :

quamquam animus meminisse horret[c].

a. *quae sese inhoneste optauit parere hic ditias / potius quam … uiueret* (*uiuere* **δEv**) Terentius (ed. Kauer & Lindsay). *Cf.* [Probus] *Cath. GL* 4, 16.12 (*haec pauper, q. h. i. p. p. u.*) ; Priscianus *GL* 2, 152.12.

b. *Cf.* [Caper] *Orth. GL* 7, 97.2 (*s. q. h. N. d.*).

c. *Cf.* Sacerdos *GL* 457.25 (*q. a. m. h. luctuque refugit | incipiam*) ; Charisius 294.16, 374.19 B. (*q. a. m. h. luctuque refugit | incipiam*) ; Diomedes *GL* 1, 390.6 (*q. a. m. h.* <*luctuque refugit | incipiam*>), 393.32 ; [Victorinus] *Soloec. et Barb.* 33.17 N. (*q. a. m. h. luctuque refugit | incipiam*).

Dans le cas présent cependant, la conjonction peut être aussi disjonctive – parce qu'il y a une différence entre demander une chose ou une autre et demander l'une et l'autre. Donc, si je dis *uel tunicam uel paenulam* [soit la tunique soit le manteau], je montre que je veux l'un des deux ; quand cependant j'ajoute à cela *uel etiam tunicam* [<soit la tunique soit le manteau> ou encore aussi la tunique], je montre que je veux soit une seule chose soit les deux – ce qui ressortit à la disjonction[35]. Cela étant, on trouve aussi *uel* avec un sens de restriction, comme Lucain en VII : *o felix, si te uel sic tua Roma uideret* [comme elle serait heureuse, si ta Rome te voyait, même ainsi, *Phars.* 7, 29].

Les explicitatives, ou électives

Il y a des explicitatives[36], ou électives, quand, entre plusieurs partis, nous 9
indiquons que nous en préférons un, comme dans *diues esse uolo quam pauper* [je
99 préfère être riche plutôt que pauvre] : Térence dans l'*Andrienne*, *quae inhoneste hic uoluit diuitias parere / quam honeste in patria pauper uiuere* [elle qui a préféré gagner de l'argent malhonnêtement ici plutôt que vivre pauvre et honnêtement dans sa patrie, *And.* 797-798]. *Quam* est aussi l'accusatif du nom indéfini *quae*, et un adverbe de comparaison, comme Térence dans le *Phormion* : *quam inique comparatum est* [comme c'est organisé injustement ! *Phorm.* 41], avec la valeur de *ut*. En outre, redoublé, *quam* est employé aussi comme conjonction adversative : Virgile en V, *quamquam o! sed superent quibus hoc, Neptune, dedisti* [quoique – ah ! mais qu'ils vainquent, Neptune, ceux à qui tu l'as accordé ! *Én.* 5, 195] ; le même dans l'*Énéide*, II : *quamquam animus meminisse horret* [quoique mon âme frissonne à ces souvenirs, *Én.* 2, 12].

35. Tout le paragraphe est destiné à expliquer que la différence entre disjonction et para-disjonction tient à ce que la première est exclusive (A w B, sc. « ou A ou B, mais pas les deux »), la seconde inclusive (A v B, sc. « ou A ou B, ou les deux »). La phrase finale reprend cela synthétiquement : la première formule citée (*uel tunicam uel paenulam*) est présentée comme exclusive (*alterutram ostendo*), et, dans la seconde (*uel tunicam uel paenulam uel etiam tunicam*), la première alternative (*tunicam* vs *paenulam-uel-etiam-tunicam*) est également exclusive, c'est une disjonction entre « une chose ou bien deux » (*uel unam rem uel duas*), mais la seconde alternative (*paenulam uel etiam tunicam*) est inclusive, comme il est indiqué au début du paragraphe (16-17). Ce qui intéresse surtout Priscien, semble-t-il, c'est de construire deux séquences pratiquement identiques : *uel tunicam uel etiam paenulam* (16-17) et *uel paenulam uel etiam tunicam* (19-21), et de montrer que le *uel* qui les introduit est para-disjonctif en tête de la première, et disjonctif en tête de la seconde. C'est en effet incontestable, mais au prix d'un tour de passe-passe dans la mesure où le contexte n'est pas le même dans les deux cas. La première séquence constitue en effet à elle seule une alternative (*uel tunicam uel etiam paenulam*), alors que la seconde est une partie d'un ensemble plus vaste, (*uel tunicam uel paenulam uel etiam tunicam*) : le *uel* considéré tient de cette différence de contexte sa différence de valeur.

36. Les *disertiuae uel electiuae* correspondent aux *sundesmoi diasaphêtikoi* des grammairiens grecs (à partir d'Apollonius, par exemple *Conj. GG* 2/1[1], 221.16-223.22), et la formule citée comme exemple type, *diues esse uolo quam pauper*, traduit l'un des exemples canoniques grecs, *ploutein boulomai ê(per) penesthai*. Comme pour les autres catégories, le nom de celle-ci est présenté au

Aduersatiuae sunt quae aduersum conuenienti significant, ut *tamen*, **10**
quamquam, *quamuis*, *etsi*, *etiamsi*, *saltem*. Haec etiam diminutiuam significationem habent, ut Vergilius in IIII *Aeneidos* :

saltem si qua mihi de te suscepta fuisset
ante fugam suboles[a] ;

idem in II :

et magis atque magis, quamquam secreta parentis
Anchisae domus arboribusque obtecta recessit,
clarescunt sonitus,

aduersum enim conuenienti significat.

At quoque pro *saltem* et *uel* et *aut* inuenitur : Vergilius in VI,

si te nulla mouet tantae pietatis imago,
at ramum hunc – aperit ramum, qui ueste latebat –[b]
agnoscas,

a. *Cf.* Audax *Exc. GL* 7, 353.29 ; Cledonius *GL* 5, 24.19 ; Pompeius *GL* 5, 266.16-19.
b. *Cf.* Diomedes *GL* 1, 451.7.

Les adversatives

Les adversatives[37] sont celles qui expriment une contradiction par rapport à une attente, comme *tamen* [cependant], *quamquam*, *quamuis*, *etsi*, *tametsi* [quoique / même si], *saltem* [néanmoins]. Elles ont également comme signification l'expression d'une restriction, comme Virgile dans l'*Énéide* IV : *saltem si qua mihi de te suscepta fuisset / ante fugam suboles* [au moins, si j'avais pu avant ta fuite concevoir de toi quelque descendance, *Én.* 4, 327-328] ; le même en II : *et magis atque magis, quamquam secreta parentis / Anchisae domus arboribusque obtecta recessit / clarescunt sonitus* [et de plus en plus, quoique la maison de mon père Anchise soit retirée à l'écart et abritée par des arbres, les bruits se font éclatants, *Én.* 2, 299-301], où *quamquam* exprime une contradiction par rapport à une attente.

Avec la valeur de *saltem*, on trouve aussi *at*, *uel* et *aut* : Virgile en VI, *si te nulla mouet tantae pietatis imago / at ramum hunc – aperit ramum qui ueste latebat – / agnoscas* [si le spectacle de tant de piété ne te touche pas, au moins ce rameau – elle découvre le rameau qui était caché sous sa robe – reconnais-le,

pluriel (*disertiuae uel electiuae*), mais une seule conjonction est citée, *quam* : Priscien paraît conscient de cette incohérence, puisque au lieu de faire suivre le nom de la catégorie d'un attribut au pluriel, comme il l'a fait jusqu'alors, il indique à quoi correspond l'emploi de cette catégorie (*quando... ostendimus*). L'origine de cette catégorie remonte à la conception logico-éthique des Stoïciens, qui, ne considérant comme bien ou mal que la vertu et le vice, n'attribuaient aucune valeur morale à tout le reste : la santé, la richesse, le pouvoir ne sont pas des biens, mais des « indifférents », en ce sens qu'ils n'ont aucune valeur morale ; tout au plus peuvent-ils être appelés « préférables » dans la mesure où il est légitime de les préférer à leur privation, et l'*axia eklektikê*, la « valeur élective », est la forme de valeur qui amène à choisir entre des indifférents, par exemple la richesse plutôt que la pauvreté, la santé plutôt que la maladie, la vie plutôt que la mort. Sur le plan de l'expression, ce choix se manifeste d'une manière générale dans un énoncé (*axiôma*) formé avec *mallon / hêtton*, « plus / moins », ou avec le *ê* dit *diasaphêtikos*, c'est-à-dire « explicitant » ce choix. *Cf.* Sluiter 1988. Priscien traduit les mots *eklektikos* et *diasaphêtikos* respectivement par *electiuus* et *disertiuus* ; ce dernier terme est à rapprocher non pas de *disertio* [partage d'un héritage], mais de *dis(s)ertus*, qui évoque l'éloquence et aussi la clarté (*cf.* gr. *saphês*).

37. Les *aduersatiuae* correspondent aux *sundesmoi enantiômatikoi* de certains grammairiens grecs, qui appliquent cette dénomination à *empês*, *homôs* [cependant], *per* [bien que] (*cf.* Denys le Thrace *GG* 1/1, 100.2 ; Apollonius *Conj.* *GG* 2/1[1], 251.3 ; 253.19 ; 257.12). La notion de « contradiction » exprimée par cette catégorie subsume les deux expressions de l'opposition et de la concession, qui apparaissent comme des sous-catégories à l'intérieur de cet ensemble. La présence de *saltem* peut surprendre : son sens usuel est restrictif (« du moins, au moins ») ; mais comme il est dit dans la phrase suivante que ces conjonctions signifient *également* (*etiam*) la restriction, cela suppose qu'ici *saltem* a un autre sens – à rapprocher de celui de *tamen* et de *quamquam* (sc. concession sans valeur restrictive). Or on trouve en effet des emplois de *saltem* dans le sens de fr. « néanmoins », « pourtant », *cf.* Plaute, *Amph.* 641-642/643-644 : *Plus aegri ex abitu uiri quam ex aduentu uoluptatis cepi. Sed hoc me beat / saltem, quom perduellis uicit et domum laudis compos reuenit* [Son départ me cause plus de peine que son arrivée ne m'a donné de joie. Je suis heureuse pourtant à la pensée qu'il a vaincu nos ennemis, et qu'il revient dans ses foyers chargé de gloire (trad. Ernout)].

et *si non uis ediscere, uel intellege* pro *saltem intellege* ; similiter *si non factis debitum reddis, aut uerbis age gratias* pro *saltem uerbis*. *Ne* quoque in eadem inuenitur significatione : Sallustius in *Catilinario*, *quippe secundae res sapien-*
100 *tium animos fatigant,* | *ne illi corruptis moribus uictoriae temperarent*[a]. Inuenitur etiam in hac significatione *nec* et *neque*, ut *nec unam horam auarus neglegit lucrum neque pius iustitiam, neque unum assem praestat ille egenti nec hic abnegat petenti aliquid prorsus, quod potest et decet.*

Abnegatiuae sunt apud Graecos κέν et ἄν, quae uerbis coniunctae posse fieri 11
rem ostendunt, sed propter causam aliquam impediri ne fiat, ut ἐποίησα ἄν, εἰ ἠδυνήθην et

καί κεν γηθήσῃ Πρίαμος Πριάμοιό τε παῖδες.

Nos autem sine coniunctionibus subiunctiuis utimur uerbis in huiuscemodi sensibus, ut *fecissem si potuissem* et *gaudeat Priamus si audiat* ; Vergilius in XI :

tu quoque nunc stares inmanis truncus in armis,
esset par aetas et idem si robur ab annis[b],

stares, ἕστηκας ἄν.

a. *Cf.* Sacerdos *GL* 6, 469.9 ; Dositheus § 59.25-26 B. (*n. i. c. m. u. t.*) ; Priscianus *Part.* 111.23 P. (*nedum i. c. m. u. t.*).

b. *Cf.* Priscianus *GL* 3, 246.22 (v. 174).

Én. 6, 405-407], et *si non uis ediscere, uel intellege* [si tu ne veux pas apprendre, essaie au moins de comprendre], dans le sens de *saltem intellege*; de même *si non factis debitum reddis, aut uerbis age gratias* [si tu ne t'acquittes pas de ta dette par des actes, trouve au moins les mots pour remercier], dans le sens de *saltem uerbis*. *Ne* aussi se trouve dans le même sens : Salluste dans la *Conjuration de Catilina*, *quippe secundae res sapientium animos fatigant, ne illi corruptis moribus uictoriae temperarent* [le succès gâte jusqu'à l'âme des sages, mais ces hommes-là, avec leurs mœurs corrompues, ils auraient pu, eux, être modérés dans la victoire ! *C.* 11, 7[38]]. On trouve aussi dans ce sens *nec* et *neque*, comme dans *nec unam horam auarus neglegit lucrum neque pius iustitiam*; *neque unum assem praestat ille egenti nec hic abnegat petenti aliquid prorsus, quod potest et decet* [si l'avare ne néglige pas son profit un seul instant, du moins l'honnête homme ne néglige pas la justice; si le premier n'offre pas un seul as à celui qui est dans le besoin, du moins l'autre ne refuse absolument rien à celui qui le sollicite, dans la mesure de ses possibilités et des convenances].

Les annulatives

Les annulatives[39] sont en grec *ken* et *an*, qui, associées à des verbes, indiquent **11**
qu'un fait pourrait se produire, mais qu'une cause empêche qu'il ait lieu, comme *epoiêsa an ei êdunêthên* [je l'aurais fait si j'avais pu], et *kai ken gêthêsêi Priamos Priamoio te paides* [et Priam et les fils de Priam se réjouiraient, Hom. *Il.* 1, 255]. De notre côté, nous nous servons dans ce sens de verbes au subjonctif sans conjonction, comme *fecissem si potuissem* [je l'aurais fait si j'avais pu] et *gaudeat Priamus si audiat* [Priam se réjouirait s'il entendait]; Virgile en XI : *tu quoque nunc stares immanis truncus in armis, / esset par aetas et idem si robur ab annis* [toi aussi tu serais maintenant debout en armes, énorme chêne, s'il avait le même âge que toi et la force de la jeunesse, *Én.* 11, 173-174], *stares* : *hestêkas an*.

38. Ce *ne* souligne l'emploi d'un démonstratif en lui donnant une valeur d'emphase (ici *ne illi*); dans le passage cité, qui est ironique, ce *ne* renforce le contraste *sapientes / illi*, marqué en outre par une asyndète; la valeur d'opposition qui se dégage ainsi contextuellement est interprétée par Priscien comme étant portée par *ne*, assimilé pour cette raison à *at*.

39. La catégorie des *abnegatiuae*, qui ne s'applique qu'à des termes grecs, correspond aux *sundesmoi anairetikoi* des grammairiens grecs (terme attesté chez un commentateur anonyme de Denys le Thrace, peut-être le scholiaste Stephanos [*GG* 1/3, 292.3-8], mais vraisemblablement employé déjà par Apollonius). Pour la valeur d'*anairesis* [annulation] de la particule *an*, qui « abolit les faits accomplis en les transférant au possible » (Apollonius, *Synt.* 3, 21 = *GG* 2/2, 286,7-8), *cf.* Donnet 1972; Petrilli 1997 : 198-202. Les termes concernés, *an* et *ken*, sont considérés comme des conjonctions dans la mesure où, dans un système conditionnel, ils apparaissent dans l'apodose comme le corrélat de la conjonction présente dans la protase (*cf.* Bonnet 2005 : 295 et *Introduction*, sections 3 et 4). *Abnegatiuus*, utilisé par le seul Priscien parmi les grammairiens latins, comme *abnegatio* dont il dérive, s'applique génériquement à la négation et aux termes négatifs, cf. *ThlL* 1, 110.44-67.

Collectiuae uel rationales sunt *ergo*, *igitur*, *itaque*, quando antepaenultima acuitur, *quin*, *alioquin*, *immo*, *utique*, *atqui*. Hae enim per illationem colligunt supra dictum, hoc est ratione confirmant, ut Cicero *Pro Q. Ligario* : *habes igitur, quod est accusatori maxime optandum, confitentem reum* ; Lucanus in VIIII :

ergo pari uoto gessisti bella, iuuentus[a]

(inuenitur tamen etiam pro expletiua, ut Terentius in *Andria* : **12**

mihine ? — tibi ergo[b]) ;

Vergilius in X :

101 *quin occidit una*
Sarpedon, mea progenies[c] ;

Terentius in *Eunucho* :

atqui ita opus est ;

Cicero *Pro Ligario* : *itaque quo me uertam nescio.*

Dicuntur tamen eaedem illatiuae, quod praepositis aliis inferuntur, ut *etenim Catilinam Cicero solus sapientia domuit, solus igitur seruauit Cicero patriam.*

a. *habes igitur, Tubero* Cicero (ed. Lob). *Cf.* Priscianus *GL* 2, 223.10, 339.16.
b. *Cf.* Priscianus *GL* 3, 337.8.
c. *Cf.* Sacerdos *GL* 6, 465.22, 469.18 (*q. o. u. S.*).

Les syllogistiques, ou argumentatives

Les syllogistiques ou argumentatives[40] sont *ergo, igitur, itaque* [donc] (cette dernière quand l'antépénultième reçoit l'accent aigu), *quin, alioquin, immo, utique, atqui* [or]. Ces conjonctions servent en effet à clore démonstrativement ce qui a été dit antérieurement, c'est-à-dire qu'elles achèvent une démonstration par sa conclusion logique, comme Cicéron *Pour Ligarius*: *habes igitur, quod est accusatori maxime optandum, confitentem reum* [tu as donc, chose éminemment souhaitable pour un accusateur, un accusé qui avoue, *Lig.* 2]; Lucain en IX: *ergo pari uoto gessisti bella, iuuentus* [vous avez donc fait la guerre en faisant les
mêmes vœux, jeunes gens, *Phars.* 9, 256] (*ergo* se trouve cependant aussi comme **12**
explétive: Térence dans l'*Andrienne, mihine? — tibi ergo* [à moi? — oui à toi,
101 *And.* 850]); Virgile en X: *quin occidit una / Sarpedon, mea progenies* [bien plus,
Sarpédon, mon propre enfant, est mort avec eux, *Én.* 10, 470-471]; Térence dans l'*Eunuque*: *atqui ita opus est* [eh bien, c'est ce qu'il faut, *Eun.* 758]; Cicéron *Pour Ligarius*: *itaque quo me uertam nescio* [c'est pourquoi je ne sais où me tourner, *Lig.* 1].

Ces conjonctions sont également appelées conclusives, parce qu'elles sont introduites pour conclure des éléments qui précèdent, comme dans *etenim Catilinam Cicero solus sapientia domuit, solus igitur seruauit Cicero patriam* [et en effet Cicéron à lui seul, par son intelligence, est venu à bout de Catilina, seul par conséquent Cicéron a sauvé la patrie].

40. *Collectiuae* est un calque de gr. *sullogistikoi*, conjonctions « de syllogisme », catégorie qui recouvre à la fois les introductrices de mineure (« or ») et de conclusion (« donc »), *cf.* Denys le Thrace *GG* 1/1, 95.2-96.2 (avec Lallot 1998[2]: 252 *ad loc.*); Apollonius *Conj. GG* 2/1[1], 227.25; 228.14; 229.21; 251.27; 252.5; 257.20; 258.11. Plus précisément, Apollonius appelle le premier type *proslêptikos* (*Conj. GG* 2/1[1], 250.19), le second *epiphorikos* (*Conj. GG* 2/1[1], 252.3). Le mot *illatiuae*, cité par la suite par Priscien (101.6), semble désigner de manière spécifique la seconde espèce: cf. *illatio* (gr. *epiphora*) employé par Priscien lui-même (seule occurrence en 100.17) et dans les textes latins de logique (Apulée *Herm.* 199.9-11 M.; Martianus Capella 4, 405).

Dubitatiuae sunt quae dubitationem significant, ut *an, ne* correpta, | *necne*, ut Vergilius in III *Aeneidos* :

eloquar an sileam ? gemitus lacrimabilis imo[a] ;

idem in I *Aeneidos* :

an Phoebi soror an nympharum sanguinis una ?

a. *Cf.* Priscianus *GL* 3, 248.1-2 (v. 39-40) ; 249.20 (*e. a. s.*).

Les dubitatives, et leur emploi interrogatif

Les dubitatives[41] sont celles qui expriment un doute, comme *an* [ou est-ce que peut-être ?], *-ne* (bref) [est-ce que ?][42], *necne* [ou non ?], comme Virgile dans l'*Énéide* III : *eloquar an sileam ? gemitus lacrimabilis imo* [dois-je le dire ou me taire ? – un gémissement pitoyable, depuis les profondeurs…, *Én.* 3, 39] ; le même dans l'*Énéide* I : *an Phoebi soror an nympharum sanguinis una ?* [la sœur de Phébus peut-être ou quelqu'une du sang des nymphes ? *Én.* 1, 329] ;

41. Apollonius emploie le terme *sundesmoi diaporêtikoi* (*cf.* par exemple *Conj. GG* 2/1 [1], 223.23-230.2), et emploie aussi *aporêmatikos* (*GG* 2/1 [1], 258.15), que l'on trouve également dans la classification de la *Tekhnê*. Les éléments concernés posent deux problèmes de nature différente, mais liés l'un à l'autre : le fait que des termes que les Modernes qualifieraient de « particules interrogatives » aient un statut de conjonctions, et la relation établie, ou du moins nettement suggérée par Priscien, entre « doute » et « interrogation », comme l'indique, à la suite de la définition des *dubitatiuae* et des deux exemples qui les illustrent, la précision *frequentissime tamen eaedem interrogatiuae sunt* (101.16). L'origine du rapprochement entre « doute » et « interrogation » remonte à la classification stoïcienne des énoncés simples autres que l'assertion (*cf.* Diogène Laërce 7, 66-68) : l'expression du doute, *epaporêtikon pragma*, du type « y aurait-il quelque parenté entre la douleur et la vie ? », ainsi présentée comme une question en délibéré, est rapprochée du couple *erôtêma* / *pusma*, c'est-à-dire de la question totale avec réponse oui / non, et de la question partielle portant sur un terme inconnu. Ce rapprochement, qui n'est pas commenté dans le texte de Diogène Laërce, s'éclaire d'après les textes grammaticaux grecs : les termes interrogatifs constitutifs de l'interrogation partielle (du type *qui ? où ? pourquoi ?*) sont assurément rangés parmi les noms ou les adverbes, mais les « particules interrogatives » de la terminologie moderne, c'est-à-dire les éléments susceptibles de caractériser les questions totales, sont regroupées avec les termes qui permettent l'expression du « doute », et l'ensemble forme une catégorie de conjonctions, celle que Priscien reprend sous le nom de *dubitatiuae*. C'est là que se fait le lien avec le second problème, c'est-à-dire avec le statut de ces éléments comme « conjonctions ». Pour prouver en effet que ces éléments sont des conjonctions, l'argument présenté par Apollonius, et manifestement d'origine stoïcienne, consiste à ramener les interrogations concernées, question totale et expression du doute, à une disjonction implicite : « fait-il jour ? » comporte la trace elliptique du second terme (« fait-il jour *<ou non>* ? ») dont l'énoncé disjonctif comporte la présence explicite (« il fait jour *ou il fait nuit* »). Les conjonctions dites « dubitatives » sont ainsi l'équivalent dans un énoncé interrogatif de ce qui, dans un énoncé disjonctif, établit un lien entre deux termes en annonçant que l'un est vrai et l'autre faux. Priscien récupère cette interprétation, et, tout en se limitant comme Apollonius à une seule catégorie de conjonctions pour intégrer les éléments concernés, il distingue nettement dans cette catégorie les deux types d'énoncés de l'analyse stoïcienne, c'est-à-dire le « doute » et la « question totale » (*erôtêma*) : au titre des *dubitatiuae*, il cite trois exemples d'interrogations doubles (…, *an*… ; *an*…, *an*… ; *-ne*…, *-ne*…, ces interrogations soulignant implicitement l'origine disjonctive des « conjonctions » concernées), puis il évoque les *interrogatiuae* comme une sorte de sous-ensemble (qui n'apparaît pas dans la liste initiale de conjonctions, en 93.13-16), avec deux exemples de question totale, dont le premier appelle une réponse positive (« demeures-tu l'épouse de Pyrrhus ? ») et le second une réponse négative (« moi, mériter un tel déshonneur ? »). Enfin il termine (101.21) par une apparente digression sur les emplois « affirmatifs » de *-ne* : c'est peut-être simplement une récapitulation, mais il n'est pas exclu que cela ait aussi pour fonction de souligner que l'outil privilégié de l'expression du doute et de l'interrogation est susceptible d'apparaître dans des assertions – ultime écho des analyses stoïciennes.

42. *-ne* est reconnu comme enclitique par Priscien, cf. *Part.* 55.23-56.1 P. ; il est remarquable que Priscien précise la quantité de ce *-ne*, alors qu'il néglige souvent ce problème dans ses rapprochements, *cf. supra*, 96.1, 6, 13.

idem in XI :

iustitiane prius mirer belline laborum ? [a]

Frequentissime tamen eaedem interrogatiuae sunt, ut Vergilius in III *Aeneidos* :

Hectoris Andromache Pyrrhin' conubia seruas ? [b]

idem in X :

tanton' me crimine dignum ? [c]

Haec eadem inuenitur et pro confirmatiua, ut Horatius in II *Sermonum* :

clarus erit, fortis, iustus, sapiensne etiam et rex [d] ;

idem in I :

o seri studiorum, quine putetis
102 *difficile et mirum, Rhodio quod Pitholeonti*
contigit ;

Terentius in *Andria* :

nuncine demum istud uerbum in te incidit [e].

Hic enim *ne* coniunctio nec interrogatiua nec dubitatiua, sed confirmatiua est ; Vergilius in X :

tantane me tenuit uiuendi, nate, uoluptas,
ut pro me hostili paterer succumbere dextra [f],

est enim pro *etiam*. Sola haec apostrophum accipit apud Latinos. *Necne* | quoque pro *an non* accipitur, ut *sit sensus in morte necne, prodest recte uiuere.*

a. *iustitiaene* Vergilius (**Rωγ**, ed. Geymonat : *iustitiane* **MRa**). *Cf.* Priscianus *GL* 3, 163.1, 316.15, 319.13, 326.3 (*-ane*).

b. *Andromachen* Vergilius (**F**^{1}**acr**, ed. Geymonat : *-e* **FMPωγ**). *Cf.* Priscianus *GL* 3, 235.24 (*-e*).

c. *Cf.* Donatus *Mai.* 611.8 (*t. m. c. d. duxisti*) ; Diomedes *GL* 1, 435.19 ; [Victorinus/Palaemon] *ars GL* 6, 194.7 (*t. m. c. d. duxisti*) ; Dositheus § 4.19 B. ; Audax *Exc. GL* 7, 331.10 ; Consentius *Barb.* 25.23 N. ; [Sergius] *Gramm.* 113.111 M. ; Pompeius *GL* 5, 132.24 ; Priscianus *Part.* 56.5 P. ; Frg. *Vat. Posit. GL* 6, 275.9.

d. *sapiensque* Horatius (ed. Shackleton Bailey).

e. *hem modone id demum sensti, Pamphile ? / … / … / eodem die istuc uerbum uere in te accidit* Terentius (ed. Kauer & Lindsay).

f. *succedere dextrae* Vergilius (ed. Geymonat).

le même en XI : *iustitiane prius mirer belline laborum ?* [qu'admirer davantage ? ta justice ou tes travaux guerriers ? *Én.* 11, 126[43]].

Cela étant, ces conjonctions sont aussi très souvent proprement interrogatives, comme Virgile dans l'*Énéide* III : *Hectoris Andromache Pyrrhin' conubia seruas ?* [Andromaque, femme d'Hector, demeures-tu l'épouse de Pyrrhus ? *Én.* 3, 319] ; le même en X : *tanton' me crimine dignum ?* [moi, mériter un tel déshonneur ? *Én.* 10, 668]. Cette dernière conjonction est aussi employée comme affirmative[44], ainsi Horace dans les *Satires* II : *clarus erit, fortis, iustus, sapiensne etiam et rex* [celui-là sera illustre, courageux, juste, et même aussi sage roi
102 assurément, *Sat.* 2, 3, 97] ; le même en I : *o seri studiorum, quine putetis / difficile et mirum, Rhodio quod Pitholeonti / contigit* [ô écoliers attardés ! qui assurément estimeriez difficile et merveilleux ce qu'a pu faire le Rhodien Pitholéon, *Sat.* 1, 10, 21-23] ; Térence dans l'*Andrienne* : *nuncine demum istud uerbum in te incidit* [c'est assurément aujourd'hui seulement que ce propos s'applique à toi, *And.* 882 et 885]. Ici en effet la conjonction *-ne* n'est ni interrogative ni dubitative, mais affirmative[45] ; Virgile en X : *tantane me tenuit uiuendi, nate, uoluptas / ut pro me hostili paterer succumbere dextra* [j'étais même, ô mon fils, possédé par un tel plaisir de vivre que je souffris de voir succomber pour moi sous les coups d'une main ennemie…, *Én.* 10, 846-847], où *-ne*, de fait, a la valeur de *etiam*. C'est la seule conjonction à recevoir en latin l'apostrophe[46]. *Necne* est aussi employé avec la valeur de *annon*, comme dans *sit sensus in morte necne, prodest recte uiuere* [que l'on éprouve quelque chose ou non une fois mort, on a intérêt à vivre honnêtement].

43. Priscien signale dans le livre 17 : 163.2-4 une variante textuelle de ce vers.

44. La liste initiale des *species* comporte l'*approbatiua* (conjonction « confirmative »). Dans le corps du livre 16, deux termes voisins apparaissent : *confirmatiua*, ici et en 102.5, et *affirmatiua*, en 103.28 et 104.6. Ces trois termes sont-ils distincts ? *Confirmatiuus/-tiue* est employé au livre 15 (85.6) et au livre 17 (133.10) à propos des adverbes d'affirmation, et opposé dans le livre 18, *GL* 3, 243.16, à l'idée de doute (*« di, si qua est caelo pietas », confirmatiue enim potius quam dubitatiue dicitur*) ; *affirmatiua* est glosé dans ce même livre 18 (236.4) par la formule *substantiam uel essentiam rei comprobant*, à propos de l'indicatif, et opposé en 246.18-23 à l'idée de doute ; *affirmatiue* et *approbans* sont rapprochés en 249.1 puis 5 ; *affirmatiue* et *confirmatiue* en 258.7 puis 9, 16 et 21. Les valeurs de *approbatiuus/-tiue*, *confirmatiuus/-tiue* et *affirmatiuus/-tiue* paraissent globalement identiques. Ils sont sémantiquement voisins des termes qui désignent le renforcement, comme *intentiuus*, fréquent notamment dans le livre 14 à propos de la valeur de certains préfixes et qui sert à nommer la catégorie des adverbes « d'intensité » dans le livre 15 ; on doit également le mettre en relation avec la formule *intentionis significatione* du livre 17 : 115.12 ; le *ThlL* (7/1.2122.74-82) donne pour *intentiuus* la valeur de *auctiuus*, correspondant à *epitatikos*, qu'Apollonius emploie à propos de *mallon*, et qui est employé dans les textes grammaticaux latins de la tradition artigraphique à propos de préverbes de renforcement, comme *con-* dans *concrepuit* vs *crepuit*.

45. L'idée que des termes interrogatifs puissent être employés avec une valeur « affirmative » n'est pas très éloignée de l'interprétation moderne selon laquelle le *-ne* dit « interrogatif » dans la grammaire classique, signe d'une intonation ascendante, traduit la non-adhésion du locuteur à la proposition, et correspond à toute une gamme d'emplois, dont l'exclamation, *cf.* Vairel 1975 : 113-138.

46. Comme signe d'élision, cf. *Part.* 56.3-5 P.

Completiuae sunt *uero*, *autem*, *quidem*, *equidem*, *quoque*, *enim*, *nam*, **13**
namque, et fere quaecumque coniunctiones ornatus causa uel metri nulla significationis necessitate ponuntur, hoc nomine nuncupantur. Omnes | tamen hae inter alias species inueniuntur, ut si dicam *Aeneas uero et pius et fortis fuit*, completiua est, quia et si tollatur *uero*, significatio integra manet ; sin autem dicam *Aeneas quidem pius fuit, Vlixes uero astutus*, pro copulatiua accipitur, quia utriusque rei simul sententiam significat cum substantia. Potest tamen et distributiua dici, quia distribuit diuersas res | diuersis personis. Completiuam esse, etiam Sallustius ostendit in *Catilinario* : *uerum enim uero is demum mihi uiuere et frui anima uidetur*[a] ; hic enim ornatus causa *uero* adiuncta est, quamuis possit etiam approbatiua esse. Similiter Vergilius in XII :

equidem merui nec deprecor, inquit[b] ;

poterat sensus etiam sine *equidem* stare, si dixisset *ego merui nec deprecor*, sed siue metri causa siue ornatus addidit *equidem* ; unde nec intulit *autem* uel *uero*
103 subiunctiua eius uel *tamen*, quae ipsa quoque | saepissime completiua inuenitur, ut Statius in XI :

a. *Cf.* Priscianus *GL* 3, 158.1-1 (*atque frui*), 236.7-8 (*ac frui*), 287.3-4 (*atque frui*).
b. Cf. *supra*, 97.5.

Les explétives

Les explétives sont *uero*, *autem*, *quidem*, *equidem*, *quoque*, *enim*, *nam*, 13
namque, et d'une manière générale on donne ce nom à toutes les conjonctions qui sont employées pour l'ornement ou le mètre sans aucune nécessité sémantique[47]. Cela étant, on retrouve toutes ces conjonctions dans d'autres catégories. Par exemple, si je dis *Aeneas uero et pius et fortis fuit*, il y a une explétive, parce que même si on enlève *uero*, le sens demeure absolument sans changement [Énée était pieux et courageux]; si en revanche je dis *Aeneas quidem pius fuit, Vlixes uero astutus* [Énée en vérité était pieux, et d'autre part Ulysse rusé], *uero* est employé comme coordinative, parce que ce *uero* signifie que dans les deux cas on a la combinaison d'une opinion et d'une substance[48]. On peut cependant dire aussi qu'elle est distributive, parce qu'elle permet de distribuer des éléments différents à des personnes différentes[49]. Mais Salluste montre bien que c'est aussi une explétive, dans la *Conjuration de Catilina*: *uerum enim uero is demum mihi uiuere et frui anima uidetur* [tout au contraire en vérité, celui-là seul me paraît véritablement vivre et jouir du souffle qui l'anime, *C.* 2, 9] – ici en effet *uero* a été ajouté à titre d'ornement, quoique cela puisse être aussi une conjonction confirmative. De même, Virgile en XII: *equidem merui nec deprecor, inquit* [en vérité je l'ai mérité et je ne demande pas de grâce, dit-il, *Én.* 12, 931][50]; même sans *equidem* le sens pouvait demeurer identique, si Virgile avait dit *ego merui nec deprecor* [moi je l'ai mérité et je ne demande pas de grâce], et il n'a ajouté *equidem* que pour le mètre ou l'ornement, – et c'est pour cela qu'il n'y a pas non plus adjoint *autem* ou *uero* comme corrélatifs de *equidem*, ou encore *tamen*; ce
103 dernier d'ailleurs se trouve aussi très fréquemment explétif, comme Stace en XI:

47. Les *completiuae* correspondent aux *sundesmoi paraplêrômatikoi* des grammairiens grecs (*cf.* par exemple Denys le Thrace *GG* 1/1, 96.3-100.1). Les *paraplêrômata* ont désigné tout d'abord chez Euclide les aires complémentaires d'une aire globale qui n'existe qu'après leur reconnaissance. Revalorisé par Tryphon (auquel remonte la comparaison avec la bourre insérée entre les amphores pour éviter tout entrechoquement entre elles) et par Apollonius (qui consacre aux explétives une large partie de son traité : *Conj. GG* 2/1 [1], 247.22-258.17), le terme *paraplêrômatikos* a été employé pour les éléments linguistiques ayant la fonction de « facteurs complémentaires de totalités sémantiques » (Dalimier 2001 : 465) ou encore d'« indices de contexte » – leur qualité de *conjonctions* venant du fait qu'elles sont interprétées comme constituant un rattachement à ce contexte (Baratin 1989 : 67).

48. La formule *sententia... cum substantia* correspond précisément au couple formé par le « prédicat » et le « sujet » dans la grammaire classique : Priscien souligne que dans l'assertion considérée, le second membre (*Vlixes astutus*) tout comme le premier (*Aeneas pius fuit*) comporte un sujet et un prédicat, et que *uero* marque cette identité de structure en mettant ces deux membres sur le même plan par sa valeur coordinative. On voit ici clairement le statut de la distinction du sujet et du prédicat dans la grammaire ancienne : ces concepts sont connus, et à l'occasion évoqués comme des évidences, mais leur emploi est sinon sans objet, du moins extrêmement marginal (*cf.* dans le livre 14 : 25.1-5). L'absence de vocabulaire spécifique, voire technique (*substantia* pour le sujet, *accidens* ou *sententia* pour le prédicat) confirme la marginalité de ces notions dans le domaine grammatical.

49. Le terme *distributiua* n'est pas tant une catégorie supplémentaire que le signe d'un effort d'approfondissement de l'analyse.

50. Déjà cité *supra*, 97.5, au titre des confirmatives (*approbatiuae*).

me miseram, uinces! prius haec tamen arma necesse est,
experiare domi.

Sciendum tamen quod quidam *equidem* coniunctionem compositam esse existimant ab *ego* et *quidem*; sed errant, simplex enim est, et hoc maxime ex ipsa quoque constructione orationis possumus intellegere. Nam *equidem facio, equidem facis, equidem facit* dicimus, et potest ad primam et ad secundam et ad tertiam transferri personam, quod minime fieret si | esset compositum ex *ego* et *quidem*; nemo enim dicit *ego quidem facis, ego quidem facit*, sed *ego quidem facio* tantummodo ad primam personam. Et hoc usus etiam auctorum approbat, qui *equidem* praeposita *ego* subiungunt, ut Sallustius in *Catilinario*: *equidem ego sic existimo, patres conscripti, omnes cruciatus*; si esset enim | composita *equidem* ex *ego* et *quidem*, minime ei *ego* subiungeretur. **14**

Quoque quando pro *etiam* uel *et* accipitur, copulatiua est, ut Vergilius in VII:

tu quoque litoribus nostris, Aeneia nutrix[a];

quando autem superuacua ponitur, completiua est, ut Vergilius in I:

multa quoque et bello passus, dum conderet urbem[b];

non egeret enim ea sensus, si dixisset *multa et bello passus* – nisi, quod quidam existimant, pro aduerbio similitudinis accipiatur, quomodo *item*.

Enim quoque, cum sit causalis, τὸ γάρ significat, ut *cole pudicitiam, haec enim fundamentum est omnium animi uirtutum*; inuenitur | tamen etiam completiua, quando δή significat Graecam coniunctionem, ut: **15**

progeniem sed enim Troiano a sanguine duci
audierat[c],

Vergilius in I; inuenitur eadem etiam pro affirmatiua, ut Terentius in *Andria*:

104 *enim uero, Daue, nihil loci est segnitiae neque*
socordiae[d],

a. *Cf.* [Probus] *Inst. Art. GL* 4, 145.28; *Vlt. Syll. GL* 4, 251.18 (*t. q. l. n.*); Audax *Exc. GL* 7, 350.30; Consentius *Barb.* 23.8 N.; Frg. *Bob. Nom. Pron.* 18.10-11 P. (v. 1-2); Priscianus *Part.* 94.11-14 P.

b. Cf. *supra*, 95.19.

c. *Cf.* Velius Longus *Orth. GL* 7, 70.11-12; [Probus] *Vlt. Syll. GL* 4, 244.28; Charisius 356.3-4 B.

d. *Cf.* Sacerdos *GL* 6, 446.9 (*e. D.*); Rufinus *Metr. Com.* 12.13 D'A.; Priscianus *Fab. Ter.* 26.7-8 P. (v. 206-207).

me miseram, uinces! prius haec tamen arma necesse est / experiare domi [pour mon malheur, tu vas l'emporter sur moi : d'abord, il te faut faire chez toi l'essai de ces armes, *Théb.* 11, 338-339].

Il faut savoir cependant que certains considèrent *equidem* comme une 14
conjonction composée, de *ego* [moi] et *quidem*[51]. En fait ils se trompent : c'est une conjonction simple, et l'on peut s'en rendre compte tout particulièrement à partir de la construction même de l'énoncé. On dit en effet *equidem facio* [en vérité je le fais], *equidem facis* [en vérité tu le fais], *equidem facit* [en vérité il le fait], en faisant librement passer *equidem* à la première, la deuxième ou la troisième personne; cela serait absolument impossible si c'était un composé de *ego* et de *quidem*, car personne ne dit *ego quidem facis* [moi en vérité tu le fais], *ego quidem facit* [moi en vérité il le fait] : on ne dit que *ego quidem facio* [moi en vérité je le fais], à la première personne. C'est un point qui est confirmé aussi par l'usage des auteurs, qui, mettant d'abord *equidem*, y ajoutent *ego*[52], comme Salluste dans la *Conjuration de Catilina*: *equidem ego sic existimo, patres conscripti, omnes cruciatus* [quant à moi en vérité, j'estime, Pères Conscrits, que tous les châtiments..., *C.* 51, 15]; si *equidem* était composé de *ego* et de *quidem*, on n'y ajouterait absolument pas *ego*.

Quoque, quand il est employé avec la valeur de *etiam* ou de *et*, est une conjonction coordinative, comme Virgile en VII: *tu quoque litoribus nostris, Aeneia nutrix* [toi aussi, nourrice d'Énée, à nos rivages..., *Én.* 7, 1]; quand en revanche son emploi n'a pas d'utilité, c'est une explétive, comme Virgile en I: *multa quoque et bello passus, dum conderet urbem* [souffrant aussi beaucoup par la guerre pendant tout le temps nécessaire pour fonder sa ville, *Én.* 1, 5]; le sens pourrait se passer de *quoque*: il aurait pu dire *multa et bello passus* – à moins, comme le pensent certains, que *quoque* soit employé comme adverbe de comparaison, comme *item* [de même].

Enim aussi, dans la mesure où il est causal, signifie *gar* [en effet], comme *cole* 15
pudicitiam, haec enim fundamentum est omnium animi uirtutum [cultive la pudeur: c'est en effet le fondement de toutes les vertus de l'âme]; mais *enim* se trouve également comme explétif, quand il a le sens de la conjonction grecque *dê*, comme *progeniem sed enim Troiano a sanguine duci / audierat* [mais elle avait ouï dire que du sang des Troyens une lignée se prolongeait, *Én.* 1, 19-20], de Virgile en I; on trouve aussi *enim* comme intensif, comme Térence dans
104 l'*Andrienne*: *enim uero, Daue, nihil loci est segnitiae neque socordiae* [non, vraiment, Dave, ce n'est pas le moment de traîner ni de s'attarder, *And.* 206] –

51. Ce type d'étymologie par dilatation est fréquent. Il est probable que l'intérêt de Priscien pour cette étymologie qu'il rejette vient de ce qu'elle donne lieu à une analyse de la *constructio* (*equidem* mis en relation avec *facio*, *facis*, *facit*) – qui est le sujet du livre suivant.

52. Contre *praepositiua* choisie par Hertz, nous préférons la leçon *praeposita*, qui est ici le participe d'un ablatif absolu dont *equidem* est le sujet. Par ailleurs, *subiungunt* ne comporte pas ici l'idée de dépendance qu'il exprime parfois (*cf.* livre 17, *Index* : 338).

et maxime praepositiua hanc habet significationem, ut idem in *Adelphis* :

enim non sinam[a].

Similiter *nam* est quando γάρ, est quando δή Graecam coniunctionem completiuam uel affirmatiuam significat, ut Vergilius in IIII *Georgicon* :

nam quis te, iuuenum confidentissime, nostras ?

τίς δή, hic repletiuae uim habet ; idem in V :

heu, quia nam tanti cinxerunt aethera nimbi ?[b]

idem in I *Aeneidos* :

Aeole, namque tibi diuum pater atque hominum rex[c] ;

hic causalis est coniunctio.

Ordo accidere dicitur coniunctionibus, qui communis est paene | omnibus dictionibus. Quaedam enim naturaliter praeponuntur, ut praepositiones casualibus et aduerbia pleraque uerbis ; et interrogatiuis uel infinitis relatiua subiunguntur uel redditiua nomina uel aduerbia ; || et adiectiua nomina praeponuntur **16**
appellatiuis, ut *sapiens homo* et *citus equus*. Est tamen quando auctoritas praepostere his utitur. Similiter igitur coniunctiones pleraeque | tam praeponi quam supponi possunt. Sunt tamen quaedam quae semper praeponuntur, ut *at*, *ast*, *aut*, *ac*, *uel*, *nec*, *neque*, *si*, *quin*, *quatenus*, *sin*, *seu*, *siue*, *ni* ; aliae quae

a. *Cf.* Priscianus *GL* 3, 285.14 (*e. uero n. s.*).
b. Cf. *supra*, 95.11.
c. Cf. *supra*, 96.25.

il a ce sens surtout quand il est placé en tête, comme le même Térence dans les *Adelphes*: *enim non sinam* [non, je ne permettrai pas! *Ad.* 168]. De la même façon, *nam* a le sens tantôt de *gar*, tantôt de *dê*, la conjonction grecque explétive ou intensive, comme Virgile dans les *Géorgiques* IV: *nam quis te, iuuenum confidentissime, nostras?* [qui donc, ô le plus présomptueux des jeunes gens, nos... ? *G.* 4, 445], c'est-à-dire *tis dê* : ici *nam* a valeur explétive[53]; le même en V: *heu, quia nam tanti cinxerunt aethera nimbi?* [hélas, pourquoi donc des nuages si lourds ont-ils enveloppé l'éther? *Én.* 5, 13]; le même dans l'*Énéide* I: *Aeole, namque tibi diuum pater atque hominum rex* [Éole, et en effet c'est à toi que le père des dieux et roi des hommes..., *Én.* 1, 65] – ici c'est une conjonction causale.

La place

Il se dit que la place est un accident des conjonctions – comme elle l'est de presque tous les mots[54]. Certains occupent en effet naturellement une position antécédente, comme les prépositions par rapport aux formes casuelles, et la plupart des adverbes par rapport aux verbes; de même, aux noms ou aux adverbes interrogatifs ou indéfinis succèdent les anaphoriques ou les corrélatifs[55]; de 16
même encore les noms adjectifs sont placés avant les appellatifs, comme *sapiens homo* [homme savant] et *citus equus* [cheval rapide]. Il arrive néanmoins que des auteurs emploient ces termes en renversant cet ordre[56]. Tout pareillement, donc, la plupart des conjonctions peuvent être aussi bien placées avant qu'après. Cela étant, il y en a qui sont toujours en position antécédente, comme *at*, *ast*, *aut*, *ac*, *uel*, *nec*, *neque*, *si*, *quin*, *quatenus*, *sin*, *seu*, *siue*, *ni*; il y en a d'autres qui sont

53. Dans la tradition artigraphique latine, le terme *repletiua* désigne parfois une catégorie spécifique de conjonctions, ainsi dans la classification des conjonctions que Charisius attribue à Palémon, *GL* 1, 226.1-3, où sont distinguées des *repletiuae* et des *expletiuae*. Dans l'*Ars* de Priscien, *repletiua* apparaît, de même que *expletiua*, comme un synonyme occasionnel, et rare, de *completiua*, cf. *infra* 104.5-9.

54. Sur la réticence de Priscien à reconnaître la place comme accident, *cf.* le *praeterea* de la présentation initiale des accidents de la conjonction (« ...et puis aussi la place », 93.10) et le livre 15, où la place est ajoutée *in fine*, mais non citée dans la liste initiale.

55. Priscien se place ici dans une perspective d'oppositions et d'associations binaires, à partir du schéma fondamental « question / réponse » : dans ce cadre, l'interrogatif précède l'« anaphorique » (*cf.* livre 17 : 129.5-6, *huic nomini, id est* quis, *quod est interrogatiuum uel infinitum, redditur* qui *relatiuum*: quis scripsit bucolica? qui etiam georgica), l'indéfini étant de son côté régulièrement associé à l'interrogatif (comme précisément dans ce passage cité) et le corrélatif à l'anaphorique (*cf.* par exemple livre 13, *GL* 3, 22.10). La formulation employée ici est le fruit de cette association de l'interrogatif et de l'indéfini d'un côté, de l'anaphorique et du corrélatif de l'autre, à partir de la succession constatée de l'interrogatif et de l'anaphorique; d'où cette série à quatre termes citée fréquemment dans cet ordre, sans qu'on puisse pour autant reconstituer dans le détail les différents schémas qu'elle invite formellement à imaginer. Sur la traduction de *relatiuum* par anaphorique, *cf.* livre 17, *Introduction* : 55-56. Sur l'ordre des anaphoriques et des corrélatifs les uns par rapport aux autres, *cf.* dans ce même livre 17 : 128.16-129.4.

56. *Cf.* livre 14 : 31.5-10 où, à propos du pronom prépositif *hic*, Priscien indique que *homo hic* se dit aussi bien que *hic homo*.

semper supponuntur, ut *que*, *ne*, *ue*, quae etiam encliticae sunt, *quidem*, *quoque*, *autem*, quod tamen antiqui solebant etiam praeponere. Aliae paene omnes indifferenter et praeponi et | supponi possunt, ut *et*, *atque*, quae poëtice postponuntur, alias non, ut Vergilius in VIIII :

> *suspiciens altam lunam et, sic uoce precatur* ;

Horatius in I *Sermonum* :

> **105** *cum me hortaretur parce frugaliter atque*
> *uiuerem uti, contentus eo quod mihi ipse parasset*[a],

et *equidem*, *saltem*, *tamen*, *quamquam*, *quando*, *quatenus*, *nam*, *enim*, *itaque*, *quoniam*, *quapropter*, *ergo*, *igitur*.

Et sciendum quod pleraeque | coniunctiones, quomodo praepositiones, diuersas habent in una eademque uoce significationes, quod in multis iam ostendimus.

Hoc quoque non est praetermittendum quod coniunctiones sibi praepositae inueniuntur, tam eiusdem potestatis cum sint, quam alterius, ut Cicero in *Prognosticis* :

> *ast autem tenui quae candet lumine Phatne*[b] ;

Vergilius in I :

> *atque equidem Teucrum memini Sidona uenire*[c] ;

idem in III :

> *nam neque erant astrorum ignes nec lucidus aethra*
> *siderea polus.*

a. *mi* Priscianus ed. Hertz sec. Horatium (ed. Shackleton Bailey).
b. *Cf.* Aratus *ph.* 892-893. *Cf.* Priscianus *GL* 3, 287.7.
c. *Cf.* frg. *Bob. Verb.* 646.6.

toujours en postposition, comme *que*, *ne*, *ue* – qui sont même enclitiques –, *quidem*, *quoque*, *autem* – que cependant les Anciens avaient l'habitude de mettre aussi en position antécédente. Presque toutes les autres peuvent être placées indifféremment avant ou après, comme *et*, *atque*, qui sont postposées dans la langue poétique (mais pas ailleurs), comme Virgile en IX : *suspiciens altam lunam et, sic uoce precatur* [et levant les yeux vers la lune haute, il l'implore en ces mots, *Én.* 9, 403] ; Horace dans les *Satires* I : *cum me hortaretur parce frugaliter atque / uiuerem uti, contentus eo quod mihi ipse parasset* [alors qu'il m'exhortait à vivre avec économie et modération, content de ce qu'il avait lui-même amassé pour moi, *Sat.* 1, 4, 107-108] ; même chose pour *equidem*, *saltem*, *tamen*, *quamquam*, *quando*, *quatenus*, *nam*, *enim*, *itaque*, *quoniam*, *quapropter*, *ergo*, *igitur*.

Il faut savoir aussi que, pour la plupart des conjonctions, comme pour les prépositions, des significations multiples correspondent à une seule et même forme [57] – ce que nous avons déjà montré à propos de beaucoup d'entre elles.

Il ne faut pas non plus omettre qu'on trouve des conjonctions placées l'une devant l'autre, qu'elles aient la même potentialité ou une autre, comme Cicéron dans les *Pronostics*, *ast autem tenui quae candet lumine Phatne* [mais par ailleurs Phatné, qui brille d'un faible éclat, *Pron.* frg. 2 S.] ; Virgile en I : *atque equidem Teucrum memini Sidona uenire* [et en vérité je me rappelle l'arrivée de Teucer à Sidon, *Én.* 1, 619] ; le même en III : *nam neque erant astrorum ignes nec lucidus aethra / siderea polus* [et de fait il n'y avait plus l'éclat des astres, ni le pôle brillant de sa lueur sidérale, *Én.* 3, 585-586].

57. Formulation comparable au début du livre : 93.21.

BIBLIOGRAPHIE

Cette bibliographie correspond uniquement aux textes cités dans ce volume sous une forme abrégée. Pour une bibliographie complémentaire, on se reportera à notre édition du livre 17 (2010, p. 297-305), ainsi qu'à la *Bibliographie des grammairiens latins 1885-2007* (BGL) d'A. Garcea et V. Lomanto, sur le site web *Corpus Grammaticorum Latinorum*, et à la bibliographie générale de M. Baratin, B. Colombat, L. Holtz (éd.), *Priscien...*, p. 673-729.

AUTEURS ET TEXTES ANCIENS

AGROECIVS, *Ars de orthographia*, ed. Pugliarello Mariarosaria, Milano, Marzorati, 1978.

ALCVINVS, *De orthographia*, ed. Bruni Sandra, Firenze, Ed. del Galluzzo, 1997.

ALDVS MANVTIVS, *Institutionum grammaticarum libri quattuor*, Venetiae, Aldus Manutius, 1508 [1493].

ALEXANDER DE VILLA DEI, *Doctrinale*, ed. Reichling Dietrich, Berlin, A. Hofmann, 1893 (MGH Paed., XII).

APOLLONIVS DYSCOLVS, *De constructione libri quattuor*, ed. Uhlig Gustav, Leipzig, Teubner, 1910 (*Grammatici Graeci*, 2/2). *Cf.* aussi *Apollonii Alexandrini de constructione orationis libri quatuor*, ed. Bekker Immanuel, Berlin, Reimer, 1817 ; Jean Lallot, 1997.

APOLLONIVS DYSCOLVS, *Libri deperditorum fragmenta*, ed. Schneider Richard, Leipzig, Teubner, 1910 (*Grammatici Graeci* 2/3).

APOLLONIVS DYSCOLVS, *Scripta minora*, ed. Schneider Richard, Leipzig, Teubner, 1878 (*Grammatici Graeci* 2/1 [1]).

ARISTOPHANES BYZANTIVS, *Fragmenta*, ed. Slater William J., Berlin / New York, De Gruyter, 1986 (SGLG 6).

ARVSIANVS, *Exempla elocutionum*, ed. Della Casa Adriana, Milano, Marzorati, 1977.

AVGVSTINVS, *Ps. Aurelii Augustini Regulae*, ed. Martorelli Luca, Hildesheim, Olms-Weidmann, 2011 (CGL 7).

BEAUZÉE Nicolas, *Grammaire générale*, 2 vol., Paris, J. Barbou, 1767.

BEDA VENERABILIS, *Opera didascalica* : 1 *De orthographia*, ed. Jones Charles Williams, p. 7-57 ; *De arte metrica, De schematibus et tropis*, ed. Kendall Calvin B., p. 81-141, Turnhout, Brepols, 1975 (CCSL 123A).

CAESAR, *Grammaticae Romanae fragmenta*, ed. Funaioli Gino, Leipzig, Teubner, 1907, p. 143-157 ; *C. Iuli Caesaris commentarii 3. Commentarii belli Alexandrini, belli Africi, Belli Hispaniensis. Fragmenta*, ed. Klotz Alfred, Leipzig, Teubner, 1927.

CAPER, *De Flauio Capro grammatico quaestionum capita II*, ed. Keil Gottfried, Halle, 1889.

CATO, *Oratorum Romanorum fragmenta*, 1, ed. Malcovati Enrica, Torino, Paravia, 1976[4].

CHARISIVS, *Artis grammaticae libri V*, ed. Barwick Karl, addenda et corrigenda coll. et ad. Kühnert Friedmar, Leipzig, Teubner, 1964[2].

CICERO M. TVLLIVS, *Epistulae ad Quintum fratrem, Epistulae ad M. Brutum : accedunt commentariolum petitionis, fragmenta epistularum*, ed. Shackleton Bailey David Roy, Stuttgart, Teubner, 1988.

CICERO M. TVLLIVS, *De re publica librorum sex quae manserunt*, ed. Ziegler Konrat, Leipzig, Teubner, 1969[7].

CICERO M. TVLLIVS, *Aratea, fragments poétiques*, ed. Soubiran Jean, Paris, Les Belles Lettres, 1972 (CUF).

COMANVS, *The Fragments of Comanus of Naucratis*, ed. Dyck Andrew R., Berlin / New York, De Gruyter, 1988 (SGLG 7).

CONSENTIVS, *Ars de barbarismis et metaplasmis* ed. Niedermann Max, Neuchâtel, Neocomi Helvetiorum, 1937.

De dubiis nominibus, ed. Glorie François, Turnhout, Brepols, 1968 (CCSL 133A, p. 755-820).

DESPAVTERIVS Johannis (1537) *Commentarii Grammatici*, Paris, Robert Estienne.

DIONYSIVS THRAX. Voir Lallot, Jean, 1998[2] [1989].

DONATVS, *Ars grammatica.* Voir Holtz Louis, 1981, p. 571-674.

DOSITHEVS, *Dosithée, Grammaire latine*, ed. Bonnet Guillaume, Paris, Les Belles Lettres, 2005 (CUF).

DU MARSAIS César Chesneau, *Les véritables principes de la grammaire et autres textes*, ed. Douay-Soublin Françoise, Paris, Fayard, 1987 [1729-1756].

EBERHARDVS BETHVNIENSIS, *Graecismus*, ed. Wrobel Johann, Wratislaviae [Breslau], G. Koebner, 1887 (repr. Hildesheim, Olms, 1987).

ESTIENNE Robert (1557) *Traicté de la grammaire françoise*, [Genève], L'Olivier de Rob. Estienne.

Fragmenta Bobiensia: *Tre testi grammaticali bobbiesi (GL V 555-566 ; 634-654 ; IV 207-216 Keil)*, ed. Passalacqua Marina, Roma, Edizioni di Storia e Letteratura, 1984.

Fragmente zur Dialektik der Stoiker. Neue Sammlung der Texte mit deutscher Übersetzung und Kommentaren [*FDS*], ed. Hülser Karlheinz, 4 vol., Stuttgart, Frommann-Holzboog, 1987-1988.

Fragmentum Bobiense de uersibus, ed. Nosarti Lorenzo, *AION* (filol.) 14, 1992, p. 88-95.

GARNERIVS [GARNIER] Iohannis, *Institutio Gallicae Linguae, In usum iuuentutis germanicae*, Genève, Jean Crispin, 1558.

GIRARD Gabriel, *Les vrais principes de la langue française*, 2 vol., Paris, Le Breton, 1747.

Grammatici Graeci [*GG*], ed. Schneider Richard, Uhlig Gustav, Hilgard Alfred, 1-9, Leipzig, Teubner, 1867-1910 (réimpr. Hildesheim / New York, Olms, 1979).

Grammatici Latini [*GL*], ed. Keil Heinrich, 1-7, Leipzig, Teubner, 1855-1880 (réimpr. Hildesheim / New York, Olms, 1961).

IOHANNES DE GARLANDIA, *Compendium gramatice*, ed. Haye Thomas, Köln / Weimar / Wien, Böhlau, 1995.

IOHANNES IANUENSIS [GIOVANNI BALBI], *Summa quae vocatur Catholicon*, Mayence, 1460 [1286].

IRSON Claude, *Nouvelle méthode pour apprendre les principes et la pureté de la langue française*, Paris, P. Baudoin le fils, 1662 [1656].

ISIDORVS HISPALENSIS, *Etymologiarum siue Originum libri XX*, ed. Lindsay W. M., Oxford, Clarendon Press, 1985.

IVLIANVS TOLETANVS, *Ars Iuliani Toletani episcopi : una gramática latina de la España visigoda*, ed. Maestre Yenes Maria A.H., Toledo, Instituto Provincial de Investigaciones y Estudios Toledanos, 1973.

LINACRE Thomas, *De emendata structura Latini sermonis libri sex*, Londini, Richard Pynson, 1524.

LIVIVS, *Histoire romaine*, t. 33, *Livre XLV. Fragments*, ed. Jal Paul, Paris, Les Belles Lettres, 1979.

MALLIVS THEODORVS, *De metris*, ed. Romanini Francesca, Hildesheim / Zürich / New York, Olms-Weidmann, 2007 (CGL 4).

MARIVS VICTORINVS, *Ars grammatica*, ed. Mariotti Italo, Firenze, Le Monnier, 1967.

MAUPAS Charles, *Grammaire et syntaxe françoise*, Orléans, Olivier Boynard et Jean Nyon, 1618 [1607].

MEIGRET Louis, *Trętté de la grammęre françoęze*, Paris, Chrestien Wechel, 1550.

NEBRISSENSIS [NEBRIJA] Aelius Antonius, *Introductiones in Latinam grammaticén cum longioribus glossematis*, Logrono, ex impressione Cantabrica, 1510 [1481].

NIGIDIVS FIGVLVS, *Grammaticae Romanae fragmenta*, ed. Funaioli Gino, Leipzig, Teubner, 1907, p. 158-179.

NONIVS MARCELLVS, *De compendiosa doctrina*, ed. Lindsay Wallace Martin, Lipsiae, Teubner, 1903.

OUDIN Antoine, *Grammaire françoise rapportée au langage du temps*, Paris, Pierre Billaine, 1632.

PAPIAS, *Vocabulista*, Venise, P. de Pincis, 1496 [XIe s.].

PEROTTVS [Perotti] Nicolaus, *Rudimenta grammatices*, Venetiis, per Gabrielem Petri de Tarvisio, 1475 [1473].

PETRVS HELIAS (PIERRE HÉLIE), *Summa super Priscianum*, ed. Reilly Leo, Toronto, Pontifical Institute of Mediaeval Studies, 2 vol., 1993.

PHILODEMVS, *On Poems. Book One*, ed. Janko Richard, Oxford, University Press, 2000.

PHILOXENOS, *Die Fragmente des Grammatikers Philoxenos*, ed. Theodoridis Christos, Berlin / New York, De Gruyter, 1976 (SGLG 2).

PILLOTVS [PILLOT] Ioannis, *Gallicae linguae institutio*, Paris, E. Groulleau, 1561 [1550].

POMPONIVS, *Scenicae Romanorum poesis fragmenta*, 2, *Comicorum Latinorum reliquiae*, ed. Ribbeck Otto, Leipzig, Teubner, 1898 [3].

POSIDONIVS, *The Fragments*, 1, ed. Edelstein Ludwig & Kidd I.G., Cambridge, University Press, 1989.

PRISCIANVS CAESARIENSIS, *Institutio de nomine et pronomine et uerbo,* ed. Passalacqua Marina, Roma, Quattro venti, 1992.

PRISCIANVS CAESARIENSIS, *Institutionum grammaticarum libri XVIII*, ed. Hertz Martin, vol. 1 libros I-XII continens, 1855 (*GL* 2) ; vol. 2 libros XIII-XVIII continens [p. 1-384], 1859 (*GL* 3). *Cf.* aussi *Grammaticae latinae auctores antiqui*, ed. van Putschen

Helias, Hanoviae, typis Wechelianis, 1605 ; *Prisciani Caesariensis grammatici opera*, ed. Krehl August, 2 vol., Lipsiae, Weidmann, 1819-1820.

PRISCIANVS CAESARIENSIS, *Opuscula*, t. I : *De figuris numerorum, De metris Terentii, Praeexercitamina*, ed. Passalacqua Marina, Roma, Edizioni di Storia e Letteratura, 1987 (Sussidi eruditi, 40).

PRISCIANVS CAESARIENSIS, *Opuscula*, t. II : *Institutio de nomine et pronomine et verbo, Partitiones duodecim versuum Aeneidos principalium*, ed. Passalacqua Marina, Roma, Edizioni di Storia e Letteratura, 1999 (Sussidi eruditi, 48).

RVFINVS ANTIOCHENSIS, *Commentaria in metra Terentiana et De compositione et de numeris oratorum*, ed. D'Alessandro Paolo, Hildesheim, Olms, 2004 (CGL 3).

SALLVSTIVS, *Historiarum reliquiae*, ed. Maurenbrecher Bertold, Leipzig, Teubner, 1893.

SANCTIVS BROCENSIS [Sánchez de las Brozas] Franciscus, *Minerua, seu de causis linguae Latinae*, Salmanticae, J. & A. Renaut, 1587.

SCALIGER Julius Caesar, *De causis linguae Latinae libri tredecim*, Lugduni, S. Gryphius, 1540.

Scholia in Dionysii Thracis artem grammaticam [Σ^{h} = *Scholia Heliodori* ; Σ^{v} = *Scholia Vaticana* ; Σ^{m} = *Scholia Marciana* ; Σ^{l} = *Scholia Londinensia*], ed. Hilgard Alfred, Leipzig, Teubner, 1901 (*Grammatici Graeci* 1/3).

[SERGIVS], *De arte grammatica*, ed. Munzi Luigi, « Spigolature grammaticali in una silloge scolastica carolingia », *Bollettino dei Classici* s. III, 14, 1993, p. 103-132.

SYLVIVS Iacobus — Ambianus [Dubois, Jacques], *Isagωge* et *Grammatica Latino-Gallica*, Paris, R. Estienne, 1531.

TERENTIANVS MAVRVS, *De Litteris, De syllabis, De metris*, ed. Cignolo Chiara, Hildesheim / New York, Olms, 2002 (CGL 2).

THOMAS D'ERFURT, *Grammatica speculativa*, ed. Bursill-Hall Geoffrey Leslie, London, Longman, 1972.

TITINIVS, *Scenicae Romanorum poesis fragmenta*, 2, *Comicorum Latinorum reliquiae*, ed. Ribbeck Otto, Leipzig, Teubner, 1898[3] ; *Comoedia togata : fragments*, ed. Daviault André, Paris, Les Belles Lettres, 1981 (CUF).

TRYPHO, *Tryphonis grammatici Alexandrini fragmenta*, ed. Velsen Arthur de, Berlin, 1853.

VARRO, *Grammaticae Romanae fragmenta*, ed. Funaioli Gino, Leipzig, Teubner, 1907, p. 179-371.

VICTORINVS, *Fragmentum De soloecismo et barbarismo*, ed. Niedermann Max, Neuchâtel, Neocomi Helvetiorum, 1937.

BIBLIOGRAPHIE SECONDAIRE

ARS GRAMMATICA. Voir GROUPE *ARS GRAMMATICA*.

BARATIN Marc (1989), *La naissance de la syntaxe à Rome*, Paris, Éditions de Minuit.

BARATIN Marc (1996), « Les références à l'oralité chez les grammairiens latins », *in* J. Dangel et C. Moussy (éd.), *Les structures de l'oralité en latin*, Paris, Presses de l'Université de Paris-Sorbonne, p. 45-51.

BARATIN Marc (2005), « Le traitement de l'adverbe au-delà du livre XV des *IG* de Priscien », *Histoire Épistémologie Langage*, 27/2, p. 151-165.

BARATIN Marc (2011), « Les figures de Priscien », *in* M. Baratin, C. Lévy, R. Utard, A. Videau (éd.), *Stylus : la parole dans ses formes. Hommage à Jacqueline Dangel*, Paris, Classiques Garnier, p. 41-67.

BARATIN Marc, COLOMBAT Bernard, HOLTZ Louis (éd.) (2009), *Priscien : transmission et refondation de la grammaire, de l'Antiquité aux Modernes*, Turnhout, Brepols (Studia Artistarum, 21).

BARATIN Marc & GARCEA Alessandro (éd.) (2005), « Autour du *De aduerbio* de Priscien », *Histoire Épistémologie Langage*, 27/2.

BASSET Louis et PÉRENNEC Marcel (éd.) (1994), *Les classes de mots. Traditions et perspectives*, Lyon, Presses Universitaires.

BERT Mélanie (2011), *Les sources antiques et médiévales des livres III et IV du* Catholicon *de Giovanni Balbi*, thèse de l'Université Paris Diderot.

BERTINI Ferruccio (1975), « Nonio e Prisciano », *Studi Noniani* 3, Genova, Istituto di Filologia classica e medievale, p. 57-96.

BERTINI Ferruccio (2009), « Riesame dei rapporti tra Prisciano e Nonio alla luce di nuove ricerche » *in* M. Baratin, B. Colombat, L. Holtz (éd.), *Priscien...*, p. 197-204.

BIESE Y. M. (1954), « Zwei Beiträge zur Geschichte der römischen Grammatik », *Arctos* 1 (*Commentationes in honorem E. Linkomies*), Helsinki, p. 9-15.

BIVILLE Frédérique (1996), « Le statut linguistique des interjections en latin », *in* H. Rosén (ed.), *Aspects of Latin, Papers from the Seventh International Colloquium on Latin Linguistics* (Jerusalem 19-23 April 1993), Innsbruck, Innsbrucker Beiträge Sprachwissenschaft, 86, p. 209-220.

BIVILLE Frédérique (2004), « La syntaxe aux confins de la sémantique et de la phonologie : les interjections vues par les grammairiens latins », *in* P. Swiggers et A. Wouters (ed.), *Syntax in Antiquity* (Actes du colloque tenu à la Katholieke Universiteit de Leuven, 27-29 septembre 2001), Leuven, Peeters (Orbis / Supplementa, 23), p. 227-239.

BIVILLE Frédérique (2008), « Les *Institutions* de Priscien, une grammaire et une culture bilingues », *in* C. Brunet (éd.), *Des formes et des mots chez les Anciens. Mélanges offerts à Danièle Conso*, Besançon, Presses Universitaires de Franche-Comté, p. 31-50.

BIVILLE Frédérique (2009), « Le latin expliqué par le grec : les *Institutions* de Priscien », *in* B. Bortolussi, M. Keller, S. Minon et L. Sznajder (éd.), *Traduire, Transposer, Transmettre dans l'Antiquité*, Paris, Picard, p. 47-60.

BONNET Guillaume (2005a), « *Coniunctiones an aduerbia* ? Une confusion dans le classement des parties du discours chez les artigraphes latins », *in* F. Poli et G. Vottero (éd.), *De Cyrène à Catherine : trois mille ans de Libyennes. Études grecques et latines offertes à Catherine Dobias-Lalou*, De Boccard, A.D.R.A.-Nancy, p. 289-299.

BONNET Guillaume (2005b), « Les adverbes dans la tradition grammaticale latine avant Priscien », *Histoire Épistémologie Langage*, 27/2, p. 141-150.

BONNET Guillaume (2009), « La géographie de Priscien », *in* M. Baratin, B. Colombat, L. Holtz (éd.), *Priscien...*, p. 19-34.

BROCQUET Sylvain (2005), « Apollonius Dyscole et l'adverbe », *Histoire Épistémologie Langage*, 27/2, p. 121-140.

BRUGNOLI Giorgio (1955), *Studi sulle* Differentiae uerborum, Roma, Signorelli.

CALBOLI MONTEFUSCO Lucia (1986), *La dottrina degli* status *nella retorica greca e romana*, Hildesheim, Olms & Zürich / New York, Weidmann.

COLOMBAT Bernard (1999), *La grammaire latine en France à la Renaissance et à l'Âge classique. Théories et pédagogie*, Grenoble, ELLUG.

COLOMBAT Bernard (2003), « Introduction », *in* Id. (éd.) *Jean Pillot : Institution de la langue française (Gallicae linguae institutio, 1561)*, texte latin original, introd., trad. et notes, Paris, Champion.

COLOMBAT Bernard (2007), « La construction, la manipulation de l'exemple et ses effets sur la tradition grammaticale latine », *in* J.-M. Fournier (éd.), *L'exemple dans les traditions grammaticales*, *Langages*, 166, p. 71-85.

COLOMBAT Bernard (2009), « Les fondements sémantiques de la transitivité : à la recherche de la personne », *in* I. Évrard, M. Pierrard, L. Rosier & D. van Raemdonck (dir.), *Représentation du sens linguistique III, Actes du colloque international de Bruxelles (2005)*, Gembloux, De Boeck/Duculot (Champs linguistiques), p. 285-318.

COLOMBAT Bernard & GARCEA Alessandro (à par.), « Quelques jalons pour l'étude de la préposition et du cas en latin », *in* M. Lenoble, D. Longrée, C. Bodelot (éd.), *De linguae latinae usu, Actes du 13e Colloque international de Linguistique latine*, Bruxelles et Liège, 4-9 avril 2005, Leuven, Peeters (Collection d'Études Classiques).

COLOMBO TIMELLI Maria (1996), *Traductions françaises de l'*Ars minor *de Donat au Moyen Âge (XIIIe-XVe siècles)*, Firenze, La Nuova Italia.

CRAIG J. D. (1930) « Priscian's quotations from Terence », *Classical Quarterly*, 24, p. 65-73.

DALIMIER Catherine (2001), *Apollonios Dyscole, Traité des conjonctions*, introduction, texte, traduction et commentaire, Paris, Vrin.

DE NONNO Mario (1988), « Prisciano (*Priscianus*) », *in Enciclopedia Virgiliana*, t. IV, Roma, Istituto dell'« Enciclopedia Italiana », p. 279-281.

DE NONNO Mario (1990a), « Ruolo e funzione della metrica nei grammatici latini », *in* R. M. Danese, F. Gori, C. Questa (ed.), *Metrica classica e linguistica. Atti del Colloquio di Urbino (3-6 ottobre 1988)*, Urbino, QuattroVenti, p. 453-494.

DE NONNO Mario (1990b), « Le citazioni dei grammatici », *in* Cavallo Guglielmo, Fedeli Paolo, Giardina Andrea (ed.), *Lo spazio letterario di Roma antica.* Vol. 3 : *La ricezione del testo*, Roma, Salerno Editrice, p. 597-646.

DE NONNO Mario (2009), « *Ars Prisciani Caesariensis* : problemi di tipologia e di composizione », *in* M. Baratin, B. Colombat, L. Holtz (éd.), *Priscien...*, p. 249-278.

DESBORDES Françoise (1988) « La fonction du grec chez les grammairiens latins », *in* I. Rosier (éd.), *L'héritage des grammairiens latins de l'Antiquité aux Lumières*, Leuven, Peeters (BIG), p. 15-26. Repris *in* Desbordes 2007, p. 107-119.

DESBORDES Françoise (2007) *Idées grecques et romaines sur le langage. Travaux d'histoire et d'épistémologie*, Lyon, ENS Éditions (coll. Langages).

DONNET Daniel (1972), « La particule *an* dans l'histoire des doctrines grammaticales », *in* M. Hofinger (éd.), *Recherches de philologie et de linguistique*, 3e série, Louvain, Bibliothèque de l'Université, p. 7-37.

EGGER Émile (1854), *Apollonius Dyscole, essai sur l'histoire des théories grammaticales dans l'Antiquité*, Paris, A. Durand.

FEHL Peter (1938), *Die interpolierte Recension des Terenztextes*, Berlin, Junker und Dünnhaup.

GARCEA Alessandro (2000), « Gellio e la dialettica », *Memorie dell'Accademia delle Scienze di Torino*, 24, p. 53-204.

GARCEA Alessandro & LOMANTO Valeria (2003), « Varron et Priscien : autour des verbes *adsignificare* et *consignificare* », *Histoire Épistémologie Langage*, 25/2, p. 33-54.

GRAFFI Giorgio (1996), « L'interiezione tra i grammatici greci e i grammatici latini », *Incontri Linguistici*, 19, p. 11-18.

GROUPE *ARS GRAMMATICA* (2005), « Le *De aduerbio* de Priscien [introduction, texte, traduction et notes du livre XV des *Institutiones grammaticae*] », *Histoire Épistémologie Langage*, 27/2, p. 7-91.

GROUPE *ARS GRAMMATICA* (2010), *Priscien, Grammaire ; Livre XVII – Syntaxe, 1*, texte latin, traduction introduite et annotée, Paris, Vrin (Histoire des doctrines de l'Antiquité classique, 41).

GUTIÉRREZ GALINDO Marco A. (1989), « Las definiciones de conjunción en los gramáticos latinos : un capítolo importante en la historia de la sintaxis », *Revista Española de Lingüística*, 19, p. 389-419.

HERTZ Martin (1856), « Das adverbial-verzeichnis bei Priscian p. 1010 P., I, 620 fg. Krehl », *Philologus*, 11, p. 593-596.

HOELTERMANN Alfonsus (1913), *De Flavio Capro grammatico, dissertatio inauguralis*, Bonnae, typ. H. Ludovici.

HOLTZ Louis (1978), « Sur les traces de Charisius », *in* J. Collart *et al.*, *Varron, grammaire antique et stylistique latine*, Paris, Les Belles Lettres, p. 225-233.

HOLTZ Louis (1981), *Donat et la tradition de l'enseignement grammatical. Étude sur l'*Ars Donati *et sa diffusion (IVe-IXe siècle) et édition critique*, Paris, éd. du CNRS (Documents, Études et Répertoires publiés par l'Institut de Recherche et d'Histoire des Textes, 21). Reproduction anastatique, 2010.

HOLTZ Louis (1994), « Les parties du discours vues par les Latins », *in* L. Basset et M. Pérennec (éd.), *Les classes de mots. Traditions et perspectives*, Presses universitaires de Lyon, p. 73-92.

ILDEFONSE Frédérique (2004), « La complétive : pourquoi est-elle insaisissable ? », *in* R. Petrilli et D. Gambarara (éd.), *Actualité des Anciens sur la théorie du langage*, Münster, Nodus, p. 37-49.

JAHN C. F. (1847), *Grammaticorum Graecorum de coniunctionibus doctrina*, Diss. Greifswald.

JEEP Ludwig (1909), « Priscianus II, Beiträge zur Überlieferungsgeschichte der römischen Literatur », *Philologus*, 68, p. 1-51.

JESPERSEN Otto (1924), *The Philosophy of Grammar*, Londres & New York, George Allen & Unwin Ldt & H. Holt and Co.

JOB Léon (1893), *De grammaticis vocabulis apud Latinos*, Paris, Bouillon.

KEIL Gottfried (1889), *De Flavio Capro grammatico quaestionum capita II*, Diss. Halis Saxonum [Halle an der Saale].

KELLER Madeleine (2008), « Le grec au secours du latin dans le *De aduerbio* de Priscien (*Institutiones grammaticae*, livre XV : *Grammatici Latini* III, 60-92) », *in* D. Auger & É. Wolff (éd.), *Culture classique et christianisme. Mélanges offerts à Jean Bouffartigue*, Paris, Picard (Textes, Histoire et Monuments de l'Antiquité au Moyen Âge), p. 379-389.

KELLER Madeleine (2009a), « Priscien (*GL* 3, 70.4-71.6 ; 77.7-12) et Nonius Marcellus (livre 11) », *in* M. Baratin, B. Colombat, L. Holtz (éd.), *Priscien ...*, p. 205-222.

KELLER Madeleine (2009b), « Citations et analyse linguistique dans les *Institutiones grammaticae* de Priscien : quelques remarques sur les livres 15 *De aduerbio [et interiectione]* et 16 *De coniunctione*» *in* B. Bortolussi, M. Keller, S. Minon et L. Sznajder (éd.), *Traduire, Transposer, Transmettre dans l'Antiquité*, Paris, Picard, p. 147-157.

LALLOT Jean (1997), *Apollonius Dyscole, De la Construction*, Vol. 1 : *Introduction, texte et traduction* ; Vol. II : *Notes et index*, Paris, Vrin (Histoire des doctrines de l'Antiquité classique, 19).

LALLOT Jean (1998[2] [1989]), *La grammaire de Denys de Thrace* (introd., texte, trad., notes et index), Paris, CNRS Éditions.

LALLOT Jean (2003), « À propos des syncatégorèmes : consignification et signification adjacente dans la tradition logico-grammaticale grecque », *Histoire Épistémologie Langage*, 25/2, p. 9-32.

LALLOT Jean (2007), « "Dis-moi comment tu traites les exemples, je te dirai quel grammairien tu es." Application à Apollonius Dyscole », *in* J.-M. Fournier (éd.), *L'exemple dans les traditions grammaticales*, *Langages*, 166, p. 58-70.

LAMBERT Frédéric (2005), « Un cas de coordination corrélative : *te... kai* en grec ancien », *in* P. de Carvalho et F. Lambert (éd.), *Structures parallèles et corrélative en grec et en latin, Actes du colloque de Bordeaux (26-27 septembre 2002)*, Saint-Étienne, Publication de l'Université de Saint-Étienne, Centre Jean Palerne, p. 99-116.

LEPRE Maria Zaffira (1994), « L'incidenza del punto di vista nella classificazione delle interiezioni », *in* P. Cipriano, P. Di Giovine & M. Mancini (ed.), *Miscellanea di studi linguistici in onore di Walter Belardi*, 2, Roma, Il Calamo, p. 1013-1041.

LUSCHER Alfred (1912), *De Prisciani studiis Graecis*, Vratislaviae [Breslau], M. & H. Marcus (Breslauer Philologische Abhandlungen, 44).

MATTHAIOS Stephanos (2001), « Das Wortartensystem der Alexandriner. Skizze seiner Entwicklungsgeschichte und Nachwirkung », *Göttinger Beiträge zur Sprachwissenschaft* 5, p. 65-94 = *in* I. Taifacos (ed.), *The Origins of European Scholarship. The Cyprus Millennium International Conference*, Stuttgart, Steiner, 2006, p. 13-39.

MATTHAIOS Stephanos (2002), « Neue Perspektiven für die Historiographie der antiken Grammatik : Das Wortartensystem der Alexandriner », *in* P. Swiggers & A. Wouters (ed.), *Grammatical Theory and Philosophy of Language in Antiquity*, Leuven, Peeters (Orbis / Supplementa, 19), p. 161-220.

MATTHAIOS Stephanos (2005), « Aristarch, die *Tekhnai Grammatikai* und Apollonius Dyskolos zum Adverb. Zur Geschichte einer Wortkategorie in der griechischen Grammatik », *Histoire Épistémologie Langage*, 27/2, p. 93-120 = « Das Adverb in der Grammatikographie der griechischen Antike », *Beiträge zur Geschichte der Sprachwissenschaft*, 17, 2007, p. 13-58.

MATTHIAS Theodor (1887), « Zu alten Grammatikern », *Jahrbücher für klassische Philologie*, Suppl. 15, p. 591-640.

NICOLAS Christian (1999), « Autonymie et autonomie syntaxique : le latin confronté au métalangage », *Revue de Philologie*, 73, p. 43-67.

NICOLAS Christian (2005), *Sic enim appello... Essai sur l'autonymie terminologique gréco-latine chez Cicéron*, Leuven, Peeters (BEC 45)

NICOLAS Christian (2006), « Les contours linguistiques flous de la mention », *in* Id. (dir.), *Mécanismes de la citation et de la mention dans les langues de l'Antiquité*, *Recherches & Travaux*, hors-série, 15 (Éditions ELLUG, Grenoble), p. 125-145.

PETRILLI Raffaella (1997), *Temps et détermination dans la grammaire et la philosophie anciennes*, Münster, Nodus.

PINBORG Jan (1961), « Interjektionen und Naturlaute. Petrus Heliae und ein Problem der antiken und mittelalterlichen Sprachphilosophie », *Classica et Mediaeualia*, 22, p. 117-138.

PUGLIARELLO Mariarosaria (1996), « *Interiectio* : espressività e norma nella teoria grammaticale latina », *Bollettino di Studi Latini*, 26, p. 69-81.

PUGLIARELLO Mariarosaria (2001), « L'*ars grammatica* e le interiezioni : tra oralità e scrittura », in *Praktika. XI*[e] *Congrès de la Fédération Internationale des Associations d'Études Classiques*, Kavala 24-30 août 1999, I, Athènes, FIEC, p. 738-746.

PUGLIARELLO Mariarosaria (2009), « Prisciano e la lingua delle emozioni », *in* M. Baratin, B. Colombat, L. Holtz (éd.), *Priscien...*, p. 385-392.

RIPOSATI Benedetto (1947), *Studi sui « Topica » di Cicerone*, Milano, Vita e pensiero.

ROSÉN Hannah (1989), « *Consignificare* and προσσημαίνειν. Re-Evaluation of a Grammatical Term », *Historiographia linguistica* 16, p. 225-233.

ROSIER-CATACH Irène (2003), « Priscien, Boèce, les *Glosulae in Priscianum* : les enjeux des discussions autour de la notion de consignification », *Histoire Épistémologie Langage*, 25/2, p. 55-84.

ROSIER-CATACH Irène (dir.) (2003), « Les syncatégorèmes », *Histoire Épistémologie Langage*, 25/2.

SALLMANN Klaus (2000), art. « Censorinus » *in* Id. (éd.), *Nouvelle histoire de la littérature latine. IV, L'âge de transition : de la littérature romaine à la littérature chrétienne de 117 à 284 après J.-C.*, version française sous la dir. de François Heim, Turnhout, Brepols, § 441.

SANCHO ROYO A. (1984), « Aproximación al sistema conjuncional griego desde la perspectiva de los gramáticos antiguos », *Habis*, 15, p. 95-116.

SANTIAGO ÀNGEL José Manuel (1996), « Las definiciones de preposición en los gramáticos latinos : coherencia y aportaciones », *Fortunatae*, 8, p. 283-308.

SCHAD Samantha (2007), *A Lexicon of Latin Grammatical Terminology*, Pisa / Roma, Fabrizio Serra Editore (coll. Studia Erudita).

SCHENKEVELD Dirk Marie (1982), « Studies in the History of Ancient Linguistics 1. *Sundesmoi hupothetikoi* and *ho ean epizeuktikos* », *Mnemosyne*, 35, p. 248-268.

SCHENKEVELD Dirk Marie (2004), *A Rhetorical Grammar. C. Julius Romanus Introduction to the Liber de aduerbio*, Leiden / Boston, Brill.

SCHÖLL F. (1876), *De accentu linguae Latinae ueterum grammaticorum testimonia*, Leipzig.

SCHÖNBERGER Axel (2008), *Priscians Darstellung der lateinischen Präpositionen : lateinischer Text und kommentierte deutsche Übersetzung des 14. Buches der* Institutiones Grammaticae, Frankfurt am Main, Valentia.

SCHÖNBERGER Axel (2010a), *Priscians Darstellung der lateinischen Konjunktionen : lateinischer Text und kommentierte deutsche Übersetzung des 16. Buches der* Institutiones Grammaticae, Frankfurt am Main, Valentia.

SCHÖNBERGER Axel (2010b), *Priscians Darstellung des silbisch gebundenen Tonhöhenmorenakzents des Lateinischen*, Frankfurt am Main, Valentia.

SLUITER Ineke (1988), « On Η ΔΙΑΣΑΦΗΤΙΚΟΣ and propositions containing ΜΑΛΛΟΝ/ΗΤΤΟΝ », *Mnemosyne*, 41, p. 46-66.

SLUITER Ineke (1990), *Ancient Grammar in Context. Contributions to the Study of Ancient Linguistic Thought*, Amsterdam, VU University Press.

SWIGGERS Pierre & WOUTERS Alfons (2002), « *De aduerbio* : Statut et significations de l'adverbe chez les grammairiens latins », *in* Eid. (ed.), *Grammatical Theory and Philosophy of Language in Antiquity*, Leuven, Peeters (Orbis Supplementa, 19), p. 287-323.

THESAVRVS LINGVAE LATINAE [*ThlL*], Leipzig, Teubner, 1900-.

TIMPANARO Sebastiano (1978), *Contributi di filologia e di storia della lingua latina*, Roma, Edizioni dell'Ateneo e Bizzarri.

TOLKIEHN Johannes (1904), « Über den Abschnitt *de interiectione* in den *aphormai* des C. Iulius Romanus », *Berliner Philologische Wochenschrift*, 24, p. 27-30.

VAIREL-CARRON Hélène (1975), *Exclamation, ordre et défense : Analyse de deux systèmes syntaxiques en latin*, Paris, Les Belles Lettres.

WISCHNEWSKI Otto (1909), *De Prisciani institutionum grammaticarum compositione*, Berlin, Trenkel (diss. Königsberg).

WOUTERS Alfons & SWIGGERS Pierre (2007), « L'adverbe chez les grammairiens latins de l'Antiquité tardive », *Beiträge zur Geschichte der Sprachwissenschaft*, 17, p. 75-118.

INDICES

Index 1 : Auteurs
Index 2 : Formes en mention
Index 3 : Récapitulatif complémentaire des formes par catégories
Index 4 : Terminologie grammaticale latine
Index 5 : Notions grammaticales

Les index 1, 2, 4 et 5 sont des index au sens usuel du terme. L'index 3 est de structure originale, et ne s'entend qu'en complément de l'index 2 ; il reprend les formes en mention, en les regroupant selon la catégorie de mots à laquelle elles sont affectées (prépositions, adverbes, interjections, conjonctions), et en indiquant les termes ou exemples qui leur sont éventuellement associés.

INDEX 1
AUTEURS

Cet index reprend tous les auteurs latins et grecs cités ou mentionnés par Priscien dans les livres 14, 15 et 16, qu'il s'agisse d'auteurs littéraires ou d'autorités grammaticales. Les occurrences sont citées d'après les pages et les lignes de l'édition de référence (*GL* 3 de Hertz), et celles-ci sont reprises dans le présent volume dans la marge gauche du texte latin.

AUTEURS LATINS

AUTEURS GRECS

INDEX 2
FORMES EN MENTION

Cet index reprend les formes latines, puis grecques, citées par Priscien en tant qu'objets de son discours grammatical. Les références, d'après les pages et les lignes de l'édition de Hertz, sont présentées par livres et par ordre d'apparition; les citations d'auteurs dans lesquelles elles apparaissent sont regroupées à la fin de chaque livre après l'abréviation *Cit.*

INDEX 3

RÉCAPITULATIF COMPLÉMENTAIRE DES FORMES PAR CATÉGORIES, AVEC LES TERMES ET EXEMPLES ASSOCIÉS

En complément de l'index 2, *Formes en mention*, on trouvera dans le récapitulatif suivant les formes latines citées comme prépositions, adverbes, interjections et conjonctions, suivies le cas échéant des termes ou exemples, y compris des citations littéraires, que Priscien leur associe pour une raison ou pour une autre : intégrer les formes de référence dans une série, en donner l'étymologie, les faire figurer en contexte, etc.

À la suite des quatre premiers regroupements constitués par ces catégories (1. Prépositions, 2. Adverbes, 3. Interjections, 4. Conjonctions), une cinquième et dernière liste reprend les formes que Priscien fait entrer dans plusieurs catégories (par exemple *ante*, préposition et adverbe) ; ces formes relevant de plusieurs catégories sont ainsi d'abord citées à leur place dans les quatre premières listes (*ante* est cité à la fois dans la liste 1 et la liste 2), mais pour être renvoyées à la cinquième par l'indication « *cf.* 5 », et c'est là que sont présentés les termes ou exemples qui sont éventuellement associés à chacune d'entre elles.

On trouvera les références précises aux occurrences dans les livres 14, 15 et 16 en se reportant à l'index 2 pour les formes, et à l'index 1 pour les citations ; pour ne pas alourdir la présentation, seules apparaissent ici les références aux œuvres, sans le nom des auteurs ; les abréviations usuelles des œuvres ne prêtent guère à ambiguïté, mais on prendra garde que *Com.* renvoie à la fois à Pomponius et à Titinius, et *Sat.* à Horace, Juvénal et Perse.

Dans chaque rubrique, les termes ou exemples associés sont cités par ordre d'apparition dans les trois livres. Les mots latins ou grecs entre crochets sont des équivalents donnés par Priscien.

1. *Prépositions*

a / ab / abs *abhinc* ; *abigo* ; *absque* ; *affatur* ; *aufero* ; *affero* ; *abluo* ; *abnego* ; *arripio* ; *asporto* ; *aspello* ; *apporto* ; *appello* ; *amendo* ; *amens* ; *aueho* ; *aufero* ; *abscondo* ; *abscedo* ; *abscido* ; *abstraho* ; *abstrudo* ; *abstineo* ; *abduco* ; *a domo* ; *a Sicilia uenio* ; *a studio* ; *a summo ad imum* ; *amor a uiro* ; *ab illo* ; *accipio ab illo* ; (*amor*) *ab illo* ; *abs quolibet* ; (*accipio*) *abs quolibet.* Cit. : *uenerant et ab Lanuuio Antioque auxilia*

(*Hist. rom.* 8, 12, 7); *nam tum Brutus ab Roma aberat* (*C.* 40, 5); *et Fabius supplementum ab Roma adduxit* (*Hist. rom.* 9, 33, 2); *quem autem ab Roma posse exciri ?* (*Hist. rom.* 7, 39, 10); *repulsus a Lete Oppido* (*Hist.* 1, frg. 134 M.)

absque (*cf.* 5)

ad *approbat*; *accommodatus*; *adaequatus*; *adhuc*; *assimilis*; *affirmat*; *alloquitur*; *arridet*; *adoro*; *adeo*; *adcurro*; *aduenio*; *assideo*; *ad balneas Pallacinas* [*iuxta balneas*]; *ad comparationem mei*; *ad domum*; *ad haec mala*; *ad hominem*; *ad illum mihi pugna est* [*contra illum*]; *ad iustitiam*; *ad latus*; *ad puppim*; *ad quae dabit*; *ad quid hoc fecisti ?* ; *ad quinquaginta milia*; *ad suas uires*; *ad templum*; *ad tempus*; *ad Troiam* [*iuxta Troiam*]; *ad unguem*; *ad urbem*; *proficiscor ad Graeciam.* Cit. : *ad bellum Persi Macedonicum* (*Hist.* 1, frg. 8 M.) [*usque ad bellum Persi*]; *ad te confugio et supplex tua numina posco* (*Én.* 1, 666); *prima quod ad Troiam pro caris gesserat Argis* (*Én.* 1, 24); *ad Cirtam oppidum iter constituunt* (*J.* 81, 2); *qua uia ad Veserim ferebat* (*Hist. rom.* 8, 8, 19); *ad Olympum atque Phaselida* (*Hist.* 1, frg. 129 M.); *ad Corycum* (*Hist.* 1, frg. 131 M.)

aduersum / aduersus (*cf.* 5)

am- [περί] *ambio*; *amplector*; *amputo*

ante (*cf.* 5)

apud (*cf.* 5)

circa (*cf.* 5)

circiter [περί; iuxta] *circiter Kalendas Ianuarias*

circum (*cf.* 5)

circumcirca [ἀμφὶ περί] *circum*; *circa*

cis (*cf.* 5)

citra (*cf.* 5)

clam / clanculum (*cf.* 5)

con- *coaequo*; *coarguo*; *coarto*; *concurro*; *coeo*; *conficio*; *cohaereo*; *colligo*; *coniungo*; *combibo*; *comburo*; *communis*; *compello*; *conspiro*; *contra*; *contraho*; *corripio*

contra (*cf.* 5)

coram (*cf.* 5)

cum / com (*cf.* 5)

de [ἀπό; περί; κατά-] *decurro*; *dedo*; *deduco* [κατάγω]; *dehinc*; *dehisco*; *deicio*; *deierat*; *deinde*; *deligo*; *demens*; *deminuo*; *deorsum*; *deprauo*; *deprehendo*; *deprimo* [*infra premo*]; *derideo*; *descendo* [κατέρχομαι]; *desperatus*; *despicio*; *desum*; *deterreo*; *detraho*; *de illo*; *de partibus orationis*; *qua de re*; *de te loquor* [*tui causa loquor*]; *de loco in locum*

di- / dis- [διά -] *diduco*; *differo*; *diffido*; *diffundo*; *digero*; *diluo*; *dimitto*; *dirimo*; *diruo*; *discumbo*; *discurro*; *discutio*; *disertus*; *disiectus*; *disiungo*; *distraho*; *disperdo*; *displiceo*; *disputo*; *dissero*; *dissicio*; *distorqueo*; *distraho*; *disturbo*; *diuido.* Cit. : *dirimit tentoria gurges* (*Phars.* 4, 18); *qui medius castris tutam dirimebat Ilerdam* (*Phars.* 4, 33); *et non admissae dirimit suffragia plebis* (*Phars.* 5, 393); *cede deo, dixitque et proelia uoce diremit* (*Én.* 5, 467); *didicit nam diues auarus / tantum admirari, tantum laudare disertos* (*Sat.* 7, 30-31)

e / ex (*cf.* 5)

erga [περί] *bonus est erga propinquos*

extra (*cf.* 5)

in [εἰς; κατά; ad; contra; ἐν] *infra*; *inter*; *intra*; *intro*; *intus*; *illido*; *imbuo*; *immitto*; *immunis*; *impello*; *imperator*; *imperterritus*; *impius*; *imprimo*; *improbo*; *impugno*; *incumbo*; *incuruus*; *incurro*; *incuso*; *indoctus / indocti / indocto / indoctum / indocte*; *inducens*; *induco*; *inexpugnabilis*; *infirmo*; *inicio*; *iniquus*; *iniustus*; *inutilis*; *irrideo*; *irritus*; *irrumpo*; *irruo*; *inuado hostem*; *in hostem (uado)*; *in amantem*; *in domo*; *in illum*; *in tempore*; *in testimonio*; *in urbe*; *qua in parte*; *iustitia in legum*; *in Italia (sum)*; *in uiscera*; *in urbem uenio*; *in urbem uado*; *in adulterum dicit / dico* [*contra adulterum*]. Cit. : *impulit in latus* (*Én.* 1, 82) [*ad latus*]; *in puppim rediere rates* (*Phars.* 3, 545) [*ad puppim*]

infra (*cf.* 5)

inter (*cf.* 5)

intra (*cf.* 5)

iuxta [ἐγγύς; prope; propter; παρά] *iuxta balneas*; *iuxta Troiam*; *iuxta urbem.* Cit. : *horum ego uitam mortemque iuxta aestimo* (*C.* 2, 8)

ob (*cf.* 5)

palam (*cf.* 5)

penes Cit. : *decus imperiumque Latini / te penes* (*Én.* 12, 58-59)

per (*cf.* 5)

pone (*cf.* 5)

post (*cf.* 5)

prae [ad; ab; super; ualde; ante] *praecedens*; *praecelsus* [*ualde celsus*]; *praecipio*; *praeco* [*ualde canere*]; *praecurro*; *praedico*; *praefectus*; *praefero*; *praegestio* [*ualde gestio*]; *praematurus*; *praesideo*; *praeter*; *praeualidus* [*ualde ualidus*]. Cit. : *i prae, sequor* (*And.* 171); *hic ego illum contempsi prae me* (*Eun.* 239) [*ad comparationem mei*]; *hic uero est, qui si occeperit, / ludum iocumque dices fuisse illum alterum, / praeut huius rabies quae dabit* (*Eun.* 299-301) [*ad quae dabit*]; *ut fit, misera prae amore hunc exclusit foras* (*Eun.* 98); *prae studio, dum id efficias, quod cupis* (*And.* 825) [*a studio*]; *ludere cum uitulis salicto / praegestientis* (*O.* 2, 5, 8-9); *ad praematuras segetum ieiuna rapinas* (*Phars.* 7, 98); *non praematuri cineres* (*Sat.* 11, 44)

praeter [παρά] *prae*

pridie (*cf.* 5)

pro (*cf.* 5)

prope (*cf.* 5)

propter (*cf.* 5)

re- *retro*; *respicio* [*retro aspicio*]; *reuertor* [*retro uertor*]; *recurro* [*retro curro*]

se- [διά -] *semis*; *secus*; *seorsum*; *secubo*; *seduco*; *separo*; *securus*

secundum [κατά; μετά] Cit. : *secundum ea, uti debitis uterer* (*J.* 14, 3); *secundum / Emathiam lis tanta datur* (*Phars.* 8, 332-333)

sine *sine timore*. Cit. : *aut quicquam mihi dulce meorum / te sine frater erit ?* (*Én.* 12, 882-883); *si sine pace tua atque inuito numine Teucri* (*Én.* 10, 31); *te sine nil altum mens incohat* (*G.* 3, 42)

sub [ante; per] *subinde*; *subter*; *subeo*; *subicio*; *subduco*; *subrideo*; *subtraho*; *subtristis*; *succumbo*; *succurro*; *suffero*; *sufficio*; *suffundo*; *suggero*; *summitto*; *summoneo*; *suppono*; *supparo*; *suppono*; *sub diem*; *sub die*; *sub hominem*; *sub homine*; *sub iustitiam*; *sub iustitia*; *sub terram* [*infra terram*]; *sub templum*; *sub templo*. Cit. : *postesque sub ipsos / nituntur gradibus* (*Én.* 2, 442-443); *at si non fuerit tellus fecunda*

sub ipsum / Arcturum (*G.* 1, 67-68); *sub lucem exportant calathis* (*G.* 3, 402) [*ante lucem*; *per lucem*]; *urit atrox luno et sub noctem cura recursat* (*Én.* 1, 662) [*per noctem*]; *arma sub aduersa posuit radiantia quercu* (*Én.* 8, 616); *ibant obscuri sola sub nocte per umbram* (*Én.* 6, 268); *quale per obscuram noctem sub luce maligna / est iter in siluis* (*Én.* 270-271)
subter (*cf.* 5)
super (*cf.* 5)
supra / supera (*cf.* 5)
tenus [ἄχρις] Cit. : *et crurum tenus a mento palearia pendent* (*G.* 3, 53); *hac tenus aruorum cultus et sidera caeli* (*G.* 2, 1); *capulo tenus abdidit ensem* (*Én.* 2, 553)
trans (*cf.* 5)
ultra (*cf.* 5)
usque (sans illustration)

2. *Adverbes*

abhinc (sans illustration)
absque (*cf.* 5)
abundanter *abundans*
abunde *abundus*; *abundo abunde*
actutum *actus*. Cit. : *tum cetera reddet / actutum pius Aeneas atque integer aeui / Ascanius* (*Én.* 9, 254-256)
adhuc (sans illustration)
aduersum / aduersus (*cf.* 5)
aequiter (sans illustration)
affabre *(huic) affabro*. Cit. : *deum nullum, qui ei paulo affabre factus* (*Verr.* 1, 14)
affatim *fatus*; ἀφάτως [*abunde*]
age, agite Cit. : *quare agite, o iuuenes, tantarum in munere laudum* (*Én.* 8, 273)
alias (sans illustration)
aliquando Cit. : *ibis tandem aliquando* (*Cat.* 1, 10, 25); *tandem aliquando, Quirites, L. Catilinam... <ex urbe eiecimus>* (*Cat.* 2, 1, 1)
aliquanto (sans illustration)
aliquo (sans illustration)
aliquotiens *aliquot*. Cit. : *neque detrusus aliquotiens terretur* (*Hist.* 1, frg. 118 M.)
aliter *hic alis, huius alis, huic ali*; *alius, alius, alii*; *alius*
alternis Cit. : *alternis dicetis, amant alterna Camenae* (*B.* 3, 59)
amiciter (sans illustration)
ampliter (sans illustration)
ante (*cf.* 5)
antea πρότερον; *antea intellexi*
apud (*cf.* 5)
asperiter (sans illustration)
astu Cit. : *hem, quid ? amat ? an scit ille quid meretrix siet ? / an in astu uenit ?* (*Eun.* 986-987)
Athenas, Athenis *Athenas (eo)*; *Athenis sum, Athenis uenio, Athenis transeo*. Cit. : *quid tu Athenas insolens ?* (*And.* 907)
auariter (sans illustration)

audaciter / audacter *audax, audaci, audaciter*. Cit. : *minus multo audacte, quam nunc laedit, laederet* (*Phorm.* 11) ; *multa scelerate, multa audaciter, multa inprobe fecisti* (*S. Rosc.* 104)
augurato (sans illustration)
auspicato Cit. : *haud auspicato huc me adtuli* (*And.* 807)
belli Cit. : *duo nefanda facinora decemuiri belli domique adiciunt* (*Hist. rom.* 3, 43, 1)
bene *belle* ; *bonus* ; *bonus bellus* ; *bene belle* ; *bene, belle, bellissime* ; *bene, diserte, eloquenter... dicis* ; *bene lego, bene legens* ; *bene legens edisco* ; *bene lego et edisco* ; *bonus homo / bene agit*
benigniter
bifariam *ferre*
bis [δίς] *duo*
blanditer (sans illustration)
caelitus *caelum*
Capuae (sans illustration)
carptim carptus
Carthaginem, **Carthagine** *Carthaginem (eo)*; *Carthagine sum, Carthagine uenio, Carthagine transeo*
celeriter (sans illustration)
celse *celsus*
centies (sans illustration)
ceu (sans illustration)
circum (*cf.* 5)
cis (*cf.* 5)
cito Cit. : *et cito rapturus de nobilitate comesa / quod superest* (*Sat.* 1, 34-35)
citra (*cf.* 5)
citro *cis*; *ultro citroque*. Cit. : *postea homines cursare ultro et citro non destiterunt* (*S. Rosc.* 60)
clam, **clanculum** (*cf.* 5)
clare *huic claro* ; *clarius* ; *clarus clarior clarissimus* ; *clare clarius clarissime*
comminus (sans illustration)
consulto (sans illustration)
continuo (sans illustration)
contra (*cf.* 5)
coram (*cf.* 5)
corporaliter *corpus*
Cosae (sans illustration)
cras *cras faciam*
cum / com (*cf.* 5)
cur *cur non*
cur non (sans illustration)
cursim *cursus*
decies (sans illustration)
dehinc (sans illustration)
dein *deinde*
deinceps (sans illustration)
deinde *inde* ; *dein* ; *de*

Demosthenice *Demosthenes Demosthenice dixit*
deorsum (uersum) *de*. Cit. : *deorsum uersum* (*Ad.* 575)
deterius *detero*
dextrorsum Cit. : *ille sinistrorsum, hic dextrorsum abit*; *unus utrique / error* (*Sat.* 2, 3, 50-51)
dextrouorsum Cit. : *sed dextrouorsum auersa est in malam crucem* (*Rud.* 176)
difficulter *difficilis*; *difficiliter*
diligenter *diligens, diligentis, diligenter*; *diligenter curas, diligenter cura, utinam diligenter curares, cum diligenter cures, diligenter curare uelis*
diserte *disertus*; *bene, diserte, eloquenter... dicis*
diu *interdiu*; *diu diutius diutissime*; *diutior diutissimus*
diuine [θείως]
diuinitus [θεόθεν] *diuinus*
diuise (sans illustration)
docte *doctus*; *indocte*
domi, domum, domo *domum eo*; *ad domum*; *domi sum*; *domi suae*; *domo uenio*; *a domo*; *in domo*. Cit. : *ac deinde militiae et domi gestas composui* (*Hist.* 1, frg. 1 M.); *duo nefanda facinora decemuiri belli domique adiciunt* (*Hist. rom.* 3, 43, 1)
donec / donicum Cit. : *ausculta, tum scies; / ego me ammitti, donicum ille huc redierit* (*Capt.* 338-339)
ductim [ἀπνευστί] *ductus*. Cit. : *sine ductim, sed haec abiit, hac persequar* (*Curc.* 109)
dudum Cit. : *ego dudum nonnihil ueritus sum, Daue* (*And.* 582); *iam dudum sumite poenas* (*Én.* 2, 103)
dum (*cf.* 5)
dumtaxat (sans illustration)
dure / duriter *durus*
e / ex (*cf.* 5)
ecastor (sans illustration)
ecce (sans illustration)
edepol (sans illustration)
efficaciter (sans illustration)
eloquenter *bene, diserte, eloquenter... dicis*
eminus (sans illustration)
en (sans illustration)
eo (*cf.* 5)
Ephesi (sans illustration)
exaduersum Cit. : *ei loco exaduersum / tonstrina erat quaedam* (*Phorm.* 88-89)
exin *ex*; *exinde*. Cit. : *exin Gorgoneis Allecto infecta uenenis* (*Én.* 7, 341)
exinde *exin*; *inde*; *de*
extra (*cf.* 5)
extrinsecus (sans illustration)
facile *facilis*; *faciliter*. Cit. : *cetera haud facile conperta narrauerim* (*J.* 17, 2); *quam facile accipiter saxo sacer ales ab alto* (*Én.* 11, 721)
falso (sans illustration)
fataliter [μοιριδίως]
fatuito [μοίρηθεν] *fatum*

feliciter *felix, felici, feliciter*; *felix felicior felicissimus*; *feliciter felicius felicissime*; *felix uir feliciter uiuit*
fere [iuxta] *ferus*; *(huic) fero*; *fera*
festiuiter (sans illustration)
firme, **firmiter** *firmus*. Cit. : *firmiter enim maiores nostri stabilita matrimonia esse uoluerunt* (*Rép.* 6, frg. 2 Z.)
fors Cit. : *fors et uota facit cumulatque altaria donis* (*Én.* 11, 50)
forsan Cit. : *forsan et haec olim meminisse iuuabit* (*Én.* 1, 203)
forsit [forsitan] *fors*. Cit. : *dissimile hoc illi est, quia non, ut forsit honorem / iure mihi inuideat quiuis* (*Sat.* 1, 6, 49-50)
forsitan *fors*. Cit. : *forsitan illum, / aut herba captum uiridi* (*B.* 6, 58-59)
fortasse / fortassis [temere] *fors*. Cit. : *caeloque animum fortasse ferebat* (*Én.* 10, 548); *forma — bona fortasse ?* (*And.* 119)
forte [fortuitu] *fors*. Cit. : *forte sub arguta consederat ilice Daphnis* (*B.* 7, 1); *forte fuit iuxta tumulus, quo cornea summo / uirgulta* (*Én.* 3, 22-23)
fortiter *fortis, forti, fortiter*; *fortis imperator / fortiter pugnat*
fortuitu *fortuitus*
funditus *fundus*
furtim *furtum*
generaliter *genus*
Graece *Graecus*
hac *hic*. Cit. : *namque uidebat, uti bellantes Pergama circum / hac fugerent Grai, premeret Troiana iuuentus / hac Phryges* (*Én.* 1, 466)
haut (sans illustration)
heia (sans illustration)
Hercules (sans illustration)
here / heri *heri feci*. Cit. : *res hodie minor est, here quam fuit, atque eadem cras / deterit exiguis aliquid* (*Sat.* 3, 23-24); *nam mihi conuiuam quaerenti dictus here illic / de medio potare die* (*Sat.* 2, 8, 2-3)
heus (sans illustration)
hic Cit. : *hic ego illum contempsi prae me* (*Eun.* 239) [*tunc*]
hinc *abhinc*
hinc *dehinc*
hodie *hodie facio*
horsum (sans illustration)
huc *adhuc*. Cit. : *hoc tunc ignipotens caelo descendit ab alto* (*Én.* 8, 423) [*huc*]
humane, **humaniter** *humanus*. Cit. : *putare aliquid moderate aut humane facturum* (*Phil.* 13, 36); *de Antiocho fecisti humaniter* (*Fam.* frg. 5, 1 S. B.)
humanitus (sans illustration)
humi, **humum**, **humo** (sans illustration)
ibi (sans illustration)
ibidem (sans illustration)
identidem (sans illustration)
igitur (*cf.* 5)
ignauiter (sans illustration)
illac *ille*
illic *ille*

illinc *ille*
illo (sans illustration)
illuc *ille*
immo (sans illustration)
imprudenter *imprudens*
impune *punio*
inde *perinde*; *proinde*; *subinde*; *deinde*; *exinde*. Cit. : *inde toro pater Aeneas sic orsus ab alto* (*Én.* 2, 2) [*deinde*]
indidem Cit. : *indidemne Ameria ?* (*S. Rosc.* 74)
indocte *indoctus*
indulgenter *indulgens, indulgentis, indulgenter*
infra (*cf.* 5)
inhumane, **inhumaniter** *inhumanus*. Cit. : *respondit illa ut meretrix non inhumaniter* (*Verr.* 2, 1, 138)
inimiciter (sans illustration)
inpune Cit. : *et saepe alterius ramos inpune uidemus / uertere in alterius* (*G.* 2, 32-33)
insane, **insaniter** Cit. : *ludit nimium insaniter* (*Atell.* 17. R)
inter (*cf.* 5)
interdiu *diu*
interea *inter*; *interea loci* [ἐν τοσούτῳ]
intra (*cf.* 5)
intro *in*
intus *in*
iracunditer (sans illustration)
istac (sans illustration)
istic *quidistic*
istinc (sans illustration)
istorsum (sans illustration)
istuc (sans illustration)
ita (*cf.* 5)
Italiamuersus (sans illustration)
item (sans illustration)
iterum (sans illustration)
itidem (sans illustration)
Lampsaci (sans illustration)
large, **largiter** *largus*
Latine *Latinus*
longe, **longule** *longus longulus*
maestiter (sans illustration)
magis (sans illustration)
male *malus*
mane *mane primo*. Cit. : *mane nouum* (*G.* 3, 325 et *Én. passim*)
manifesto (sans illustration)
maxime *maximus*
mediusfidius (sans illustration)
melius (sans illustration)
memoriter, **memore** Cit. : *cum istaec memore meminit* [*memoriter*] (*Atell.* 109 R.)

meridie (sans illustration)
merito Cit. : *merito te amo* (*Eun.* 186 et al.)
milies (sans illustration)
militiae, **militiam**, **militia** Cit. : *ac deinde militiae et domi gestas composui* (*Hist.* 1, frg. 1 M.) ; *res populi Romani M. Lepido Q. Catulo consulibus ac deinde domi et militiae gestas* (*Hist.* 1, frg. 1 M.)
minime (sans illustration)
minus *minus prudens* [*stultior*] ; *minus stultus* [*prudentior*]
minutatim (sans illustration)
misericorditer *misericors*
miseriter (sans illustration)
modo Cit. : *tu modo posce deos ueniam sacrisque litatis* (*Én.* 4, 50) ; *modo dolores, mea tu, occipiunt primulum* (*Ad.* 289) ; *age modo, hodie sero ac nequiquam uoles* (*Heaut.* 344) ; *praeteriens modo / mihi apud forum, uxor tibi ducenda est, Pamphile, inquit* (*And.* 253) ; *uenit Chaerea / — fraterne ? — ita — quando ? — hodie — quam dudum ? / — modo* (*Eun.* 696-697) ; *modo ait modo negat* (*Eun.* 714) ; *si modo, quod memoras, factum fortuna sequatur* (*Én.* 4, 109)
mordicus (sans illustration)
mox (sans illustration)
muliebriter *mulier*
multotiens *multum*
multum [*nimium*] *et multum et paruum*. Cit. : *multum ille et terris iactatus et alto* (*Én.* 1, 3)
munditer (sans illustration)
mutuiter (sans illustration)
ne (*cf.* 5)
necessario (sans illustration)
necesse (sans illustration)
nempe Cit. : *nempe haec assidue* (*Sat.* 3, 1)
nequa *ne*. Cit. : *nequa scire dolos mediusue occurrere possit* (*Én.* 1, 682)
nequando (sans illustration)
nequaquam (sans illustration)
nequiquam (sans illustration)
neutiquam (sans illustration)
ni (*cf.* 5)
nimis / nimium Cit. : *nimium uobis Romana propago / uisa potens superi* (*Én.* 6, 870-871) ; *et quam nimiumque parumque / distulimus* (*Phars.* 5, 741-742) [*et multum et paruum*]
noctu *nox*
noli (sans illustration)
non *cur non* ; *non bonus homo ille est* ; *non boni hominis officium facit* ; *non bono homini loquitur* ; *bona est superbia ? / non* ; *non malus homo (est), qui pro uiribus suis subuenit clientibus* ; *ut non dicam dolo*. Cit. : *non tibi Tyndaridis facies inuisa Lacaenae / culpatusue Paris, diuum inclementia, diuum / has euertit opes* (*Én.* 2, 601-603) ; *non mihi, si linguae centum sint oraque centum, / ferrea uox, omnes scelerum comprendere formas, / omnia poenarum percurrere nomina possim* (*Én.* 6, 625-627) ; *non illa quisquam me nocte per altum / ire, neque a terra moneat conuellere funem* (*G.* 1, 456-457)

nudiustertius (sans illustration)
nullatenus (sans illustration)
nullomodo (sans illustration)
nullus [minime] Cit. : *liberatus sum, Daue, hodie tua opera – ac nullus quidem* (*And.* 370)
num Cit. : *num quid meministi ?* (*And.* 943) ; *num quid subolet patri ?* (*Phorm.* 474)
numquam (sans illustration)
nunc *nunc intellego*
nuper *nuper nuperius nuperrime* ; *nuperus nuperior nuperrimus*
o (*cf.* 5)
obiter *ob* ; *iter*
occidentem uersum (sans illustration)
ocius, **ocissime** [ὠκύς] *ocior* ; *ocissimus*
olim Cit. : *deprensis olim statio tutissima nautis* (*G.* 4, 421) ; *olim truncus eram ficulnus, inutile lignum* (*Sat.* 1, 8, 1) ; *ac iam olim seras posuit cum uinea frondes, / frigidus et siluis aquilo decussit honorem, / iam tum acer curas uenientem extendit in annum / rusticus* (*G.* 2, 403-406) ; *quod tumidis submersum tunditur olim / fluctibus* (*Én.* 5, 125-126) ; *forsan et haec olim meminisse iuuabit* (*Én.* 1, 203)
omnifariam *ferre*
omnino [παντελῶς] *omnis*
optime *(huic) optimo*
orientem uersum (sans illustration)
ostiatim *ostium*
paene Cit. : *ita mea consilia peruortit paenissime* (*Most.* 656)
palam (*cf.* 5)
partim *pars*
parum, **paruum** Cit. : *et quam nimiumque parumque / distulimus* (*Phars.* 5, 741-742) [*et multum et paruum*] ; *non enim facile ualenti populo resistitur, si aut nihil iuris impertias aut parum* (*Rép.* 4, frg. 8 Z.) ; *satis eloquentiae, sapientiae parum* (*C.* 5, 4)
parumper (sans illustration)
paulatim *paulus*
paulisper (sans illustration)
pax [tantummodo]
pedetemptim *pes* ; *temptare*
penitus (sans illustration)
per (*cf.* 5)
peregre *peragro* ; *peregre sum, peregre abeo, peregre aduenio, peregre transeo*
perendie (sans illustration)
perinde (sans illustration)
pol (sans illustration)
pone (*cf.* 5)
post (*cf.* 5)
postea *postea intellegam*
postquam (sans illustration)
postremo Cit. : *postremo si nullo alio pacto, fenore* (*Phorm.* 301)
postridie (sans illustration)

pote *utpote*; *potis*; *hic potis, haec potis, hoc pote*; *hic potior, haec potior, hoc potius*; *potissimus*; *potius*; *potissime*. Cit. : *qui pote ? Vis dicam ? Nugaris cum tibi, calue* (*Sat.* 1, 56) [*quomodo possibile ?*]
potenter *potens*
praeclariter (sans illustration)
praesto (sans illustration)
praeterea (sans illustration)
precario (sans illustration)
pridem (sans illustration)
pridie (*cf.* 5)
prime, **primo**, **primum**, **primulum** *primus primulus*. Cit. : *nam id arbitror / adprime in uita esse utile, ut ne quid nimis* (*And.* 60-61) ; *iam primum saxis suspensam hanc aspice rupem* (*Én.* 8, 190) ; *primo haec pudice uitam, parce ac duriter / agebat* (*And.* 74-75)
priuatim, **priuato** *priuatus*. Cit. : *ea priuatim et publice rapere* (*C.* 11, 6) ; *priuato nos tenuissemus* (*Hist. rom.* 13, frg. 2 J.)
probiter (sans illustration)
procul (sans illustration)
profecto (sans illustration)
proinde (sans illustration)
prope (*cf.* 5)
propere (sans illustration)
properiter (sans illustration)
prorsum / prorsus (sans illustration)
proteruiter (sans illustration)
protinus (sans illustration)
prudenter *prudens, prudentis, prudenter* ; *imprudenter* ; *prudens homo prudenter agit*
pulchre *(huic) pulchro*
puriter (sans illustration)
puta Cit. : *hoc puta non iustum est, illud male, rectius illud* (*Sat.* 4, 9)
qua Cit. : *qua data porta ruunt et terras turbine perflant* (*Én.* 1, 83) ; *nauem ex Rhodo, qua est heri aduectus filius* (*Merc.* 257)
qualiter *qualis*
quam (*cf.* 5)
quando (*cf.* 5)
quare (sans illustration)
quasi (sans illustration)
quater *quattuor*
qui [quomodo; unde] *a qui*. Cit. : *nam qui tibi istaec incidit suspicio ? / — qui ? quia te noram* (*And.* 501-502) ; *audiui et credo, multa concurrunt simul, / qui coniecturam hanc nunc facio* (*And.* 511-512)
quidistic Cit. : *quid istic ? accedo, ut rectius dicis* (*Ad.* 350)
quidni (sans illustration)
quingenties (sans illustration)
quinquies *quinque*
quippe (sans illustration)
quo (sans illustration)

quomodo *quomodo possibile ?*
quondam Cit. : *fuit, fuit ista quondam in hac re publica uirtus* (*Cat.* 1, 3); *quondam tua dicere facta / tempus erit* (*B.*); *quondam etiam uictis redit in praecordia uirtus* (*Én.* 2, 367)
quotiens *quot*
radicitus *radices*. Cit. : *radicitus eruta pinus* (*Én.* 5, 449)
raptim *raptus*
recens Cit. : *sole recens orto* (*G.* 3, 156)
recte *recte facio / recte faciebam / recte feci / recte feceram / recte faciam*
retro *re-*; *retro aspicio*; *retro uertor*; *retro curro*
reuerecunditer (sans illustration)
rite, **ritu** [recte] *rito*; *irrito*; *ritus*. Cit. : *at tu, pudet, hostia regni, / hostia nate iaces, ceu mutus et e grege sanguis, / ei mihi ! primitiis ararum et rite nefasto / libatus* (*Théb.* 11, 283-286)
Romam, **Romae**, **Roma** *Romae sum*; *Romam eo*; *Roma exeo*; *et Fabius supplementum ad Roma adduxit*. Cit. : *Romae ne sit ? neue cum fratribus ?* (*Lig.* 11); *nam tum Brutus ab Roma aberat* (*C.* 40,5); *quem autem ab Roma posse exciri ?* (*Hist. rom.* 7, 39,10); *haec ubi Romae conperta sunt* (*C.* 36, 2)
ruri Cit. : *cui operea uita erat, ruri fere / se continebat* (*Phorm.* 363-364)
rursum / rursus Cit. : *rursus et alterius* (*Én.* 3, 31); *rursum ex diuerso caeli caecisque latebris* (*Én.* 3, 232)
saepe *saepius*; *saepissime*; *saepior*; *saepissimus*
saeuiter (sans illustration)
Sallustiane *Sallustius Sallustiane (dixit)*
saltuatim *saltus*
sane [ualde] *sanus*; *huic sano*
sapienter *sapiens, sapientis, sapienter*; *sapienter dico / sapienter dicebam / sapienter dixi / sapienter dixeram / sapienter dicam*; *sapienter loquor, sapienter loquens*; *sapienter loquens doceo*; *sapienter loquor et doceo*
sat / satis [sufficiens] *sat*; *satius*. Cit. : *accede ad ignem hunc, iam calesces plus satis* (*Eun.* 85); *tu satis ad uires Romana in carmina dandas* (*Phars.* 1, 66); *hoc satius, quam si dicas sub iudice* uidi, */ quod non uidisti* (*Sat.* 7, 13-14) [*melius*]; *satis eloquentiae, sapientiae parum* (*C.* 5, 4)
scilicet (sans illustration)
secreto (sans illustration)
secus *se-*
sedulo (sans illustration)
semel *unus*
sensim [paulatim] *sentio*; *sensus*
seorsum *se-*
separatim (sans illustration)
septies (sans illustration)
sero Cit. : *sero memor thalami maestae solacia mortis / Phoebe, paras* (*Théb.* 1, 596-597); *queriturque fidem tam sero reposci* (*Théb.* 2, 388)
seuere, **seueriter** Cit. : *seueriter / hodie sermonem amica mecum contulit* (*Com.* 67-68 R. = 76-77 D.)
sexies (sans illustration)

si (*cf.* 5)
sic Cit. : *sic tua Cyrneas fugiant examina taxos* (*B.* 9, 30)
sicest (sans illustration)
Siciliamuersus (sans illustration)
sicuti (sans illustration)
simul Cit. : *simul hoc, simul ingens* (*Én.* 12, 268)
singillatim *singuli*
singultim *singultio* ; *singultus*. Cit. : *ut ueni coram singultim pauca locutus* (*Sat.* 1, 6, 56)
sinistrorsum Cit. : *ille sinistrorsum, hic dextrorsum abit; unus utrique / error* (*Sat.* 2, 3, 50-51)
siquando *si*
sodes (sans illustration)
sorti *sors*. Cit. : *sunt quibus ad portas cecidit custodia sorti* (*G.* 4, 165)
specialiter *species*
sponte Cit. : *sponte sua* (*Én.* 7, 204 et *alibi*)
statim *sto* ; *status*
stirpitus *stirps*
strictim *strictu*
subinde *sub* ; *inde*
sublime *sublime uolans, sublime uolantis, sublime uolanti*. Cit. : *sed sublime uolans nubi se inmiscuit atrae* (*Én.* 10, 664)
subter (*cf.* 5)
super (*cf.* 5)
superbiter (sans illustration)
supra / supera (*cf.* 5)
sursum *super*
tandem (sans illustration)
tantisper (sans illustration)
tantummodo (sans illustration)
Tarentum, **Tarenti**, **Tarento** *Tarenti (sum)*; *Tarentum (eo)*; *Tarento transeo*. Cit. : *itaque Seruilius aegrotum Tarenti collegam prior transgressus* (*Hist.* 1, frg. 127 M.)
Taurominii (sans illustration)
temere (sans illustration)
temeriter (sans illustration)
ter *tres*
toruiter (sans illustration)
totiens *tot*
tractim *tractus*. Cit. : *tractimque susurrant* (*G.* 4, 260)
trans (*cf.* 5)
trifariam *ferre*
Tulliane *Tullius* ; *Tullius Tulliane (dixit)*
tunc (sans illustration)
Tyri (sans illustration)
ualde [per, prae, uel] *ualde celsus* ; *ualde ualidus* ; *ualde canendo* ; *ualde gestio*
ubi (*cf.* 5)
uel (*cf.* 5)
uelut [ἵνα, ὅτι]

ueluti [ἵνα, ὅτι]
uero (*cf.* 5)
uerum (*cf.* 5)
uesperi *uesper*. Cit. : *quemne ego heri uidi ad uos adferri uesperi ?* (*And.* 768)
uicies (sans illustration)
uicissim *uicis*
uidelicet (sans illustration)
uiriliter *uir*
uiritim *uir*
uix (sans illustration)
ultra (*cf.* 5)
una Cit. : *una Eurusque Notusque ruunt, creberque procellis* (*Én.* 1, 85)
unde [quo] *undique*. Cit. : *genus unde Latinum* (*Én.* 1, 6)
ut / uti (*cf.* 5)
uti *utique*
utiliter *utilis, utili, utiliter*
utinam Cit. : *quod utinam ne Phormioni id suadere in mentem incidisset* (*Phorm.* 157) ; *o utinam caelique deis Erebique liceret* (*Phars.* 2, 306) ; *atque utinam rex ipse noto conpulsus eodem / adforet Aeneas* (*Én.* 1, 575-576) ; *utinam… / quod cum salute illius fiat, uelim ita se defetigarit* (*Ad.* 519)
utpote *ut* ; *potis*
utrimque (sans illustration)
utro, utroque Cit. : *utroque exercitus missi* (*Hist. rom.* 8, 29, 7)
utroqueuorsum Cit. : *utroqueuorsum rectum est ingenium meum* (*Capt.* 368)

3. *Interjections*

a Cit. : *a silice in nuda conixa reliquit* (*B.* 1, 15) ; *a tibi ne teneras glacies secet aspera plantas* (*B.* 10, 49)
ah (sans illustration)
attat Cit. : *attat ! - mi homo, num formidulosus es ?* (*Eun.* 756)
au Cit. : *au ! obsecro, / nec conferundus hic quidem ad illum est* (*Eun.* 680-681) ; *dicturane es quod rogo ? au* (*And.* 751)
ei Cit. : *ei mihi, qualis erat, quantum mutatus ab illo / Hectore* (*Én.* 2, 274-275)
euax (sans illustration)
euhoe (sans illustration)
ha ha hae (sans illustration)
heu, hoe Cit. : *heu hoe Bacche precor* (*O.* 2, 19, 7) ; *heu hoe recenti mens trepidat metu* (*O.* 2, 19, 5) ; *heu fuge, nate dea, teque his, ait, eripe flammmis* (*Én.* 2, 289)
infandum Cit. : *nauibus, infandum, amissis unius ob iram* (*Én.* 1, 251)
o (*cf.* 5)
oh Cit. : *oh, / illud uide, os ut sibi distorsit carnifex* (*Eun.* 669-670)
ohe (sans illustration)
oi ei Cit. : *oi ei* (*Eun.* 716)
papae *miror* ; *papae, quid uideo ?*. Cit. : *papae… haec superat ipsam Thaidem* (*Eun.* 229-231)
phy (sans illustration)
pro (*cf.* 5)

4. *Conjonctions*

ac [et; quam]. Cit. : *haud secus ac iussi faciunt, tectosque per herbam* (*Én.* 3, 236); *numquam aeque, inquit, ac modo / paupertas onus uisa est mihi et miserum et graue* (*Phorm.* 93-94); *praeterea transuersis itineribus cotidie castra mouere, iuxta ac si hostis adesset, uallo atque fossa munire* (*J.* 45, 2)

alioquin (sans illustration)

an Cit. : *eloquar an sileam ? gemitus lacrimabilis imo* (*Én.* 3, 39); *an Phoebi soror an nympharum sanguinis una ?* (*Én.* 1, 329)

ast Cit. : *ast autem tenui quae candet lumine Phatne* (*Pron.* frg. 2)

at [saltem]. Cit. : *si te nulla mouet tantae pietatis imago / at ramum hunc – aperit ramum, qui ueste latebat – / agnoscas* (*Én.* 6, 405-407)

atque Cit. : *ne simili utamur fortuna atque usi sumus* (*Phorm.* 31); *cum me hortaretur, parce, frugaliter atque / uiuerem uti contentus eo, quod mi ipse parasset* (*Sat.* 1, 4, 107-108); *atque equidem Teucrum memini Sidona uenire* (*Én.* 1, 619)

atqui Cit. : *atqui ita opus est* (*Eun.* 758)

aut [saltem] *aut lux est aut tenebrae*; *aut prodest aut non prodest diuitias quaerere*; *si non factis debitum reddis, aut uerbis age gratias* [*saltem uerbis*]. Cit. : *aut dic, aut accipe calcem* (*Sat.* 3, 295); *aut aliquis latet error, equo ne credite, Teucri* (*Én.* 2, 48); *aut haec in nostros fabricata est machina muros* (*Én.* 2, 46)

autem Cit. : *ast autem tenui quae candet lumine Phatne* (*Pron.* frg. 2)

causa *causa desidiae*; *tui causa*; *tui causa loquor*; *insidiarum illius causa*; *cuius causa*

circa (*cf.* 5)

cum / com (*cf.* 5)

dum (*cf.* 5)

e / ex (*cf.* 5)

enim [γάρ; δή] *mouetur, ambulat enim*; *cole pudicitiam, haec enim fundamentum est omnium animi uirtutum*. Cit. : *progeniem sed enim Troiano a sanguine duci / audierat* (*Én.* 1, 19-20); *enim uero, Daue, nihil loci est segnitiae neque socordiae* (*And.* 206); *enim non sinam* (*Ad.* 168)

eo (*cf.* 5)

equidem *ego*; *quidem*; *equidem facio, equidem facis, equidem facit*; *ego merui nec deprecor*. Cit. : *equidem merui nec deprecor inquit* (*Én.* 12, 931); *equidem ego sic existimo, patres conscripti, omnes cruciatus* (*C.* 51, 15); *atque equidem Teucrum memini Sidona uenire* (*Én.* 1, 619)

ergo Cit. : *ergo pari uoto gessisti bella, iuuentus* (*Phars.* 9, 256); *mihine ? – tibi ergo* (*And.* 850)

et *ego et tu facimus*; *homo et taurus arant*; *scribit et legit homo*; *iustus et fortis homo*; *doctus et sapiens fuit Cicero*; *bene et splendide loquitur*; *uir docet et docetur*; *recte scribit et legit*; *et pius et fortis fuit Aeneas*; *Alexander, qui et Paris dicitur*; *multa et bello passus* (cf. *quoque*). Cit. : *suspiciens altam lunam et, sic uoce precatur* (*Én.* 9, 403)

etenim *et*; *enim*

etiam *etiam rex*

etiamsi (sans illustration)

etsi (sans illustration)

ideo (sans illustration)

igitur *etenim Catilinam Cicero solus sapientia domuit, solus igitur seruauit Cicero patriam*. Cit. : *habes igitur, quod est accusatori maxime optandum, confitentem reum* (*Lig.* 2)

ita (*cf.* 5)

itaque *ita*. Cit. : *itaque quo me uertam nescio* (*Lig.* 1)

licet, **licebit** Cit. : *dicam equidem, licet arma mihi mortemque minetur* (*Én.* 11, 348) [*quamquam minetur*] ; *omnia maiorum uertamus busta licebit, / et stantes tumulos et qui radice uetusta / effudere suas uictis conpagibus urnas, / plus cinerum Haemoniae sulcis telluris aratur* (*Phars.* 7, 855-858)

nam [γάρ ; δή] *doctus sum, nam legi*. Cit. : *quia nam tanti cinxerunt aethera nimbi* (*Én.* 5, 13) ; *Aeole, namque tibi diuum pater atque hominum rex / et mulcere dedit fluctus et tollere uento* (*Én.* 1, 65-66) ; *nam quis te, iuuenum confidentissime, nostras* (*G.* 4, 445) [τίς ; δή] ; *heu, quia nam tanti cinxerunt aethera nimbi* (*Én.* 5, 13) ; *nam neque erant astrorum ignes nec lucidus aethra / siderea polus* (*Én.* 3, 585-586)

namque (sans illustration)

ne (*cf.* 5)

-ne Cit. : *iustitiane prius mirer belline laborum* (*Én.* 11, 126) ; *Hectoris Andromache Pyrrhin' conubia seruas ?* (*Én.* 3, 319) ; *tanton' me crimine dignum* (*Én.* 10, 668) ; *nuncine demum istud uerbum in te incidit* (*And.* 882 et 885) ; *tantane me tenuit uiuendi, nate, uoluptas, / ut pro me hostili paterer succumbere dextra ?* (*Én.* 10, 846-847) [*etiam*]

nec / neque *que* ; *neque nunc* ; *nec unam horam auarus neglegit locrum neque pius iustitiam, neque unum assem praestat ille egenti nec hic abnegat petenti aliquid prorsus, quod potest et decet*. Cit. : *nec se Roma ferens* (*Phars.* 1, 72) ; *nam neque erant astrorum ignes nec lucidus aethra / siderea polus* (*Én.* 3, 585-586)

necne [an non] *sit sensus in morte necne, prodest recte uiuere*

neu (sans illustration)

ni (*cf.* 5)

ob (*cf.* 5)

propter (*cf.* 5)

qua causa (sans illustration)

qua gratia (sans illustration)

quam (*cf.* 5)

quamobrem Cit. : *quamobrem discede* (*Cat.* 1, 23)

quamquam *quamquam minetur*. Cit. : *quamquam o! sed superent quibus hoc, Neptune, dedisti* (*Én.* 5, 195) ; *quamquam animus meminisse horret* (*Én.* 2, 12) ; *et magis atque magis, quamquam secreta parentis / Anchisae domus arboribusque obtecta recessit, / clarescunt sonitus* (*Én.* 2, 299-301)

quamuis [quamquam ; etsi]

quando (*cf.* 5)

quapropter (sans illustration)

quas ob res (sans illustration)

quatenus [ἵνα]

-que *atque* ; *neque* ; *quoque*. Cit. : *Alcandrumque Haliumque Noëmonaque Prytanimque* (*Én.* 9, 767)

quia *quia sol super terram est, dies est* ; *quia ambulat, mouetur*

quidem *ego quidem facis, ego quidem facit* ; *ego quidem facio*

quin Cit. : *quin occidit una / Sarpedon, mea progenies* (*Én.* 10, 470-471)
quoniam *quoniam ambulat, mouetur*; *quoniam prodest tibi, lege*
quoque [-que ; etiam ; et] Cit. : *tu quoque litoribus nostris, Aeneia nutrix* (*Én.* 7, 1) ; *multa quoque et bello passus, dum conderet urbem* (*Én.* 1, 5)
saltem *saltem intellege* (cf. *uel*) ; *saltem uerbis* (cf. *aut*). Cit. *saltem si qua mihi de te suscepta fuisset / ante fugam suboles* (*Én.* 4, 327-328)
sed (sans illustration)
sedenim *sed* ; *enim*
seu (sans illustration)
si (*cf.* 5)
sin (sans illustration)
siue *Alexander siue Paris* [*Alexander, qui et Paris dicitur*] ; *Mars siue Mauors, Gradiuus uel Maspiter, praesul est bellorum*
tamen Cit. : *me miseram, uinces! prius haec tamen arma necesse est, / experiare domi* (*Théb.* 11, 338-339)
ubi (*cf.* 5)
-ue Cit. : *siue errore uiae seu tempestatibus acti* (*Én.* 7, 199)
uel (*cf.* 5)
uero (*cf.* 5)
uerum (*cf.* 5)
ut / uti (*cf.* 5)
utique *uti*

5. *Formes citées dans plusieurs catégories*

absque (adv. / prép.) *absque consule egit praetor* ; *absque laesione* [*extra laesione*]
aduersum / aduersus (adv. / prép.) [ἐπί] *aduersus / aduersum hostes*. Cit. : *idque aduersum te gratum fuisse habeo gratiam* (*And.* 42)
ante (prép. / adv.) [πρό; antea ; πρότερον] *anteeo* [προπορεύομαι] ; *antepono* ; *antiquus* ; *antiqua* ; *antiquum* ; *antiquarius* ; *ante annum* [πρὸ ἐνιαυτοῦ] ; *ante curiam* ; *ante domum* ; *ante lucem*. Cit. : *ante ora patrum* (*Én.* 1, 95) ; *ante leues ergo pascentur in aethere cerui* (*B.* 1, 59) ; *ante pererratis amborum finibus exul* (*B.* 1, 61) ; *ante pererratis amborum finibus, exul / aut Ararim Parthus bibet aut Germania Tigrim* (*B.* 1, 62-63) ; *ante Iouem nulli subigebant arua coloni* (*G.* 1, 125) ; *ante et Trinacria lentandus remus in unda* (*Én.* 3, 384) ; *omnia quae multo ante memor prouisa reponas* (*G.* 1, 167)
apud (prép. / adv.) [παρά] *apud amicum* ; *apud Athenienses* ; *apud Numantiam*. Cit. : *apud Corycum* (*Hist.* 1, frg. 132 M.) ; *apud Lete oppidum* (*Hist.* 1, frg. 133 M.) ; *apud Ilerdam eum multa opera circumdata* (*Hist.* 1, frg. 122 M.) ; *apud Praeneste locatus* (*Hist.* 1, frg. 37 M.) ; *apud Mutinam* (*Hist.* 1, frg. 79 M.)
circa (prép. / conj.) [περί; iuxta] *circumcirca* ; *circa forum* ; *circa templum* ; *circa uiginti annos*. Cit. : *quocirca capere ante dolis et cingere flamma / reginam meditor* (*Én.* 1, 673)
circum (prép. / adv.) [περί ; πέριξ] *circumcirca* ; *circumfero* [περιφέρω] ; *circitor* [ὁ περιφοράριος] ; *circum montem* [περὶ τὸ ὄρος]. Cit. : *maria omnia circum* (*Én.* 1, 32) ; *Anna, uides toto properari litore circum* (*Én.* 4, 416)
cis (prép. / adv.) [ὧδε ; ἐπὶ τάδε] *citra* ; *citro* ; *Cisalpina Gallia* ; *cis Alpes* ; *cis Padum* ; *cis Rhenum* ; *cis definitum tempus* [*ultra definitum*] ; *cis naturae leges* [*ultra naturae*]

citra (adv. / prép.) [ὧδε; ἐπὶ τάδε] *cis*; *citer*; *citerior*; *citimus*; *citerius*; *citime*; *citra cruorem*; *citra forum*; *citra saniem*; *citra forum*; *ultra citraque nihil est*. Cit. : *citer ager alligatus ad sacra erit* (*Or*. frg. 90 M.)

clam / clanculum (adv. / prép.) *clandestinus*; *bona aperte facit, mala clam*. Cit. : *nec clam te est, quam illi nunc utraeque res inutiles* (*And*. 287); *clam ferro incautum superat securus amorum* (*Én*. 1, 350); *cum in cellulam ad te patris penum omnem congerebam clanculum* (*Eun*. 310)

contra (prép. / adv.) [κατά; ἀντί; ἐξεναντίας] *contradico* [ἀντιλέγω]; *contrarius*; *controuersia* [ἀντίρρησις]; *contra adulterum (dico)* [κατὰ μοιχοῦ λέγω]; *contra contionem Metelli*; *contra illum*; *contra innimicos*; *ego in hanc partem specto, tu contra*. Cit. : *stat contra starique iubet* (*Sat*. 3, 290); *contra Neptunum et Venerem contraque Mineruam* (*Én*. 8. 699); *contra non ulla est oleis cultura* (*G*. 2, 420)

coram (adv. / prép.) *coram Cicerone dixit Catilina*. Cit. : *coram quem quaeritis adsum* (*Én*. 1, 595); *postquam introgressi et coram data copia fandi* (*Én*. 1, 520); *si nihil ante aduentum suum inter plebem et patres conuenisset, coram se daturum operam* (*Hist*. 4, frg. 45 M.)

cum / com (prép. / conj.) [ἐπάν; ὁπότε; σύν; con-] *mecum, tecum, secum, nobiscum, uobiscum*; *quocum quicum, quacum, quibuscum*; *cum ducibus pugno*; *cum imperatore proficiscor*; *cum amico habito*. Cit. : *cum faciam uitulam pro frugibus ipse uenito* (*B*. 3, 77)

dum (adv. / conj.) Cit. : *multa quoque et bello passus, dum conderet urbem / inferretque deos Latio* (*Én*. 1, 5-6)

e / ex (prép. / conj. / adv.) [extra] *ebibo*; *ebullio*; *edo*; *educo*; *effero*; *efficio*; *effundo*; *egero*; *eicio*; *elimino*; *elimo*; *eludo*; *emico*; *emineo*; *eminet*; *emori*; *enarro*; *enectus*; *eneruo*; *eneruus*; *enodis*; *enodo*; *eripio*; *eruo*; *eruunt*; *eueho*; *euoco*; *exaequatus*; *exaro*; *exaudio*; *excludo* [*extra cludo*]; *excors*; *excubo*; *excurro*; *exegi*; *exeo*; *exequor*; *exero*; *exhorreo*; *exhibeo*; *exigo*; *exinde*; *exlex*; *exoletus*; *exoro*; *expedio*; *expello*; *expes*; *expiro*; *expleo*; *expresse*; *exquiro*; *extendo*; *exterminatus*; *extermino*; *extirpo*; *extorqueo*; *extorquens*; *extorris*; *extra*; *extrinsecus*; *exul* [*extra solum*]; *exulcero*; *inexpugnabilis*; *ex illo*; *ex Rhodo*; *ex insidiis illius hoc patior* [*insidiarum illius causa*]; *e iure*. Cit. : *una Eurusque Notusque ruunt* (*Én*. 1, 85); *ex quo me diuum pater atque hominum rex* (*Én*. 2, 648); *ex illo celebratus honos, laetique minore / seruauere diem* (*Én*. 8, 268-269)

eo (adv. / conj.) (sans illustration)

extra (adv. / prép.) [ἐκτός] *ex*; *extera*; *externus*; *extraneus*; *extrinsecus*; *extra exterius extreme*; *exterior extremus*; *extra cludo*; *extra eo* [*exeo*]; *extra laesionem*; *extra muros*; *extra solum* [*exul*]; *extra spem* [*expes*]; *extra terminos* [*exterminatus*]; *ego in campo curro, tu extra*; *qui extra leges est* [*exlex*]. Cit. : *extra unam aniculam* (*Phorm*. 98); *pinge duos angues*; *pueri, sacer est locus, extra / meite* (*Sat*. 1, 113-114)

infra (adv. / prép.) [κάτω] *in*; *infera*; *inferus*; *infer*; *infernus*; *inferior*; *infimus*; *infra inferius infime*; *inferior infimus*; *infra tectum*; *infra terram* [ὑπὸ τὴν γῆν]; *infra premo*; *ego supra aspicio, tu infra*. Cit. : *ego te esse infra omnes infimos puto* (*Eun*. 489)

inter (adv. / prép.) [μεταξύ; διά; ἐν] *in*; *interea*; *interdiu*; *internuntius* [διάκτορος]; *intercapedo* [διαχώρισμα]; *interrex*; *interrumpit* [διαρρήσσει]; *interuallum* [διάστημα]; *interpres*; *inter amicos*; *inter muros*; *inter se* [ἐν ἑαυτοῖς]; *inter* *uicinos*; *tu dextrorsum, ille sinistrorsum, ego curro inter*. Cit. : *conuersique oculos inter se atque ora tenebant* (*Én.* 11, 121)

intra (adv. / prép.) [ἐντός] *in*; *intrinsecus*; *internus*; *intro, intras*; *intra urbem*; *intra uiscera* [*in uiscera*]. Cit. : *intra castrorum timuit tentoria ductor* (*Phars.* 5, 241)

ita (adv. / conj.) *itaque*. Cit. : *ita, cognatam quidem, at nos unde ?* (*Phorm.* 418)

ne (adv. / conj.) [ἵνα μή; μή; πάνυ; neque; ut non; ualde] *nequa*; *ne teneant*. Cit. : *tu ne cede malis, sed contra audentior ito* (*Én.* 6, 95); *ne dicam dolo* (*Ad.* 375) [*ut non dicam dolo*]; *ne dici quidem opus est, quanta deminutione ciuium* (*Cat.* 3, 24) [*neque opus est dici*]; *ne illa illum haut nouit, cuius causa haec incipit* (*And.* 772); *ne recipi portis aut duci in moenia possit / neu populum antiqua sub religione tueri* (*Én.* 2, 187-188); *non eam? ne nunc quidem, / cum accersor ultro?* (*Eun.* 46-47) [*neque nunc*]; *quippe secundae res sapientium animos fatigant, ne illi corruptis moribus uictoriae temperarent* (*C.* 11, 7); *clarus erit, fortis, iustus, sapiensne etiam et rex* (*Sat.* 2, 3, 97); *o seri studiorum quine putetis / difficile et mirum, Rhodio quod Pitholeonti / contigit* (*Sat.* 1, 10, 21-23)

ni (adv. / conj.) [neque; ne] *quidni*. Cit. : *ni metuam patrem* (*And.* 918); *ni mihi esset spes ostentata* (*Phorm.* 826); *ni teneant cursus* (*Én.* 3, 686) [*ne teneant*]; *ni faciat maria ac terras caelumque profundum* (*Én.* 1, 58)

o (adv. / interj.) Cit. : *adsis o tantum et propius tua numina firmes* (*Én.* 8, 78); *o regina, nouam cui condere Iuppiter urbem* (*Én.* 1, 522); *o qualis facies et quali digna tabella* (*Sat.* 10, 157); *o tempora, o mores* (*Cat.* 1, 1); *adsis o tantum et propius tua numina firmes* (*Én.* 8, 78); *o dolor atque decus magnum rediture parenti* (*Én.* 10, 507)

ob (prép. / conj.) [διά; pro; κατά; contra; circum] *obambulo*; *obicio*; *obiter*; *obuius*; *obumbro*; *occurro*; *oppono*; *quam ob rem* [*quapropter*]; *quas ob res*. Cit. : *cuius ob auspicium infaustum moresque sinistros* (*Én.* 11, 347); *magnas obeuntia terras / tot maria intraui duce te* (*Én.* 6, 58-59); *quamobrem, ut saepe iam dixi, discede* (*Cat.* 1, 18 et 23); *numquam inprudentibus imber / offuit* (*G.* 373-374); *haud quaquam ob meritum* (*G.* 4, 455) [*pro merito*; κατ᾽ ἀξίαν]

palam (adv. / prép.) Cit. : *si falsum aut fictum, continuo palam est* (*Eun.* 104)

per (prép. / adv.) [διά; πρός; ualde] *percipio*; *percurrens*; *percurro*; *percurrit homo excelsus*; *perfero*; *perficio*; *perfidus*; *periurus*; *perinde*; *peroro*; *perrumpor* [διαρρήγνυμι]; *perseuero*; *imperterritus*; *per Iouem* [πρὸς τοῦ Διός]; *per lucem*; *per noctem*; *per medium diem*; *per medium forum*; *uenio per forum*; *per urbem sum*; *per desidiam malitiae nascuntur* [*causa desidiae*]; *per uirtutem fio laudabilis*. Cit. : *per pulchra credo munera aut nostris similia* (*Eun.* 468); *circum perque duas in morem fluminis Arctos* (*G.* 1, 245); *per te, per qui te talem genuere parentes* (*Én.* 10, 597); *per ecastor scitus puer est natus Pamphilo* (*And.* 486); *tu quoque per parce nimium, non laudo* (*And.* 455)

pone (adv. / prép.) *pone tribunal*. Cit. : *pone subit coniunx, ferimus per opaca locorum* (*Én.* 2, 725)

post (prép. / adv.) [μετά; σύν; postea] *posterus*; *postica*; *post multum tempus*; *post pietatem utilitas ponenda est*. Cit. : *post montem oppositum* (*G.* 3, 213); *post faciet tamen* (*Ad.* 110); *ille admirans uenerabile donum / fatalis uirgae longo post tempore uisum* (*Én.* 6, 408-409); *post mihi non simili poena commissa luetis* (*Én.* 1, 136)

pridie (adv. / prép.) *pridie Kalendas*. Cit. : *pridie Kalendas Ianuarias* (*Cat.* 1, 15); *pridie Nonas, pridie Idus* (*Hist. rom.* 17, frg. 6, J.)

pro (prép. / interj.) [e; super; ante; ad; in; ὑπέρ] *propter*; *procul*; πρό; *proauus*; *procliuis*; *procumbens*; *procurro*; *proderam, prodes, prodesse, prodest*; *profatur*; *prominet* [*eminet*; *supereminet*]; *prospicio*; *prostratus*; *proteruus*; *prosubigens*; *prouenio*; *prouideo*; *pro Clodio*; *pro patria*; *pro docente*; *pro merito*; *pro Milone*; *pro oculis*; *pro templo*; *pro uiribus suis* [*ad uires suas*]; *pro testimonio dixit* [*in testimonio*]. Cit. : *pro tristia fata! / quis fuit ille dies, Marius quo moenia uictor?* (*Phars.* 2, 98-99); *quodni maturasset pro curia signum sociis dare* (*C.* 18, 8) [*ante curiam*]; *tibi prospexi et stultitiae tuae* (*Heaut.* 961); *summis incuruant uiribus arcus / pro se quisque uiri* (*Én.* 5, 500-501) [*ad suas uires*]; *pro deum atque hominum fidem!* (*C.* 20, 10); *pro Latio obtestor, pro maiestate tuorum* (*Én.* 12, 820); *pro se quisque uiri, et depromunt tela pharetris* (*Én.* 5, 501); *pro, si remeasset in urbem, / Gallorum tantum populis Arctoque subacta* (*Phars.* 3, 73-74)

prope (adv. / prép.) [παρά] *propius*. Cit. : *est ingens gelidum lucus prope Caeritis amnem* (*Én.* 8, 597); *prope adest, cum alieno more uiuendum est mihi* (*And.* 152)

propter (prép. / conj.) [διά; παρά] *pro*; *propter te* [*tui causa*]; *quapropter*; *uirtutem propter imperatoris.* Cit. : *te propter Libycae gentes Nomadumque tyranni / odere* (*Én.* 4, 320-321); *siue Padi ripis Athesim seu propter amoenum* (*Én.* 9, 680)

quam (adv. / conj.) [ἤπερ] *diues esse uolo quam pauper.* Cit. : *quam facile accipiter saxo sacer ales ab alto* (*Én.* 11, 721); *mare Ponticum dulcius quam cetera* (*Hist.* 3, frg. 65 M.); *quae inhoneste hic uoluit diuitias parere / quam honeste in patria pauper uiuere* (*And.* 797-798); *quam inique conparatum est* (*Phorm.* 41) [*ut*]

quando (adv. / conj.) [*aliquando*] *aliquando*; *nequando*; *siquando*; *quando uenisti?* ; *quando eram iuuenis, peccaui*; *quando ueniam, faciam.* Cit. : *aspera quis natura loci dimittere quando / suasit equos* (*Én.* 10, 366-367) [*aliquando*]; *hic tibi, fabor enim, quando haec te cura remordet* (*Én.* 1, 261) [*quoniam*]

si (conj. / adv.) [εἰ; ἐάν] *siqua*; *siquando*; *si ambulat, mouetur*; *si stertit, dormit*; *si aegrotat, pallet*; *si febri uexatur, calet*; *si uenias, faciam*; *eris doctus, si legas*; *fecissem, si potuissem*; *gaudeat Priamus, si audiat.* Cit. : *si nunc se nobis ille aureus arbore ramus / ostendat nemore in tanto* (*Én.* 6, 187-188); *di, si qua est caelo pietas, quae talia curat* (*Én.* 2, 536); *si quid / usquam iustitiae est* (*Én.* 1, 603-604); *si concessa peto, si dant ea moenia parcae* (*Én.* 5, 798); *o felix, si te uel sic tua Roma uideret* (*Phars.* 7, 29); *tu quoque nunc stares immanis truncus in armis, / esset par aetas et idem si robur ab annis* (*Én.* 11, 173-174) [ἕστηκας ἄν]

subter (adv. / prép.) *sub.* Cit. : *ferre iuuat subter densa testudine casus* (*Én.* 9, 514)

super (prép. / adv.) [περί; de] *superbus*; *superus*; *supremus*; *supergressus*; *supereminet*; *superficies*; *superminet*; *supersedeo*; *superuacuus*; *superuolo*; *sursum.* Cit. : *o mihi sola mei super Astyanactis imago* (*Én.* 3, 489) [*superes*]; *multa super Priamo rogitans, super Hectore multa* (*Én.* 1, 750); *ubi multa nefanda casu super ausi atque passi* (*Hist.* 3, frg. 86 M.); *satis una superque / uidimus excidia* (*Én.* 2, 642-643); *sedibus optatis gemina super arbore sidunt* (*Én.* 6, 203) [*in gemina arbore sidunt super*]; *fronde super uiridi, sunt nobis mitia poma* (*B.* 1, 80); *his accensa super, iactatos aequore toto* (*Én.* 1, 29); *ecce, super maesti magna Diomedis ab urbe / legati responsa ferunt* (*Én.* 11, 226-227)

supra / supera (adv. / prép.) *supra superius supreme*; *superior supremus*; *supra caelum* [ὑπὲρ τὸν οὐρανόν]; *supra montem*; *ego supra aspicio, tu infra*; *homines mille uenerunt supra.* Cit. : *toruus Draco serpit supter superaque retorquens / sese* (*Arat.* frg. 8I); *adeo modesta, adeo uenusta, ut nihil supra* (*And.* 120); *olli caeruleus supra* *caput astitit imber* (*Én.* 5, 10); *pauca supra repetam* (*J.* 5, 3); *huic supera duplices umeros adfixa uidetur / stella micans tali specie talique nitore* (*Arat.* frg. 20)

trans (prép. / adv.) [διά -; παρά -; ὑπέρ -; πέραν] *trado* [παραδίδωμι]; *traduco*; *traicio*; *trano*; *transfero*; *transgredior* [ὑπερβαίνω]; *transueho* [διακομίζω]; *trans mare* [πέραν τῆς θαλάσσης]; *trans Padum*; *trans Tiberim*. Cit. : *communem habitum trangressus* (*Hist.* 2, frg. 62 M.)

ubi (adv. / conj.) [ποῦ; ὅπου] *ubi est Phamphilius ?* Cit. : *saeuus ubi Aeacidae telo iacet Hector, ubi ingens / Sarpedon, ubi tot Simois correpta sub undis* (*Én.* 1, 99-100); *haec ubi dicta, cauum conuersa cuspide montem* (*Én.* 1, 81) [*postquam*]

uel (conj. / adv.) [ualde; saltem] *uel dies est uel nox*; *toto die uel legit iste uel cogitat*; *remex uel expellit remum uel attrahit*; *uel tunicam mihi accomoda uel etiam paenulam*; *uel tunicam uel paenulam*; *uel etiam tunicam*; *si non uis ediscere, uel intellege* [*saltem intellege*]. Cit. : *uel maximum bellum populum Romanum cum rege Antiocho gessisse* (*Mur.* 31); *uel rex semper maximas / mihi gratias agebat* (*Eun.* 397-398) [*etiam rex*]; *uel oculum excludito, est ubi uos ulciscar locus* (*Phorm.* 989)

uero (conj. / adv.) [*autem*] *Aeneas uero et pius et fortis fuit*; *Aeneas quidem pius fuit, Vlixes uero astutus*. Cit. : *uerum enim uero is demum mihi uiuere et frui anima uidetur* (*C.* 2, 9)

uerum (conj. / adv.) (sans illustration)

ultra (adv. / prép.) *ultra ulterius ultime*; *ulterior ultimus*; *ultra Alpes*; *ultra naturae*; *legit Cicero et ultra nihil fecit*; *ultra Cato fecit quam Cicero*; *assidue nihil ultra faciens*; *ultra citraque nihil est*. Cit. : *Maurique uanum genus, ut alia Africae, contendebant, antipodas ultra Aethiopiam cultu Persarum iustos et egregios agere* (*Hist.* frg. falsa 3 M., cf. *J.* 18-19)

ut / uti (conj. / adv.) [utinam; ἵνα; ὅτι] *utpote*; *ut moueatur, ambulat*; *ut prosit tibi, facio*; *exerceo te, ut sis sanus*. Cit. : *ut uidi, ut perii* (*B.* 8, 41); *o pater et rex / Iuppiter, ut pereat positum rubigine ferrum* (*Sat.* 2, 1, 42-43) [*utinam*]; *capias ut digna Camillae / praemia* (*Én.* 11, 856-857); *illud uero nonne ita praesens est, ut nutu Iouis optimi maximi factum esse uideatur, ut, cum hodierno die mane per forum meo iussu et coniurati et eorum indices in aedem Concordiae ducerentur, eo ipso tempore signum statueretur ?* (*Cat.* 3, 21); *si est, patrue, culpam ut Antipho in se admiserit / non causam dico* (*Phorm.* 270-272)

INDEX 4

TERMINOLOGIE GRAMMATICALE LATINE

Cet index présente dans l'ordre alphabétique les termes qu'il a paru intéressant de relever dans les livres 14, 15 et 16. Certains relèvent à proprement parler du vocabulaire grammatical, d'autres du langage commun, sans frontière nettement délimitée entre les deux; Priscien s'appuie à l'occasion sur le sens courant d'un terme pour étayer une démonstration grammaticale. Les entrées reprennent la forme usuelle des termes, sans normalisation artificielle; par exemple, certains adjectifs servant à nommer des catégories de conjonctions, et qui n'apparaissent qu'au féminin (avec ou sans le substantif *coniunctio* avec lequel ils s'accordent), figurent ici sous cette seule forme: *adiunctiua*, *aduersatiua*, *affirmatiua*, etc.

Les sens retenus sont ceux qui se trouvent dans la présente traduction – mais, dans un souci de clarté, certaines variantes stylistiques n'ont pas été reprises ici. Les occurrences sont citées d'après les pages et les lignes de l'édition de Hertz; pour les termes les plus fréquents, la mention « et *passim* » indique qu'il existe de nombreuses autres occurrences avec le même sens dans le même livre. Les notes de bas de page de la traduction sont signalées (n.) à la suite des occurrences, avec leur numéro.

Les termes grecs employés par Priscien – dans ses explications grammaticales et non à titre d'exemples – sont translittérés en caractères latins, comme dans la traduction, et intégrés à l'index avec les autres termes.

approbatiua (**coni.**) confirmative **XVI** 93.14 97.4(n.29). 8.15 102.23, et *cf.* n.44
apte correctement **XV** 60.12 **aptius** [de la manière] la plus cohérente **XV** 89.15 **aptissime** parfaitement **XV** 61.22 62.28
ars grammaire **XIV** 26.5 27.21 31.3 36.15 40.9 41.16 45.21 **XV** 90.9
asperitas (**uocis**) rencontre désagréable **XIV** 47.19
aspiratio aspiration **XIV** 29.12.13
assumere prendre, recevoir *pass.* être employé/gardé **XIV** 30.1 35.20 52.2 **XV** 67.16 76.22 77.9
auctio [fait d'] augmenter **XIV** 35.11
auctor 1- modèle **XIV** 34.6 **2-** auteur **XVI** 103.12
auctoritas 1- auteur **XIV** 32.12 **XVI** 104.19 **2-** autorité, doctrine **XIV** 24.7 25.28 51.2 **3-** licence, privilège **XIV** 24.16 36.28
bene [de manière] correcte **XIV** 31.9
bisyllaba (**praep.**) disyllabique **XIV** 36.21 40.8
carere (**casu**) ne pas avoir/être dépourvu de cas **XIV** 24.11 25.24 32.29.30
casualis 1- à cas, pourvu d'un cas **XIV** 25.6 **XV** 63.1 **2-** forme casuelle, mot à cas **XIV** 25.8. 10 26.2. 6 28.25 29.5 30.26 et *passim* **XV** 68.7 83.28 84.1. 2 85.28 **XVI** 104.16
casus 1- cas **XIV** 24.9. 11 25.24 26.5 27.26 28.5 et *passim* **XV** 63.21 64.12 65.11 83.26 **2-** forme casuelle, mot à cas **XIV** 27.22 36.27 39.25.27.28 40.2. 5.18 42.3 44.11
causa cause **XVI** 94.22 95.3 96.24 100.6
causalis (**praep.**) causale **XIV** 37.10; (**coni.**) causale **XIV** 28.17 31.23 32.1. 8 35.25 37.18 *et passim* **XV** 61.14 83.2 86.9 87.17 88.27 **XVI** 93.14 94.13(note). 14 95.1. 10.13... 96.2. 23 97.8 et *passim*
causatiuum élément en relation causale **XVI** 96.23
certus déterminé, fixe, spécifique **XIV** 30.10 **XV** 65.16 91.21 ; *spéc.* **certa** (**significatio**) déterminée, précise **XIV** 28.30 29.3. 9 30.25 36.25 51.23 **XV** 84.5
circumflecti recevoir l'accent circonflexe **XIV** 49.24 **XV** 74.17
cognatio parenté **XIV** 29.24
collectiua (**coni.**) syllogistique **XVI** 93.15 100.15(n.40) ; *et voir* **colligere** [clore] démonstrativement **XVI** 100.17
comicum (**adu.**) de la langue comique **XIV** 29.28
communis commun, polyvalent, **XV** 81.20 83.9. 24 87.9 **XVI** 104.14 ; *spéc.* **communis** (**coni.**) de place indifférente **XIV** 24.20
commutare changer *pass.* se changer **XIV** 27.23 47.27 48.7
commutatio inversion **XIV** 27.14
comparatio comparaison **XV** 74.25(n.39)
complere 1- former complètement **XIV** 24.4. 5 **2-** correspondre **XIV** 28.21 37.24
completiua (**coni.**) explétive **XVI** 93.16.22 102.12(n.47). 16.20 103.1. 19.25 104.6
componi 1- se trouver/être employé/entrer en composition **XIV** 24.24 27.26 29.2. 3.10 31.16 35.5. 15 et *passim* **2-** être composé **XIV** 27.27 28.13.14 35.6 47.26.29 49.11 52.26 **XVI** 93.11.12 103.5. 10.15
compositio composition, [fait d'entrer dans un] composé **XIV** 24.14 25.10.14 27.29 28.1. 6.10... 29.30 et *passim*
confirmare achever une démonstration **XVI** 100.17
confirmatio [fait d'] affirmer la réalité **XVI** 93.20(n.2, 8)

INDEX 5

NOTIONS GRAMMATICALES

Cet index thématique sélectif a pour fonction de compléter l'index 4, *Terminologie grammaticale latine*, avec cette fois comme entrées les termes français usuels relevés dans la traduction ou les notes, y compris pour des notions qui n'apparaissent que dans les notes, sans correspondant dans le vocabulaire des livres 14, 15 et 16 (« sujet », « holophrastique », « modalisation », etc.). Les renvois aux notes sont signalés par « n. ».

TABLE DES MATIÈRES

LIVRE 15 : L'ADVERBE

LIVRE 16 : LA CONJONCTION

ACHEVÉ D'IMPRIMER
EN AOÛT 2013
PAR L'IMPRIMERIE
DE LA MANUTENTION
A MAYENNE
FRANCE
N° 2109785R

Dépôt légal : 3e trimestre 2013